Der Mann des

Zane Gray

Writat

Diese Ausgabe erschien im Jahr 2023

ISBN: 9789359253350

Herausgegeben von
Writat
E-Mail: info@writat.com

Nach unseren Informationen ist dieses Buch gemeinfrei.
Dieses Buch ist eine Reproduktion eines wichtigen historischen Werkes. Alpha Editions verwendet die beste Technologie, um historische Werke in der gleichen Weise zu reproduzieren, wie sie erstmals veröffentlicht wurden, um ihre ursprüngliche Natur zu bewahren. Alle sichtbaren Markierungen oder Zahlen wurden absichtlich belassen, um ihre wahre Form zu bewahren.

Inhalt

KAPITEL I .... - 1 -
KAPITEL II .... - 9 -
   Milt Dale setzte sich ruhig auf und blickte nachdenklich
   in die Dunkelheit. .... - 9 -
KAPITEL III .... - 21 -
KAPITEL IV .... - 28 -
KAPITEL V .... - 40 -
KAPITEL VI .... - 59 -
KAPITEL VII .... - 71 -
KAPITEL VIII .... - 82 -
KAPITEL IX .... - 100 -
KAPITEL X .... - 116 -
KAPITEL XI .... - 128 -
KAPITEL XII .... - 143 -
   Tage vergingen. .... - 143 -
KAPITEL XIII .... - 154 -
KAPITEL XIV .... - 164 -
KAPITEL XV .... - 177 -
KAPITEL XVI .... - 186 -
KAPITEL XVII .... - 202 -
KAPITEL XVIII .... - 219 -
KAPITEL XIX .... - 234 -
KAPITEL XX .... - 250 -
KAPITEL XXI .... - 266 -
KAPITEL XXII .... - 279 -

„Grüß dich, Dale", sagte Wilson gedehnt. „Ich schätze, du bist mir etwas voraus." ....- 279 -

KAPITEL XXIII ....- 292 -

"Hören!" ....- 292 -

KAPITEL XXIV ....- 304 -

KAPITEL XXV ....- 319 -

Las Vegas Carmichael war ein Produkt seiner Zeit. ......- 319 -

KAPITEL XXVI ....- 329 -

KAPITEL I

Zur Stunde des Sonnenuntergangs war der Wald still, einsam, süß mit dem Duft von Tannen und Fichten, der in Gold, Rot und Grün leuchtete; und der Mann, der unter den großen Bäumen dahinglitte, schien mit den Farben zu verschmelzen und, indem er verschwand, ein Teil des wilden Waldes geworden zu sein.

Old Baldy, der höchste der White Mountains, stand rund und nackt da, mit leuchtendem Gold umrandet im letzten Glanz der untergehenden Sonne. Dann, als das Feuer hinter dem gewölbten Gipfel erlosch, breitete sich eine Veränderung, ein kalter und dunkler werdender Schimmer, über die schwarzen, speerspitzenförmigen Hänge der gesamten Bergwelt aus.

Es war eine wilde, reich bewaldete und reichlich bewässerte Region mit dunklen Wäldern und grasbewachsenen Parks, zehntausend Fuß über dem Meeresspiegel, auf allen Seiten von der Wüste im Süden Arizonas isoliert – die ursprüngliche Heimat von Elchen und Hirschen, von Bären und Löwen. von Wolf und Fuchs und der Geburtsort sowie das Versteck des wilden Apachen.

Der September war in diesem Breitengrad durch eine plötzliche kühle Nachtbrise gekennzeichnet, die kurz nach Sonnenuntergang einsetzte. Die Dämmerung schien auf ihren Flügeln zu kommen, ebenso wie schwache Geräusche, die zuvor in der Stille nicht zu erkennen waren.

Milt Dale, der Mann des Waldes, blieb am Rande eines bewaldeten Bergrückens stehen, um zuzuhören und zuzusehen. Unter ihm lag ein schmales Tal, offen und grasbewachsen, aus dem ein leises Rauschen fließenden Wassers aufstieg. Seine Musik wurde vom wilden Staccato-Kläff eines jagenden Kojoten durchdrungen. Von oben in der riesigen Tanne ertönte das Zwitschern und Rascheln der Auerhühner, die sich für die Nacht niederließen; und von der anderen Seite des Tals drangen die letzten leisen Rufe wilder Truthähne auf dem Weg zum Schlafplatz.

Für Dales scharfes Ohr waren diese Geräusche alles, was sie hätten sein sollen, und deuteten auf die unveränderte Ruhe des Waldlandes hin. Er war froh, denn er hatte erwartet, das Klappern der Pferde der Weißen zu hören – was ihm in diesen Festungen zuzuhören war, war ihm zuwider. Er und der Indianer waren Freunde. Dieser erbitterte Feind hegte keine Feindseligkeit gegenüber dem einsamen Jäger. Aber irgendwo im Wald versteckte sich eine Bande böser Männer, Schafdiebe, denen Dale nicht begegnen wollte.

Als er den Hang hinaufstieg, strömte ein plötzliches Aufflackern des Nachglühens des Sonnenuntergangs von Old Baldy herab und erfüllte das

Tal mit Lichtern und Schatten, gelb und blau, wie der Glanz des Himmels. Die Teiche in den Biegungen des Baches leuchteten dunkelhell. Dales Blick schweifte das Tal hinauf und hinab und versuchte dann, die schwarzen Schatten jenseits des Baches zu durchdringen, wo die Wand aus Fichten aufragte, deren spießiger und stacheliger Kamm sich von den blassen Wolken abhob. Der Wind begann in den Bäumen zu heulen und es lag ein Gefühl von Regen in der Luft. Dale, der eine Spur entdeckte, drehte dem verblassenden Abendlicht den Rücken zu und schritt das Tal hinunter.

Als die Nacht nahte und sich ein Regensturm zusammenbraute, machte er sich nicht auf den Weg zu seinem eigenen Lager, das einige Meilen entfernt lag, sondern richtete seine Schritte auf eine alte Blockhütte. Als er dort ankam , war es schon fast dunkel. Er näherte sich vorsichtig. Diese Hütte könnte, wie die wenigen anderen in den Tälern verstreut, Indianer, einen Bären oder einen Panther beherbergen. Es schien jedoch nichts da zu sein. Dann betrachtete Dale die Wolken, die über den Himmel zogen, und spürte die kühle Feuchtigkeit eines feinen, nebligen Regens auf seinem Gesicht. In der Nacht regnete es ab und zu. Daraufhin betrat er die Kabine.

Und im nächsten Moment hörte er schnelle Hufschläge trabender Pferde. Als er hinausspähte, sah er in der Dunkelheit verschwommene, sich bewegende Gestalten ganz in der Nähe. Sie hatten sich gegen den Wind genähert, so dass der Lärm gedämpft worden war. Dale erkannte fünf Pferde mit Reitern – er sah sie dicht auftauchen. Dann hörte er raue Stimmen. Schnell drehte er sich um und tastete im Dunkeln nach einer Leiter, von der er wusste, dass sie zu einem Dachboden führte. Als er es fand, stieg er schnell auf, achtete darauf, mit seinem Gewehr keinen Lärm zu machen, und legte sich auf den Boden aus Gestrüpp und Stangen. Kaum hatte er dies getan, als schwere Schritte, begleitet von klirrenden Sporen, durch die Tür unten in die Hütte gingen.

„Wal, Beasley, bist du hier?" fragte eine laute Stimme.

Da war keine Antwort. Der Mann unten knurrte leise, und wieder klingelten die Sporen.

„Fellars, Beasley ist noch nicht hier", rief er. „Legen Sie die Hunde unter den Schuppen. Gut, warte."

„Warte, hm!" kam eine harte Antwort. „Vielleicht die ganze Nacht – und wir haben nichts zu essen."

„Halt den Mund, Moze. Ich schätze, du bist zu nichts anderem als zum Essen zu gebrauchen. Legt die Pferde weg, und einige von euch rascheln hier mit Feuerholz.

Leise, gemurmelte Flüche, dann vermischt mit dumpfen Hufschlägen und dem Zerren des Leders und dem Heben müder Pferde.

Ein weiterer schlurfender, klirrender Schritt betrat die Kabine.

„Snake, es wäre sinnvoll gewesen, ein Rudel mitzunehmen", sagte dieser Neuankömmling gedehnt.

„Das schätze ich, Jim. Aber wir haben es nicht getan, und was nützt das Gebrüll? Beasley wird uns nicht lange warten lassen."

Dale, der still und auf dem Bauch lag, spürte in seinem ganzen Blut einen langsamen Aufschwung – eine aufregende Welle. Der Mann mit der tiefen Stimme dort unten war Snake Anson, der schlimmste und gefährlichste Charakter der Region; und die anderen bildeten zweifellos seine Bande, die in diesem dünn besiedelten Land seit langem berüchtigt war. Und der Beasley erwähnte – er war einer der beiden größten Viehzüchter und Schafzüchter der White Mountain Ranges. Was bedeutete ein Rendezvous zwischen Snake Anson und Beasley? Milt Dale beantwortete diese Frage zu Beasleys Misskredit; und viele seltsame Dinge im Zusammenhang mit Schafen und Hirten, die für das kleine Dorf Pine immer ein Rätsel waren, wurden jetzt so klar wie das Tageslicht.

Andere Männer betraten die Kabine.

„Es wird nicht viel regnen", sagte einer. Dann ertönte ein Krachen von Holz, das zu Boden geschleudert wurde.

„Jim, Hyar ist ein Stück Kiefernholz, trocken wie Punk", sagte ein anderer.

Rascheln und langsame Schritte und dann heftige Schläge zeugten davon, dass Jim wahrscheinlich das Ende eines Baumstamms auf den Boden schlug, um eine Ecke abzuspalten, wodurch eine Handvoll trockener Splitter gewonnen werden konnten.

„Snake, gib mir deine Pfeife, und ich mache im Handumdrehen ein Feuer."

„Wal, ich will mein Terbacco und es ist mir egal, dass es kein Feuer gibt", antwortete Snake.

„Ich schätze, du bist der gemeinste Kerl in diesem Wald", sagte Jim gedehnt.

Das scharfe Klicken von Stahl auf den Feuerstein – viele Male – und dann das Geräusch heftigen Blasens und Stotterns verrieten Jims Bemühungen, ein Feuer zu entfachen. Plötzlich veränderte sich die pechschwarze Dunkelheit der Kabine; Es gab ein leichtes Knistern des Holzes und das Rascheln der Flamme, und dann ein stetig wachsendes Brüllen.

Zufällig lag Dale mit dem Gesicht nach unten auf dem Boden des Dachbodens, und direkt neben seinen Augen waren Risse zwischen den Ästen. Als das Feuer loderte, konnte er die Männer unten ziemlich gut sehen. Der Einzige, den er jemals gesehen hatte, war Jim Wilson, der in Pine gut bekannt gewesen war, bevor man von Snake Anson gehört hatte. Jim war der Beste von allen, und er hatte Freunde unter den ehrlichen Leuten. Es wurde gemunkelt, dass er und Snake nicht gut zusammenkamen.

„Feuer fühlt sich gut an", sagte der stämmige Moze, der ebenso breit wie schwarzgesichtig wirkte. „Der Herbst steht vor der Tür ... Wenn wir nur etwas zu essen hätten!"

„Moze, in meiner Satteltasche ist ein Stück Hirschfleisch, und wenn du es schaffst, kannst du die Hälfte haben", sagte eine andere Stimme.

Moze schlurfte eifrig hinaus.

Im Feuerschein wirkte Snake Ansons Gesicht schlank und schlangenähnlich, seine Augen glitzerten und sein langer Hals und seine gesamte Länge entsprachen der Analogie zu seinem Namen.

„Snake, was soll das hier mit Beasley?" fragte Jim.

„Ich schätze, du wirst es erfahren, wenn ich es tue", antwortete der Anführer. Er wirkte müde und nachdenklich.

„Haben wir nicht genug von diesen armen Schmierhirten abgeschafft – umsonst?" fragte der Jüngste der Bande, ein Junge seit Jahren, dessen harte, bittere Lippen und hungrige Augen ihn irgendwie von seinen Kameraden unterschieden.

„Da hast du völlig recht, Burt – und das ist mein Standpunkt", antwortete der Mann, der Moze hinausgeschickt hatte. „Schlange, in Kürze wird es in diesen Wäldern schneien", sagte Jim Wilson. „Werden wir unten im Tonto-Becken oder drüben am Gila überwintern?"

„Ich schätze, wir werden ein paar große Ritte machen, bevor wir nach Süden aufbrechen", antwortete Snake schroff.

An diesem Punkt kehrte Moze zurück.

„Boss, ich habe ein Pferd den Weg heraufkommen hören", sagte er.

Snake stand auf, blieb an der Tür stehen und lauschte. Draußen heulte der Wind unruhig und vereinzelte Regentropfen prasselten auf die Hütte.

„A-huh!" rief Snake erleichtert aus.

Dann herrschte für einen Moment Stille, am Ende dieser Pause hörte Dale ein schnelles Klirren auf dem felsigen Pfad draußen. Die Männer unten schlurften unruhig hin und her, aber keiner von ihnen sagte ein Wort. Das Feuer knisterte fröhlich. Snake Anson trat von der Tür zurück und drückte dabei sowohl Zweifel als auch Vorsicht aus.

Irgendwo dort draußen war das trabende Pferd stehengeblieben.

„Hallo, drinnen!" rief eine Stimme aus der Dunkelheit.

„Ho, du selbst!" antwortete Anson.

„Das bist du, Snake?" folgte schnell der Anfrage.

„Schätze schon", erwiderte Anson und zeigte sich.

Der Neuankömmling trat ein. Er war ein großer Mann und trug einen Regenmantel, der im Feuerschein nass glänzte. Sein weit heruntergezogener Sombrero verdeckte sein Gesicht, so dass die obere Hälfte seiner Gesichtszüge genauso gut hätte maskiert werden können. Er hatte einen schwarzen, herabhängenden Schnurrbart und ein Kinn wie ein Stein. Eine potenzielle Kraft, gereift und kraftvoll, schien in seinen Bewegungen zu stecken.

„Hallo, Schlange! Hallo, Wilson!" er sagte. „Ich bin vom anderen Deal zurückgetreten. Ich habe Sie wegen einer anderen Kleinigkeit gerufen ... besonders privat."

Hier deutete er mit einer bedeutungsvollen Geste an, dass Snakes Männer die Hütte verlassen sollten.

„A-huh! rief Anson zweifelnd. Dann drehte er sich abrupt um. Moze, du ' Zwielichtiger' und Burt, geh und warte draußen. Ich schätze, das ist nicht der Deal, den ich erwartet habe ... Und Sie können die Pferde satteln."

Die drei Mitglieder der Bande gingen hinaus und blickten alle scharf auf den Fremden, der in den Schatten zurückgekehrt war.

„Alles klar, Beasley", sagte Anson mit leiser Stimme. „Was ist dein Spiel? Jim hier ist an meinen Deals beteiligt."

Dann trat Beasley vor das Feuer und streckte seine Hände nach dem Feuer aus.

„Das hat nichts mit Schafen zu tun", antwortete er.

„Wal, das habe ich nicht gedacht", stimmte der andere zu. „Und sagen wir mal – was auch immer Ihr Spiel ist, mir gefällt die Art und Weise nicht, wie Sie mich warten und herumreiten ließen. Wir haben fast den ganzen Tag bei Big Spring gewartet. Dann kam der Schmierer und schickte uns hierher. Wir sind weit vom Lager entfernt, ohne Essen und ohne Decken."

„Ich werde dich nicht lange aufhalten", sagte Beasley. „Aber selbst wenn ich es täte, würde es Ihnen nichts ausmachen – wenn ich Ihnen sage, dass dieser Deal Al Auchincloss betrifft – den Mann, der Sie zum Gesetzlosen gemacht hat!"

Ansons plötzliche Aktion schien dann ein Sprung in seinem gesamten Körper zu sein. Auch Wilson beugte sich eifrig vor. Beasley warf einen Blick zur Tür – dann begann er zu flüstern.

„Der alte Auchincloss ist in den letzten Zügen. Er wird krächzen. Er wurde nach Missouri zurückgeschickt, um eine Nichte zu holen – ein junges Mädchen – und er hat vor, ihr seine Ranches, seine Schafe und seinen ganzen Viehbestand zu hinterlassen. Scheint, als hätte er sonst niemanden ... Diese Ranches – und all diese Schafe und Pferde! Du weißt, dass Al und ich jahrelang Partner in der Schafzucht waren. Er hat geschworen, dass ich ihn betrogen habe, und hat mich rausgeworfen. Und all die Jahre habe ich geschworen, dass er mir Dreck angetan hat – er hat mir Schafe und Geld geschuldet. Ich habe genauso viele Freunde in Pine – und am Ende des Weges – wie Auchincloss ... Eine Schlange, siehe hier –"

Er hielt inne, um tief Luft zu holen, und seine großen Hände zitterten über dem Feuer. Anson beugte sich vor, wie eine Schlange, die zum Angriff bereit ist, und Jim Wilson war ebenso angespannt, als er die bevorstehende Verschwörung prophezeite.

„Sehen Sie hier", keuchte Beasley. „Das Mädchen soll am 16. bei Magdalena eintreffen. Das ist in einer Woche von morgen. Sie wird die Bühne nach Snowdrop betreten, wo einige von Auchincloss' Männern sie mit einem Team treffen werden."

„A-huh!" grunzte Anson, als Beasley erneut stehen blieb. „Und was ist damit?"

„Sie darf nie so weit wie Schneeglöckchen kommen!"

„Soll ich die Bühne aufhalten – und das Mädchen holen?"

"Genau."

„Wal – und was dann?"

„Verschwinde mit ihr... Sie verschwindet. Das ist deine Angelegenheit. ... Ich werde meine Ansprüche an Auchincloss durchsetzen – ihn verfolgen – und bereit sein, wenn er krächzt, um sein Eigentum zu übernehmen. Dann kann das Mädchen von mir aus zurückkommen ... Sie und Wilson regeln den Deal zwischen Ihnen. Wenn Sie die Bande einweihen müssen, geben Sie ihnen keine Ahnung, wer und was. Das wird Ihnen einen reichen Einsatz bescheren. Und vorausgesetzt, wenn es bezahlt wird, erschließt man sich Neuland."

„Das könnte klug sein", murmelte Snake Anson. „Beasley, der Schwachpunkt in deinem Spiel ist die Ungewissheit des Lebens. Der alte Al ist hart. Er könnte dich täuschen."

„Auchincloss ist ein sterbender Mann", erklärte Beasley mit einer solchen Bestimmtheit, dass daran kein Zweifel bestand.

„Wal, als ich ihn das letzte Mal gesehen habe, war er ganz sicher nicht gerade herzhaft ... Beasley, falls ich dein Spiel mitspiele – woher soll ich dieses Mädchen kennen?"

„Ihr Name ist Helen Rayner", antwortete Beasley eifrig. „Sie ist zwanzig Jahre alt. Alle Auchincloses waren hübsch, und man sagt, sie sei die Schönste.

„A-huh! ... Beasley, das ist sicher eine größere Sache – eine , auf die ich nicht Lust habe ... Aber ich habe nie an deinem Wort gezweifelt ... Komm schon – und rede darüber. Was ist drin für mich?"

„Lassen Sie niemanden rein. Ihr zwei könnt die Bühne halten. Es wurde nie aufgehalten ... Aber Sie wollen es maskieren ... Wie wäre es mit zehntausend Schafen – oder dem, was sie bei Phenix in Gold bringen?"

Jim Wilson pfiff leise.

„Ein Aufbruch ins Neuland?" wiederholte Snake Anson leise.

„Du hast es gesagt."

„Wal, ich habe bei diesem Deal keine Lust auf das Mädchen, aber du kannst auf mich zählen ... 16. September in Magdalena – und sie heißt Helen – und sieht gut aus?"

"Ja. Meine Hirten werden in etwa zwei Wochen mit der Fahrt nach Süden beginnen. Wenn das Wetter später gut bleibt, schick mir eine Nachricht von einem von ihnen, dann treffe ich dich."

Beasley breitete seine Hände noch einmal über dem Feuer aus, zog seine Handschuhe an, zog seinen Sombrero herunter und schritt mit einem abrupten Abschiedswort hinaus in die Nacht.

„Jim, was hältst du von ihm?" fragte Snake Anson.

„Pard, er hat uns am Sonntag in zweifacher Hinsicht geschlagen", antwortete Wilson.

„A-huh!... Wal, lass uns zurück ins Lager gehen." Und er ging voran.

Leise Stimmen drangen in die Kabine, dann erklang das Schnauben der Pferde und das Schlagen der Hufe, und danach ein gleichmäßiger Trab, der allmählich verstummte. Wieder erfüllten das Stöhnen des Windes und das sanfte Prasseln des Regens die Stille des Waldes.

KAPITEL II

Milt Dale setzte sich ruhig auf und blickte nachdenklich in die Dunkelheit.

Er war dreißig Jahre alt. Als vierzehnjähriger Junge war er von seiner Schule und seinem Zuhause in Iowa weggelaufen, und als er sich einem Waggonzug von Pionieren anschloss, war er einer der ersten, der Blockhütten an den Hängen der White Mountains sah. Doch Landwirtschaft, Schafzucht und eintönige Hausarbeit waren ihm nicht gerade sympathisch gewesen, und so hatte er zwölf Jahre lang im Wald gelebt und Pine, Show Down und Snowdrop nur selten besucht. Sein wanderndes Waldleben deutete nicht darauf hin, dass ihm die Dorfbewohner egal waren, denn er kümmerte sich um sie und war überall willkommen, sondern dass er das wilde Leben, die Einsamkeit und die Schönheit mit der primitiven instinktiven Kraft eines Wilden liebte.

Und in dieser Nacht war er auf eine dunkle Verschwörung gegen den einzigen ehrlichen Weißen in dieser Region gestoßen, den er nicht als Freund bezeichnen konnte.

„Dieser Mann Beasley!" er hielt einen Monolog. „Beasley – unter einer Decke mit Snake Anson! ... Nun, er hatte recht. Al Auchincloss ist in den letzten Zügen. Armer alter Mann! Wenn ich ihm sage, dass er MIR nie glauben wird, ist das sicher!"

Die Entdeckung der Verschwörung bedeutete für Dale, dass er nach Pine eilen musste.

„Ein Mädchen – Helen Rayner – zwanzig Jahre alt", sinnierte er. „Beasley will, dass sie mit ... davonkommt, was schlimmer ist als dass sie getötet wird!"

Dale akzeptierte die Tatsachen des Lebens mit der Gelassenheit und Verhängnis, die jemand besitzt, der sich seit langem mit den grausamen Annalen der Waldkunde auskennt. Böse Menschen taten ihr Übel, so wie wilde Wölfe einen Hirsch töteten. Für diesen Trick hatte er Wölfe erschossen. Mit Männern, ob gut oder böse, war er nicht in Konflikt geraten. Alte Frauen und Kinder gefielen ihm, aber für Mädchen hatte er sich nie interessiert. Das Bild dieser Helen Rayner kam Dale also seltsam vor; und ihm wurde plötzlich klar, dass er Beasley irgendwie umgehen wollte, nicht um sich mit dem alten Al Auchincloss anzufreunden, sondern um des Mädchens willen. Wahrscheinlich war sie bereits auf dem Weg nach Westen, allein, gespannt und voller Hoffnung auf ein zukünftiges Zuhause. Wie wenig Leute ahnten, was sie am Ende einer Reise erwartete! Viele Wege endeten abrupt im Wald – und nur erfahrene Waldarbeiter konnten die Tragödie erkennen.

„Seltsam, wie ich heute vom Spruce Swamp aus quer durchs Land gegangen bin", überlegte Dale. Umstände und Bewegungen waren ihm normalerweise nicht fremd. Seine Methoden und Gewohnheiten wurden selten durch Zufall geändert. Die Tatsache, dass er ohne ersichtlichen Grund von einem Weg abwich und dabei eine Verschwörung belauscht hatte, in der es ausschließlich um ein junges Mädchen ging, war in der Tat ein Abenteuer, das zum Nachdenken anregte. Es provozierte noch mehr, denn Dale wurde sich einer ungewohnten schwelenden Hitze in seinen Adern bewusst. Er, der wenig mit dem Streit der Menschen und nichts mit Zorn zu tun hatte, spürte, wie sein Blut bei der feigen Falle, die einem unschuldigen Mädchen gestellt wurde, heiß wurde.

„Der alte Al will nicht auf mich hören", überlegte Dale. „Und selbst wenn er es täte, würde er mir nicht glauben. Vielleicht wird es niemand tun ... Trotzdem wird Snake Anson dieses Mädchen nicht bekommen."

Mit diesen letzten Worten überzeugte sich Dale von seiner eigenen Lage, und seine Überlegungen hörten auf. Er nahm sein Gewehr, stieg vom Dachboden hinunter und spähte zur Tür hinaus. Die Nacht war dunkler, windiger und kühler geworden; zerbrochene Wolken zogen über den Himmel; nur ein paar Sterne waren zu sehen; feiner Regen wehte aus Nordwesten; und der Wald schien von einem leisen, dumpfen Brüllen erfüllt zu sein.

„Ich schätze, ich sollte hier lieber auflegen", sagte er und wandte sich dem Feuer zu. Die Kohlen waren jetzt rot. Aus den Tiefen seines Jagdmantels holte er ein Säckchen Salz und einige Streifen Trockenfleisch hervor. Diese Streifen legte er einen Moment lang auf die heiße Glut, bis sie anfingen zu brutzeln und sich zu kräuseln; Dann entfernte er sie mit einem geschärften Stock und aß wie ein hungriger Jäger, der für wenig dankbar ist.

Er saß auf einem Holzblock, die Handflächen zur sterbenden Wärme des Feuers ausgebreitet, und sein Blick war auf die wechselnde, leuchtende, goldene Glut gerichtet. Draußen wurde der Wind immer stärker und das Stöhnen des Waldes steigerte sich zu einem Brüllen. Dale spürte, wie die wohlige Wärme ihn überkam und ihn schläfrig einlullte; und er hörte den Sturmwind in den Bäumen, bald wie ein Wasserfall, bald wie eine sich zurückziehende Armee, und wieder leise und traurig; und er sah Bilder in der glühenden Glut, seltsam wie Träume.

Dann erhob er sich, kletterte auf den Dachboden, streckte sich aus und schlief bald ein.

Als die graue Morgendämmerung anbrach, war er auf dem Weg quer durchs Land zum Dorf Pine.

In der Nacht hatte der Wind gedreht und der Regen hatte aufgehört. Auf dem Gras an offenen Stellen schien Frost zu vermuten. Alles war grau – die Parks, die Lichtungen – und tieferes, dunkleres Grau markierte die Gänge des Waldes. Schatten lauerten unter den Bäumen und die Stille schien mit gespenstischen Formen übereinzustimmen. Dann flammte der Osten auf, das Grau hellte sich auf, der verträumte Wald erwachte zu den weitreichenden Strahlen einer brechenden roten Sonne.

Dies war immer der glücklichste Moment in Dales einsamen Tagen, da der Sonnenuntergang sein traurigster war. Er antwortete und da war etwas in seinem Blut, das auf den Pfiff eines Hirsches von einem nahegelegenen Bergrücken antwortete. Seine Schritte waren lang, geräuschlos und hinterließen dunkle Spuren dort, wo seine Füße das taubedeckte Gras berührten.

Dale folgte einem Zickzackkurs über die Bergrücken, um den härtesten Anstiegen zu entgehen, aber die „Senacas" – die parkähnlichen Wiesen, die mexikanische Schafhirten so nannten – waren so rund und eben, als wären sie von Menschenhand geschaffen worden und bildeten einen schönen Kontrast zur Dunkelheit -Grüne, raue und schroffe Bergrücken. Sowohl offenes Senaca als auch dicht bewaldeter Bergrücken zeigten seinem scharfen Auge eine Fülle von Wild. Das Knacken der Zweige und das verschwindende Aufblitzen von Grau zwischen den Fichten, ein rundes schwarzes, schwerfälliges Objekt, ein Zwitschern im Gebüsch und verstohlene Schritte – alles Anzeichen, die Dale leicht deuten konnte. Einmal, als er lautlos auf eine kleine Lichtung trat, erspähte er einen Rotfuchs, der sich an ein Wildtier heranpirschte, bei dem es sich, als er näher kam, um einen Schwarm Rebhühner handelte. Sie schwirrten heran und streiften die Zweige, und der Fuchs trottete davon. In jedem Senaca-Tal traf man auf wilde Truthähne, die sich von den Samen des hohen Grases ernährten.

Es war schon immer seine Gewohnheit gewesen, bei seinen Besuchen in Pine frisches Fleisch zu schlachten und zu mehreren alten Freunden zu verpacken, die ihm gerne Unterkunft gaben. Und so eilig er jetzt auch war, er hatte nicht die Absicht, von dieser Reise eine Ausnahme zu machen.

Schließlich stieg er in den Kieferngürtel hinab, wo die großen, knorrigen, gelben Bäume stattlich und distanziert voneinander in die Höhe ragten und der Boden eine braune, duftende, elastische Matte aus Kiefernnadeln war, eben wie ein Fußboden. Eichhörnchen beobachteten ihn von überall her und huschten davon, sobald er sich näherte – winzige, braune, hellgestreifte Eichhörnchen und größere, rotbraune und die prächtigen Dunkelgrauen mit ihren weißen, buschigen Schwänzen und gefiederten Ohren.

Dieser Kieferngürtel endete abrupt auf weitem, grauem, hügeligem, offenem Land, fast wie eine Prärie, mit nah und fern ansteigenden Ausläufern und dem rotgoldenen Glanz des Espendickichts, das die Morgensonne einfing. Hier ließ Dale eine Herde wilder Truthähne aufscheuchen, deren Zahl über vierzig betrug, und ihre gedämpfte graue Farbe mit weißen Sprenkeln und ihre anmutige, schlanke Statur ließen erkennen, dass es sich bei ihnen um Hühner handelte. Es gab keinen Fresser in der Herde. Sie begannen durcheinander ins Gras zu rennen, bis nur noch ihre Köpfe zu sehen waren, die herumschaukelten, und verschwanden schließlich. Dale erhaschte einen Blick auf lauernde Kojoten, die offensichtlich die Truthähne verfolgt hatten, und als sie ihn sahen und in das Holz stürzten, schoss er schnell auf den hintersten Truthahn. Seine Kugel schlug tief ein, wie er es beabsichtigt hatte, aber zu tief, und dem Kojoten wurde nur ein Hauch von Erde und Tannennadeln ins Gesicht geschleudert. Das erschreckte ihn so sehr, dass er blind zur Seite sprang, gegen einen Baum prallte, sich umdrehte, auf die Beine kam und dann in die Deckung des Waldes gelangte. Dale war darüber amüsiert. Seine Hand war gegen alle Raubtiere des Waldes gerichtet, obwohl er gelernt hatte, dass Löwe, Bär, Wolf und Fuchs für das große Ganze der Natur ebenso notwendig waren wie die sanften, schönen wilden Kreaturen, die sie jagten. Aber einige liebte er mehr als andere, und so bedauerte er die unerklärliche Grausamkeit.

Er überquerte die weite, grasbewachsene Ebene und schlug einen weiteren sanften Abstieg ein, wo Espen und Kiefern eine flache Schlucht drängten und warme, sonnenbeschienene Lichtungen an einen glitzernden Bach grenzten. Hier hörte er einen Truthahn verschlingen, und das war für ihn das Signal, seinen Kurs zu ändern und einen geduckten, stillen Umweg um ein Espenbüschel zu machen. Auf einem sonnigen Grasfleck standen ein Dutzend oder mehr große Fresser, die alle misstrauisch in seine Richtung blickten, mit erhobenen Köpfen und dem für ihre Art typischen wilden Aussehen. Alte wilde Truthahnfresser waren das am schwierigsten zu verfolgende Wild. Dale hat zwei von ihnen erschossen. Die anderen begannen wie Strauße zu rennen, stampften über den Boden, breiteten ihre Flügel aus und schickten mit diesem Anlauf ihre schweren Körper in einen schwirrenden Flug. Sie flogen tief, etwa mannshoch aus dem Gras, und verschwanden im Wald.

Dale warf die beiden Truthähne über seine Schulter und machte sich auf den Weg. Bald erreichte er eine Lücke in der Waldebene, von der aus er einen kilometerlangen Abhang aus Kiefern und Zedern hinunterblickte, hinaus auf die kahle, glitzernde Wüste, die sich endlos bis zum trüben, dunklen Horizont erstreckte.

Der kleine Weiler Pine lag auf der letzten Ebene eines spärlich bewaldeten Waldes. Eine Straße, die parallel zu einem dunklen, schnell fließenden Bach verlief, teilte die Ansammlung von Blockhütten, aus denen träge blaue Rauchsäulen emporstiegen. Mais- und Haferfelder, gelb im Sonnenlicht, umgaben das Dorf; und grüne Weiden, übersät mit Pferden und Rindern, reichten bis zu den dichteren Wäldern. Bei dieser Stelle schien es sich um eine natürliche Lichtung zu handeln, denn es gab keine Hinweise auf gefälltes Holz. Die Szene war etwas zu wild, um pastoral zu sein, aber sie war ruhig und ruhig und erweckte den Eindruck einer abgelegenen, wohlhabenden und glücklichen Gemeinschaft, die im friedlichen Tenor abgeschiedener Leben dahinschwebt.

Dale blieb vor einer hübschen kleinen Blockhütte und einem kleinen, von Sonnenblumen gesäumten Gartenstück stehen. Auf seinen Ruf antwortete eine alte Frau, grau und gebeugt, aber bemerkenswert rüstig, die an der Tür erschien.

„Um Himmels willen, wenn es nicht Milt Dale ist!" rief sie willkommen.

„Ich schätze, ich bin es, Mrs. Cass", antwortete er. „Und ich habe dir einen Truthahn mitgebracht."

„Milt, du bist der gute Junge, der die alte Witwe Cass nie vergisst ... Was für ein Fresser! Das erste, das ich diesen Herbst gesehen habe. Mein Mann Tom holte immer solche Fresser nach Hause ... Und vielleicht kommt er irgendwann wieder nach Hause."

Ihr Mann, Tom Cass, war vor Jahren in den Wald gegangen und nie zurückgekehrt. Aber die alte Frau suchte immer nach ihm und gab die Hoffnung nie auf.

„Männer haben sich im Wald verirrt und sind doch zurückgekommen", antwortete Dale, wie er ihr schon oft gesagt hatte.

„Komm rein. Du bist lufthungrig, ich weiß. Nun, mein Sohn, wann hast du das letzte Mal ein frisches Ei oder einen Fladenbrot gegessen?"

„Das solltest du dir merken", antwortete er lachend, als er ihr in eine kleine, saubere Küche folgte.

„Gesetze-a'-me! „Das ist schon Monate her", antwortete sie und schüttelte ihren grauen Kopf. „Milt, du solltest dieses wilde Leben aufgeben – heiraten – und ein Zuhause haben."

„Das sagst du mir immer."

„Ja, und ich werde dafür sorgen, dass du es noch tust ... Jetzt setz dich hin, und bald werde ich dir das Essen geben, das dir das Wasser im Mund zusammenlaufen lässt."

„Was gibt es Neues, Tante?" er hat gefragt.

„Keine Neuigkeiten an diesem toten Ort. Seit zwei Wochen war niemand mehr im Schneeglöckchen! ... Sary Jones ist gestorben, die arme alte Seele – es geht ihr besser – und eine meiner Kühe ist weggelaufen. Milt, sie ist wild, wenn sie im Wald herumtollt. Und du musst sie aufspüren, denn sonst kann das niemand. Die Färse eines John Dakker wurde von einem Löwen getötet, und Lem Hardens schnelles Pferd – Sie wissen schon, sein Favorit – wurde von Pferdedieben gestohlen. Lem ist einfach verrückt. Und das erinnert mich daran, Milt, wo ist dein großer Ranger, den du niemals verkaufen oder verleihen würdest?"

„Meine Pferde sind oben im Wald, Tante; sicher, schätze ich, vor Pferdedieben."

„Nun, das ist ein Segen. Diesen Sommer wurden uns einige Vorräte gestohlen, Milt, das ist kein Irrtum."

Während die alte Frau eine Mahlzeit für Dale zubereitete, erzählte sie immer wieder alles, was in dem kleinen Dorf seit seinem letzten Besuch passiert war. Dale genoss ihren Klatsch und ihre urige Philosophie, und es war überaus schön, an ihrem Tisch zu sitzen. Seiner Meinung nach hätte es nirgendwo sonst so viel Butter und Sahne, so viel Schinken und Eier geben können. Außerdem hatte sie anscheinend immer Apfelkuchen, wann immer er vorbeikam; und Apfelkuchen war eines der wenigen Dinge, die Dale im einsamen Wald bereute.

„Wie geht es dem alten Al Auchincloss?" fragte Dale.

„Schlecht – schlecht", seufzte Frau Cass. „Aber er trampelt und reitet herum wie immer. Al hat nicht mehr lange Zeit für diese Welt ... Und, Milt, das erinnert mich daran – es gibt die größte Neuigkeit, die du je gehört hast."

„Das sagst du nicht!" rief Dale, um die aufgeregte alte Frau zu ermutigen.

„Al hat seine Nichte Helen Rayner nach Saint Joe zurückgeschickt. Sie soll sein gesamtes Eigentum erben. Wir haben viel von ihr gehört – ein kleines Mädchen, sagt man ... Nun, Milt Dale, hier ist deine Chance. Halten Sie sich fern und machen Sie sich an die Arbeit ... Sie können dieses Mädchen heiraten!"

„Keine Chance für mich, Tante", antwortete Dale lächelnd.

Die alte Frau schnaubte. „Vieles weißt du! Jedes Mädchen würde dich haben, Milt Dale, wenn du nur ein Taschentuch werfen würdest."

„Ich!... Und warum, Tante?" fragte er, halb amüsiert, halb nachdenklich. Als er in die Zivilisation zurückkehrte, musste er seine Gedanken immer an die Vorstellungen der Menschen anpassen.

"Warum? Ich erkläre, Milt, du lebst so in den Wäldern, dass du wie ein zehnjähriger Junge bist – und dann manchmal so alt wie die Hügel ... Es gibt hier keinen jungen Mann, der sich mit dir vergleichen könnte. Und dieses Mädchen – sie wird das ganze Sperma der Auchinclosses haben."

„Dann wäre sie vielleicht doch kein so guter Fang", antwortete Dale.

„Wal, du hast keinen Grund, sie zu lieben, das ist sicher. Aber, Milt, die Auchincloss-Frauen sind immer gute Ehefrauen."

„Liebe Tante, du träumst", sagte Dale nüchtern. „Ich will keine Frau. Ich bin glücklich im Wald."

„Wirst du dein Leben lang wie ein Indianer leben, Milt Dale?" fragte sie scharf.

"Ich hoffe es."

„Du solltest dich schämen. Aber irgendein Mädchen wird dich verändern, Junge, und vielleicht ist es diese Helen Rayner. Ich hoffe und bete darum.

„Tante, ich nehme an, sie hat mich verändert. Sie würde den alten Al nie ändern. Er hasst mich, wissen Sie."

„Wal, ich bin mir nicht so sicher, Milt. Ich habe Al neulich getroffen. Er erkundigte sich nach dir und sagte, du wärst wild, aber er war der Meinung, dass Männer wie du gut für Pioniersiedlungen seien. Gott weiß, was für eine gute Wendung Sie in diesem Dorf gemacht haben! Milt, der alte Al ist mit deinem wilden Leben nicht einverstanden, aber er hatte nie ein schlechtes Gewissen, bis dein zahmer Löwe so viele seiner Schafe getötet hat."

„Tante, ich glaube nicht, dass Tom Al's Schafe jemals getötet hat", erklärte Dale positiv.

„Wal, Al und viele andere denken das auch", antwortete Mrs. Cass und schüttelte zweifelnd ihren grauen Kopf. „Du hast nie geschworen, dass er es nicht getan hat. Und da waren diese beiden Schafhirten, die schworen, sie hätten ihn gesehen."

„Sie haben nur einen Puma gesehen. Und sie hatten solche Angst, dass sie rannten."

„Wer würde das nicht tun? Das große Biest reicht aus, um jeden zu erschrecken. Um Himmels willen, holen Sie ihn nie wieder hierher! Ich werde die Zeit, die du getan hast, nie vergessen. Alle Leute, Kinder und Pferde in Pine sind an diesem Tag pleite und geflohen."

"Ja; aber Tom war nicht schuld. Tante, er ist das zahmste meiner Haustiere. Hat er nicht versucht, seinen Kopf auf deinen Schoß zu legen und deine Hand abzulecken?"

„Wal, Milt, ich kann nicht leugnen, dass dein Puma-Haustier sich nicht besser benommen hat als viele Leute, die ich kenne. Fer, das hat er getan. Aber sein Aussehen und das, was gesagt wurde, reichten mir."

„Und was ist das denn, Tante?"

„ Man sagt, er sei wild, wenn man ihn außer Sichtweite hat. Und er würde alles verfolgen und töten, was du ihm vorstellst."

„Ich habe ihm beigebracht, genau so zu sein."

„Wal, lass Tom zu Hause im Wald – wenn du uns besuchst."

Dale beendete seine herzhafte Mahlzeit und lauschte noch eine Weile dem Gespräch der alten Frau; Dann nahm er sein Gewehr und den anderen Truthahn und verabschiedete sich von ihr. Sie folgte ihm hinaus.

„Nun, Milt, du wirst doch bald wiederkommen, nicht wahr – ein Scherz, Al's Nichte zu sehen – die in einer Woche hier sein wird?"

„Ich schätze, ich werde eines Tages vorbeikommen … Tante, hast du meine Freunde gesehen, die Mormonenjungen?"

„Nein, ich habe sie nicht gesehen und möchte sie auch nicht sehen", erwiderte sie. „Milt Dale, wenn dich jemals jemand einsperrt, dann sind es die Mormonen."

„Mach dir keine Sorgen, Tante. Ich mag diese Jungs. Sie sehen mich oft oben im Wald und bitten mich, ihnen beim Aufspüren eines Fuchses oder beim Töten von Frischfleisch zu helfen."

„Sie arbeiten jetzt für Beasley."

"Ist das so?" erwiderte Dale plötzlich. „ Ein ‚Was machst du'?"

„Beasley wird so reich, dass er einen Zaun baut, und er hatte nicht genug Hilfe, wie ich gehört habe."

„Beasley wird reich!" wiederholte Dale nachdenklich. „Mehr Schafe , Pferde und Rinder als je zuvor, schätze ich?"

„Gesetze-a'-me! Warum, Milt, Beasley hat keine Ahnung, was er besitzt. Ja, er ist der größte Mann in dieser Gegend, seit der arme Al dazu neigte, zu scheitern. Ich denke, Al's Gesundheit hat sich durch Beasleys Erfolg nicht verbessert. Wie ich gehört habe, gab es zwischen ihnen in letzter Zeit einige erbitterte Auseinandersetzungen. Al ist nicht das, was er war."

Dale verabschiedete sich erneut von seinem alten Freund und ging nachdenklich und ernst davon. Beasley wäre nicht nur schwer zu umgehen, es wäre auch gefährlich, sich ihm zu widersetzen. Es bestand kein großer Zweifel daran, dass er sich unbeholfen die Vorherrschaft dort in Pine erkämpfen würde. Als Dale die Straße entlangging, traf er auf Bekannte, die seine Anwesenheit und sein Interesse an seinen Taten herzlich willkommen hießen, so dass seine Überlegungen vorerst unterbrochen wurden. Er trug den Truthahn zu einer anderen alten Freundin, und als er ihr Haus verließ, ging er weiter zum Dorfladen. Es handelte sich um eine große Blockhütte, grob mit Schindeln verkleidet, mit einer breiten Bretterplattform davor und einer Anhängeschiene auf der Straße. Dort standen mehrere Pferde und eine Gruppe fauler, hemdsärmeliger Liegestühle.

„Ich werde verbissen sein, wenn es nicht Milt Dale ist!" rief einer aus.

„Hallo, Milt, alter Hirsch! „Ich freue mich sehr, Sie zu sehen", begrüßte ein anderer.

„Hallo, Dale! „Du Luft an Land ist gut gegen wunde Augen", sagte noch ein anderer gedehnt.

Nach einer langen Zeit der Abwesenheit verspürte Dale bei der Begegnung mit diesen Bekannten stets eine besondere Wärme des Gefühls. Es verblasste schnell, als er in die Intimität seines Waldes zurückkehrte, und das lag daran, dass die Menschen in Pine ihn mit wenigen Ausnahmen – obwohl sie ihn mochten und seine Weisheit im Freien sehr bewunderten – als eine Art Nichts betrachteten. Weil er die Wildnis liebte und sie dem Dorf- und Weideleben vorzog, hatten sie ihn als keinen von ihnen eingestuft. Einige hielten ihn für faul; andere hielten ihn für träge; andere hielten ihn im Geiste und in den Gewohnheiten für einen Indianer; und es gab viele, die ihn als begriffsstutzig bezeichneten. Dann gab es noch eine andere Seite ihrer Wertschätzung für ihn, die ihm immer eine gutmütige Belustigung bescherte. Zwei aus dieser Gruppe baten ihn, etwas Truthahn oder Wildbret mitzubringen; ein anderer wollte mit ihm jagen. Lem Harden kam aus dem Laden und bat Dale, sein gestohlenes Pferd zurückzuholen. Lems Bruder wollte, dass eine wild laufende Stute aufgespürt und nach Hause gebracht wird. Jesse Lyons wollte ein Hengstfohlen, das gebrochen wurde, und zwar mit Geduld und nicht mit Gewalt, wie es die Methode der hartgesottenen Jungs in Pine war. Also belagerten sie Dale alle mit ihren egoistischen Bedürfnissen, ohne sich der schmeichelhaften Natur dieser Annäherungsversuche bewusst zu sein. Und in diesem Moment geschah es durch zwei Frauen, deren Bemerkungen, als sie den Laden betraten, ein starkes Zeugnis für Dales Persönlichkeit waren.

„Wenn da nicht Milt Dale ist!" rief der ältere der beiden aus. "Wie glücklich! Meine Kuh ist krank und die Männer sind keine guten Ärzte. Ich werde Milt scherzhaft einladen."

„Niemand ist wie Milt!" antwortete die andere Frau herzlich.

„Guten Tag – du Milt Dale!" rief der erste Redner. „Wenn du von diesen faulen Männern wegkommst, komm vorbei."

Dale verweigerte nie einen Dienst, und deshalb pflegte er seine seltenen Besuche in Pine länger zu dauern, als es ihm gefiel.

Laden betreten wollte, erspähte er Dale.

„Hallo, Milt!" rief er herzlich, als er mit ausgestreckter Hand vortrat. Seine Begrüßung war aufrichtig, aber der blitzschnelle Blick, den er Dale zuwarf, entsprang nicht seiner Freude. Bei Tageslicht war Beasley ein großer, kühner, schroffer Mann mit starken, dunklen Gesichtszügen. Sein aggressives Auftreten ließ darauf schließen, dass er ein guter Freund und ein schlechter Feind war.

Dale schüttelte ihm die Hand.

„Wie geht es dir, Beasley?"

„Ich beschwere mich nicht, Milt, obwohl ich mehr Arbeit habe, als ich aufbringen kann. Glaubst du, du würdest den Job als Chef meiner Schafhirten nicht annehmen?"

„Ich schätze, das würde ich nicht tun", antwortete Dale. „Trotzdem vielen Dank."

„Was ist da oben im Wald los?"

„Viel Truthahn und Hirsch. Auch viel Bär. Die Indianer haben Anfang Herbst wieder auf der Südseite gearbeitet. Aber ich gehe davon aus, dass der Winter spät kommt und mild sein wird."

"Gut! Ein „Wohin gehst du?"

„‚Querfeldein von meinem Lager', antwortete Dale eher ausweichend.

„Dein Lager! Das hat noch nie jemand gefunden", erklärte Beasley schroff.

„Es ist da oben", sagte Dale.

„Glaubst du, dass dieser Puma in deiner Kabinentür angekettet ist?" fragte Beasley, und sein muskulöser Körper zitterte kaum wahrnehmbar. Auch die Pupillen in seinen harten braunen Augen weiteten sich.

„Tom ist nicht angekettet. Und ich habe keine Hütte, Beasley."

„Du willst mir sagen, dass dieser große Kerl in deinem Lager bleibt, ohne gefesselt oder eingepfercht zu werden!" forderte Beasley.

„ Sicher tut er das."

"Schlägt mich! Aber andererseits bin ich ein queerer Fan von Pumas. Nachts verfolgte mich schon so mancher Puma . Das heißt nicht, dass ich Angst hatte. Aber ich mag diese Art von Ungeziefer nicht ... Milt, bleibst du eine Weile unten?"

„Ja, ich werde ein bisschen hier bleiben."

„Komm rüber zur Ranch. Ich freue mich jederzeit, Sie zu sehen. Einige Ihrer alten Jagdkameraden arbeiten für mich."

„Danke, Beasley. Ich schätze, ich komme vorbei."

Beasley wandte sich ab und machte einen Schritt, dann drehte er sich, als wäre ihm ein Gedanke gekommen, erneut um.

„Angenommen, Sie hätten gehört, dass der alte Al Auchincloss fast erschöpft ist?" fragte Beasley. Ein starker, schwerfälliger Gedankengang schien von seinen Gesichtszügen auszustrahlen. Dale ahnte, dass Beasleys nächster Schritt darin bestehen würde, seinen Fortschritt durch ein Wort oder einen Hinweis zu fördern.

„Witwe Cass hat mir alle Neuigkeiten erzählt. Schade um den alten Al", antwortete Dale.

"Sicher ist. Er ist erledigt. Und es tut mir leid – obwohl Al nie ehrlich gewesen ist –"

„Beasley", unterbrach Dale schnell, „das kannst du mir nicht sagen. Al Auchincloss war immer der weißeste und ehrlichste Mann in diesem Schafsland."

Beasley warf Dale einen flüchtigen, dunklen Blick zu.

„Dale, was du denkst, wird das Gefühl in diesem Bereich nicht beeinflussen", erwiderte Beasley mit Bedacht. „Du lebst im Wald und –"

„Ich glaube, ich lebe im Wald – und weiß eine ganze Menge", warf Dale ebenso bewusst ein. Die Gruppe der Männer tauschte überraschte Blicke. Das war Milt Dale in einer anderen Hinsicht. Und Beasley verbarg seine verblüffte Überraschung nicht.

„Worüber – jetzt?" fragte er unverblümt.

„Warum, darüber, was in Pine los ist", antwortete Dale.

Einige der Männer lachten.

„Landgrundstücke sind im Gange – kein Fehler", warf Lem Harden ein.

Wahrscheinlich hatte der begeisterte Beasley Milt Dale noch nie für eine verantwortungsbewusste Person gehalten; sicherlich nie jemand, der ihm in irgendeiner Weise die Spur kreuzt. Aber in diesem Moment wurde vielleicht ein Instinkt geboren, oder er ahnte eine Feindseligkeit in Dale, die sowohl überraschend als auch verwirrend war.

„Dale, ich habe Differenzen mit Al Auchincloss – schon seit Jahren", sagte Beasley. „Vieles von dem, was er besitzt, gehört mir. Und es wird zu mir kommen. Jetzt gehe ich davon aus, dass die Leute Partei ergreifen werden – einige für mich, andere für Al. Die meisten sind für mich... Wo stehst du? Al Auchincloss hatte nie eine Verwendung für dich, außerdem ist er ein sterbender Mann. Bist du auf seiner Seite?"

„Ja, das glaube ich."

„Wal, ich bin froh, dass du dich gemeldet hast", erwiderte Beasley kurz und schritt mit dem schwerfälligen Gang eines Mannes davon, der jedes Hindernis von seinem Weg fegt.

„Milt, das ist schlimm – das macht Beasley wütend", sagte Lem Harden. „Er ist auf dem Weg, dieses Team zu leiten."

„Er wird ganz sicher in Als Fußstapfen treten", sagte ein anderer.

„Das war weiß von Milt, um sich für den armen alten Al einzusetzen", erklärte Lems Bruder.

Dale löste sich von ihnen und ging nachdenklich die Straße hinunter. Die Last dessen, was er über Beasley wusste, lastete weniger schwer auf ihm, und der verschlossene Kurs, für den er sich entschieden hatte, erschien ihm am klügsten. Er musste nachdenken, bevor er es unternahm, den alten Al Auchincloss aufzusuchen; und zu diesem Zweck suchte er eine Stunde Abgeschiedenheit unter den Kiefern.

KAPITEL III

Am Nachmittag leitete Dale langsame Schritte zur Auchincloss-Ranch, nachdem er einige Aufgaben erledigt hatte, die ihm seine alten Freunde in Pine auferlegt hatten.

Die flache, quadratische Stein- und Blockhütte von ungewöhnlich großer Größe stand auf einem kleinen Hügel, eine halbe Meile außerhalb des Dorfes. Es diente sowohl als Wohnhaus als auch als Festung und war das erste Bauwerk, das in dieser Region errichtet wurde, und der Bauprozess wurde mehr als einmal durch indianische Angriffe unterbrochen. Die Apachen hatten ihre heftigen Angriffe jedoch seit einiger Zeit auf Punkte südlich des White Mountain-Gebirges beschränkt. Auchincloss' Haus blickte auf Scheunen, Schuppen und Ställe aller Größen und Formen sowie auf Hunderte Hektar gut kultivierten Boden. Haferfelder wogten grau und gelb in der Nachmittagssonne; Eine riesige grüne Weide wurde durch einen von Weiden gesäumten Bach geteilt, und hier waren Scharen von Pferden, und draußen auf den hügeligen, kahlen Ebenen streunten Rinderherden.

Die ganze Ranch zeigte viele Jahre harter Arbeit und die Ausdauer des Menschen. Der Bach bewässerte das grüne Tal zwischen der Ranch und dem Dorf. Das Wasser für das Haus kam jedoch vom hohen, bewaldeten Berghang herab und war mit einem einfachen Hilfsmittel dorthin gebracht worden. Kiefernstämme von einheitlicher Größe waren aneinandergereiht und mit einem tiefen Einschnitt versehen, und sie bildeten eine leuchtende Linie den Hang hinunter, über das Tal und den kleinen Hügel hinauf zum Haus der Auchincloss. In der Nähe des Hauses waren die ausgehöhlten Baumstammhälften zu einem einfachen Rohr zusammengebunden worden. In diesem Fall floss das Wasser bergauf, eine der Tatsachen, die die Ranch berühmt machten, da sie für die kleinen Jungen von Pine schon immer ein Wunder und eine Freude gewesen war. Die beiden guten Frauen, die den großen Haushalt von Auchincloss verwalteten, waren oft schockiert über die seltsamen Dinge, die mit dem ständig fließenden Strom klaren, kalten Bergwassers in ihre Küche schwammen.

An diesem Tag begegnete Dale Al Auchincloss, der im Schatten einer Veranda saß und sich mit einigen seiner Schafhirten und Viehzüchter unterhielt. Auchincloss war ein kleiner Mann von äußerst kräftiger Statur und großer Schulterbreite. Er hatte keine grauen Haare und sah auch nicht alt aus, doch in seinem Gesicht war eine gewisse Müdigkeit zu erkennen, etwas, das an abfallende, trübe und blasse Linien der Not erinnerte, die vom Alter und dem Niedergang der Lebenskraft kündeten. Seine großflächigen Gesichtszüge waren klar und anmutig, und er hatte offene blaue Augen, etwas traurig, aber dennoch voller Lebensfreude.

Dale hatte keine Ahnung, wie sein Besuch aufgenommen werden würde, und er wäre sicherlich nicht überrascht gewesen, wenn man ihn des Ortes verwiesen hätte. Er hatte dort seit Jahren keinen Fuß mehr gesetzt. Daher war er überrascht, als Auchincloss die Hirten wegwinkte und ohne besondere Miene eintrat.

„Hallo, Al! Wie geht es dir?" begrüßte Dale locker, als er sein Gewehr an die Baumstammwand lehnte.

Auchincloss erhob sich nicht, bot aber seine Hand an.

„Wal, Milt Dale, ich glaube, das ist das erste Mal, dass ich dich sehe, dass ich dich nicht flach auf den Rücken legen könnte", antwortete der Rancher. Sein Ton war sowohl gereizt als auch voller Pathos.

„Ich nehme an, du meinst, dass es dir nicht sehr gut geht", antwortete Dale. „Es tut mir leid, Al."

„Nein, das ist es nicht. Ich war noch nie in meinem Leben krank. Ich bin einfach ausgepowert, wie ein Idiot, der stark und willig war und zu viel getan hat ... Wal, du siehst keinen Tag älter aus, Milt. „Das Leben im Wald übersteigt den Kopf eines Mannes."

„Ja, mir geht es gut, eine Zeit stört mich nie."

„Wal, vielleicht bist du doch gar nicht so ein Idiot. Ich habe mich in letzter Zeit gefragt – seit ich Zeit zum Nachdenken hatte ... Aber, Milt, du wirst nicht reicher."

„Al, ich habe alles, was ich will und brauche."

„Wal, dann unterstützt du niemanden; Du tust nichts Gutes auf der Welt."

„Wir sind anderer Meinung, Al", antwortete Dale mit seinem langsamen Lächeln.

„Ich schätze, wir haben es nie getan... Und du kommst doch nur rüber, um mir deinen Respekt zu erweisen, oder?"

„Nicht ganz", antwortete Dale nachdenklich. „Zuerst möchte ich sagen, dass ich es den Schafen heimzahlen werde, von denen Sie immer behauptet haben, dass mein zahmer Puma getötet wurde."

"Du wirst! Und wie bist du da vorgegangen?"

„ Es waren nicht sehr viele Schafe, oder?

„Eine Angelegenheit von fünfzig Köpfen."

"So viele! Al, denkst du immer noch, dass der alte Tom die Schafe getötet hat?"

„Hmpf! Milt, ich weiß verdammt genau, dass er es getan hat."

„Al, wie kannst du jetzt etwas wissen, was ich nicht weiß? Seien Sie jetzt vernünftig. Lasst uns darüber nicht noch einmal streiten. Ich werde es den Schafen zurückzahlen. Finde es heraus –"

„Milt Dale, du kommst hierher und machst dir die fünfzig Schafe zu schaffen!" rief der alte Rancher ungläubig.

"Sicher."

„Wal, ich werde verdammt sein!" Er lehnte sich zurück und blickte Dale mit scharfsinnigen Augen an. „Was ist in dich gefahren, Milt? Hast du gehört, dass meine Nichte kommt, und denkst du, du würdest ihr gegenüber glänzen?"

„Ja, Al, ihr Kommen hat viel mit meinem Deal zu tun", antwortete Dale nüchtern. „Aber ich hätte nie gedacht, dass ich vor ihr glänzen könnte, wie Sie andeuten."

„Hau! Haha! Du bist genau wie alle anderen Hengste hier. Ich denke auch, dass es ein gutes Zeichen ist. Es braucht eine Frau, die dich aus dem Wald holt. Aber, Junge, diese Nichte von mir, Helen Rayner, wird dich auf den Kopf stellen. Ich habe sie nie gesehen. Sie sagen, sie sei ein Scherz wie ihre Mutter. Eine 'Nell Auchincloss – was für ein Mädchen sie war!'

Dale spürte, wie sein Gesicht rot wurde. Tatsächlich war dies ein seltsames Gespräch für ihn.

„Ehrlich, Al …", begann er.

„Junge, lüg keinen alten Mann an."

"Lüge! Ich würde niemanden anlügen. Al, es sind nur Männer, die in Städten leben und immer Geschäfte machen. Ich lebe im Wald, wo es nichts gibt, was mich zum Lügen verleiten könnte."

„Wal, ich bin mir sicher, dass es nichts für ungut sein soll", antwortete Auchincloss. „Vielleicht ist da etwas dran, was du sagst... Wir haben über die Schafe gesprochen, die deine große Katze getötet hat. Wal, Milt, ich kann es nicht beweisen, das ist sicher. Und vielleicht hältst du mich für einen Schwindler, wenn ich dir meine Gründe erzähle. Es war nicht das, was diese Greaser-Hirten gesagt haben, als sie einen Puma in der Herde sahen."

„Was war denn?" fragte Dale, sehr interessiert.

„Wal, an dem Tag vor einem Jahr habe ich dein Haustier gesehen. Er lag vor dem Laden und du warst drinnen und hast mit Vorräten gehandelt, schätze ich. Es war, als würde man einem Feind von Angesicht zu Angesicht begegnen. Denn verdammt, wenn ich nicht wüsste, dass dieser Puma schuldig war, als er mir in die Augen sah! Dort!"

Der alte Rancher erwartete, ausgelacht zu werden. Aber Dale war ernst.

„Al, ich weiß, wie du dich gefühlt hast", antwortete er, als würden sie über die Handlung eines Menschen sprechen. „Klar würde ich es hassen, am alten Tom zu zweifeln. Aber er ist ein Puma. Und die Verhaltensweisen der Tiere sind seltsam ... Wie dem auch sei, Al, ich werde den Verlust deiner Schafe wiedergutmachen."

„Nein, das wirst du nicht", erwiderte Auchincloss schnell. „Wir sagen ab. Es ist für mich eine Selbstverständlichkeit, das Angebot zu machen. Das reicht. Vergessen Sie also Ihre Sorgen um die Arbeit, falls Sie welche hatten."

„Ich wollte noch etwas sagen, Al", begann Dale zögernd. „Und es geht um Beasley."

Auchincloss zuckte heftig zusammen und eine rote Flamme schoss ihm ins Gesicht. Dann hob er eine große Hand, die zitterte. Dale erkannte blitzschnell, wie die Nerven des alten Mannes nachgelassen hatten.

„Erwähne mir gegenüber nicht – den – den Schmierer!" platzte der Rancher heraus. „Es lässt mich sehen – rot... Dale, ich übersehe nicht, dass du heute für mich gesprochen hast – auf meiner Seite getreten bist. Lem Harden hat es mir erzählt. Ich war froh. Deshalb habe ich heute unseren alten Streit vergessen ... Aber kein Wort über den Schafdieb – sonst vertreibe ich dich von hier!"

„Aber Al – seien Sie vernünftig", wandte Dale ein. „Es ist notwendig, dass ich von – von Beasley spreche."

„Ist es nicht. Für mich nicht. Ich werde nicht zuhören."

„Ich schätze, das musst du tun, Al", erwiderte Dale. „Beasley ist hinter Ihrem Eigentum her. Er hat einen Deal gemacht –"

„Beim Himmel! Ich weiß, dass!" schrie Auchincloss und schwankte, sein Gesicht war jetzt schwarzrot. „Glaubst du, das ist neu für mich? Halt die Klappe, Dale! Ich kann es nicht ertragen."

„Aber Al – es gibt Schlimmeres", fuhr Dale hastig fort. "Schlechter! Dein Leben ist bedroht – und das deiner Nichte Helen – sie soll –"

„Halt die Klappe – und hau ab!" brüllte Auchincloss und wedelte mit seinen riesigen Fäusten.

Er schien am Rande eines Zusammenbruchs zu stehen, als er am ganzen Körper zitternd rückwärts zur Tür ging. Ein paar Sekunden voller Wut hatten ihn in einen erbärmlichen alten Mann verwandelt.

„Aber Al – ich bin dein Freund –", begann Dale flehend.

„Freund, hey?" antwortete der Rancher mit grimmiger, bitterer Leidenschaft. „Dann bist du der Einzige... Milt Dale, ich bin reich und ein sterbender Mann. Ich vertraue niemandem ... Aber du wilder Jäger – wenn du mein Freund bist – beweise es! ... Töte den fetten Schafdieb! TUN Sie etwas – und dann kommen Sie und reden Sie mit mir!"

Damit taumelte er halb fallend ins Haus und schlug die Tür zu.

Dale stand einen Moment ausdruckslos da, dann nahm er sein Gewehr und ging davon.

Gegen Sonnenuntergang machte Dale das Lager seiner vier mormonischen Freunde ausfindig und erreichte es rechtzeitig zum Abendessen.

John, Roy, Joe und Hal Beeman waren Söhne eines mormonischen Pioniers, der die kleine Gemeinde Snowdrop besiedelt hatte. Sie waren an Jahre alt, junge Männer, aber harte Arbeit und ein hartes Leben unter freiem Himmel ließen sie erwachsen aussehen. Zwischen John und Roy, zwischen Roy und Joe und ebenso zwischen Joe und Hal betrug der Altersunterschied nur ein Jahr. Vom Aussehen her waren sie schwer voneinander zu unterscheiden. Reiter, Schafhirten, Viehzüchter, Jäger – sie alle besaßen lange, drahtige, kräftige Statur, schlanke, gebräunte, stille Gesichter und die ruhigen, scharfen Augen von Männern, die an das Offene gewöhnt waren.

Ihr Lager befand sich neben einer Quelle in einer von Espen umgebenen Bucht, etwa fünf Kilometer von Pine entfernt. und obwohl sie für Beasley in der Nähe des Dorfes arbeiteten, waren sie nach der für ihre Art typischen Gewohnheit der Abgeschiedenheit vom Lager hin und her geritten.

Dale und die Brüder hatten viel gemeinsam und es entstand eine herzliche Verbundenheit . Doch bei ihrem vertraulichen Austausch ging es ausschließlich um Dinge, die den Wald betrafen. Dale aß mit ihnen zu Abend und redete wie üblich, wenn er sie traf, ohne auch nur den geringsten Hinweis auf das Vorhaben zu geben, das ihm in den Sinn kam. Nach dem Essen half er Joe, die Pferde zusammenzutreiben, sie für die Nacht zu humpeln und sie auf eine grasbewachsene Lichtung zwischen den Kiefern zu treiben. Später, als der kühle Wind die Schatten durch den Wald schlich und das Lagerfeuer angenehm glühte, sprach Dale das Thema an, das ihn beschäftigte.

„Und du arbeitest also für Beasley?" fragte er, um das Gespräch zu beginnen.

„Das waren wir ", sagte John gedehnt. „Aber heute, am Ende unseres Monats, haben wir unser Gehalt bekommen und gekündigt. Beasley war wirklich wund.

„Warum hast du Schluss gemacht?"

John versuchte keine Antwort, und seine Brüder hatten alle diesen stillen, unterdrückten Gesichtsausdruck des Wissens unter Kontrolle.

„Hör zu, was ich dir sagen will, dann wirst du reden", fuhr Dale fort. Und hastig erzählte er von Beasleys Plan, die Nichte von Al Auchincloss zu entführen und das Eigentum des Sterbenden zu beanspruchen.

Als Dale ziemlich atemlos endete, saßen die Mormonenjungen ohne Anzeichen von Überraschung oder Gefühl da. John, der Älteste, nahm einen Stock und stocherte langsam in der roten Glut des Feuers herum, sodass die weißen Funken sprühten.

„Nun, Milt, warum hast du uns das erzählt?" fragte er vorsichtig.

„Ihr seid die einzigen Freunde, die ich habe", antwortete Dale. „Es schien mir nicht sicher zu sein, unten im Dorf zu reden. Ich habe sofort an euch gedacht, Jungs. Ich werde nicht zulassen, dass Snake Anson dieses Mädchen bekommt. Und ich brauche Hilfe, also komme ich zu dir."

„Beasley ist in der Nähe von Pine stark, der alte Al wird schwächer. „Beasley wird das Grundstück bekommen, ob Mädchen oder nicht", sagte John.

„Es kommt nicht immer so, wie es aussieht. Aber egal. Der Mädchen-Deal hat mich verärgert ... Sie soll am 16. bei Magdalena eintreffen und für Schneeglöckchen auf der Bühne stehen ... Was nun tun? Wenn sie auf dieser Bühne unterwegs ist, werde ich dabei sein, darauf können Sie wetten. Aber sie sollte überhaupt nicht dabei sein. ... Jungs, irgendwie werde ich sie retten. Wirst du mir helfen? Ich schätze, ich war für dich in einigen schwierigen Situationen. Klar, das ist anders. Aber seid ihr meine Freunde? Sie wissen jetzt, was Beasley ist. Und ihr seid alle durch die Hände von Snake Ansons Bande verloren. Du hast schnelle Pferde, einen Blick für die Fährtensuche und kannst mit einem Gewehr umgehen. Ihr seid die Art von Kerlen, die ich in einer schwierigen Situation mit einer bösen Bande haben möchte. Wirst du mir beistehen oder mich alleine gehen sehen?"

Dann drückte John Beeman schweigend und mit blassem Gesicht kräftig Dales Hand, und einer nach dem anderen erhoben sich die anderen Brüder, um es ihm gleichzutun. Ihre Augen blitzten hart und eine seltsame Bitterkeit lag um ihre dünnen Lippen.

„Milt, vielleicht wissen wir, welcher Beasley besser ist als du", sagte John schließlich. „Er hat meinen Vater ruiniert. Er hat andere Mormonen betrogen. Wir Jungs haben uns selbst bewiesen, dass er die Schafe bekommt, die Ansons Bande stiehlt ... und die Herden nach Phoenix treibt! Unsere Leute lassen nicht zu, dass wir Beasley beschuldigen. Also haben wir schweigend gelitten. Mein Vater hat immer gesagt, lass jemand anderen das erste Wort gegen Beasley sagen, und du bist zu uns gekommen!"

Roy Beeman legte Dale eine Hand auf die Schulter. Er war vielleicht der eifrigste der Brüder und derjenige, den das Abenteuer und die Gefahr am meisten forderten. Er war auf vielen langen Strecken am häufigsten mit Dale zusammen gewesen, und er war der härteste Fahrer und der unerbittlichste Fährtenleser in diesem ganzen Gebirgsgebiet.

„Und wir gehen mit dir", sagte er mit starker und rollender Stimme.

Sie nahmen wieder ihre Plätze vor dem Feuer ein. John warf noch mehr Holz nach, und mit einem Knistern und Funkeln rollte sich die Flamme zusammen, angefacht vom Wind. Als die Dämmerung in die Nacht überging, steigerte sich das Stöhnen in den Kiefern zu einem Brüllen. Ein Rudel Kojoten begann mit stakkatoartigen Schreien die Luft zu durchdringen.

Die fünf jungen Männer unterhielten sich lange und ernsthaft, überlegten, planten und verwarfen die von ihnen vorgebrachten Ideen. Dale und Roy Beeman schlugen das meiste vor, was für alle akzeptabel wurde. Jäger dieser Art ähnelten Entdeckern, da sie langsam und bewusst auf Details achteten. Sie hatten es hier mit einer Situation unbegrenzter Möglichkeiten zu tun; die benötigten Pferde und Ausrüstung; ein langer Umweg, um Magdalena unbeobachtet zu erreichen; die Rettung eines fremden Mädchens, das zweifellos eigensinnig und entschlossen wäre, auf die Bühne zu reiten – die Rettung mit Gewalt, wenn nötig; der Kampf und die unvermeidliche Verfolgung; die Flucht in den Wald und die sichere Übergabe des Mädchens an Auchincloss.

„Dann, Milt, werden wir Beasley verfolgen?" fragte Roy Beeman deutlich.

Dale war still und nachdenklich.

„Ausreichend für den Tag!" sagte John. „Und Leute, lasst uns ins Bett gehen."

Sie rollten ihre Planen aus, Dale teilte sich Roys Decken, und schliefen bald ein, während die rote Glut langsam verblasste, das laute Brausen des Windes nachließ und die Stille im Wald einsetzte.

KAPITEL IV

Helen Rayner war ganze vierundzwanzig Stunden im Überlandzug Richtung Westen unterwegs, bevor sie eine alarmierende Entdeckung machte.

In Begleitung ihrer Schwester Bo, einem frühreifen sechzehnjährigen Mädchen, hatte Helen St. Joseph mit einem Herzen verlassen, das vom Abschied von ihren Lieben zu Hause traurig war, aber dennoch voller aufregender und lebhafter Vorfreude auf das seltsame Leben im Fernen Westen. Alle ihre Leute hatten den Pioniergeist; Die Liebe zur Veränderung, Action und Abenteuer lag ihr im Blut. Dann hatte die Pflicht gegenüber einer verwitweten Mutter mit einer großen und wachsenden Familie Helen dazu veranlasst, das Angebot dieses reichen Onkels anzunehmen. Sie hatte die Schule und auch ihre kleinen Brüder und Schwestern unterrichtet; Sie hatte auf andere Weise mitgeholfen. Und obwohl es schwer war, die Wurzeln alter Liebesbeziehungen auszureißen, war diese Gelegenheit in ihrem Ruf unwiderstehlich. Das Gebet ihrer Träume war erhört worden. Um ihrer Familie Glück zu bringen; sich um diese schöne, wilde kleine Schwester zu kümmern; die gelben, schmutzigen, eintönigen Städte den großen, hügeligen, grenzenlosen Weiten überlassen; auf einer wundervollen Ranch zu leben, die eines Tages ihr gehören sollte; eine tiefe, instinktive und unentwickelte Liebe zu Pferden, Rindern, Schafen, zu Wüste und Bergen, zu Bäumen und Bächen und wilden Blumen erfüllt zu haben – all das war die Summe ihrer leidenschaftlichsten Sehnsüchte, die sie nun auf wunderbare, märchenhafte Weise erfüllen konnte wahr werden.

Die Entdeckung, dass Harve Riggs im Zug war, war ein Dämpfer für ihre Vorfreude, ein leerer, Übelkeit erregender Spritzer kalten Wassers auf ihre warmen und intimen Träume. Seine Anwesenheit konnte nur eines bedeuten – dass er ihr gefolgt war. Riggs war die schlimmste von vielen Prüfungen dort in St. Joseph gewesen. Er hatte Anspruch oder Einfluss auf ihre Mutter gehabt, die sein Angebot, Helen zu heiraten, befürwortete; er war weder attraktiv, noch gut, noch fleißig, noch irgendetwas, was sie interessierte; Er war ein prahlerischer, stolzierender Abenteurer, nicht wirklich westlich, und er zeigte lange Haare, Waffen und Berühmtheit. Helen hatte Zweifel an der Wahrhaftigkeit der vielen Kämpfe, von denen er behauptete, sie seien seine gewesen, und sie vermutete auch , dass er nicht wirklich groß genug war, um böse zu sein – so wie westliche Männer böse waren. Aber im Zug, im Bahnhof von La Junta, warnte Helen ein flüchtiger Blick auf ihn, der sie offensichtlich beobachtete, während er versuchte, sich aus ihren Augen zu verstecken, dass sie jetzt möglicherweise ein Problem an ihren Händen haben könnte.

Die Erkenntnis ernüchterte sie. Es sollte nicht alles ein rosiger Weg zu dieser neuen Heimat im Westen sein. Riggs würde ihr folgen, wenn er sie nicht begleiten könnte, und um seine eigenen Ziele zu erreichen, würde er alles tun. Helen spürte die verblüffende Erkenntnis, dass sie auf ihre eigenen Ressourcen angewiesen war, und dann eine betäubende Entmutigung, Einsamkeit und Hilflosigkeit. Aber diese Gefühle hielten in dem schnellen Stolz und dem Aufblitzen ihres Temperaments nicht lange an. Die Gelegenheit klopfte an ihre Tür und sie wollte dabei zu Hause sein. Sie wäre nicht die Nichte von Al Auchincloss gewesen, wenn sie gescheitert wäre. Und als auf das Temperament echte Wut folgte, hätte sie lachen können, um diesen Harve Riggs und seine Pläne zu verachten, was immer sie auch sein mochten. Ein für alle Mal vergaß sie die Angst vor ihm. Als sie St. Joseph verließ, war sie dem Westen mit klopfendem Herzen und der großen Entschlossenheit entgegengetreten, dieses Westens würdig zu sein. Dort draußen in diesem fernen Land mussten Häuser gebaut werden, hatte Onkel Al geschrieben, und Frauen wurden gebraucht, um Häuser zu bauen. Sie wollte eine dieser Frauen sein und aus ihrer Schwester eine andere machen. Und mit dem Gedanken, dass sie früher oder später genau wissen würde, was sie Riggs sagen sollte, wenn er sich ihr näherte, vergaß Helen ihn aus ihren Gedanken.

Während der Zug in Bewegung war und Helen die Möglichkeit hatte, die sich ständig verändernde Landschaft zu beobachten, und sie von der anstrengenden Aufgabe erholte, Bo an den Bahnhöfen gut im Griff zu behalten, verfiel sie wieder in verträumte Blicke auf die Kiefernwälder und die roten, felsigen Schluchten und die dunklen, kühnen Berge. Sie sah die Sonne über fernen Teilen von New Mexico untergehen – ein goldener Glanz der Herrlichkeit, so neu für sie wie die seltsamen Fantasien, die in ihr geboren wurden, aufregend und flüchtig vorbeizogen. Bos Verzückung verstummte nicht, und als die Sonne unterging und die Farbe verblasste, drängte sie Helen ebenso entzückt, den riesigen Korb mit Essen herauszuholen, den sie von zu Hause mitgebracht hatten.

Sie hatten zwei einander gegenüberliegende Sitze am Ende des Wagens, und dort stapelte sich mit dem Korb obenauf das Gepäck, das alle Mädchen auf der Welt besaß. Tatsächlich war es sehr viel mehr, als sie jemals zuvor besessen hatten, weil ihre Mutter in ihrer Sorge um sie und dem Wunsch, dass sie in den Augen dieses reichen Onkels gut aussahen, Geld und Mühe darauf verwendet hatte, ihnen hübsche und brauchbare Kleidung zu geben.

Die Mädchen saßen zusammen, den schweren Korb auf den Knien, und aßen, während sie auf die kühlen, dunklen Bergrücken blickten. Der Zug ratterte langsam weiter, offenbar über eine Straße, die nur aus Kurven bestand. Und es war Zeit für das Abendessen für alle in der überfüllten Kutsche. Wenn Helen nicht so fasziniert von der großen, wilden

Berglandschaft gewesen wäre, hätte sie mehr Interesse an den Passagieren gehabt. So sah sie sie und war amüsiert und nachdenklich über die Männer und Frauen und ein paar Kinder im Auto, alles Leute der Mittelschicht, arm und hoffnungsvoll, die dorthin in den Neuen Westen reisten, um ein Zuhause zu finden. Es war großartig und schön, diese Tatsache, und doch löste sie eine kurze und unerklärliche Traurigkeit aus. Aus dem Zugfenster wirkte diese Welt aus Wald und Felsen mit ihren langen, kahlen Bereichen dazwischen so einsam, so wild, so unbewohnbar. Wie endlos die Entfernung! Stundenlang und kilometerweit kein Haus, keine Hütte, kein Indianer-Tipi! Es war erstaunlich, wie lang und breit dieses wunderschöne Land ist. Und Helen, die Bäche und fließende Bäche liebte, sah überhaupt kein Wasser.

Dann senkte sich die Dunkelheit über das sich langsam bewegende Panorama; ein kühler Nachtwind wehte durchs Fenster; Weiße Sterne begannen aus heiterem Himmel zu blinken. Die Schwestern schliefen mit gefalteten Händen und aneinandergeschmiegten Köpfen unter einem schweren Umhang.

Früh am nächsten Morgen, während die Mädchen wieder in ihrem scheinbar bodenlosen Korb wühlten, hielt der Zug in Las Vegas.

"Sehen! Sehen!" rief Bo mit aufregender Stimme. „Cowboys! Oh, Nell, schau!"

Helen blickte lachend zuerst auf ihre Schwester und dachte, dass sie am allerliebsten anzusehen sei. Bo war klein, hatte einen pulsierenden Lebensinstinkt und hatte kastanienbraunes Haar und dunkelblaue Augen. Diese Augen blitzten, waren schelmisch und zogen wie Magnete an.

Draußen auf dem unhöflichen Bahnsteig saßen Eisenbahner, Mexikaner und eine Gruppe faulenzender Cowboys. Es waren lange, schlanke, krummbeinige Kerle mit jungen, offenen Gesichtern und aufmerksamen Augen. Einer von ihnen schien mit seiner prächtigen Statur, seinem rotbronzenen Gesicht und dem leuchtend roten Schal, seiner schwingenden Waffe und den riesigen, langen, gebogenen Sporen besonders attraktiv zu sein. Offensichtlich fing er Bos bewundernden Blick auf, denn mit einem Wort an seine Gefährten schlenderte er zum Fenster, wo die Mädchen saßen. Sein Gang war eigenartig, fast unbeholfen, als wäre er das Gehen nicht gewohnt. Die langen Sporen klimperten musikalisch. Er nahm seinen Sombrero ab und stand entspannt, offen, kühl und lächelnd da. Helen mochte ihn auf den ersten Blick, und als sie sehen wollte, welche Wirkung er auf Bo hatte, stellte sie fest, dass die junge Dame ihn vor Angst starr anstarrte.

„Gutes Mawnin", sagte der Cowboy gedehnt mit einem langsamen, gut gelaunten Lächeln. „Wohin reist ihr denn denn alle?"

Der Klang seiner Stimme, die klare und drollige Freundlichkeit; erschien Helen neu und entzückend.

„Wir gehen nach Magdalena – und machen uns dann auf den Weg zu den White Mountains", antwortete Helen.

Die stillen, aufmerksamen Augen des Cowboys zeigten Überraschung.

„Apache-Land, Miss", sagte er. „Ich glaube, es tut mir leid. Das ist an der Küste kein Platz für euch alle ... Bettelt um eure Pfoten – seid ihr keine Mormonen?"

"NEIN. „Wir sind Nichten von Al Auchincloss", erwiderte Helen.

„Wal, das sagst du nicht! Ich war den Magdalena-Weg entlang und war ein Freund von Al ... Glaubst du, du kommst zu Besuch?"

„Es soll für uns ein Zuhause sein."

„Shore, das ist in Ordnung. Der Westen braucht Mädchen... Ja, ich habe von Al gehört. Ein alter Viehzüchter aus Arizona in einem Schafland! Das ist schlimm... Jetzt frage ich mich – wenn ich da runtergehen würde und ihn um einen Job als Reiter bitten würde – würde ich ihn bekommen?"

Sein träges Lächeln war ansteckend und seine Bedeutung war so klar wie kristallklares Wasser. Der Blick, den er auf Bo richtete, gefiel Helen irgendwie. Seit Bo in den letzten ein, zwei Jahren immer hübscher geworden war, war sie ein Magnet für bewundernde Blicke gewesen. Dies erweckte bei den Cowboys sowohl Respekt und Sympathie als auch Belustigung. Es war Bo sicherlich nicht entgangen.

„Mein Onkel sagte einmal in einem Brief, dass er nie genug Männer hatte, um seine Ranch zu führen", antwortete Helen lächelnd.

„Ich gehe ans Ufer. Ich schätze, ich würde scherzhaft in diese Richtung driften – jetzt."

Er wirkte so lakonisch, so locker, so nett, dass man ihn nicht ernst nehmen konnte, doch Helens schnelle Auffassungsgabe zeigte etwas Wagemutiges, etwas, das sowohl plötzlich als auch unvermeidlich in ihm war. Sein letztes Wort war so deutlich wie der sanfte Blick, den er Bo ansah.

Helen hatte einen schelmischen Zug, der, so sehr sie es auch unterdrückte, gelegentlich zum Vorschein kam; und Bo, die einmal in ihrem eigenwilligen Leben sprachlos geworden war, bot eine solche Versuchung an.

„Vielleicht legt meine kleine Schwester ein gutes Wort für dich ein – bei Onkel Al", sagte Helen. In diesem Moment machte der Zug einen Ruck und fuhr langsam los. Der Cowboy machte zwei große Schritte neben dem Auto her, sein hitziges Jungengesicht fast auf einer Höhe mit dem Fenster, seine

Augen, jetzt schüchtern und ein wenig wehmütig, aber auch kühn, auf Bo gerichtet.

„Auf Wiedersehen – Schatz!" er hat angerufen.

Er blieb stehen – war nicht mehr zu sehen.

"Also!" rief Helen zerknirscht, halb bedauert, halb amüsiert. „Was für ein plötzlicher junger Herr!"

Bo war wunderschön rot geworden.

„Nell, war er nicht herrlich!" platzte sie mit leuchtenden Augen heraus.

„Ich würde ihn kaum so nennen, aber er war – nett", antwortete Helen, sehr erleichtert darüber, dass Bo sie offenbar nicht beleidigt hatte.

Es schien deutlich, dass Bo dem verzweifelten Verlangen widerstand, aus dem Fenster zu schauen und mit der Hand zu winken. Aber sie schaute nur hinaus, offensichtlich zu ihrer Enttäuschung.

„Glaubst du, er – er wird zu Onkel Al kommen?" fragte Bo.

„Kind, er hatte nur Spaß."

„Nell, ich wette, er kommt. Oh, es wäre großartig! Ich werde Cowboys lieben. Sie sehen nicht aus wie dieser Harve Riggs, der dir so nachgelaufen ist."

Helen seufzte, teils wegen der Erinnerung an ihren abscheulichen Verehrer, teils weil Bos Zukunft bereits auf mysteriöse Weise nach dem Kind rief. Helen musste für ein Mädchen mit starkem und eigenwilligem Geist Mutter und Beschützerin zugleich sein.

Einer der Eisenbahner lenkte die Aufmerksamkeit der Mädchen auf einen grünen, abfallenden Berg, der sich zu einer kühnen, stumpfen Klippe aus nacktem Fels erhob; und indem er es Starvation Peak nannte, erzählte er eine Geschichte darüber, wie Indianer einst Spanier dorthin trieben und sie verhungern ließen. Bo war sehr interessiert, beobachtete fortan aufmerksamer als je zuvor und hatte immer eine Frage an einen vorbeikommenden Zugführer. Die Lehmhäuser der Mexikaner gefielen ihr, und dann fuhr der Zug ins Indianerland, wo am Gleis Pueblos und Indianer mit ihren leuchtenden Farben und zottigen wilden Mustangs auftauchten – dann war sie hingerissen.

„Aber diese Indianer sind friedlich!" rief sie einmal bedauernd aus.

„Gnädig, Kind! Du willst doch keine feindseligen Indianer sehen, oder?" fragte Helen.

„Das tue ich, darauf können Sie wetten", war die offene Erwiderung.

„Nun, ich wette, es wird mir leid tun, dass ich dich nicht bei meiner Mutter gelassen habe."

„Nell – das wirst du nie tun!"

Sie erreichten Albuquerque gegen Mittag, und dieser wichtige Bahnhof, an dem sie umsteigen mussten, war die erste gefürchtete Vorfreude auf die Reise gewesen. Es war auf jeden Fall ein geschäftiger Ort – voller plappernder Mexikaner, stolzierender, rotgesichtiger, böse aussehender Cowboys und herumlungernder Indianer. In der Verwirrung wäre es Helen schwergefallen, Ruhe zu bewahren, während Bo aufpassen musste, all das Gepäck zu tragen und der andere Zug zu finden war; aber der freundliche Bremser, der sie zuvor betreut hatte, half ihnen nun aus dem Zug in den anderen – ein Dienst, für den Helen sehr dankbar war.

„Albuquerque ist ein harter Ort", vertraute der Zugführer an. „Bleib lieber im Auto – und hänge nicht aus dem Fenster... Viel Glück!"

Im Waggon befanden sich nur wenige Passagiere, am vorderen Ende waren es Mexikaner. Dieser Nebenzug bestand aus einem Personenwagen mit einem Gepäckwagen, der an eine Reihe von Güterwagen angeschlossen war. Helen sagte sich etwas grimmig, dass sie bald sicher wissen würde, ob ihr Verdacht gegenüber Harve Riggs berechtigt war oder nicht. Wenn er an diesem Tag nach Magdalena fahren wollte, musste er in dieser Kutsche fahren. Plötzlich zog Bo, die den Ermahnungen nicht Folge leistete, ihren Kopf aus dem Fenster. Ihre Augen waren vor Erstaunen weit aufgerissen, ihr Mund offen.

„Nell! Ich habe diesen Mann gesehen, Riggs!" Sie flüsterte. „Er wird in diesen Zug einsteigen."

„Bo, ich habe ihn gestern gesehen", antwortete Helen nüchtern.

„Er ist dir gefolgt – der – der –"

„Nun, Bo, sei nicht aufgeregt", entgegnete Helen. „Wir sind jetzt von zu Hause weg. Wir müssen die Dinge so nehmen, wie sie kommen. Egal, ob Riggs mir gefolgt ist. Ich werde ihn beruhigen."

"Oh! Dann reden Sie nicht – haben Sie etwas mit ihm zu tun?"

„Das werde ich nicht, wenn ich es verhindern kann."

Andere Passagiere bestiegen den Zug, staubige, unhöfliche, zerlumpte Männer und einige hartgesichtige, schlecht gekleidete Frauen, die von der Arbeit gezeichnet waren, und mehrere weitere Mexikaner. Unter geschäftigem Treiben und lautem Gerede fanden sie ihre Plätze.

Dann sah Helen Harve Riggs eintreten, beladen mit viel Gepäck. Er war ein Mann von etwa mittlerer Größe, von dunklem, auffälligem Aussehen und mit langem schwarzen Schnurrbart und Haaren. Seine Kleidung war auffällig, denn sie bestand aus einem schwarzen Gehrock, einer schwarzen Hose, die in hohen Stiefeln mit kunstvollen Abschlüssen steckte, einer bestickten Weste, einer fließenden Krawatte und einem schwarzen Sombrero. Sein Gürtel und seine Waffe waren auffällig. Es war bezeichnend, dass er bei den anderen Passagieren für Kommentare sorgte.

Gepäckstücke abgelegt hatte, schien er sich zu beruhigen, drehte sich abrupt um und näherte sich dem Platz, auf dem die Mädchen saßen. Als er dort ankam, setzte er sich auf den Arm des Gegenübers, nahm seinen Sombrero ab und blickte Helen bedächtig an. Seine Augen waren hell und glitzerten mit einem harten, unruhigen Zittern, und sein Mund war grob und arrogant. Helen hatte ihn noch nie losgelöst von ihrer häuslichen Umgebung gesehen, und jetzt schmerzte der Unterschied in ihrem Herzen.

„Hallo, Nell!" er sagte. „Überrascht, mich zu sehen?"

„Nein", antwortete sie kalt.

„Ich wette, dass du es bist."

„Harve Riggs, ich habe Ihnen am Tag bevor ich das Haus verließ gesagt, dass mir nichts wichtig ist, was Sie tun oder sagen können."

„Ich schätze, das stimmt nicht, Nell. Jede Frau, die ich im Auge behalte, hat Grund zum Nachdenken. Und du weißt es."

„Dann bist du mir gefolgt – hierher?" fragte Helen, und ihre Stimme zitterte trotz ihrer Beherrschung vor Wut.

„Das habe ich auf jeden Fall", antwortete er, und bei der Tat dachte er genauso viel an sich selbst wie an sie.

"Warum? Warum? Es ist nutzlos – hoffnungslos."

„Ich habe geschworen, dass ich dich haben würde, sonst würde es niemand anderes tun", antwortete er, und hier, in der Leidenschaft seiner Stimme, klang eher Egoismus als Hunger nach der Liebe einer Frau. „Aber ich schätze, früher oder später hätte ich West sowieso getroffen."

„Du gehst nicht – den ganzen Weg – nach Pine?" stockte Helen und wurde für einen Moment schwächer.

„Nell, ich werde von nun an auf deiner Spur campen", erklärte er.

Dann saß Bo kerzengerade da, mit blassem Gesicht und blitzenden Augen.

„Harve Riggs, lassen Sie Nell in Ruhe", platzte sie mit klingender, mutiger junger Stimme heraus. „Ich sage dir was – ich wette – wenn du ihr folgst und sie noch mehr nörgelst, wird dich mein Onkel Al oder irgendein Cowboy aus dem Land vertreiben."

„Hallo, Pepper!" antwortete Riggs kühl. „Wie ich sehe, haben sich deine Manieren nicht verbessert und du bist immer noch ein Fan von Cowboys."

„Die Leute haben keine guten Manieren mit – mit –"

„Bo, still!" ermahnte Helen. Es war schwer, Bo gerade zu tadeln, denn diese junge Dame hatte nicht die geringste Angst vor Riggs. Tatsächlich sah sie aus, als könnte sie ihm ins Gesicht schlagen. Und Helen erkannte, dass der eigentliche Beginn der Eigenständigkeit ihren Geist geschwächt hatte, ganz gleich, wie sehr ihr Verstand die Möglichkeit erkannt hatte, ihr Zuhause in ein wildes Land zu verlassen, und wie mutig sie auch immer entschlossen war. Sie würde daraus hervorgehen. Aber gerade jetzt schien diese kleine Schwester mit den blitzenden Augen eine Beschützerin zu sein. Bo würde sich ohne weiteres an den Westen anpassen, dachte Helen, weil sie so jung, primitiv und elementar war.

Daraufhin drehte Bo Riggs den Rücken zu und schaute aus dem Fenster. Der Mann lachte. Dann stand er auf und beugte sich über Helen.

„Nell, ich gehe, wohin du auch gehst", sagte er ruhig. „Das kannst du freundlich nehmen oder nicht, ganz wie es dir gefällt. Aber wenn Sie ein wenig Verstand haben, werden Sie diesen Leuten hier draußen keinen Vorwurf gegen mich machen. Ich könnte jemanden verletzen ... Und wäre es nicht besser, Freunde zu sein? Denn ich werde mich um dich kümmern, ob es dir gefällt oder nicht."

Helen hatte diesen Mann als Ärgernis und später als Bedrohung empfunden, und nun musste sie ihm offene Feindschaft erklären. So abscheulich die Vorstellung war, dass er sich selbst als Faktor in ihrem neuen Leben betrachtete, es war die Wahrheit. Er existierte, er hatte die Kontrolle über seine Bewegungen. Sie konnte das nicht ändern. Sie hasste es, so viel an ihn denken zu müssen; und plötzlich hasste sie den Mann mit heißer, brodelnder Wut.

„Du wirst dich nicht um mich kümmern. Ich werde auf mich selbst aufpassen", sagte sie und drehte ihm den Rücken zu. Sie hörte, wie er leise murmelte und sich langsam im Auto entfernte. Dann legte Bo eine Hand in ihre.

„Macht nichts, Nell", flüsterte sie. „Sie wissen, was der alte Sheriff Haines über Harve Riggs gesagt hat. „Ein Möchtegern-Revolverheld im vierten Flush!" „ Wenn er jemals eine echte Westernstadt überfällt, wird er daraus vertrieben." Ich wünschte nur, mein rotgesichtiger Cowboy wäre in diesen Zug eingestiegen!"

Helen verspürte eine Welle der Freude darüber, dass sie Bos wilden Drängen nachgegeben hatte, ihren Westen zu erobern. Der Geist, der Bo zu Hause unverbesserlich gemacht hatte, würde sie wahrscheinlich glücklich auf das Leben draußen in diesem freien Land reagieren lassen. Doch trotz all ihrer Wärme und Dankbarkeit musste Helen über ihre Schwester lachen.

„Dein rotgesichtiger Cowboy! Na, Bo, du hattest große Angst. Und jetzt beanspruchen Sie ihn!"

„Ich könnte diesen Kerl auf jeden Fall lieben", antwortete Bo verträumt.

„Kind, das sagst du schon lange über Kerle. Und Sie haben noch nie einen von ihnen zweimal angeschaut."

„Er war anders... Nell, ich wette, er kommt nach Pine."

„Ich hoffe, dass er es tut. Ich wünschte, er wäre in diesem Zug. Ich mochte sein Aussehen, Bo."

„Nun, Nell, meine Liebe, er hat zuerst und zuletzt MICH angesehen – also machen Sie sich keine großen Hoffnungen ... Oh, der Zug fährt ab! ... Auf Wiedersehen, Albu-ker – was ist das für ein schrecklicher Name? ... . Nell, lass uns zu Abend essen. Ich bin am Verhungern."

Dann vergaß Helen ihre Sorgen und die ungewisse Zukunft, und als sie Bos Geplapper lauschte, erneut von den unzähligen guten Dingen aß, die es in dem riesigen Korb zu essen gab, und die edlen Berge beobachtete, kam sie wieder in glückliche Stimmung.

Das Tal des Rio Grande öffnete sich zum Blick, weit in der Nähe in einer großen graugrünen Lücke zwischen den kahlen schwarzen Bergen, schmal in der Ferne, wo sich der gelbe Fluss wand und unter der heißen Sonne glitzerte. Bo quietschte vor Freude, als sie nackte kleine mexikanische Kinder sah, die in Lehmhütten flüchteten, während der Zug ratterte, und sie bekundete ihre Freude über die Indianer und die Mustangs und insbesondere über eine Gruppe Cowboys, die auf temperamentvollen Pferden in die Stadt ritten. Helen sah alles, was Bo ihr zeigte, aber ihr Blick blieb am längsten an dem wunderbaren sanften Tal hängen, und an der trüben violetten Entfernung, die ihr etwas zu verheimlichen schien. Sie hatte noch nie zuvor ein solches Gefühl erlebt; Sie hatte bisher noch nie ein Zehntel gesehen. Und der Anblick weckte etwas Seltsames in ihr. Die Sonne brannte heiß, das merkte sie, als sie eine Hand aus dem Fenster legte, und ein starker Wind wehte trockene Staubschichten auf den Zug. Sie erfasste sofort, welche gewaltigen Faktoren im Südwesten die Sonne, der Staub und der Wind waren. Und ihre Erkenntnis brachte sie dazu, sie zu lieben. Es war da; das offene, wilde, schöne, einsame Land; und sie spürte den ergreifenden Ruf des Blutes in sich – zu suchen, zu streben, zu finden, zu leben. Ein Blick in das gelbe Tal, das zwischen seinen dunklen Eisenwällen endlos war , hatte ihr Verständnis für ihren Onkel verschafft. Sie musste im Geiste wie er sein, denn es wurde behauptet, dass sie ihm ansonsten ähnelte.

Schließlich wurde Bo es leid, eine Landschaft zu betrachten, in der es kein Leben gab, und mit ihrem hellen Kopf auf dem verblichenen Umhang schlief sie ein. Aber Helen behielt ihren festen, weitsichtigen Blick auf das Land aus Felsen und Ebene; und während der langen Stunden, während sie durch Staubwolken und Hitzeschleier zusah, schien sich ein starkes, zweifelhaftes und ruheloses Gefühl zu verändern und dann zu festigen. Es war ihre körperliche Akzeptanz – ihre Augen und ihre Sinne nahmen den Westen so auf, wie sie ihn im Geiste bereits aufgenommen hatte.

Eine Frau sollte ihr Zuhause lieben, wo auch immer das Schicksal sie hinführte, glaubte Helen, und zwar nicht so sehr aus Pflichtgefühl, sondern aus Freude, Romantik und Leben. Wie könnte das Leben hier draußen in dieser gewaltigen Weite der nackten Erde und des offenen Himmels jemals langweilig oder eintönig sein, wo das Bedürfnis, etwas zu erreichen, das Denken und Grübeln oberflächlich macht?

Mit Bedauern sah sie den letzten Blick auf das Tal des Rio Grande und dann auf die parallel verlaufenden Bergketten. Aber die Meilen brachten einen Ausgleich in anderen Tälern, anderen kühnen, schwarzen Felserhebungen und dann wieder kahlen, grenzenlosen gelben Ebenen und spärlichen Zedernkämmen und weißen, trockenen Sumpfgebieten, die im Sonnenlicht gespenstisch wirkten, und blendenden Alkalischichten, und dann a Wüstenraum, in dem goldene und blaue Blumen blühten.

Sie bemerkte auch, dass die Weiß- und Gelbtöne der Erde und des Gesteins begonnen hatten, sich ins Rote zu verwandeln – und sie wusste, dass dies eine Annäherung an Arizona bedeutete. Arizona, das Wilde, das Einsame, die rote Wüste, das grüne Plateau – Arizona mit seinen tosenden Flüssen, seinen unbekannten Weiten, seinen Weide- und Waldgebieten, seinen wilden Pferden, Cowboys, Gesetzlosen, Wölfen, Löwen und Wilden! Für einen Jungen rührte und begeisterte dieser Name und sang ihr von namenlosen, süßen, immateriellen Dingen, geheimnisvoll und voller Abenteuer. Aber sie, ein Mädchen von zwanzig Jahren, das Verantwortung übernommen hatte, musste die Tiefen ihres Herzens verbergen und das, worüber ihre Mutter sich beklagt hatte, war ihr Unglück, nicht als Junge geboren zu werden.

Die Zeit verging, während Helen zusah, lernte und träumte. Der Zug hielt in langen Abständen an Bahnhöfen, wo es scheinbar nichts als Lehmhütten und faule Mexikaner sowie Staub und Hitze gab. Bo erwachte und begann zu plaudern und im Korb zu wühlen. Vom Schaffner erfuhr sie, dass Magdalena nur noch zwei Stationen entfernt sei. Und sie war voller Vermutungen darüber, wer sie treffen würde und was passieren würde. So fühlte sich Helen wieder in die nüchterne Realität zurückgezogen, in der es viel Lebensfreude gab. Sicherlich wusste sie nicht, was passieren würde. Zweimal ging Riggs den Gang auf und ab, sein dunkles Gesicht, seine hellen Augen und sein hämisches Lächeln zwangen sie absichtlich dazu, sie anzusehen. Aber wieder kämpfte Helen mit verächtlicher Verachtung gegen die wachsende Angst an. Dieser Kerl war kein halber Mann. Es war nicht vorstellbar, was er tun konnte, außer sie zu ärgern, bis sie in Pine ankam. Ihr Onkel sollte sie in Schneeglöckchen treffen oder nach ihr schicken, ein Ort, der, wie Helen wusste, eine lange Etappenfahrt von Magdalena entfernt lag. Diese Etappenfahrt war für Helen der Höhepunkt und Schrecken der langen Reise.

„Oh, Nell!" rief Bo voller Freude. „Wir sind fast da! Nächste Station, sagte der Schaffner.

„Ich frage mich, ob die Bühne nachts fährt", sagte Helen nachdenklich.

„ Klar, das tut es!" antwortete der unbändige Bo.

Obwohl der Zug wie immer ratterte, kam es Helen so vor, als würde er fliegen. Dort ging die Sonne über den trostlosen Klippen von New Mexico unter, Magdalena war nahe, es war Nacht und Abenteuer. Helens Herz schlug schnell. Sie beobachtete die gelben Ebenen, auf denen das Vieh graste; Ihre Anwesenheit sowie Bewässerungsgräben und Pappeln verrieten ihr, dass der Eisenbahnteil der Reise fast zu Ende war. Dann, als sie Bos kleinen Schrei hörte, schaute sie über das Auto hinweg aus dem Fenster und sah eine Reihe niedriger, flacher Häuser aus rotem Lehm. Der Zug begann langsamer zu werden. Helen sah Kinder rennen, weiße Kinder und Mexikaner zusammen; dann mehr Häuser und hoch oben auf einem Hügel eine riesige Kirche aus Lehmziegeln, schlicht und grell und doch irgendwie schön.

Helen sagte zu Bo, sie solle ihren Hut aufsetzen, und als sie das gleiche tat, schämte sie sich für das Zittern ihrer Finger. Im Auto herrschte Trubel und Gerede.

Der Zug hielt an. Als Helen hinausspähte, sah sie eine verstreute Menge Mexikaner und Inder, alle regungslos und bewegungslos, als ob Züge oder nichts anderes eine Rolle spielten. Als nächstes sah Helen einen weißen Mann, und das war eine Erleichterung. Er stach vor den anderen hervor. Groß und breit, irgendwie auffällig, zog er einen zweiten Blick auf sich, der zeigte, dass er ein Jäger war, der in graubesetztes Wildleder gekleidet war und ein Gewehr trug.

KAPITEL V

Hier gab es keinen freundlichen Bremser, der den Schwestern mit ihrem Gepäck half. Helen forderte Bo auf, ihren Anteil zu nehmen; Unter dieser Last machten sie eine umständliche und mühsame Bewegung, um aus dem Zug auszusteigen.

Auf der Plattform des Wagens ergriff eine starke Hand Helens schwere Tasche, mit der sie sich abmühte, und eine laute Stimme rief:

„Mädels, wir sind hier – sicher draußen in der Wildnis und im wolligen Westen!"

Der Redner war Riggs, und er hatte sich einen Teil ihres Gepäcks zu eigen gemacht, wobei seine Taten und Reden mehr dazu dienten, die neugierige Menge zu beeindrucken, als wirklich freundlich zu sein. In der Aufregung über die Ankunft hatte Helen ihn vergessen. Die Art der plötzlichen Erinnerung – die Unaufrichtigkeit – ließ ihre Wut aufblitzen. In ihrer Eile, die Stufen hinabzusteigen, wäre sie beinahe gestürzt, so schwer sie auch war. Sie sah, wie der große Jäger in Grau dicht auf sie zutrat und nach der Tasche griff, die Riggs hielt.

"Herr. Riggs, ich werde meine Tasche tragen", sagte sie.

„Lass mich das schleppen. Du hilfst Bo bei ihrem", antwortete er vertraut.

„Aber ich will es", erwiderte sie ruhig und mit scharfer Entschlossenheit. Es war keine geringe Kraft erforderlich, um die Tasche von Riggs wegzuziehen.

„Sehen Sie, Helen, mit diesem Witz kommen Sie doch nicht weiter, oder?" fragte er abfällig und sprach immer noch ziemlich laut.

„Für mich ist das kein Scherz", antwortete Helen. „Ich habe dir gesagt, dass ich deine Aufmerksamkeit nicht will."

"Sicher. Aber das war Temperament. Ich bin dein Freund – aus deiner Heimatstadt. Und ich werde nicht zulassen, dass mich ein Streit davon abhält, auf dich aufzupassen, bis du bei deinem Onkel in Sicherheit bist."

Helen drehte ihm den Rücken zu. Der große Jäger hatte Bo gerade aus dem Auto geholfen. Dann blickte Helen in ein glattes, gebräuntes Gesicht und durchdringende graue Augen.

„Sind Sie Helen Rayner?" er hat gefragt.

"Ja."

„Mein Name ist Dale. Ich bin gekommen, um dich zu treffen."

"Ah! Mein Onkel hat dich geschickt?" fügte Helen schnell erleichtert hinzu.

"NEIN; Ich kann nicht sagen, dass Al mich geschickt hat", begann der Mann, „aber ich denke ..."

Er wurde von Riggs unterbrochen, der Helen am Arm packte und sie einen Schritt zurückzog.

„Sagen Sie, Herr, hat Auchincloss Sie geschickt, um meine jungen Freunde hier zu treffen?" forderte er arrogant.

Dales Blick wanderte von Helen zu Riggs. Sie konnte diesen ruhigen grauen Blick nicht lesen, aber er erregte sie.

"NEIN. Ich komme aus eigener Kraft", antwortete er.

„Dann werden Sie es verstehen – ich bin für sie verantwortlich", fügte Riggs hinzu.

Diesmal begegneten die festen, hellgrauen Augen Helens, und wenn darin oder hinter ihnen kein Lächeln zu sehen war, war sie noch verwirrter.

„Helen, ich schätze, du hast gesagt, du wolltest die Aufmerksamkeit dieses Kerls nicht."

„Das habe ich auf jeden Fall gesagt", antwortete Helen schnell. In diesem Moment rutschte Bo zu ihr und drückte leicht ihren Arm. Wahrscheinlich dachte Bos wie sie – hier war ein echter westlicher Mann. Das war ihr erster Eindruck, und ihm folgte schnell ein Gefühl entspannter Nerven.

Riggs stolzierte näher an Dale heran.

„Sag mal, Buckskin, ich komme aus Texas –"

„Du verschwendest unsere Zeit und wir müssen uns beeilen", unterbrach Dale. Sein Ton schien freundlich. „Und wenn du jemals lange in Texas leben würdest, würdest du keine Dame belästigen und ganz bestimmt nicht so reden wie du."

"Was!" schrie Riggs hitzig. Er senkte seine rechte Hand deutlich auf die Hüfte.

„Werfen Sie nicht mit Ihrer Waffe. Es könnte losgehen", sagte Dale.

Was auch immer Riggs' Absicht gewesen sein mochte – und es war wahrscheinlich genau das, was Dale offenbar gelesen hatte –, jetzt errötete er wütend und deutete auf seine Waffe.

Dales Hand blitzte zu schnell, als dass Helens Auge ihr hätte folgen können. Aber sie hörte den dumpfen Schlag, als es zuschlug. Die Waffe flog zum Bahnsteig und zerstreute eine Gruppe Inder und Mexikaner.

„Eines Tages wirst du dich verletzen", sagte Dale.

Helen hatte noch nie eine langsame, kühle Stimme wie die dieses Jägers gehört . Ohne Aufregung, Emotionen oder Eile schien es dennoch voller und bedeutsamer Dinge zu sein, die die Worte nicht bedeuteten. Bo stieß einen seltsamen kleinen Jubelschrei aus.

Riggs' Arm war schlaff herabgefallen. Zweifellos war es taub. Er starrte ihn an und sein Ausdruck war überwiegend überrascht. Als die schlurfende Menge zu kichern und zu flüstern begann, warf Riggs Dale einen bösen Blick zu, richtete ihn auf Helen und taumelte dann in Richtung seiner Waffe davon.

Dale schenkte ihm keine weitere Aufmerksamkeit mehr. Er sammelte Helens Gepäck ein, sagte „Komm schon" und bahnte sich einen Weg durch die gaffende Menge. Die Mädchen folgten ihm dicht auf den Fersen.

„Nell! Was habe ich dir gesagt?" flüsterte Bo. „Oh, ihr zittert alle!"

Helen war sich ihrer Unsicherheit bewusst; Wut, Angst und Erleichterung in schneller Folge hatten sie ziemlich schwach gemacht. Als sie durch das bunte Gedränge der Liegestühle ging, sah sie eine alte graue Postkutsche und vier magere Pferde. Auf dem Fahrersitz saß ein ergrauter, sonnenverbrannter Mann, Peitsche und Zügel in der Hand. Neben ihm war ein jüngerer Mann mit einem Gewehr über den Knien. Ein anderer Mann, jung, groß, schlank, dunkelhäutig, stand da und hielt die Kutschentür auf. Er berührte die Mädchen mit seinem Sombrero. Sein Blick war scharf, als er Dale ansprach.

„Milt, wurdest du nicht aufgehalten?"

"NEIN. Aber irgendein langhaariger Kerl versuchte, die Mädchen aufzuhalten. Wollte seine Waffe auf mich werfen. Ich hatte wirklich Angst", antwortete Dale, als er das Gepäck abstellte.

Bo lachte. Ihre Augen, die auf Dale ruhten, waren warm und strahlend. Der junge Mann an der Kutschentür warf einen zweiten Blick auf sie, und dann veränderte ein Lächeln die dunkle Härte seines Gesichts.

Dale half den Mädchen, die hohe Stufe auf die Bühne hinaufzusteigen, und dann stellte er das leichtere Gepäck zu ihnen und warf die schwereren Gepäckstücke darauf.

„Joe, kletter hoch", sagte er.

„Wal, Milt", sagte der Fahrer gedehnt, „lasst uns weiterschleichen."

Dale zögerte, die Hand an der Tür. Er warf einen Blick auf die Menge, die jetzt wieder näher rückte, und dann auf Helen.

„Ich denke, ich sollte es dir sagen " , sagte er, und Unentschlossenheit schien ihn zu beunruhigen.

"Was?" rief Helen aus.

"Schlechte Nachrichten. Aber Reden braucht Zeit. Und wir dürfen keines verlieren."

„Muss es eilig sein?" fragte Helen und setzte sich scharf auf.

"Ich rechne damit."

„Ist das die Bühne für Schneeglöckchen?

"NEIN. Das geht am Morgen. Wir haben diese alte Falle betätigt, um heute Abend einen Anfang zu machen."

"Je früher desto besser. Aber ich – ich verstehe es nicht", sagte Helen verwirrt.

„Es wird für dich nicht sicher sein, auf der Morgenetappe zu fahren", entgegnete Dale.

"Sicher! Oh, was meinst du?" rief Helen aus. Besorgt blickte sie ihn an und dann wieder Bo.

„Es wird Zeit brauchen, es zu erklären. Ein 'Fakten können Ihre Meinung ändern. Aber wenn du mir nicht vertrauen kannst –"

"Dir vertrauen!" warf Helen ausdruckslos ein. „Du willst uns nach Schneeglöckchen bringen?"

„Ich schätze, wir sollten lieber einen Kreisverkehr machen und Schneeglöckchen nicht treffen", antwortete er knapp.

„Dann zu Pine – zu meinem Onkel – Al Auchincloss?

„Ja, ich werde mich anstrengen."

Helen hielt den Atem an. Sie ahnte, dass ihr eine Gefahr drohte. Sie blickte diesem Mann fest und mit der ganzen Schärfe einer Frau ins Gesicht. Der Moment war eine der schicksalhaften Entscheidungen, die der Westen für sie bereithielt. Ihre Zukunft und die von Bo sollten nun von ihrem Urteil abhängen. Es war ein harter Moment und obwohl sie innerlich zitterte, begrüßte sie den ersten und unvermeidlichen Schritt. Dieser Mann, Dale, muss aufgrund seiner Wildlederkleidung entweder ein Pfadfinder oder ein Jäger sein. Seine Größe, sein Verhalten, der Ton seiner Stimme hatten beruhigend gewirkt. Aber Helen muss anhand dessen, was sie in seinem

Gesicht sah, entscheiden, ob sie ihm vertrauen soll oder nicht. Und dieses Gesicht war aus klarer Bronze, ohne Falten, ohne Schatten, wie eine ruhige Maske, klar geschnitten, mit kräftigen Kiefern, mit Augen von wunderbar transparentem Grau.

„Ja, ich werde dir vertrauen", sagte sie. „Steigen Sie ein und lassen Sie uns beeilen. Dann kannst du es erklären."

„Alles bereit, Bill. „Schick sie mit", rief Dale.

Er musste sich bücken, um die Bühne zu betreten, und sobald er sie betrat, schien er die Seite, auf der er saß, auszufüllen. Dann ließ der Fahrer seine Peitsche knallen; die Bühne geriet ins Wanken und begann zu rollen; die bunte Menge blieb zurück. Als Helen erwachte, wurde ihr klar, dass Bo mit großen Augen den Jäger anstarrte und dass mit dem ratternden Rollen dieser alten Postkutsche ein seltsameres Abenteuer begonnen hatte, als sie es sich jemals erträumt hatte.

Dale legte seinen Sombrero ab, beugte sich vor und hielt sein Gewehr zwischen den Knien. Das Licht schien jetzt, da er barhäuptig war, besser auf seine Gesichtszüge. Helen hatte noch nie ein solches Gesicht gesehen, das auf den ersten Blick dunkel gebräunt und hart wirkte und dann klar, kalt, distanziert, still und eindringlich wurde. Sie wünschte, sie könnte ein Lächeln darauf sehen. Und jetzt, da die Würfel gefallen waren , konnte sie nicht sagen, warum sie ihm vertraut hatte. Es lag eine einzigartige Kraft darin, aber sie erkannte nicht, welche Art von Kraft es war. In einem Moment dachte sie, es sei streng, im nächsten fand sie es süß und wieder, dass es keines von beidem war.

„Ich bin froh, dass du deine Schwester hast", sagte er plötzlich.

„Woher wusstest du, dass sie meine Schwester ist?"

„Ich schätze, sie sieht aus wie du."

„Niemand sonst hätte das jemals gedacht", antwortete Helen und versuchte zu lächeln.

Bo hatte keine Schwierigkeiten zu lächeln, als sie sagte: „Ich wünschte, ich wäre halb so hübsch wie Nell."

„Nell. Ist Ihr Name nicht Helen?" fragte Dale.

"Ja. Aber meine Wenigkeit – einige nennen mich Nell."

„Ich mag Nell besser als Helen. Und was ist deins?" fuhr Dale fort und sah Bo an.

„Meins ist Bo. Einfach nur Bo. Ist es nicht albern? Aber ich wurde nicht gefragt, wann sie es mir gegeben haben", antwortete sie.

„Bo. Es ist schön und kurz. Habe es noch nie gehört. Aber viele Menschen habe ich schon seit Jahren nicht mehr getroffen."

"Oh! wir haben die Stadt verlassen!" rief Bo. „Schau, Nell! Wie kahl! Es ist wie in der Wüste."

„Es ist Wüste. Wir haben davon vierzig Meilen zurückgelegt, bevor wir zu einem Hügel oder einem Baum kommen."

Helen blickte hinaus. Eine flache, mattgrüne Fläche erstreckte sich von der Straße weg immer weiter zu einem hellen, dunklen Horizont, wo die Sonne strahlenlos in einem klaren Himmel unterging. Offen, trostlos und einsam löste die Szene bei ihr einen kalten Schauer aus.

„Hat Ihr Onkel Al jemals etwas über einen Mann namens Beasley geschrieben?" fragte Dale.

„ Das hat er tatsächlich ", antwortete Helen überrascht. „Beasley! Dieser Name ist uns vertraut – und abscheulich. Mein Onkel beklagte sich jahrelang über diesen Mann. Dann wurde er verbittert – beschuldigte Beasley. Aber im letzten Jahr oder so kein Wort!"

„Nun", begann der Jäger ernst, „lasst uns die schlechten Nachrichten hinter uns bringen." Es tut mir leid, dass Sie sich Sorgen machen müssen. Aber Sie müssen lernen, den Westen so zu nehmen, wie er ist. Es gibt Gutes und Schlechtes, vielleicht noch mehr Schlechtes. Das liegt daran, dass das Land jung ist ... Um es gleich vorweg zu sagen: Dieser Beasley hat eine Bande von Gesetzlosen angeheuert, um die Bühne zu treffen, auf die Sie morgen nach Snowdrop gehen wollten, und um mit Ihnen zu verschwinden."

„Mit mir abhauen?" rief Helen verwirrt aus.

"Dich entführen! Was in dieser Bande schlimmer wäre, als dich zu töten!" erklärte Dale grimmig und ballte eine riesige Faust auf sein Knie.

Helen war völlig erstaunt.

"Wie schrecklich!" sie schnappte nach Luft. „Verschwinde mit mir!... Wozu in Himmels Namen?"

Bo gab eine heftige kleine Äußerung von sich.

„Aus Gründen, die Sie erraten sollten", antwortete Dale und beugte sich wieder vor. Weder seine Stimme noch sein Gesicht veränderten sich im Geringsten, aber dennoch hatte er etwas an sich, das Helen faszinierte. „Ich bin ein Jäger. Ich lebe im Wald. Vor ein paar Nächten geriet ich zufällig in einen Sturm und flüchtete in eine alte Blockhütte. Sobald ich dort ankam , hörte ich Pferde. Ich habe mich auf dem Dachboden versteckt. Einige Männer ritten herbei und kamen herein. Es war dunkel. Sie konnten mich nicht sehen. Und sie redeten. Es stellte sich heraus, dass es sich um Snake Anson und seine Schafdiebbande handelte. Sie erwarteten, dort Beasley zu treffen. Ziemlich bald kam er. Er erzählte Anson, wie alt Al, dein Onkel, in den letzten Zügen war – wie er nach seinem Tod zu dir geschickt hatte, um sein Eigentum zu bekommen. Beasley schwor, dass er Ansprüche gegen Al habe. Und er hat einen Deal mit Anson gemacht, um dich aus dem Weg zu räumen. Er nannte den Tag, an dem du Magdalena erreichen würdest. Wenn Al tot ist und du nicht da bist, könnte Beasley das Grundstück bekommen. Und dann wäre es ihm egal, wenn du kämst, um es einzufordern. Es wäre zu spät ... Nun, sie ritten in dieser Nacht weg. Am nächsten Tag eilte ich hinunter nach Pine. Sie sind alle meine Freunde bei Pine, außer dem alten Al. Aber sie halten mich für seltsam. Ich wollte mich nicht vielen Menschen anvertrauen. Beasley ist stark in Pine, und ich vermute, dass Snake Anson dort außer Beasley noch andere Freunde hat. Also ging ich zu deinem Onkel. Er hatte nie etwas mit mir zu tun, weil er dachte, ich sei faul wie ein Inder. Der alte Al hasst faule Männer. Dann haben wir uns gestritten – oder er hat sich gestritten –, weil er glaubte, einer meiner zahmen Löwen hätte einige seiner Schafe getötet. Und jetzt schätze ich, dass Tom es getan haben könnte. Ich habe versucht, dich auf diesen Deal mit Beasley aufmerksam zu machen, aber der alte Al wollte nicht zuhören. Er ist verärgert – sehr verärgert. Und als ich versuchte, ihm den Grund zu sagen, verlor er den Verstand. Hat mich von der Ranch geschickt. Ich schätze, jetzt wird einem langsam klar, in was für einer Klemme ich steckte. Schließlich ging ich zu vier Freunden, denen ich vertrauen konnte. Sie sind Mormonenjungen – Brüder. Das ist Joe oben, mit dem Fahrer. Ich erzählte ihnen alles über Beasleys Deal und bat sie, mir zu helfen. Also hatten wir vor, Anson und seiner Bande Magdalena zuvorzukommen. Es kommt vor, dass Beasley in Magdalena genauso stark ist wie in Pine. Und wir mussten vorsichtig sein. Aber die Jungs hatten hier ein paar Freunde – auch Mormonen, die sich bereit erklärten, uns zu helfen. Sie hatten diese alte Bühne... Ein „Hier seid ihr." Dale breitete seine großen Hände aus und blickte ernst zu Helen und dann zu Bo.

„Du bist absolut großartig!" rief Bo klingelnd. Sie war weiß; ihre Finger waren geballt; Ihre Augen leuchteten.

Dale wirkte überrascht, dann erfreut. Ein Lächeln ließ sein Gesicht wie das eines Jungen aussehen. Helen spürte, wie ihr Körper völlig steif war, aber dennoch leicht zitterte. Ihre Hände waren kalt. Der Schrecken dieser Enthüllung machte sie sprachlos. Aber in ihrem Herzen wiederholte sie Bos Ausruf der Bewunderung und Dankbarkeit.

„So weit also", fuhr Dale mit einem schweren Atemzug der Erleichterung fort. „Kein Wunder, dass du verärgert bist. Ich habe eine unverblümte Art zu reden ... Jetzt müssen wir noch dreißig Meilen auf dieser Schneeglöckchenstraße fahren, bevor wir abbiegen können. Irgendwann heute sollten die anderen Jungs – Roy, John und ein Hal – Show Down verlassen, eine Stadt weiter von Snowdrop entfernt. Sie haben neben ihren eigenen auch meine Pferde und Rucksäcke. Irgendwo auf der Straße werden wir sie treffen – heute Abend vielleicht – oder morgen. Ich hoffe, nicht heute Abend, denn das würde bedeuten, dass Ansons Bande zu Magdalena geritten ist.

Helen rang hilflos die Hände.

„Oh, habe ich keinen Mut?" Sie flüsterte.

„Nell, ich habe genauso viel Angst wie du", sagte Bo tröstend und umarmte ihre Schwester.

„Ich denke, das ist natürlich", sagte Dale, als wollte er sie entschuldigen. „Aber ob Sie Angst haben oder nicht, Sie halten sich beide bereit. Es ist ein schlechter Job. Aber ich habe mein Bestes gegeben. Und bei mir und den Beeman-Jungs bist du sicherer als in Magdalena oder anderswo, außer bei deinem Onkel."

„Herr – Herr. Dale", stockte Helen, während ihre Tränen flossen, „halte mich nicht für einen Feigling – oder – oder undankbar. Ich bin weder. Ich bin nur so – so schockiert. Nach allem, was wir gehofft und erwartet haben, ist das eine schreckliche Überraschung."

„Macht nichts, Nell, meine Liebe. Nehmen wir, was kommt", murmelte Bo.

„Das ist die Rede", sagte Dale. „Sehen Sie, ich habe das Schlimmste herausgefunden. Vielleicht kommen wir problemlos durch. Wenn wir die Jungs treffen , gehen wir zu Pferd und auf die Wanderwege. Kannst du reiten?"

„Bo war ihr ganzes Leben lang an Pferde gewöhnt und ich reite ziemlich gut", antwortete Helen. Der Gedanke ans Reiten belebte ihren Geist.

"Gut! Bevor ich dich nach Pine bringe, müssen wir vielleicht ein bisschen hart fahren. Hallo! Was ist das?"

Über dem knarrenden, rasselnden und rollenden Lärm der Bühne hörte Helen schnelles Hufgetrappel. Ein Pferd raste im schnellen Galopp vorbei.

Dale öffnete die Tür und spähte hinaus. Die Bühne kam zum Stillstand. Er trat zurück und blickte nach vorn.

„Joe, wer war das?" fragte er.

„Narja, ich. Und „Bill kannte ihn auch nicht", antwortete Joe. „Ich habe ihn vor langer Zeit gesehen. Er hat einiges geritten. Und er wurde langsamer, als er an uns vorbeiging. Jetzt rennt er wieder."

Dale schüttelte den Kopf, als gefielen ihm die Umstände nicht.

„Milt, er wird auf dieser Straße nie an Roy vorbeikommen", sagte Joe.

„Vielleicht kommt er zurecht, bevor Roy auf der Straße auftaucht."

„Das ist unwahrscheinlich."

Helen konnte ihre Ängste nicht unterdrücken. "Herr. Dale, denkst du, er war ein Bote – der das posten wollte – dieser Anson-Bande?"

„Das könnte sein", antwortete Dale schlicht.

Dann beugte sich der junge Mann namens Joe aus dem Sitz darüber und rief: „Miss Helen, machen Sie sich keine Sorgen. Dieser Kerl neigt eher dazu, Blei zu stoppen als alles andere."

Seine Worte, die freundlich und beruhigend sein sollten, waren für Helen fast so unheimlich wie die Bedrohung für ihr eigenes Leben. Sie hatte schon lange gewusst, wie billig das Leben im Westen war, aber sie hatte es nur abstrakt gewusst, und sie hatte sich diese Tatsache nie vor Augen geführt. Dieser fröhliche junge Mann sprach ruhig davon, für sie Blut vergossen zu haben. Der Gedanke, den es hervorrief, war tragisch – denn Blutvergießen war für sie unerträglich – und dann waren die darauf folgenden Nervenkitzel so neu, seltsam, kühn und prickelnd, dass sie abstoßend waren. Helen wurde sich der unerforschten Tiefen bewusst, der Instinkte, über die sie erstaunte und sich schämte.

„Joe, gib den Korb voller Essen her – den kleinen mit der Feldflasche", sagte Dale und streckte seinen langen Arm aus. Dann stellte er einen mit Stoff bedeckten Korb auf die Bühne. „Mädels, iss so viel ihr wollt und noch mehr."

„Wir haben noch einen halb vollen Korb", antwortete Helen.

„Du wirst alles brauchen, bevor wir nach Pine kommen ... Jetzt fahre ich mit den Jungs oben hoch und esse mein Abendessen. Bald wird es dunkel sein und wir werden oft anhalten, um zuzuhören. Aber haben Sie keine Angst."

Damit nahm er sein Gewehr, schloss die Tür und kletterte auf den Fahrersitz. Dann geriet die Bühne erneut ins Wanken und begann weiterzurollen.

Kein Wunder an diesem ereignisreichen Abend war die Art und Weise, wie Bo nach dem Korb mit dem Essen griff. Helen starrte sie einfach an.

„Bo, du KANNST NICHT ESSEN!" rief sie aus.

„Ich sollte lächeln, wenn ich kann", antwortete die praktische junge Dame. „Und das wirst du tun, wenn ich dir Dinge in den Mund stopfen muss. Wo ist dein Verstand, Nell? Er sagte, wir müssen essen. Das bedeutet, dass unsere Stärke einige ziemlich schwere Prüfungen durchmachen wird ... Mensch! Es ist alles großartig – einfach wie eine Geschichte! Das Unerwartete – nun ja, er sieht aus wie ein zum Jäger gewordener Prinz ! – lange, dunkle Etappenreise – aufgehalten – Kampf – Flucht – wilder Ritt auf Pferden – Wälder und Lager und wilde Orte – verfolgt – im Wald versteckt – noch härtere Ritte – dann sicher auf der Ranch. Und natürlich verliebt er sich unsterblich in mich – nein, in dich, denn ich werde meinem Las-Vegas-Liebhaber treu bleiben –"

„Still, Dummkopf! Bo, sag mir, hast du keine Angst?"

"Verängstigt! Ich habe große Angst. Aber wenn westliche Mädchen so etwas ertragen, können wir das. Kein westliches Mädchen wird MICH schlagen!"

Dadurch wurde Helen klar, welchen mutigen Platz sie sich selbst in ihren Träumen eingeräumt hatte, und sie schämte sich gleichzeitig und war gleichzeitig wahnsinnig stolz auf diese kleine Schwester.

„Bo, Gott sei Dank habe ich dich mitgebracht!" rief Helen inbrünstig aus. „Ich esse, wenn es mich erstickt."

Daraufhin stellte sie fest, dass sie tatsächlich hungrig war, und während sie aß , warf sie einen Blick von der Bühne, zuerst von der einen und dann von der anderen Seite. Diese Fenster hatten kein Glas und ließen die kühle Nachtluft herein. Die Sonne war längst untergegangen. Draußen im Westen, wo sich eine markante, schwarze Horizontlinie endlos hinzog, war der Himmel klar goldfarben und schattierte darüber in Gelb und Blau. Die Sterne waren hell und blass, aber sie wurden immer heller. Die Erde wirkte kahl und wogend, wie ein ruhiges Meer. Der Wind trug einen für Helen neuen Duft mit sich, beißend süß und rein, und es war so kalt, dass ihre Finger taub wurden.

„Ich habe ein Tiergeschrei gehört", sagte Bo plötzlich und lauschte mit erhobenem Kopf.

Aber Helen hörte nichts außer dem stetigen Klappern der Hufe, dem Klirren der Ketten, dem Knarren und Klappern der alten Bühne und gelegentlich den leisen Stimmen der Männer oben.

Als die Mädchen Hunger und Durst gestillt hatten, war es dunkel geworden. Sie zogen die Umhänge über sich, lehnten sich dicht beieinander in einer Ecke des Sitzes zurück und unterhielten sich flüsternd. Helen hatte nicht viel zu sagen, aber Bo war gesprächig.

„Das übertrifft mich!" sagte sie einmal nach einer Pause. „Wo sind wir, Nell? Die Männer da oben sind Mormonen. Vielleicht entführen sie uns!"

"Herr. Dale ist kein Mormone", antwortete Helen.

"Woher weißt du das?"

„Ich konnte es daran erkennen, wie er über seine Freunde sprach."

„Nun, ich wünschte, es wäre nicht so dunkel. Ich habe keine Angst vor Männern bei Tageslicht ... Nell, hast du jemals einen so wunderbar aussehenden Kerl gesehen? Wie haben sie ihn genannt? Milt – Milt Dale. Er sagte, er lebe im Wald. Wenn ich mich nicht in den Cowboy verliebt hätte, der mich angerufen hat – nun, ich wäre jetzt tot."

Nach einer Pause des Schweigens flüsterte Bo erschreckend: „Ich frage mich, ob Harve Riggs uns jetzt folgt?"

„Natürlich ist er das", antwortete Helen hoffnungslos.

„Er sollte besser aufpassen. Warum, Nell, er hat es nie gesehen – er hat es nie gesehen – wie hat Onkel Al es immer genannt ? – sav – savvied – das ist es. Riggs hat diesen Jäger nie gerettet. Aber ich habe es getan, darauf können Sie wetten."

„Geklärt! Was meinst du, Bo?"

„Ich meine, dieser langhaarige Galoot hat seine wahre Gefahr nie erkannt. Aber ich habe es gespürt. In mir wurde etwas hell. Dale hat ihn nie ernst genommen."

„Riggs wird bei Onkel Al auftauchen, so sicher ich bin", sagte Helen.

„Lass ihn umdrehen", antwortete Bo verächtlich. „Nell, mach dir nie wieder Gedanken über ihn. Ich wette, hier draußen sind alles Männer. Und ich würde nicht lange in den Stiefeln von Harve Riggs stecken."

Danach erzählte Bo von ihrem Onkel und seiner tödlichen Krankheit, und von da an kehrte sie zu ihren Lieben zu Hause zurück, nun scheinbar am anderen Ende der Welt, und dann brach sie zusammen und weinte, woraufhin sie bei Helen einschlief Schulter.

Aber Helen hätte nicht einschlafen können, wenn sie gewollt hätte.

Sie hatte sich, seit sie denken konnte, immer nach einem bewegten, aktiven Leben gesehnt; und aus Mangel an einer besseren Idee hatte sie beschlossen, von Zigeunern zu träumen. Und jetzt wurde ihr grimmig klar, dass ihre Sehnsüchte mehr als erfüllt werden würden, auch wenn diese ersten paar Stunden ihres Aufenthalts im Westen Prognosen für die Zukunft waren.

Mittlerweile rollte die Bühne immer langsamer, bis sie schließlich zum Stillstand kam. Dann hoben sich die Pferde, die Pferdegeschirre klirrten, die Männer flüsterten. Ansonsten herrschte tiefe Stille. Sie schaute hinaus und erwartete, es stockfinster vorzufinden. Es war schwarz, doch eine durchsichtige Schwärze. Zu ihrer Überraschung konnte sie weit sehen. Eine Sternschnuppe elektrisierte sie. Die Männer hörten zu. Sie lauschte auch, aber abgesehen von den leisen Geräuschen auf der Bühne hörte sie nichts. Dann gluckste der Kutscher mit seinen Pferden, und die Fahrt wurde wieder aufgenommen.

Eine Zeit lang rollte die Bühne schnell weiter, offensichtlich bergab, schwankte von einer Seite zur anderen und schepperte, als würde sie gleich in Stücke fallen. Dann verlangsamte es sich auf einer Ebene, blieb erneut für einige Augenblicke stehen und begann, wieder in Bewegung, einen mühsamen Aufstieg. Helen stellte sich vor, dass Meilen zurückgelegt worden waren. Die Wüste schien sich zu wölben und rauer zu werden, und dunkle, runde Büsche zeichneten sich undeutlich ab. Die Straße wurde uneben und steinig, und als es wieder bergab ging, riss das heftige Schaukeln Bo aus dem Schlaf und beinahe aus Helens Armen.

"Wo bin ich?" fragte Bo benommen.

„Bo, du hast deinen Herzenswunsch, aber ich kann dir nicht sagen, wo du bist", antwortete Helen.

Bo erwachte gründlich, was angesichts des Gedränges auf der alten Bühne kein Wunder war.

„Halt dich an mir fest, Nell!... Ist es ein Ausreißer?"

„Ich glaube, wir haben auf diese Weise etwa tausend Meilen zurückgelegt", antwortete Helen. „Ich habe keinen ganzen Knochen in meinem Körper."

Bo spähte aus dem Fenster.

„Oh, wie dunkel und einsam! Aber es wäre schön, wenn es nicht so kalt wäre. Ich friere."

„Ich dachte, du liebst kalte Luft", spottete Helen.

„Sag mal, Nell, du fängst an, wie du selbst zu reden", antwortete Bo.

Es war schwierig, sich gleichzeitig auf der Bühne, untereinander und am Umhang festzuhalten, aber es gelang ihnen, außer an den rauesten Stellen, wo sie von Zeit zu Zeit herumgewirbelt wurden. Bo bekam einen heftigen Schlag auf den Kopf.

„Oooooooo!" sie stöhnte. „Nell Rayner, ich werde dir nie verzeihen, dass du mich auf dieser schrecklichen Reise abgeholt hast."

„Denken Sie nur an Ihren hübschen Cowboy aus Las Vegas", antwortete Helen.

Entweder beruhigte diese Bemerkung Bo, oder der Vorschlag reichte aus, um sie mit den Strapazen der Fahrt zu versöhnen.

Während sie unterdessen redeten, schwiegen und versuchten zu schlafen, erledigte der Fahrer der Etappe seine Aufgabe nach der Art westlicher Männer, die wussten, wie man das Beste aus Pferden, schlechten Straßen und Entfernungen herausholt.

Nach und nach blieb die Bühne erneut stehen und blieb so lange stehen, während die Männer oben flüsterten, dass Helen und Bo Besorgnis erregten.

Plötzlich ertönte ein scharfer Pfiff aus der Dunkelheit vor uns.

„Das ist Roy", sagte Joe Beeman mit leiser Stimme.

"Ich rechne damit. „Ein so schnelles Treffen mit uns sieht schlecht aus", antwortete Dale. „Fahr weiter, Bill."

„Vielleicht kommt es Ihnen schnell vor", murmelte der Fahrer, „aber wenn wir nicht dreißig Meilen weit gekommen sind und wenn der Bergrücken nicht Ihren Abbiegeort hat, dann weiß ich nichts."

Die Bühne rollte ein Stück weiter, während Helen und Bo eng aneinander geschlungen da saßen und sich mit angehaltenem Atem fragten, was als nächstes passieren würde.

Dann standen sie erneut still. Helen hörte das Aufprallen von Stiefeln auf dem Boden und das Schnauben von Pferden.

„Nell, ich sehe Pferde", flüsterte Bo aufgeregt. „Da, am Straßenrand... und da kommt ein Mann... Oh, wenn er nicht der sein sollte, den sie erwarten!"

Als Helen hinausspähte, sah sie eine große, dunkle Gestalt, die sich lautlos bewegte, und dahinter die vagen Umrisse von Pferden und dann blasse Schimmer von etwas, das eine Menge Lasten gewesen sein musste.

Dale tauchte auf und traf den Fremden auf der Straße.

„Hallo, Milt? Du hast das Mädchen sicher, sonst wärst du nicht hier", sagte eine leise Stimme.

„Roy, ich habe zwei Mädchen – Schwestern", antwortete Dale.

Der Mann Roy pfiff leise vor sich hin. Dann trat eine weitere schlanke, schlanke Gestalt aus der Dunkelheit hervor und wurde von Dale empfangen.

„Nun, Jungs – wie wäre es mit Ansons Bande?" fragte Dale.

„Bei Snowdrop, trinken und streiten. Ich gehe davon aus, dass sie bei Tagesanbruch dort abreisen werden", antwortete Roy.

"Wie lange bist du schon hier?"

„Vielleicht ein paar Stunden."

„Kommt irgendein Pferd vorbei ?"

"NEIN."

„Roy, ein seltsamer Fahrer ist vor Einbruch der Dunkelheit an uns vorbeigefahren. Er machte sich auf den Weg. Und er ist hier durchgekommen, bevor du gekommen bist.

„Die Nachrichten gefallen mir nicht", antwortete Roy knapp. „Lass uns raschfeln. Mit Girls on Hossback brauchst du den größtmöglichen Vorsprung. Hey, John?"

„Snake Anson Shore kann Hoss-Spuren folgen", antwortete der dritte Mann.

„Milt, sag das Wort", fuhr Roy fort, während er zu den Sternen aufblickte. „Das Tageslicht ist nicht weit weg. Hier sind die Weggabelungen, Ihre Pferde und unser Outfit. Bei Sonnenaufgang kann man in den Kiefern sein."

In der darauf folgenden Stille hörte Helen das Pochen ihres Herzens und die keuchenden kleinen Atemzüge ihrer Schwester. Sie blickten beide hinaus, die Hände geballt, und beobachteten und lauschten mit angespannter Aufmerksamkeit.

„Es ist möglich, dass der Fahrer letzte Nacht kein Bote für Anson war", sagte Dale. „In diesem Fall wird Anson nichts aus unseren Rad- oder Pferdeketten machen. Er wird direkt auf die reguläre Bühne treffen. Bill, kannst du zurückgehen und die Bühne treffen, bevor Anson es tut?"

„Wal, das glaube ich – und seien Sie ruhig", antwortete Bill.

„In Ordnung", fuhr Dale sofort fort. „John, du , Joe und Hal, fahrt zurück zur regulären Bühne. Und wenn du es triffst, steig ein und sei dabei, wenn Anson es hochhält."

„Das Ufer ist für mich angenehm", sagte John gedehnt.

„Ich wäre auch gerne dabei", sagte Roy grimmig.

"NEIN. Ich werde dich brauchen, bis ich sicher im Wald bin. Bill, gib die Taschen her. Und du, Roy, hilf mir, sie zu packen. Hast du alle Vorräte bekommen, die ich wollte?"

„Shore hat es getan. Wenn die jungen Damen nicht besonders stark sind, können Sie sie ein paar Monate lang gut ernähren."

Dale drehte sich um, ging auf die Bühne und öffnete die Tür.

„Mädels, ihr schläft nicht? Komm", rief er.

Bo trat zuerst zurück.

Stück von der Straße abgekommen ", antwortete sie.

Roy Beemans leises Lachen war bezeichnend. Er nahm seinen Sombrero ab und blieb stumm stehen. Der alte Fahrer unterdrückte ein lautes Gelächter.

„Fahrzeug! Wal, ich werde verbissen sein! Joe, hast du das gehört? All diese mutigen Mädchen sind nicht im Westen geboren."

Als Helen mit Umhang und Tasche folgte, half ihr Roy, und sie blickte scharf in ihr Gesicht. Er schien sowohl sanft als auch respektvoll zu sein, und sie spürte seine Fürsorge. Sein schweres Gewehr, das tief schwang, traf sie, als sie abstieg.

Dale griff auf die Bühne und holte Körbe und Taschen hervor. Diese legte er auf den Boden.

„Dreh dich um, Bill, und geh mit dir. „ John und Hal werden gleich folgen", befahl Dale.

„Wal, Mädchen", sagte Bill und blickte auf sie herab, „ich war sehr froh, euch alle kennenzulernen." Und ich schäme mich für mein Land, das zwei hübschen Mädchen Beleidigungen und billige Tricks anbietet. Aber das Ufer kommst du jetzt sicher durch. Man könnte nicht in besserer Gesellschaft sein, wenn man reitet, jagt, heiratet oder eine Religion anwendet –"

„Halt die Klappe, du alter Grizzly!" brach Dale scharf herein.

„Hau! Haha! Auf Wiedersehen, Mädchen, und viel Glück! beendete Bill, als er begann, die Zügel auszupeitschen.

Bo verabschiedete sich ganz deutlich, aber Helen konnte ihr nur murmeln. Der alte Fahrer schien ein Freund zu sein.

Dann drehten und stampften die Pferde, die Bühne schwankte und knarrte, bis sie schließlich in der Dunkelheit außer Sichtweite verschwand.

„Du zitterst", sagte Dale plötzlich und blickte auf Helen herab. Sie spürte, wie seine große, harte Hand ihre umfasste. "Eiskalt!"

„Mir ist kalt", antwortete Helen. „Ich schätze, wir sind nicht warm angezogen."

„Nell, wir haben den ganzen Tag geröstet und jetzt frieren wir ein", erklärte Bo. „Ich wusste nicht, dass es hier draußen nachts Winter ist."

„Miss, haben Sie nicht ein paar warme Handschuhe und einen Mantel?" fragte Roy besorgt. „Es ist noch nicht angefangen, kalt zu werden."

„Nell, wir haben schwere Handschuhe, Reitanzüge und Stiefel – alles schön und neu – in dieser schwarzen Tasche", sagte Bo und trat begeistert eine Tasche vor ihre Füße.

„Ja, das haben wir. „Aber heute Abend werden sie uns sehr gut tun", erwiderte Helen.

„Miss, Sie täten gut daran, sich gleich hier umzuziehen", sagte Roy ernst. „Das wird auf lange Sicht Zeit sparen und vor Sonnenaufgang viel Leid ersparen."

Helen starrte den jungen Mann an und war völlig erstaunt über seine Einfachheit. Ihr wurde geraten, ihre Reisekleidung gegen einen Reitanzug zu tauschen – irgendwo in einer kalten, windigen Wüste – mitten in der Nacht – unter fremden jungen Männern!

„Bo, welche Tasche ist das?" fragte Dale, als wäre sie seine Schwester. Und als sie auf das eine deutete, hob er es auf. „Komm von der Straße."

Bo folgte ihm und Helen war ihnen automatisch auf den Fersen. Dale führte sie ein paar Schritte von der Straße weg hinter ein paar niedrige Büsche.

„Beeilen Sie sich und wechseln Sie hier", sagte er. „Wir machen aus deinem Outfit einen Rucksack und lassen Platz für diese Tasche."

Dann stolzierte er davon und war mit wenigen Schritten verschwunden.

Bo setzte sich, um mit dem Aufschnüren ihrer Schuhe zu beginnen. Im Licht der Sterne konnte Helen ihr blasses, hübsches Gesicht und ihre großen, glänzenden Augen gerade noch erkennen. Damals wurde ihr klar, dass Bo das westliche Leben weitaus erfolgreicher machen würde als sie.

„Nell, diese Kerle sind w-nett", sagte Bo nachdenklich. „Ist dir nicht kalt? Sag mal, er hat gesagt, beeil dich!"

Es war für Helen unverständlich, wie sie sich dort draußen in dieser offenen, windigen Wüste jemals entkleiden konnte, aber nachdem sie sich dieser Aufgabe angenommen hatte , stellte sie fest, dass sie mehr Standhaftigkeit als Mut erforderte. Der kalte Wind durchbohrte sie. Fast hätte sie darüber lachen können, wie Bo die Dinge fliegen ließ.

„Ggg-gee!" plapperte Bo. „Mir war in meinem ganzen Leben noch nie so kalt. Nell Rayner, m-möge der g-gute Gott dir verzeihen!"

Helen war zu sehr mit ihren eigenen Problemen beschäftigt, um Luft zu holen und zu reden. Sie war ein starkes, gesundes Mädchen, das schnell und geschickt mit den Händen umgehen konnte, doch diese härteste körperliche Belastung, die sie je erlebt hatte, hätte sie fast überwältigt. Bo überholte sie um Sekunden, half ihr beim Zuknöpfen und schnürte einen ganzen Stiefel für sie. Dann packte Helen mit schmerzenden Händen die Reiseanzüge in die Tasche.

"Dort! Aber was für ein schreckliches Durcheinander!" rief Helen aus. „Oh, Bo, unsere hübschen Reisekleider!"

„Wir werden sie morgen auf einen L-Block drücken", antwortete Bo und kicherte.

Sie machten sich auf den Weg. Merkwürdigerweise trug Bo nicht ihren Teil der Last und schien unsicher auf den Beinen zu sein.

Die Männer warteten neben einer Gruppe Pferde, von denen eines einen Rucksack trug.

„Nichts Langsames an dir", sagte Dale und befreite Helen von ihrem Griff. „Roy, stell sie auf, während ich diese Tasche umhänge."

Roy führte zwei der Pferde hinaus.

„Steh auf", sagte er und deutete auf Bo. „Die Steigbügel sind bei diesem Sattel kurz."

Bo war eine Meisterin im Aufsteigen, aber in diesem Fall machte sie es so umständlich und langsam, dass Helen ihren Augen nicht trauen konnte.

„Wie sind die Steigbügel?" fragte Roy. „Steh in ihnen. Ich schätze, sie liegen ungefähr richtig... Seien Sie jetzt vorsichtig! Die Schlampe ist scheu. Halte ihn fest.

Bo wurde dem Ruf, den Helen ihr zugeschrieben hatte, nicht gerecht.

„Jetzt, Miss, stehen Sie auf", sagte Roy zu Helen. Und im nächsten Augenblick fand sie sich rittlings auf einem schwarzen, temperamentvollen Pferd wieder. Obwohl sie vor Kälte taub war, spürte sie dennoch den Schauer, der durch ihre Adern strömte.

Roy war mit flinken Händen an den Steigbügeln.

„Du bist größer als ich vermutet habe", sagte er. „Bleiben Sie oben, aber heben Sie Ihren Fuß ... Ufer jetzt, ich bin froh, dass du diese dicken, weichen Stiefel hast. Vielleicht reiten wir durch die ganzen White Mountains."

„Bo, hörst du das?" namens Helen.

Aber Bo antwortete nicht. Sie lehnte sich ziemlich unnatürlich in ihrem Sattel. Helen wurde besorgt. In diesem Moment schritt Dale zu ihnen zurück.

„Alles angeschnallt, Roy?"

„Scherz bereit", antwortete Roy.

Dann stand Dale neben Helen. Wie groß war er! Seine breiten Schultern schienen auf gleicher Höhe mit dem Sattelknauf zu sein. Er legte dem Pferd liebevoll die Hand.

„Sein Name ist Ranger und er ist das schnellste und beste Pferd in diesem Land."

„Ich schätze, die Küste ist – zusammen mit meiner Bucht", bestätigte Roy.

„Roy, wenn du auf Ranger reiten würdest, würde er dein Haustier schlagen", sagte Dale. „Wir können jetzt anfangen. Roy, du treibst die Packpferde."

Er warf einen weiteren Blick auf Helens Sattel und machte dann dasselbe mit Bos.

"Geht es dir gut?" fragte er schnell.

Bo taumelte auf ihrem Sitz.

„Ich bin fast erstarrt", antwortete sie mit schwacher Stimme. Ihr Gesicht leuchtete weiß im Sternenlicht. Helen erkannte, dass Bo mehr als kalt war.

„Oh, Bo!" rief sie verzweifelt.

„Nell, mach dir jetzt keine Sorgen."

„Lass mich dich tragen", schlug Dale vor.

"NEIN. „Ich bleibe bei diesem Pferd, sonst sterbe ich", erwiderte Bo heftig.

Die beiden Männer blickten zu ihrem weißen Gesicht und dann einander an. Dann ging Roy auf die dunkle Gruppe von Pferden an der Straße zu und Dale schwang sich rittlings auf das einzige Pferd, das noch übrig war.

„Bleib in meiner Nähe", sagte er.

Bo reihte sich ein und Helen bildete die Nachhut.

Helen stellte sich vor, sie sei dem Ende eines Traums nahe. Plötzlich würde sie plötzlich aufwachen und die hellen Wände ihres kleinen Zimmers zu Hause sehen und hören, wie die Kirschzweige ihr Fenster berührten und wie der alte Hahn mit seiner Fanfarenstimme die Stunde der Morgendämmerung verkündete.

KAPITEL VI

Die Pferde trotteten. Und die Übung erwärmte Helen bald, bis sie sich bis auf ihre Finger einigermaßen wohl fühlte. Im Geiste wurde sie jedoch immer unglücklicher, je mehr sie sich ihrer Situation bewusst wurde. Die Nacht wurde jetzt so dunkel, dass sie Bo kaum sehen konnte, obwohl sich der Kopf ihres Pferdes neben Bos Flanke befand. Von Zeit zu Zeit brachte Helens besorgte Frage von ihrer Schwester die Antwort, dass es ihr gut gehe.

Helen war seit mehr als einem Jahr nicht mehr auf einem Pferd geritten, und schon seit mehreren Jahren war sie nicht mehr regelmäßig geritten. Trotz ihres Nervenkitzels beim Aufstieg hatte sie Bedenken gehegt. Aber sie war angenehm überrascht, denn das Pferd, Ranger, hatte einen leichten Gang, und sie stellte fest, dass sie das Reiten nicht verlernt hatte. Von Bo, die es gewohnt war, auf einem Bauernhof in der Nähe ihres Zuhauses zu reiten, konnte man erwarten, dass sie sich vortrefflich schlägt. Helen wurde klar, in welcher Lage sie ohne die dicken, bequemen Reitanzüge gewesen wären.

So dunkel die Nacht auch war, Helen konnte die Straße darunter undeutlich erkennen. Es war steinig und offenbar wenig genutzt. Als Dale von der Straße in das niedrige Buschwerk oder Salbeiland einer scheinbar ebenen Ebene abbog, war die Fahrt schwieriger, rauer und doch nicht langsamer. Die Pferde folgten dem Gang der Anführer. Helen hielt es für unnötig und gab den Versuch auf, Ranger zu führen. In der Düsternis vor ihnen waren verschwommene Gestalten zu erkennen, die Helen stets ein Unbehagen bereiteten, bis sich bei näherer Annäherung herausstellte, dass es sich um Felsen oder niedrige, struppige Bäume handelte. Diese nahmen sowohl an Größe als auch an Anzahl zu, während die Pferde Fortschritte machten. Oft blickte Helen zurück in die Dunkelheit dahinter. Dieser Akt war unfreiwillig und löste bei ihr Angstgefühle aus. Dale erwartete, verfolgt zu werden. Und Helen erlebte neben der Angst auch Anfälle von ungewohntem Groll. Es gab nicht nur einen Versuch, sie ihres Erbes, sondern sogar ihrer persönlichen Freiheit zu berauben. Dann schauderte sie angesichts der Bedeutung von Dales Worten bezüglich ihrer möglichen Entführung durch diese angeheuerte Bande. Es schien monströs, unmöglich. Doch offensichtlich traf es für Dale und seine Verbündeten zu. Der Westen war also in Wirklichkeit roh, hart und unvermeidlich.

Plötzlich blieb ihr Pferd stehen. Er war neben Bos Pferd hergekommen. Dale war vor ihm stehengeblieben und hatte offenbar zugehört. Roy und der Tross waren in der Dunkelheit außer Sichtweite.

"Was ist es?" flüsterte Helen.

„Ich schätze, ich habe einen Wolf gehört", antwortete Dale.

„War das der Schrei eines Wolfes ?" fragte Bo. "I habe gehört. Es war wild."

„Wir kommen den Ausläufern nahe", sagte Dale. „Spüren Sie, wie viel kälter die Luft ist."

„Mir ist jetzt warm", antwortete Bo. „Ich schätze, dass es mir so schlecht ging, dass ich fast erfroren war ... Nell, wie geht es dir?"

„Mir ist auch warm, aber ...", antwortete Helen.

„Wenn Sie die Wahl hätten, hier zu bleiben oder zu Hause gemütlich im Bett zu bleiben – was würden Sie wählen?" fragte Bo.

„Bo!" rief Helen entsetzt aus.

„Nun, ich würde mich dafür entscheiden, genau hier auf diesem Pferd zu sitzen", erwiderte Bo.

Dale hörte sie, denn er drehte sich einen Augenblick um, gab dann seinem Pferd eine Ohrfeige und machte sich auf den Weg.

Helen ritt nun neben Bo, und lange Zeit kletterten sie schweigend stetig hinauf. Helen wusste, wann diese dunkle Stunde vor der Morgendämmerung vorüber war, und sie begrüßte einen kaum wahrnehmbaren Blitz im Osten. Dann verblassten die Sterne. Allmählich verschwand ein Grau, das alle bis auf die größeren Sterne verschluckte. Der große weiße Morgenstern, so wunderbar, wie Helen ihn noch nie gesehen hatte, verlor seinen Glanz und sein Leben und schien sich in das trübe Blau zurückzuziehen.

Allmählich kam das Tageslicht, so dass die graue Wüste nach und nach erkennbar wurde. Im Vordergrund erhoben sich sanfte, kahle Hügel, halb verdeckt durch den grauen Mantel der Nacht, und dahinter war grauer Raum, der langsam Form und Substanz annahm. Im Osten gab es ein Licht aus blassem Rosa und Silber, das sich entlang eines sichtbar rauen Horizonts verlängerte und erhellte.

„Ich schätze, wir sollten Roy besser einholen", sagte Dale und gab seinem Pferd die Sporen.

Das Reittier von Ranger und Bos brauchte kein weiteres Anspornen und sie begannen zu galoppieren. Weit vorne waren die Lasttiere zu sehen, Roy trieb sie. Der kalte Wind wehte Helen so scharf ins Gesicht, dass Tränen ihre Augen verwischten und ihre Wangen erstarrten. Und in diesem Tempo mit dem Ranger zu fahren war wie eine Fahrt in einem Schaukelstuhl. Diese belebende und aufregende Fahrt schien viel zu kurz zu sein.

„Oh, Nell, es ist mir egal – was aus – mir wird!" rief Bo atemlos aus.

Ihr Gesicht war weiß und rot, frisch wie eine Rose, ihre Augen leuchteten dunkelblau, ihr Haar wehte in hellen, widerspenstigen Strähnen. Helen wusste, dass sie etwas von der körperlichen Stimulation spürte, die Bo so erregt hatte und so unwiderstehlich schien, aber ihre düsteren Gedanken ließen sich dadurch nicht ablenken.

Es war heller Tag, als Roy um eine Anhöhe herumging, auf der Büsche struppiger Bäume – Zedern, wie Dale sie nannte – am Fuße der Hügel emporragten.

„Sie wachsen an den Nordhängen, wo der Schnee am längsten bleibt", sagte Dale.

Sie stiegen in ein Tal hinab, das flach aussah, sich aber als tief und breit erwies, und begannen dann, einen weiteren Fußhügel zu erklimmen. Als Helen darüberstieg, sah sie die aufgehende Sonne, und es bot sich ihr ein so herrlicher Anblick, dass sie nicht in der Lage war, auf Bos wilde Ausrufe zu antworten.

Kahle, gelbe, mit Zedernholz übersäte Hänge, scheinbar eben, so langsam verlief der Aufstieg, erstreckten sich bis zu einer dichten, zerklüfteten Waldlinie, die sich schwarz über eine Reihe nach der anderen erhob, um schließlich in der Nähe des kahlen Gipfels eines prächtigen Berges zu scheitern, Sonnenaufgang... gerötet gegen den blauen Himmel.

„Oh, wunderschön!" rief Bo. „Aber sie sollten Black Mountains heißen."

„Der alte Baldy dort ist das halbe Jahr weiß", antwortete Dale.

„Schauen Sie zurück und sehen Sie, was Sie sagen", schlug Roy vor.

Die Mädchen drehten sich um und starrten schweigend. Helen bildete sich ein, dass sie auf die ganze weite Welt herabblickte. Wie völlig anders war die Wüste! Wahrlich, es gähnte von ihr weg, Rot und Gold in der Nähe, und wuchs in der Ferne sanft in Purpur über, eine karge Leere, grenzenlos und riesig, wo dunkelgrüne Flecken und schwarze Linien und erhabene Grate nur dazu dienten, Distanz und Raum zu betonen.

„Sehen Sie den kleinen grünen Fleck", sagte Roy und zeigte. „Das ist Schneeglöckchen. Und das andere – ganz rechts – das ist Show Down."

„Wo ist Pine?" fragte Helen eifrig.

„Noch weiter, über die Hügel am Waldrand."

„Dann fahren wir davon weg."

"Ja. Wenn wir direkt auf Pine zugefahren wären, könnte uns die Bande überholen. Pine ist eine viertägige Fahrt. Wenn Milt in die Berge geht, kann er seine Spuren verbergen. Und wenn er Anson aus der Spur gebracht hat, wird er nach Pine zurückkehren."

"Herr. Dale, denkst du, dass du uns sicher dorthin bringen wirst – und zwar bald?" fragte Helen wehmütig.

„Ich werde es nicht bald versprechen, aber ich verspreche Sicherheit. Und ich mag es nicht, wenn man Mister genannt wird", antwortete er.

„Werden wir jemals etwas essen?" fragte Bo zurückhaltend.

Bei dieser Frage drehte sich Roy Beeman lachend zu Bo um. Helen sah sein Gesicht vollständig im Licht, und es war dünn und hart, dunkel gebräunt, mit Augen wie die eines Falken und mit eckigem Kinn und schlanken Kiefern, die einen spärlichen, hellen Bart zeigten.

„Wir sind an Land", antwortete er. „Sobald wir das Holz erreichen. Es wird nicht mehr lange dauern.

„Ich schätze, wir können etwas rascheln und uns dann gut ausruhen", sagte Dale und trieb sein Pferd in einen Trab.

Während sie eine lange Stunde lang gleichmäßig trottete, waren Helens umherschweifende Augen überall und nahmen die Dinge von nah bis fern wahr – den spärlichen Salbei, der bald einem ebenso spärlichen Gras Platz machte, und die dunklen Flecken, die sich als Zwergzedern herausstellten, und Die Schluchten öffneten sich wie von Zauberhand aus dem scheinbar ebenen Boden und schlängelten sich zwischen grauen Steinmauern immer weiter, und weiter entfernt sahen wir Flecken einsamer Kiefern, zwei und drei zusammen, und dann ein vereinzeltes Büschel gelber Espen, und Jenseits der gesäumten Waldgrenze wachsen die schwarzen, geschwungenen Bänke immer näher und erheben sich bis zur edlen Kuppel des dominierenden Berges der Bergkette.

Auf dem langen Ritt hinauf zum Wald wurden keine Vögel oder Tiere gesehen, was Helen seltsam vorkam. Je höher die Sonne stieg, desto mehr verlor die Luft ihre kalte, schneidende Schärfe und bekam einen süßeren Duft nach Waldland. Der erste schwache Hauch dieses Duftes war für Helen völlig neu, doch er löste ein vages Gefühl der Vertrautheit und damit ein ebenso seltsames Gefühl aus. Es war, als hätte sie diesen scharfen, stechenden Geruch schon vor langer Zeit gerochen und ihr Körpersinn hätte ihn noch vor ihrer Erinnerung erfasst.

Die gelbe Ebene schien nur eben zu sein. Roy führte hinunter in eine flache Schlucht, wo sich ein kleiner Bach schlängelte, und er folgte diesem nach links und gelangte schließlich zu einer Stelle, wo Zedern und Zwergkiefern einen kleinen Hain bildeten. Während die anderen heranritten, saß er im Schneidersitz in seinem Sattel und wartete.

„Wir werden eine Weile auflegen", sagte er. „Glaubst du, du bist müde?"

„Ich habe Hunger, bin aber noch nicht müde", antwortete Bo.

Helen stieg ab und stellte fest, dass sie anscheinend nicht mehr dazu in der Lage war, zu gehen. Bo lachte sie aus, aber auch sie fühlte sich unbehaglich, als sie wieder am Boden lag.

Dann stieg Roy herunter. Helen war überrascht, ihn lahm zu finden. Er fing ihren kurzen Blick auf.

„Ein Schwein hat mich einmal geworfen und ist auf mir herumgerollt. Ich habe mir nur das Schlüsselbein, fünf Rippen, einen Arm und meine O-Beine an zwei Stellen gebrochen!"

Trotz dieser Beweise dafür, dass er ein Krüppel war, wirkte er, als er groß und geschmeidig in seinen selbstgesponnenen, zerlumpten Gewändern dastand, einzigartig kraftvoll und fähig.

„Ich glaube, herumlaufen wäre gut für euch, Mädels", riet Dale. „Wenn du noch nicht steif bist, wirst du es bald sein. Ein Spaziergang wird helfen. Geh nicht weit. Ich rufe an, wenn das Frühstück fertig ist."

Kurze Zeit später wurden die Mädchen von ihrem Spaziergang zurückgeholt und fanden Lagerfeuer und Essen vor. Roy saß im Schneidersitz wie ein Indianer vor einer Plane, auf der ein einfaches, aber deftiges Essen ausgebreitet war. Helens scharfes Auge entdeckte eine Sauberkeit und Gründlichkeit, die sie in der Lagerküche der Männer der Wildnis kaum erwartet hatte. Außerdem war das Essen gut. Sie aß kräftig, und was Bos Appetit betraf, so war sie geneigt, sich darüber ebenso zu schämen wie darüber zu amüsieren. Die jungen Männer waren allesamt Augen und dienten den Mädchen eifrig, sprachen aber selten. Helen war nicht entgangen, wie Dales grauer Blick oft über das offene Land blickte. Sie ahnte darin eher Besorgnis, als dass sie darin einen großen Ausdruck sah.

„Ich – erkläre", platzte Bo heraus, als sie nicht mehr essen konnte, „das ist nicht glaubwürdig. Ich träume... Nell, das schwarze Pferd, das du geritten hast, ist das schönste, das ich je gesehen habe."

Ranger graste mit den anderen Tieren am kleinen Bach. Rucksäcke und Sättel waren entfernt worden. Die Männer aßen gemütlich. Es gab kaum Anzeichen für eine überstürzte Flucht. Doch Helen konnte ihr Unbehagen nicht abschütteln . Roy war vielleicht tiefgründig und nachlässig, mit der Absicht, die Ängste der Mädchen zu schonen, aber Dale schien zu allem unfähig zu sein, was er nicht unbedingt meinte.

„Ruhen Sie sich aus oder gehen Sie", riet er den Mädchen. „Wir haben noch vierzig Meilen vor uns, bevor es dunkel wird."

Helen wollte sich lieber ausruhen, aber Bo ging umher, streichelte die Pferde und schnüffelte in den Rucksäcken herum. Sie war neugierig und eifrig.

Dale und Roy unterhielten sich leise, während sie die Utensilien aufräumten und in einer schweren Leinentasche verstauten.

„Glaubst du wirklich, dass Anson mir heute Morgen auf die Spur kommt?" Dale fragte.

„Das tue ich", antwortete Roy.

„ Und wie kommst du so schnell darauf?"

„Wie hast du darauf gedacht – wenn du Snake Anson wärst ?" fragte Roy als Antwort.

„Hängt von der Reiterin aus Magdalena ab", sagte Dale nüchtern. „Obwohl es wahrscheinlich ist, dass ich an der Stelle, an der wir abgebogen sind, Rad- und Hoss-Spuren gesehen habe. Aber angenommen, er tut es."

„Milt, hör zu. Ich habe dir schon erzählt, dass Snake uns Jungs vorgestern in Show Down von Angesicht zu Angesicht getroffen hat. Und er war absolut neugierig."

„Aber er hat es verpasst, mich zu sehen oder zu hören", antwortete Dale.

„ Vielleicht hat er es getan, vielleicht auch nicht. Wie auch immer, was ist der Unterschied, ob er es heute Morgen oder heute Abend herausfindet?"

„Dann erwarten Sie keinen Kampf, wenn Anson die Bühne behält?"

„Wal, er müsste zuerst schießen, was unwahrscheinlich ist. John und Hal waren seit der Schießerei vor einem Jahr irgendwie waffenscheu. Joe könnte wütend werden. Aber ich denke, das Beste, was wir erreichen können, ist eine Verzögerung. Und es wäre sinnvoll, sich nicht darauf zu verlassen."

„Dann legen Sie hier auf und halten Ausschau nach Ansons Bande – sagen wir so lange, dass Sie sicher sein können, dass sie in Sichtweite sind, wenn sie heute Morgen unsere Spuren finden. Stellen Sie auf die eine oder andere Weise sicher, dass Sie querfeldein nach Big Spring fahren, wo ich heute Nacht campen werde."

Roy nickte und stimmte diesem Vorschlag zu. Dann hoben beide Männer ohne weitere Worte die Seile auf und gingen den Pferden nach. Helen beobachtete Dale, und als Bo vor lauter Aufregung aufschrie, drehte sich Helen um und sah einen wilden gelben kleinen Mustang, der aufrecht auf seinen Hinterbeinen stand und in der Luft scharrte. Roy hatte ihn gefesselt und zerrte ihn nun ins Lager.

„Nell, sieh dir das für ein wildes Pony an!" rief Bo aus.

Helen beschäftigte sich damit, dem wütenden Mustang aus dem Weg zu gehen. Roy schleppte ihn zu einer Zeder in der Nähe.

„Komm jetzt, Buckskin", sagte Roy beruhigend und näherte sich langsam dem zitternden Tier. Er kam Hand in Hand mit dem Lasso näher. Buckskin zeigte das Weiße seiner Augen und auch seine weißen Zähne. Aber er blieb stehen, während Roy die Schlaufe löste, sie über seinen Kopf streifte und sie mit einem komplizierten Knoten um seine Nase befestigte.

„Das ist ein Hackamore", sagte er und deutete auf den Knoten. „Er hatte noch nie ein Zaumzeug, und ich schätze, er wird auch nie eines haben."

„Du reitest ihn nicht?" fragte Helen.

„Manchmal tue ich das", antwortete Roy mit einem Lächeln. „Möchtet ihr Mädels ihn ausprobieren?"

„Entschuldigung", antwortete Helen.

„Mensch!" stieß Bo aus. „Er sieht aus wie ein Teufel. Aber ich würde ihn angreifen – wenn Sie glauben, dass ich es könnte."

Der wilde Sauerteig des Westens hatte in Bo Rayner schnelle Wurzeln geschlagen.

„Wal, es tut mir leid, aber ich denke, ich werde dich nicht zulassen – für eine Weile", antwortete Roy trocken.

„Er schlägt etwas Mächtiges Böses vor."

„Stellplätze. Du meinst Geld?"

"Ich rechne damit."

In der nächsten halben Stunde sah Helen mehr und lernte mehr über den Umgang mit Pferden auf der Freilandhaltung, als sie jemals gehört hatte. Mit Ausnahme von Ranger, Roys Braunem und dem weißen Pony, auf dem Bo ritt, mussten die übrigen Pferde tatsächlich angebunden und ins Lager geschleppt werden, wo sie gesattelt und verpackt wurden. Es war ein Job für furchtlose, starke Männer, der sowohl Geduld als auch eiserne Waffen erforderte. Für Helen Rayner war also der Respekt, der das Vertrauen ersetzte, das sie diesen Männern entgegenbrachte. Für eine beobachtende Frau sagte diese halbe Stunde viel.

Als alles für den Start bereit war, stieg Dale auf und sagte bedeutungsvoll: „Roy, ich werde gegen Sonnenuntergang nach dir suchen. Ich hoffe, nicht früher."

„Wal, es wäre schlimm, wenn ich bald schlechte Nachrichten überbringen müsste. Lass uns auf das Beste hoffen. Bisher hatten wir Glück an Land. Jetzt gehst du zu den Kiefernmatten im Wald und versteckst deine Spur."

Dale wandte sich ab. Dann verabschiedeten sich die Mädchen von Roy und folgten ihm. Bald waren Roy und sein wildlederfarbener Mustang hinter einer Baumgruppe verschwunden.

Die ungehinderten Pferde gingen voran; die Lasttiere trabten hinter ihnen her; Die Fahrer waren dicht dahinter. Alle reisten im Trab. Und dieser Gang ließ die Rudel auf und ab und von einer Seite zur anderen schwanken. Die Sonne fühlte sich in Helens Rücken warm an und der Wind verlor seine frostige Kälte, die fast feucht wirkte, und verströmte einen trockenen, süßen Duft. Dale fuhr das flache Tal hinauf, das auf den Ebenen darüber Holz und ein paar Meilen weiter einen schwarzen Waldrand zeigte. Es dauerte nicht lange, bis wir den Waldrand erreichten.

Helen fragte sich, warum die großen Kiefern in dieser Ebene so weit wuchsen und nicht weiter. Wahrscheinlich hatte das Wachstum mit Schnee zu tun, aber da der Boden eben war, konnte sie nicht verstehen, warum der Waldrand genau dort liegen sollte.

Sie ritten in den Wald.

Für Helen schien es ein seltsamer, kritischer Eintritt in eine andere Welt zu sein, die sie kennen und lieben sollte. Die Kiefern waren groß, hatten eine braune Rinde, waren gesäumt und knorrig und hatten außer ihrer Majestät und Schönheit keine typische Erscheinung. Sie wuchsen weit auseinander. Unter ihnen gediehen nur wenige kleine Kiefern und wenig Unterholz. Der Boden dieses Waldes schien insofern bemerkenswert, als er aus hohen, silbrigen Grasflächen und breiten braunen Bereichen mit Kiefernnadeln bestand. Dies war offensichtlich das, was Roy mit Kiefernmatten gemeint hatte. Hier und da lag ein gefallener Monarch zerrissen oder verwesend da. Helen war sofort beeindruckt von der Stille des Waldes und der seltsamen Tatsache, dass die Pferde selten überhaupt ein Geräusch machten, und wenn sie es taten, war es das Knacken abgestorbener Zweige oder das Aufprallen eines Hufs auf einem Baumstamm. Ebenso wurde ihr die federnde Beschaffenheit des Bodens bewusst. Und dann sah sie, dass die Kiefernmatten wie Gummikissen unter den Hufen der Pferde nachgaben und, nachdem sie vorbei waren, wieder an ihren Platz zurücksprangen, ohne eine Spur zu hinterlassen. Helen konnte kein Anzeichen einer Spur erkennen, die sie hinterlassen hatten. Tatsächlich erforderte es ein scharfes Auge, Dale durch diesen Wald zu folgen. Dieses Wissen war für Helen unendlich tröstlich, und zum ersten Mal seit Beginn des Fluges spürte sie, wie die Last auf Geist und Herz nachließ. Es ließ ihr einen Teil der Wertschätzung zukommen, die sie unter glücklicheren Umständen bei dieser wundervollen Fahrt hätte empfinden können.

Bo schien jedoch zu jung, zu wild, zu intensiv, um sich um die Umstände zu kümmern. Sie reagierte auf die Realität. Helen begann zu vermuten, dass das Mädchen jedes Abenteuer begrüßen würde, und Helen wusste jetzt mit Sicherheit, dass Bo ein echter Auchincloss war. Drei lange Tage lang hatte Helen einen Zwang gespürt, den sie bisher nicht kannte; In den letzten Stunden war es in Angst versunken. Aber es muss so sein, schlussfolgerte sie, Blut wie das ihrer Schwester, das in ihren Adern pochte, um frei zu werden, zu rasen und zu brennen.

Bo liebte Action. Sie hatte ein Auge für Schönheit, war aber nicht nachdenklich. Sie half Dale jetzt dabei, die Pferde zu treiben und sie in einer ziemlich engen Formation zu halten. Sie ritt gut und zeigte noch keine Anzeichen von Müdigkeit oder Schmerzen. Helen wurde sich beides bewusst, aber noch nicht genug, um ihr Interesse einzuschränken.

Ein wunderschöner Wald ohne Vögel kam ihr nicht real vor. Von allen Lebewesen in der Natur mochte Helen Vögel am liebsten, und sie kannte viele und konnte die Lieder einiger weniger nachahmen. Aber hier unter den stattlichen Kiefern gab es keine Vögel. Hin und wieder wurden jedoch Eichhörnchen gesichtet, und im Laufe einer Stunde Fahrt kam es zu einer großen Zahl von Eichhörnchen. Das Einzige, das sie kannte, war das Streifenhörnchen. Alle anderen, von den schlanken, leuchtend schwarzen über die gestreiften Rotbraunen bis hin zu den Weißwedelgrauen, waren für sie völlig neu. Sie wirkten zahm und neugierig. Die Roten bellten und schimpften auf die vorbeiziehende Kavalkade; die Schwarzen glitten zu einem sicheren Ast, um dort zuzusehen; Die Grauen schenkten dieser Invasion ihres Reiches keine besondere Beachtung.

Einmal hielt Dale sein Pferd an und deutete mit seinem langen Arm darauf, und Helen folgte der Richtung und erblickte mehrere graue Hirsche, die bewegungslos und mit aufgestellten langen Ohren auf einer Lichtung standen. Sie haben ein wildes und wunderschönes Bild gemacht. Plötzlich sprangen sie mit bemerkenswert federnden Schritten davon.

Der Wald behielt im Großen und Ganzen seinen ebenen, offenen Charakter, aber es gab Mulden und Bachbetten, die seine regelmäßige Anordnung durchbrachen. Gegen Mittag änderte sich die Situation jedoch allmählich, eine Tatsache, von der Helen glaubte, sie hätte sie früher bemerken können, wenn sie aufmerksamer gewesen wäre . Die allgemeine Lage des Landes begann sich anzuheben und die Bäume wurden dichter.

Sie machte eine weitere Entdeckung. Seit sie den Wald betreten hatte , spürte sie ein Völlegefühl in ihrem Kopf und etwas, das ihre Nasenlöcher berührte. Mit Bedauern stellte sie sich vor, dass sie sich erkältet hatte. Aber bald klärte sich ihr Kopf etwas, und ihr wurde klar, dass der dicke Kiefernduft des Waldes ihre Nasenlöcher verstopft hatte, als wäre es ein süßliches Pech. Der Geruch war aufgrund seiner Stärke aufdringlich und unangenehm. Auch ihr Hals und ihre Lunge schienen zu brennen.

Als sie anfing, das Interesse am Wald und seiner Umgebung zu verlieren, lag das an Schmerzen, die ihr nicht länger verwehrt blieben. Danach durfte sie sie nicht mehr vergessen und es wurde immer schlimmer. Vor allem einer war ein Schmerz, der ihre ganze Erfahrung überstieg. Es lag in den Muskeln ihrer Seite, über ihrer Hüfte, und es wurde zu einer tückischen Sache, da es nicht hartnäckig war. Es kam und ging. Nachdem es mit einem schrecklichen Blitz gekommen war, konnte es durch Bewegen oder Entspannen des Körpers ertragen werden. Aber es gab keine Warnung. Als sie es erwartete, täuschte sie sich; Als sie es wagte, wieder zu atmen, kam der Atem mit durchdringender Schnelligkeit zurück wie eine Klinge in ihre Seite. Dies war also einer der Reitschmerzen, bei denen man auf einer langen Fahrt einen empfindlichen Fuß bekam. Es war fast zu viel, um es zu ertragen. Die Schönheit des Waldes, die davonhuschenden Lebewesen, die Zeit, die Entfernung – alles verblasste vor diesem stechenden Schmerz. Zu ihrer unendlichen Erleichterung stellte sie fest, dass es der Trab war, der diese Folter verursachte. Als Ranger ging, musste sie es nicht ertragen. Deshalb ließ sie ihn so lange spazieren gehen, wie sie es wagte oder bis Dale und Bo fast außer Sichtweite waren; dann lief sie ihm voraus, bis er ihn eingeholt hatte.

So vergingen die Stunden, die Sonne stand tief und sandte goldene Strahlen unter die Bäume, und der Wald nahm allmählich eine hellere, aber dichtere Farbe an. Dies verdunkelte sich langsam. Der Sonnenuntergang war nicht mehr weit.

Sie hörte die Pferde im Wasser planschen und ritt bald darauf zu, um die winzigen Bäche kristallklaren Wassers zu sehen, die schnell über grüne Moosbeete liefen. Sie überquerte mehrere davon und folgte der letzten zu einer offeneren Stelle im Wald, wo die Kiefern riesig, hoch aufragend und weit voneinander entfernt standen. Rechts erhob sich ein niedriger, grauer Felsvorsprung, vielleicht ein Drittel so hoch wie die Bäume. Von irgendwoher war das Rauschen von fließendem Wasser zu hören.

„Big Spring", verkündete Dale. „Wir campen hier. Ihr Mädels habt es gut gemacht."

Ein weiterer Blick zeigte Helen, dass all diese kleinen Bäche unter dieser grauen Klippe hervorflossen.

„Ich brenne auf einen Drink", rief Bo mit ihrer üblichen Übertreibung.

„Ich denke, dass Sie Ihren ersten Drink hier nie vergessen werden", bemerkte Dale.

Bo versuchte abzusteigen und fiel schließlich herunter, und als sie den Boden erreichte, schienen ihre Beine ihre natürliche Funktion zu verweigern und sie fiel flach hin. Dale half ihr auf.

„Was ist überhaupt los mit mir?" forderte sie voller Erstaunen.

„Nur steif, schätze ich", antwortete Dale, während er sie ein paar unbeholfene Schritte führte.

„Bo, hast du irgendwelche Schmerzen?" fragte Helen, die immer noch auf ihrem Pferd saß und den Versuch ablehnte, abzusteigen, es aber dennoch über alle Worte hinaus wollte.

Bo warf ihr einen beredten Blick zu.

„Nell, hattest du eine in deiner Seite, wie eine böse, lange Stopfnadel, die tief zustieß, wenn du nicht bereit warst?"

„Darüber werde ich nie hinwegkommen!" rief Helen leise aus. Dann stieg sie, gestützt auf Bos Erfahrung, vorsichtig ab und schaffte es, aufrecht zu bleiben. Ihre Beine fühlten sich an wie hölzerne Dinge.

Jetzt gingen die Mädchen dem Frühling entgegen.

„Trink langsam", rief Dale.

Big Spring entsprang irgendwo tief unter der grauen, verwitterten Klippe, aus der ein hohles unterirdisches Gurgeln und Brüllen des Wassers kam. Seine Quelle muss ein großer Brunnen gewesen sein, der durch das kalte Gestein strömte.

Helen und Bo lagen flach auf einem moosbedeckten Ufer, sahen ihre Gesichter, als sie sich bückten, und nippten auf Dales Rat hin einen Bissen, und weil ihnen so heiß und ausgedörrt und brennend war, wollten sie einen Moment mit einer kostbaren Gelegenheit verweilen.

Das Wasser war so kalt, dass es einen Schock über Helen auslöste, ihre Zähne schmerzten und ein einzigartiger, belebender Strom durch sie hindurchströmte, wunderbar in seiner kühlen Absorption der trockenen Hitze des Fleisches, unwiderstehlich in seinem Reiz, den Durst zu stillen. Helen hob den Kopf, um auf dieses Wasser zu schauen. Es war farblos, da sie es geschmacklos gefunden hatte.

„Nell – trink!" keuchte Bo. „Denken Sie an unsere – alte Quelle – im Obstgarten – voller Pollywogs!"

Und dann trank Helen durstig und mit geschlossenen Augen, während Bos Gabe der ergreifenden Sprache eine Erinnerung an die Heimat wachrief.

Kapitel VII

Die erste Aufgabe, die Dale im Lager erfüllte, bestand darin, einen Rucksack von einem der Pferde zu werfen, ihn zu öffnen, eine Plane und Decken herauszuholen und sie auf dem Boden unter einer Kiefer zu platzieren.

„Ihr Mädchen ruht euch aus", sagte er kurz.

„Können wir nicht helfen?" fragte Helen, obwohl sie kaum stehen konnte.

„Nach dem Einbruch können Sie gerne tun und lassen, was Sie wollen."

„Eingebrochen!" rief Bo mit einem kleinen Lachen. „Ich bin jetzt völlig am Ende."

„Bo, es sieht so aus, als ob Mr. Dale erwartet, dass wir einen ganz schönen Aufenthalt bei ihm im Wald verbringen werden."

„Das stimmt", antwortete Bo, während sie sich langsam auf die Decken setzte, sich mit einem langen Seufzer ausstreckte und ihren Kopf auf einen Sattel legte. „Nell, hat er nicht gesagt, dass wir ihn nicht Mister nennen sollen?"

Dale warf die Rucksäcke von den anderen Pferden.

Helen legte sich neben Bo und dann erlebte sie zum ersten Mal in ihrem Leben die Süße der Ruhe.

„Nun, Schwester, wie willst du ihn nennen?" fragte Helen neugierig.

„Milt, natürlich", antwortete Bo.

Helen musste trotz ihrer Müdigkeit und Schmerzen lachen.

„Ich nehme an, wenn Ihr Cowboy aus Las Vegas vorbeikommt, werden Sie ihn so nennen, wie er Sie genannt hat."

Bo errötete, was für sie eher ungewöhnlich war.

„Das werde ich, wenn ich möchte", erwiderte sie. „Nell, seit ich denken kann, schwärmst du vom Westen. Jetzt bist du DRAUSSEN im Westen, mittendrin, gut und tief. Also wach auf!"

Das war Bos unverblümte und charakteristische Art, Helen dazu zu raten, ihre Oberflächlichkeiten zu beseitigen. Es sank tief. Helen hatte keine Antwort. Ihr Ehrgeiz galt, soweit es den Westen betraf, sicherlich nicht einem solch wilden, beispiellosen Ausflug wie diesem. Aber möglicherweise war der Westen – ein Leben von Tag zu Tag – eine Abfolge von Abenteuern, Prüfungen, Prüfungen, Schwierigkeiten und Erfolgen. Um eines Tages einen

Ort zu schaffen, an dem andere bequem leben können! Das könnte Bo's Absicht sein, die in ihrem eindringlichen Hinweis zum Ausdruck kommt. Aber Helen war damals zu müde, um darüber nachzudenken. Sie fand es interessant und einigermaßen angenehm, Dale zu beobachten.

Er humpelte die Pferde und ließ sie frei. Dann näherte er sich mit der Axt in der Hand einem niedrigen, toten Baum, der zwischen ein paar Espen mit weißer Rinde stand. Dale schien einen Vorteil daraus zu ziehen, die Axt zu schwingen. Ohne seinen Mantel sah er mit seinen breiten Schultern, seinem geraden Rücken und seinen langen, kräftigen Armen wie ein junger Riese aus. Er war geschmeidig und geschmeidig, muskulös, aber nicht massig. Die Axt hallte auf dem harten Holz wider und hallte durch den Wald. Ein paar Schläge genügten, um den Stummel zu Fall zu bringen. Dann hat er es aufgeteilt. Helen war neugierig zu sehen, wie er ein Feuer entzündete. Zuerst riss er Splitter aus dem Kern des Baumstamms und legte sie zusammen mit gröberen Stücken auf die Erde. Dann holte er aus einer Satteltasche, die an einem Ast in der Nähe hing, Feuerstein und Stahl und ein Stück Stoff, von dem Helen annahm, dass es sich um Lumpen oder Wildleder handelte, auf das Pulver gerieben worden war. Jedenfalls brachte der erste Schlag des Stahls Funken, ein Feuer und brennende Splitter mit sich. Sofort sprang die Flamme einen Fuß hoch. Er legte kreuzweise größere Holzstücke auf und das Feuer prasselte.

Als das erledigt war, stand er aufrecht da und lauschte mit dem Gesicht nach Norden. Helen erinnerte sich jetzt daran, dass sie ihn seit seiner Ankunft in Big Spring schon zweimal dasselbe tun sah. Es war Roy, für den er zuhörte und beobachtete. Die Sonne war untergegangen und auf der offenen Fläche verloren die Spitzen der Kiefern ihren Glanz.

Die Lagerutensilien, die der Jäger aus einem Sack entleerte, erzeugten ein Klirren aus Eisen und Zinn. Als nächstes rollte er ein großes Paket aus, dessen Inhalt offenbar aus zahlreichen Säcken aller Größen bestand. Darin befanden sich offenbar Lebensmittelvorräte. Der Eimer sah aus, als wäre ein Pferd darüber gerollt, samt Gepäck. Dale füllte es an der Quelle. Als er zum Lagerfeuer zurückkehrte, goss er Wasser in ein Waschbecken, ging auf die Knie und wusch sich gründlich die Hände. Der Akt schien eine Gewohnheit zu sein, denn Helen sah, dass er dabei in den Wald blickte und lauschte. Dann trocknete er seine Hände über dem Feuer, wandte sich dem ausgebreiteten Rucksack zu und begann mit den Vorbereitungen für das Essen.

Plötzlich dachte Helen an den Mann und alles, was seine Handlungen bedeuteten. Bei Magdalena, auf der Etappenfahrt und letzte Nacht hatte sie diesem Fremden, einem Jäger aus den Weißen Bergen, vertraut, der offenbar bereit war, sich mit ihr anzufreunden. Und sie hatte eine überaus große Dankbarkeit empfunden. Dennoch hatte sie ihn unpersönlich angesehen.

Doch langsam wurde ihr klar, dass der Zufall sie in die Gesellschaft eines bemerkenswerten Mannes gebracht hatte. Dieser Eindruck verblüffte sie. Es lag nicht daran, dass er mutig und freundlich war, einer jungen Frau in Gefahr zu helfen, oder dass er bei der Arbeit am Lagerfeuer geschickt und schnell wirkte. Die meisten westlichen Männer seien mutig, hatte ihr Onkel ihr gesagt, und viele seien einigermaßen freundlich, und alle könnten kochen. Dieser Jäger war körperlich ein wunderbares Exemplar von Männlichkeit, mit etwas Löwenhaftem in seiner Statur. Aber das erweckte ihren Eindruck nicht. Helen war Lehrerin gewesen und an Jungen gewöhnt, und sie spürte eine jungenhafte Einfachheit, Energie oder Frische in diesem Jäger. Sie glaubte jedoch, dass es eine mentale und spirituelle Kraft in Dale war, die sie dazu gebracht hatte, darüber nachzudenken.

„Nell, ich habe dreimal mit dir gesprochen", protestierte Bo gereizt. „Worüber grübelst du?"

„Ich bin ziemlich müde – und weit weg, Bo", antwortete Helen. "Was hast du gesagt?"

„Ich sagte, ich hätte einen enormen Appetit."

"Wirklich. Das ist für Sie nichts Besonderes. Ich bin zu müde zum Essen. Und Angst, meine Augen zu schließen. Sie würden sich nie öffnen. Wann haben wir zuletzt geschlafen, Bo?"

„Zweite Nacht, bevor wir das Haus verließen", erklärte Bo.

„Vier Nächte! Oh, wir haben etwas geschlafen."

„Ich wette, ich erfinde meins in diesem Wald . Glaubst du, wir werden hier – unter diesem Baum – ohne Decke schlafen?"

„Es sieht so aus", antwortete Helen zweifelnd.

„Wie herrlich schön!" rief Bo entzückt aus. „Wir werden die Sterne durch die Kiefern sehen."

„Es scheint sich zu bewölken. Wäre es nicht schrecklich, wenn wir einen Sturm hätten?"

„Warum, ich weiß es nicht", antwortete Bo nachdenklich. „Es muss nach Westen stürmen."

Wieder spürte Helen in Bo etwas Unvermeidliches. Es war etwas, das im eintönigen Familienleben in St. Joseph nur praktisch erschien. Plötzlich überkam Helen einen Gedankenblitz – ein aufregendes Bewusstsein, dass sie und Bo begonnen hatten, sich in einer neuen und wilden Umgebung zu entwickeln. Wie seltsam und vielleicht beängstigend, dieses Wachstum zu beobachten! Da Bo jünger und beeindruckbarer war und über elementare statt intellektuelle Instinkte verfügte, würde er schneller stärker werden. Helen fragte sich, ob sie ihrer eigenen Neigung zum Primitive nachgeben könnte. Aber wie könnte jemand mit einem nachdenklichen und scharfsinnigen Geist auf diese Weise nachgeben? Es war der Wilde, der nicht nachdachte.

Helen sah, wie Dale wieder aufrecht stand und in den Wald blickte.

„Ich schätze, Roy kommt nicht", sagte er im Selbstgespräch. „Und das ist gut." Dann wandte er sich an die Mädchen. „Das Abendessen ist fertig."

Die Mädchen reagierten mit einem Elan, der größer war als ihre Aktivität. Und sie aßen wie ausgehungerte Kinder, die sich im Wald verirrt hatten. Dale begleitete sie mit einem angenehmen Licht auf seinem stillen Gesicht.

„Morgen Abend gibt es Fleisch", sagte er.

"Welche Art?" fragte Bo.

„Wilder Truthahn oder Hirsch. Vielleicht beides, wenn Sie möchten. Aber es ist gut, Wildfleisch langsam anzugehen. Ein Truthahn, der auf der Zunge zergeht."

„Ähmmm!" murmelte Bo gierig. „Ich habe von wildem Truthahn gehört."

Als sie fertig waren, aß Dale seine Mahlzeit, lauschte dem Gespräch der Mädchen und antwortete gelegentlich kurz auf eine Frage von Bo. Es dämmerte schon, als er begann, die Töpfe und Pfannen abzuwaschen, und als seine Pflichten zu Ende waren, war es schon fast dunkel. Dann zündete er das Lagerfeuer an und setzte sich auf einen Baumstamm, um ins Feuer zu schauen. Die Mädchen lehnten bequem in den Sätteln.

„Nell, ich werde gleich umfallen", sagte Bo. „Und das sollte ich auch nicht tun – gerade bei so einem großen Abendessen."

„Ich weiß nicht, wie ich schlafen kann, und ich weiß, dass ich nicht wach bleiben kann", entgegnete Helen.

Dale hob aufmerksam den Kopf.

"Hören."

Die Mädchen wurden angespannt und still. Helen konnte kein Geräusch hören, es sei denn, es war ein leiser Hufschlag draußen in der Dunkelheit. Der Wald schien zu schlafen. An Bos Augen, die groß waren und im Licht des Lagerfeuers leuchteten, erkannte sie, dass auch sie nicht verstanden hatte, was Dale meinte.

„Ein Haufen Kojoten kommt", erklärte er.

Plötzlich teilte sich die Stille in einen Chor aus bissigem, aufgeregtem, seltsamem Bellen. Sie klangen wild, doch hatten sie etwas von einer freundlichen oder neugierigen Note. Am Rande des Lichtkreises waren derzeit graue Formen zu erkennen. Das leise Rascheln heimlicher Füße umgab das Lager, und dann ertönte überall Bellen und Jaulen. Es war ein ruheloses und schleichendes Rudel Tiere, dachte Helen; Sie war froh, als der Refrain zu Ende war und die Kojoten mit ein paar flüchtigen, gehässigen Schreien davongingen.

Es herrschte wieder Stille. Wäre Helen nicht immer voller Angst gewesen, hätte sie diese Stille süß und ungewohnt schön gefunden.

"Ah! Hören Sie dem Kerl zu", sagte Dale. Seine Stimme war mitreißend.

Wieder spitzten die Mädchen ihre Ohren. Das war nicht nötig, denn plötzlich ertönte klar und kalt aus der Stille ein trauriges Heulen, langgezogen, seltsam und voll und wild.

"Oh! Was ist das?" flüsterte Bo.

„Das ist ein großer grauer Wolf – ein Timberwolf oder Lofer, wie er manchmal genannt wird", antwortete Dale. „Er ist hoch oben auf einem felsigen Bergrücken da hinten. Er riecht uns, und das gefällt ihm nicht ... Da ist er wieder. Hören! Ah, er hat Hunger."

Während Helen diesem überaus wilden Schrei lauschte – so wild, dass es ihr eine Gänsehaut bereitete und das unbeschreiblichste Gefühl der Einsamkeit sie überkam – richtete ihr Blick weiterhin auf Dale.

"Du liebst ihn?" sie murmelte unwillkürlich, ganz ohne den Beweggrund ihrer Frage zu verstehen.

Bestimmt war Dale diese Frage noch nie zuvor gestellt worden, und Helen kam es beim Nachdenken so vor, als hätte er sie sich selbst noch nie gestellt.

„Ich denke schon", antwortete er plötzlich.

„Aber Wölfe töten Hirsche und kleine Rehe und alles Hilflose im Wald", entgegnete Bo.

Der Jäger nickte mit dem Kopf.

„Warum kannst du ihn dann lieben?" wiederholte Helen.

„Wenn ich darüber nachdenke, glaube ich, dass es dafür viele Gründe gibt", entgegnete Dale. „Er tötet sauber. Er frisst kein Aas. Er ist kein Feigling. Er kämpft. Er stirbt wild... Und er ist gern allein."

„Tötet sauber. Was meinst du damit?"

„Ein Puma, jetzt zerfleischt er ein Reh. Und ein Silberspitz, wenn er eine Kuh oder ein Fohlen tötet, macht er ein Chaos daraus. Aber ein Wolf tötet sauber, mit scharfen Schnäbeln."

„Was sind ein Puma und ein Silberspitz?"

„Cougar bedeutet Berglöwe oder Panther, und Silberspitz ist ein Grizzlybär."

„Oh, sie sind alle grausam!" rief Helen und schrumpfte.

"Ich rechne damit. Ich habe oft Wölfe erschossen, weil sie ein Reh zurückgelassen hatten."

"Was ist das?"

„Manchmal jagen zwei oder mehr Wölfe ein Reh, und während einer von ihnen ruht, treibt der andere das Reh zu seinem Partner, der die Jagd aufnimmt. Auf diese Weise erlegen sie das Reh. Grausam ist es, aber die Natur, und nicht schlimmer als Schnee und Eis, die Rehe verhungern lassen, oder ein Fuchs, der aus dem Ei ausbrechende Truthahnküken tötet, oder Raben, die neugeborenen Lämmern die Augen ausstechen und abwarten bis sie sterben. Und im Übrigen sind Menschen grausamer als Raubtiere, denn Menschen tragen zur Natur bei und haben mehr als nur Instinkte."

Helen war zum Schweigen gebracht und gleichzeitig schockiert. Sie hatte nicht nur einen neuen und beeindruckenden Standpunkt in der Naturgeschichte kennengelernt, sondern auch eine klare Vorstellung davon, warum sie sich vage einen bemerkenswerten Charakter dieses Mannes vorgestellt oder erahnt hatte. Ein Jäger war jemand, der Tiere wegen ihres Fells, ihres Fleisches oder ihrer Hörner oder aus Blutgier tötete – das war Helens Definition eines Jägers, und sie glaubte, dass dies von der Mehrheit der Menschen in sesshaften Staaten vertreten wurde. Aber die Mehrheit könnte falsch liegen. Ein Jäger könnte ganz anders sein und weitaus mehr als ein Fährtenleser und Wildjäger. Die Bergwelt des Waldes war für fast alle Menschen ein Rätsel. Vielleicht kannte Dale seine Geheimnisse, sein Leben, seinen Schrecken, seine Schönheit, seine Traurigkeit und seine Freude; und wenn ja, wie voll, wie wunderbar muss sein Geist sein! Er sprach davon, dass Männer nicht besser seien als Wölfe. Könnte ein einsames Leben in der Wildnis einem Mann das beibringen? Bitterkeit, Neid, Eifersucht, Bosheit, Gier und Hass – all das hatte im Herzen dieses Jägers keinen Platz. Es war nicht Helens Klugheit, sondern die Intuition einer Frau, die das erriet.

Dale stand auf, richtete sein Ohr nach Norden und lauschte noch einmal.

„Erwartest du Roy noch?" fragte Helen.

„Nein, es ist unwahrscheinlich, dass er heute Abend auftaucht", antwortete Dale und ging dann hinüber, um eine Hand auf die Kiefer zu legen, die über der Stelle emporragte, wo die Mädchen lagen. Seine Handlung und die Art, wie er zur Baumkrone und dann zu den angrenzenden Bäumen hinaufblickte, hatten mehr von der Bedeutung, die Helen so interessierte.

„Ich schätze, er hat dort etwa fünfhundert Jahre gestanden und wird diese Nacht durchhalten", murmelte Dale.

Diese Kiefer war der Herrscher dieser weitverbreiteten Gruppe.

„Hören Sie noch einmal zu", sagte Dale.

Bo schlief. Und als Helen zuhörte, vernahm sie sofort ein leises, fernes Brüllen.

"Wind. „Es wird stürmen", erklärte Dale. „Sie werden etwas Interessantes hören. Aber haben Sie keine Angst. Ich gehe davon aus, dass wir in Sicherheit sind. Kiefern fallen oft um. Aber dieser Kerl hält jedem Herbstwind stand, den es jemals gegeben hat ... Schlüpfen Sie besser unter die Decken, damit ich die Plane hochziehen kann."

Helen rutschte herunter, so wie sie war, vollständig angezogen, bis auf die Stiefel, die sie und Bo ausgezogen hatten; und sie legte ihren Kopf dicht an Bos. Dale zog die Plane hoch und faltete sie knapp unter ihren Köpfen zurück.

„Wenn es regnet , wachst du auf und ziehst dann einfach die Plane über dich", sagte er.

"Wird es regnen?" fragte Helen. Aber sie dachte, dass dieser Moment der seltsamste war, der ihr jemals passiert war. Im Schein des Lagerfeuers sah sie Dales Gesicht, wie immer, regungslos, düster gelassen, ohne einen Gedanken auszudrücken. Er war freundlich, aber er betrachtete diese Schwestern nicht als Mädchen, die mit ihm allein in einem pechschwarzen Wald waren, hilflos und wehrlos. Er schien überhaupt nicht nachzudenken. Aber Helen war noch nie in ihrem Leben so empfänglich für Erfahrungen gewesen.

„Ich werde in der Nähe sein und die ganze Nacht über das Feuer brennen lassen", sagte er.

Sie hörte, wie er in die Dunkelheit hinausschritt. Plötzlich war ein schleifendes, stoßendes Geräusch zu hören, dann das Krachen eines auf das Feuer fallenden Holzscheits. Eine Funkenwolke schoss hoch, und viele prasselten zischend auf den feuchten Boden. Wieder stieg Rauch entlang des großen, gezackten Baumstamms empor, und Flammen flackerten und knisterten.

Helen lauschte erneut auf das Rauschen des Windes. Es schien von einem Lufthauch zu kommen, der ihre Wange fächerte und Bos Locken sanft wehte, und es war stärker. Aber es erstarb bald darauf, um dann wiederzukommen, und zwar noch stärker. Da erkannte Helen, dass es sich um das Geräusch eines herannahenden Sturms handelte. Ihre schweren Augenlider weigerten sich fast, offen zu bleiben, und sie wusste, wenn sie sie schließen ließe , würde sie sofort einschlafen. Und sie wollte den Sturmwind in den Kiefern hören.

Ein paar Tropfen kalter Regen fielen auf ihr Gesicht und erschütterten sie mit dem Beweis, dass kein Dach zwischen ihr und den Elementen stand. Dann trug eine Brise den Geruch von verbranntem Holz in ihr Gesicht, und irgendwie flogen ihre Gedanken zu den Tagen ihrer Kindheit, als sie mit ihren kleinen Brüdern Gestrüpp und Blätter verbrannte. Die Erinnerung verblasste. Das Brüllen, das fern gewirkt hatte, war jetzt wieder im Wald, kam schnell und nahm an Lautstärke zu. Wie ein überschwemmter Bach stürzte es in die Tiefe. Helen war erstaunt und erschrocken. Wie stürmisch, entgegenkommend und schwer dieser Sturmwind! Sie verglich sein Vorgehen mit dem Schritt einer Armee. Dann erfüllte das Brüllen den Wald, doch es war wieder hinter ihr. Keine Kiefernnadel zitterte im Schein des Lagerfeuers. Aber die Luft schien von einer schrecklichen Ladung bedrückt zu sein. Das Brüllen steigerte sich, bis es kein Brüllen mehr war, sondern ein anhaltendes Krachen, wie ein Meeresstrom, der die Erde verschlingt. Bo erwachte und klammerte sich voller Angst an Helen. Der ohrenbetäubende Sturmstoß war über ihnen. Helen spürte, wie sich das Sattelkissen unter ihrem Kopf bewegte. Die Riesenkiefer hatte bis in ihre Wurzeln gezittert. Der gewaltige, wütende Wind wehte überall in den Baumwipfeln. Und für einen langen Moment beugte es den Wald unter seiner gewaltigen Kraft. Dann ging das ohrenbetäubende Krachen in Brüllen über, und das ging immer weiter, wurde immer lauter, steigerte sich zu leiser Detonation und erstarb schließlich in der Ferne.

Kaum war es verstummt, erhob sich im Norden erneut ein leises Brüllen, verstummte und erklang erneut. Helen lag da, flüsterte Bo zu und hörte erneut, wie die große Windwelle kam, krachte und verstummte. So war dieser Sturmwind des Bergwaldes.

Ein leises Prasseln des Regens auf der Plane warnte Helen, sich an Dales Anweisungen zu erinnern, und indem sie die schwere Decke hochzog, legte sie sie kapuzenartig über den Sattel. Dann, mit Bo nah und warm an ihrer Seite, schloss sie die Augen und das Gefühl des schwarzen Waldes und des Windes und Regens verschwand. Die letzte aller Empfindungen war der Geruch von Rauch, der unter der Plane wehte.

Als sie die Augen öffnete , erinnerte sie sich an alles, als wäre nur ein kurzer Moment vergangen. Aber es war Tageslicht, wenn auch grau und bewölkt. Von den Kiefern tropfte Nebel. Ein Feuer knisterte fröhlich, blauer Rauch stieg auf und ein würziger Duft von heißem Kaffee hing in der Luft. Pferde standen in der Nähe und bissen und traten einander. Bo schlief tief und fest. Dale schien am Lagerfeuer beschäftigt zu sein. Als Helen den Jäger beobachtete , sah sie, wie er bei seiner Aufgabe innehielt, sein Ohr drehte, um zuzuhören, und dann erwartungsvoll blickte. Und in diesem Moment ertönte ein Schrei aus dem Wald. Helen erkannte Roys Stimme. Dann hörte sie das Plätschern von Wasser und Hufschläge, die näher kamen. Damit trottete der Wildledermustang mit Roy ins Lager.

„Schlechter Morgen für Enten, aber gut für uns", rief er.

„Hallo, Roy!" begrüßte Dale und seine Freude war unverkennbar. „Ich habe nach dir gesucht."

Roy schien mühelos vom Mustang zu rutschen, und seine flinken Hände schlugen auf die Gurte, als er absattelte. Buckskin war nass von Schweiß und Schaum, gemischt mit Regen. Er hob sich. Und Dampf stieg von ihm auf.

„Muss hart gefahren sein ", bemerkte Dale.

„Das habe ich gemacht", antwortete Roy. Dann erblickte er Helen, die sich aufgesetzt hatte, die Hände im Haar und die Augen, die ihn anstarrten.

„Morgen, Miss. Das sind gute Nachrichten."

„Gott sei Dank!" murmelte Helen und schüttelte dann Bo. Diese junge Dame erwachte, wollte aber den Schlaf nicht aufgeben. „Bo! Bo! Aufwachen! Mr. Roy ist zurück."

Daraufhin setzte sich Bo auf, zerzaust und mit schläfrigen Augen.

„Oh-h, aber ich habe Schmerzen!" sie stöhnte. Aber ihr Blick erfasste die Lagerszene und sie fügte hinzu: „Ist das Frühstück fertig?"

"Fast. „Ein Flapjack heute Morgen", antwortete Dale.

Bo zeigte deutliche Gesundheitssymptome in der Art und Weise, wie sie ihre Stiefel schnürte. Helen holte ihre Reisetasche, und damit begaben sie sich auf einen flachen Stein neben der Quelle, allerdings nicht außerhalb der Hörweite der Männer.

„Wie lange wirst du im Camp herumhängen, bevor du es mir erzählst?" fragte Dale.

„Scherz, wie ich es mir vorgestellt habe, Milt", antwortete Roy. „Der Fahrer, der an dir vorbeikam, war ein Bote für Anson. Er und seine Bande sind uns schnell auf die Spur gekommen. Gegen zehn Uhr sah ich sie kommen. Dann machte ich mich auf den Weg in den Wald. Ich blieb im Wald, nahe genug, um zu sehen, wo sie herkommen. Am Ufer haben sie deine Spur verloren. Dann breiteten sie sich durch den Wald aus und machten sich auf den Weg nach Süden, wobei sie natürlich dachten, dass man einen Bogen nach Pine auf der Südseite von Old Baldy machen würde. Es gibt keinen Hoss-Tracker in Snake Ansons Bande, an der Küste. Wal, ich folgte ihnen eine Stunde lang, bis sie einige Meilen von unserer Spur entfernt waren. Dann bin ich dorthin zurückgekehrt, wo du in den Wald gestoßen bist. Und ich habe dort den ganzen Nachmittag bis zur Dunkelheit gewartet, in der Erwartung, dass sie vielleicht zurückweichen würden. Aber das taten sie nicht. Ich ritt ein Stück weit und lagerte im Wald, bis es kurz vor Tagesanbruch kam."

„So weit so gut", erklärte Dale.

"Ufer. Südlich von Baldy gibt es raues Land und entlang der zwei oder drei Pfade werden Anson und seine Truppe bestimmt campen."

„Daran ist nicht zu denken", murmelte Dale, als ihm eine Idee in den Sinn kam.

„Was ist das nicht?"

„Geh um die Nordseite von Baldy herum."

„Das ist es nicht", entgegnete Roy unverblümt.

„Dann muss ich Spuren sicher verwischen – schnell zu meinem Lager und dort bleiben, bis du sagst, dass es sicher ist, das Risiko einzugehen, die Mädchen nach Pine zu bringen."

„Milt, du sprichst von der Weisheit der Propheten."

„Ich bin mir nicht sicher, ob wir Spuren ganz verbergen können. Wenn Anson ein Auge für den Wald gehabt hätte, hätte er mich nicht so schnell verloren.

"NEIN. Aber sehen Sie, er versucht, Ihre Spur zu kreuzen.

auf sicherem Weg fünfzehn oder zwanzig Meilen weiterkommen könnte, würde ich mich auf jeden Fall vor einer Verfolgung sicher fühlen", sagte der Jäger nachdenklich.

„Land und einfach", antwortete Roy schnell. „Ich habe mich scherzhaft mit ein paar fetten Schafhirten getroffen, die eine große Herde trieben. Sie sind aus dem Süden gekommen und werden sich in den türkischen Senacas mästen. Dann fahren sie zurück nach Süden und weiter nach Phoenix. Wal, es ist schlammiges Wetter. Jetzt brechen Sie schnell Ihr Lager ab und machen einen einfachen Weg zum Schafpfad, als ob Sie nach Süden reisen würden. Aber stattdessen reitest du vor der Schafherde her. Sie bleiben in den offenen Parks und auf den Wegen durch die Wälder hier draußen. Und wenn du deine Spuren übergehst, werden sie sie verstecken."

„Aber angenommen, Anson umkreist dieses Lager und trifft es? Er wird mich leicht bis zum Schafpfad verfolgen. Was dann?"

„Scherz, was du willst. Wenn man nach Süden geht, ist der Schafweg bergab und schlammig. Es wird stark regnen. Ihre Spuren würden verwaschen, selbst wenn Sie nach Süden gehen würden. An' Anson würde den Weg fortsetzen, bis er die Spur nicht mehr gespürt hatte. Überlass es mir, Milt. Du bist ein Jäger. Aber ich bin ein Hoss-Tracker."

"In Ordnung. Wir werden rascheln."

Dann forderte er die Mädchen auf, sich zu beeilen.

KAPITEL VIII

Als Helen wieder auf dem Pferd saß, musste sie sich selbst gratulieren, dass sie nicht so verkrüppelt war, wie sie es sich vorgestellt hatte. Tatsächlich brachte Bo alle hörbaren Beschwerden vor.

Beide Mädchen trugen lange, wasserdichte Mäntel, brandneu, und auf die sie sehr stolz waren. Neue Kleidung war in ihrem Leben kein alltägliches Ereignis.

„Ich schätze, die muss ich aufschlitzen", hatte Dale gesagt und ein riesiges Messer gezückt.

"Wozu?" war Bos schwacher Protest gewesen.

„Sie sind nicht zum Reiten gemacht. Und du wirst nass genug, selbst wenn ich sie schneide. Und wenn ich es nicht tue, wirst du durchnässt."

„Mach weiter", war Helens widerstrebende Erlaubnis gewesen.

Deshalb waren ihre langen neuen Mäntel bis zur Hälfte des Rückens geschlitzt. Die Dringlichkeit des Falles wurde Helen klar, als sie sah, wie sie über die Sattelzwiebel und zu ihren Stiefelstulpen hinabstiegen.

Der Morgen war grau und kalt. Ein feiner, nebliger Regen fiel und die Bäume tropften stetig. Helen war überrascht, wieder offenes Land zu sehen und dass sie den Wald offenbar für eine Weile hinter sich lassen sollten. Auf der rechten Seite war das Land weit und flach, auf der linken Seite rollte und wogte es entlang einer schwarzen, gezackten Waldlinie. Über diesem Waldrand verdunkelten niedrige, ziehende Wolken die Berge. Der Wind wehte hinter Helen und schien stärker zu werden. Dale und Roy waren voraus, in gutem Trab, die Lasttiere dicht vor ihnen. Helen und Bo hatten genug zu tun, um mitzuhalten.

Die erste Stunde der Fahrt brachte weder Wetter- noch Landschaftswechsel, aber sie gab Helen eine Ahnung davon, was sie ertragen musste, wenn sie so den ganzen Tag so weitermachten. Sie fing an, die Orte zu begrüßen, an denen die Pferde liefen, aber die Ebenen gefielen ihr nicht. Was die Abfahrten anging, sie hasste sie. Ranger wollte nicht langsam sinken und die Erschütterung, die sie erlitt, war unangenehm. Darüber hinaus bestand das temperamentvolle schwarze Pferd darauf, über Gräben und Flussbetten zu springen. Er flog wie ein Vogel über sie hinweg. Helen konnte sich nicht die Fähigkeit aneignen, richtig im Sattel zu sitzen, und so wurde sie bei diesen Gelegenheiten nicht nur verletzt, sondern auch in ihren Gefühlen verletzt. Helen war sich noch nie zuvor der Eitelkeit bewusst gewesen. Dennoch hatte sie sich nie darüber gefreut, benachteiligt zu werden, und ihre

Auftritte hier müssen schrecklich gewesen sein. Bo drängte sich immer nach vorne und blickte selten zurück, wofür Helen dankbar war.

Bald gelangten sie in einen breiten, schlammigen Gürtel voller unzähliger kleiner Hufspuren. Dies war also der Schafpfad, den Roy empfohlen hatte. Sie ritten drei oder vier Meilen darauf und als sie schließlich in ein graugrünes Tal kamen, sahen sie eine riesige Schafherde. Bald war die Luft erfüllt von Blöken und Baas sowie dem Geruch von Schafen und einem tiefen, sanften Brüllen klappernder Hufe. Die Herde bildete eine kompakte Formation, bedeckte mehrere Hektar und graste schnell dahin. Es gab drei Hirten auf Pferden und mehrere Esel. Dale verwickelte einen der Mexikaner in ein Gespräch, reichte ihm etwas und zeigte dann nach Norden und den Pfad entlang. Der Mexikaner grinste über beide Ohren, und Helen bemerkte das schnelle „SI, SENOR! GRACIAS, SENOR!" Es war ein hübscher Anblick, diese Schafherde, wie sie wie ein runder, wolliger Strom aus Grau- und Brauntönen und hier und da einem Schwarzen dahinrollte. Sie folgten einem Pfad über die Ebenen. Dale steuerte auf diesen Pfad zu und trottete eher etwas schneller.

Plötzlich hoben sich die Wolken und rissen auf und zeigten blauen Himmel und einen Streifen Sonnenschein. Aber die Vorahnung war ohne Berechtigung. Der Wind nahm zu. Ein riesiger schwarzer Schleier wehte von den Bergen herab und brachte Regen, den man in Strömen von oben fallen sah und der sich wie eine sich schnell bewegende Mauer näherte. Bald umhüllte es die Flüchtlinge.

Mit gesenktem Kopf ritt Helen gefühlte Ewigkeiten durch den kalten, grauen Regen, der fast auf gleicher Höhe wehte. Schließlich ließ der heftige Regenguss nach und hinterließ einen feinen Nebel. Die Wolken huschten tief und dunkel, verdeckten die Berge vollständig und machten die graue, nasse Ebene zu einem trostlosen Anblick. Helens Füße und Knie waren so nass, als wäre sie durch Wasser gewatet. Und ihnen war kalt. Auch ihre Handschuhe waren nicht für Regen gedacht und durchnässt. Die Kälte biss ihr in die Finger, sodass sie ihre Hände zusammenschlagen musste. Ranger missverstand dies so, dass er schneller traben sollte, was für Helen schlimmer war als das Einfrieren.

Sie sah eine weitere schwarze, dahinströmende Wolkenmasse mit ihren Regenwolken herabziehen, und diese schien weiß gestreift zu sein. Schnee! Der Wind war jetzt durchdringend kalt. Helens Körper blieb warm, aber ihre Extremitäten und Ohren begannen außerordentlich zu leiden. Sie blickte grimmig nach vorn. Es gab keine Hilfe; sie musste weitermachen. Dale und Roy saßen gebeugt in ihren Sätteln, wahrscheinlich durchnässt, denn sie trugen keine regenfesten Mäntel. Bo blieb dicht hinter ihnen und es war offensichtlich, dass sie die Kälte spürte.

Dieser zweite Sturm war nicht so schlimm wie der erste, weil es weniger regnete. Dennoch schnitt die eisige Schärfe des Windes bis ins Mark. Es dauerte eine Stunde, in der die Pferde weiter trotteten, weiter trotteten. Wieder brauste der graue Strom davon, der feine Nebel wehte, die Wolken hoben sich und trennten sich, und als sie sich wieder schlossen, verdunkelten sie sich für einen weiteren Angriff. Dieser brachte Schneeregen mit sich. Die treibenden Kugeln stachen in Helens Nacken und Wangen, und eine Zeit lang fielen sie so dick und hart auf ihren Rücken, dass sie fürchtete, sie könne ihnen nicht standhalten. Die kahlen Stellen des Bodens zeigten eine glitzernde Decke aus Eismurmeln.

So rollte ein Sturm nach dem anderen über Helens Kopf hinweg. Ihre Füße wurden taub und schmerzten nicht mehr. Aber ihre Finger blieben aufgrund ihrer unablässigen Bemühungen, die Blutzirkulation aufrechtzuerhalten, von dem stechenden Schmerz betroffen. Und jetzt durchbohrte der Wind sie. Sie staunte über ihre Ausdauer und glaubte oft, sie könne nicht weiter reiten. Dennoch machte sie weiter. Alle Winter, die sie je erlebt hatte, hatten einen solchen Tag wie diesen nicht gebracht. Hart und kalt, nass und windig, in zunehmender Höhe – das war die Erklärung. Die Luft enthielt nicht genügend Sauerstoff für ihr Blut.

Dennoch beobachtete Helen während all dieser endlosen Stunden, wohin sie reiste, und wenn sie jemals über diesen Weg zurückkehren würde, würde sie es erkennen. Der Nachmittag schien weit fortgeschritten, als Dale und Roy in ein riesiges Becken hinabstiegen, wo sich ein schilfbewachsener See über die Ebenen erstreckte. Sie ritten am Rand entlang und spritzten bis zu den Knien der Pferde. Kraniche und Reiher flogen schwerfällig weiter; Schwärme geflügelter Enten fliegen schnell von einer Seite zur anderen. Jenseits dieser Senke fiel das Land ziemlich abrupt ab; Felsvorsprünge kreisten um den Rand des höchsten Geländes, und wieder tauchte ein dunkler Saum von Bäumen auf.

Wie viele Meilen! fragte sich Helen. Sie schienen so viele und so lang zu sein wie die Stunden. Aber schließlich, gerade als ein weiterer heftiger Regen kam, waren die Kiefern erreicht. Sie erwiesen sich als weit verstreut und boten kaum Schutz vor dem Sturm.

Helen setzte sich in den Sattel, ein totes Gewicht. Wann immer Ranger seinen Gang beschleunigte oder einen Graben überquerte, hielt sie sich am Knauf fest, um nicht herunterzufallen. In ihrem Kopf herrschten nur Gefühle des Elends und ein hartnäckiger Gedanke: Warum verließ sie jemals ihr Zuhause in Richtung Westen? Ihre Fürsorge für Bo war vergessen. Dennoch wurde jede deutliche Veränderung in der Topographie des Landes registriert und vielleicht durch die quälende Lebendigkeit ihrer Erfahrung in ihrem Gedächtnis festgehalten.

Der Wald wurde flacher und dichter. Unter den Bäumen lagen Schatten der Dämmerung oder Düsternis. Plötzlich verschwanden Dale und Roy und gingen bergab, ebenso Bo. Dann erfüllten Helens Ohren plötzlich das Rauschen des reißenden Wassers. Ranger trabte schneller. Bald erreichte Helen den Rand eines großen Tals, schwarz und grau, so voller Dunkelheit, dass sie weder hinüber noch hineinsehen konnte. Aber sie wusste, dass unten ein rauschender Fluss war. Der Klang war tief, kontinuierlich, ein schweres, murmelndes Brüllen, einzigartig musikalisch. Der Weg war steil. Helen hatte nicht jedes Gefühl verloren, wie sie geglaubt und gehofft hatte. Ihr armer, misshandelter Körper reagierte immer noch quälend auf Erschütterungen, Erschütterungen, Schraubenschlüssel und all die anderen schrecklichen Bewegungen, die einen Pferdetrab ausmachen.

Helen blickte lange nicht auf. Als sie dies tat, lag am Grund des Tals ein grüner, von Weiden gesäumter, baumloser Raum, durch den ein braunweißer Bach mit stetigem, ohrenbetäubendem Brüllen rauschte.

Dale und Roy trieben die Lasttiere über den Bach und folgten ihnen bis tief in die Flanken ihrer Pferde. Bo ritt in das schäumende Wasser, als wäre sie es ihr ganzes Leben lang gewohnt. Ein Ausrutscher, ein Sturz hätte bedeutet, dass Bo in diesem Gebirgsbach ertrunken wäre.

Ranger trottete direkt zum Rand und blieb dort, gehorchend auf Helens Griff am Zaumzeug, stehen. Der Bach war fünfzig Fuß breit, auf der gegenüberliegenden Seite flach und auf der gegenüberliegenden Seite tief, mit schneller Strömung und großen Wellen. Helen hatte einfach zu viel Angst, um ihr zu folgen.

"Lass ihn kommen!" schrie Dale. „Jetzt bleiben Sie dran!... Ranger!"

Der große Schwarze stürzte hinein und ließ das Wasser fliegen. Dieser Bach war für ihn nichts, obwohl er Helen unpassierbar schien. Sie hatte nicht mehr die Kraft, ihre Steigbügel anzuheben, und das Wasser strömte über sie hinweg. Mit zwei weiteren Sprüngen überwand Ranger die Böschung, trottete dann über den Rasen zu der Stelle, wo die anderen Pferde dampfend unter einigen Kiefern standen, stieß einen kräftigen Stoß aus und blieb stehen.

Roy streckte die Hand aus, um ihr beim Aussteigen zu helfen.

„Dreißig Meilen, Miss Helen", sagte er und die Art, wie er sprach, war ein Kompliment.

Er musste sie hochheben und ihr zu dem Baum helfen, an dem Bo lehnte. Dale hatte einen Sattel abgerissen und breitete Satteldecken auf dem Boden unter der Kiefer aus.

„Nell – du hast geschworen – du hast mich geliebt!" war Bos trauriger Gruß. Das Mädchen war blass, abgemagert, blaulippig und konnte nicht aufstehen.

„Bo, das habe ich nie getan – sonst hätte ich dich nie dazu gebracht – elend, was ich bin!" rief Helen. „Oh, was für eine schreckliche Fahrt!"

Es regnete, die Bäume tropften, der Himmel senkte sich. Der ganze Boden war klatschnass, überall waren Pfützen und Pfützen. Helen konnte sich nichts anderes vorstellen als eine herzlose, trostlose, kalte Aussicht. In diesem Moment war die Heimat in ihren Gedanken lebendig und ergreifend. Sie fühlte sich in der Tat so elend, dass die außerordentliche Erleichterung, sich hinzusetzen, die Stillstand der Bewegung, die Befreiung von diesem höllischen, ständig trabenden Pferd, ihr nur noch als Hohn vorkam. Es konnte nicht wahr sein, dass die Zeit für Ruhe gekommen war.

Offensichtlich war dieser Ort ein Lagerplatz für Jäger oder Schafhirten gewesen, denn es gab Reste eines Feuers. Dale hob das verbrannte Ende eines Baumstamms an und ließ ihn hart auf den Boden fallen, wobei er Stücke abspaltete. Dies tat er mehrmals. Es war erstaunlich, seine Stärke und seine Geschicklichkeit zu sehen, als er eine Handvoll Splitter abspaltete. Er sammelte ein Bündel davon ein, legte es nieder und beugte sich darüber. Roy schwang die Axt auf einen anderen Baumstamm, und jeder Hieb spaltete einen langen Streifen ab . Dann stieg eine winzige Rauchsäule über Dales Schulter auf, als er sich barhäuptig vorbeugte und die Splitter mit seinem Hut schützte. Ein Feuer sprang auf. Roy kam mit einem Arm voll weißer und trockener Streifen aus der Innenseite eines Baumstamms. Diese wurden kreuzweise über das Feuer gelegt, und es begann zu brüllen. Dann bauten die Männer Stück für Stück einen Rahmen auf, auf den sie schwerere Hölzer, Äste, Baumstümpfe und Baumstämme legten, und errichteten so eine Pyramide, durch die Flammen und Rauch nach oben dröhnten. Es hatte keine zwei Minuten gedauert. Helen spürte bereits die Wärme in ihrem eisigen Gesicht. Sie hielt ihre bloßen, tauben Hände hoch.

Sowohl Dale als auch Roy waren bis auf die Haut durchnässt, blieben aber nicht am Feuer. Sie lösten die Pferde ab. Zwischen zwei Kiefern wurde ein Lasso aufgestellt, darüber eine V-förmige Plane, die an den vier Enden befestigt war. Unter diesem Unterstand wurden die Rucksäcke mit dem Gepäck der Mädchen sowie den Vorräten und der Bettwäsche untergebracht.

Helen dachte, das hätte vielleicht fünf Minuten länger gedauert. In dieser kurzen Zeit war das Feuer so groß geworden, dass es riesig und heiß war. Ringsherum regnete es stetig, aber über und in der Nähe dieses tosenden Feuers, das drei Meter hoch war, fiel kein Wasser. Es ist verdunstet. Der Boden begann zu dampfen und zu trocknen. Helen litt zunächst, während die Hitze die Kälte verdrängte. Aber bald hörte der Schmerz auf.

„Nell, ich wusste vorher nie, wie gut sich ein Feuer anfühlen kann", erklärte Bo.

Und darin lag noch mehr Nahrung für Helens Nachdenken.

Nach zehn Minuten war Helen trocken und heiß. Die Dunkelheit senkte sich über den trostlosen, durchnässten Wald, aber das große Lagerfeuer ließ ihn zu einer anderen Welt werden, als die, die Helen erwartet hatte. Es loderte und brüllte, krachte wie eine Pistole, zischte und stotterte, sprühte Funken überall hin und schickte eine dichte, gelbe, wirbelnde Rauchsäule in die Höhe. Es begann ein Herz aus Gold zu haben.

Dale nahm eine lange Stange und harkte einen Haufen roter Glut aus, auf der die Kaffeekanne und der Ofen bald zu dampfen begannen.

„Roy, ich habe den Mädchen heute Abend Truthahn versprochen", sagte der Jäger.

„Vielleicht morgen, wenn der Wind dreht. Das ist das Land der Türkei."

„Roy, eine Kartoffel reicht mir!" rief Bo aus. „Nie wieder werde ich um Kuchen und Torte bitten! Ich habe nie Wert auf gutes Essen gelegt. Und ich war schon immer ein kleines Schwein. Ich wusste nie, nie, was es heißt, hungrig zu sein – bis jetzt."

Dale blickte schnell auf.

„Mädel, es lohnt sich, es zu lernen", sagte er.

Helens Gedanken waren zu tief, um sie in Worte zu fassen. In so kurzer Zeit hatte sie sich von Elend in Trost verwandelt!

Der Regen fiel weiter, schien jedoch schwächer zu werden, als die Nacht schwarz wurde. Der Wind ließ nach und der Wald war still, bis auf das stetige Rauschen des Baches. Zwischen der Kiefer und dem Feuer wurde eine gefaltete Plane ausgelegt, die Licht und Wärme spendete, und darauf stellten die Männer dampfende Töpfe, Teller und Tassen ab, deren Duft stark und einladend war.

„Holen Sie die Satteldecke und setzen Sie sich mit dem Rücken zum Feuer", sagte Roy.

Später, als die Mädchen gemütlich in ihren Decken versteckt und vor dem Regen geschützt waren, blieb Helen wach, nachdem Bo eingeschlafen war. Das große Feuer machte das improvisierte Zelt taghell. Sie konnte den Rauch sehen, den Stamm der großen Kiefer, der in die Höhe ragte, und einen leeren Raum am Himmel. Der Bach summte ein Lied, manchmal scheinbar musikalisch, dann unharmonisch und dumpf, bald leise, bald tosend und immer rauschend, gurgelnd, plappernd, fließend, scheuernd in seiner Eile.

Bald darauf kehrten der Jäger und sein Freund vom Humpeln der Pferde zurück und unterhielten sich leise am Feuer.

„Wal, die Spur, die wir heute gemacht haben, wird verborgen bleiben, denke ich", sagte Roy zufrieden.

„Was nicht verschüttet wurde, wurde ausgewaschen. Wir hatten Glück. „ Jetzt mache ich mir keine Sorgen mehr", erwiderte Dale.

„Machen Sie sich Sorgen? Dann ist es das erste Mal, dass ich dich kenne."

„Mann, so einen Job hatte ich noch nie", protestierte der Jäger.

„Wal, das ist so."

„Nun, Roy, wenn der alte Al Auchincloss von diesem Deal erfährt, was er bestimmt tun wird, wenn du oder die Jungs zurück nach Pine kommen, wird er brüllen."

„Glauben Sie, dass die Leute gegen Beasley auf seiner Seite stehen werden?"

"Manche von ihnen. Aber Al wird den Leuten sagen, sie sollen dorthin gehen, wo es heiß ist. Er wird seine Männer in die Berge schicken, um seine Nichten zu finden."

„Wal, du musst die Mädchen nur verstecken, bis ich ihn zu deinem Lager führen kann. Oder, falls das nicht gelingt, bis du die Mädchen nach Pine bringen kannst."

„Niemand außer dir und deinen Brüdern hat jemals meine Senaca gesehen. Aber es war leicht zu finden."

„Anson könnte dabei einen Fehler machen. Aber das ist unwahrscheinlich."

„Warum ist es nicht so?"

„Weil ich den Spuren des Schafdiebes folgen werde wie ein Wolf hinter einem Reh her. Und wenn er jemals in die Nähe deines Lagers kommt , reite ich vor ihm her."

"Gut!" erklärte Dale. „Ich hatte damit gerechnet, dass du früher oder später nach Pine gehen würdest."

„Nicht, es sei denn, Anson geht. Für den Fall, dass es auf der Bühne keinen Kampf gab, sagte ich John, er solle direkt nach Pine zurückkehren. Er sollte Al sagen, dass er seine Dienste zusammen mit Joe und Hal anbieten würde."

„Dann wird es auf die eine oder andere Weise zwangsläufig Blutvergießen geben."

"Ufer! Eine 'höchste Zeit'. Ich hoffe nur, dass ich in meinem alten „Vierundvierziger" einen Blick auf den Beasley werfen kann."

„In diesem Fall hoffe ich, dass du aufrechter bleibst, als ich dich je gesehen habe."

„Milt Dale, ich bin ein guter Schütze", erklärte Roy energisch.

„Du bist nicht gut darin, Ziele zu bewegen."

„Wal, vielleicht schon. Aber ich suche kein bewegliches Ziel, wenn ich mich mit Beasley treffe. Ich bin ein Hossman, kein Jäger. Du bist es gewohnt, Fliegen aus den Hörnern von Hirschen abzuschießen, nur ein Scherz zum Üben."

„Roy, können wir morgen Abend mein Lager aufschlagen?" fragte Dale ernster.

„Das werden wir, wenn jeder von uns eines der Mädchen tragen muss. Aber sie werden es tun oder sterben. Dale, hast du jemals ein Gamer-Girl gesehen als den kleinen Bo?"

"Mich! Wo habe ich jemals Mädchen gesehen?" rief Dale. „Ich erinnere mich an einige, als ich ein Junge war, aber damals war ich erst vierzehn. Hatte nie viel Verwendung für Mädchen."

„So eine Frau hätte ich gerne, Bo", erklärte Roy leidenschaftlich.

Es folgte eine Schweigeminute.

„Roy, du bist Mormone und hast bereits eine Frau", war Dales Antwort.

„Nun, Milt, hast du so lange im Wald gelebt, dass du noch nie von einem Mormonen mit zwei Frauen gehört hast?" „Erwiderte Roy, und dann lachte er herzlich.

„Ich konnte es nie ertragen, was ich über mehr als eine Frau als Mann gehört habe."

„Wal, mein Freund, geh und hol dir EINS. Und sehen Sie dann, ob Sie nicht ZWEI haben möchten."

„Ich schätze, eins wäre mehr als genug für Milt Dale."

„Milt, alter Mann, ich sage dir, ich habe dich immer um deine Freiheit beneidet", sagte Roy ernst. „Aber es ist kein Leben."

„Du meinst, das Leben ist die Liebe einer Frau?"

"NEIN. Das ist nur ein Teil. Ich meine einen Sohn – einen Jungen, der wie du ist – von dem du das Gefühl hast, dass er dein Leben weiterleben wird, wenn du nicht mehr da bist."

„Ich habe darüber nachgedacht – habe alles durchdacht und beobachtet, wie sich Vögel und Tiere im Wald paaren … Wenn ich keinen Sohn habe, werde ich in Zukunft nie mehr leben."

„Wal", antwortete Roy zögernd, „ich gehe nicht so tief hinein wie sie." Ich meine, ein Sohn lebt weiter mit deinem Blut und deiner Arbeit."

„Genau... Und, Roy, ich beneide dich um das, was du hast, denn das ist für Milt Dale unerreichbar."

Diese traurigen und tiefen Worte beendeten das Gespräch. Wieder beherrschte der rauschende, rauschende Bach den Wald. Eine Eule schrie düster. Ein Pferd trottete donnernd in der Nähe, und aus dieser Richtung kam ein schneidender Zahnriss im Gras.

Eine Stimme durchdrang Helens tiefe Träume und als sie aufwachte, fand sie Bo, der sie schüttelte und rief.

"Bist du tot?" kam die fröhliche Stimme.

"Fast. „Oh, mein Rücken ist gebrochen", antwortete Helen. Der Wunsch, sich zu bewegen, schien in einem Schraubstock gefangen zu sein, und selbst wenn er kam , glaubte sie, dass die Anstrengung unmöglich sein würde.

„Roy hat uns angerufen", sagte Bo. „ Er sagte, beeil dich. Ich dachte, ich würde einfach im Sitzen sterben und ich würde dir eine Million Dollar geben, um meine Stiefel zu schnüren. Warte, Schwester, bis du versuchst, einen dieser steifen Stiefel anzuziehen!"

Mit heldenhaftem und gewalttätigem Geist setzte sich Helen auf und stellte fest, dass ihre Schmerzen während der Tat unermesslich waren. Als sie nach ihren Stiefeln griff, stellte sie fest, dass sie kalt und steif waren. Helen schnürte eines davon auf, öffnete es weit und versuchte, ihren schmerzenden Fuß hineinzustecken. Aber ihr Fuß schien geschwollen und der Stiefel schien geschrumpft zu sein. Sie schaffte es nicht halbwegs, obwohl sie die wenigen Kräfte aufwendete, die in ihren schmerzenden Armen noch übrig zu sein schienen. Sie stöhnte.

Bo lachte böse. Ihr Haar war zerzaust, ihre Augen tanzten, ihre Wangen waren rot.

„Sei spielbereit!" Sie sagte. „Steh auf wie ein echtes Western-Mädchen und ZIEHE deinen Stiefel an."

Ob Bos Verachtung oder sein Rat die Aufgabe leichter machten, kam Helen nicht in den Sinn, aber Tatsache war, dass sie sich in Schwierigkeiten brachte. Ein wenig Gehen und Bewegen schien die steifen Gelenke zu lockern und das Müdigkeitsgefühl zu lindern. Das Wasser des Baches, in dem sich die Mädchen wuschen, war kälter als jedes Eis, das Helen jemals gespürt hatte. Es lähmte ihre Hände fast. Bo murmelte und blies wie ein Schweinswal. Sie mussten zum Feuer rennen, bevor sie sich die Haare kämmen konnten. Die Luft war herrlich frisch. Die Morgendämmerung war klar und hell, mit einem roten Schimmer im Osten, wo die Sonne gerade aufgehen würde.

„Alles bereit, Mädels", rief Roy. „Ich denke, Sie können sich selbst helfen. Milt kommt nicht so schnell bei den Pferden rein. Ich werde schnell losrennen, um ihm zu helfen. Vor uns liegt ein harter Tag. Gestern war kein Nirgendwo im Vergleich zu dem, was heute sein wird."

„Aber die Sonne wird scheinen?" flehte Bo.

„Wal, darauf kannst du wetten", erwiderte Roy, als er davonschritt.

Helen und Bo frühstückten und hatten das Lager vielleicht eine halbe Stunde lang für sich allein; Dann kamen die Pferde donnernd herab, Dale und Roy ritten ohne Sattel.

Als alles startbereit war, war die Sonne aufgegangen und schmolz den Frost und das Eis, so dass ein blendender, heller Nebel voller Regenbögen unter den Bäumen schien.

Dale musterte Ranger und versuchte, Bos Pferd anzuschnallen.

„Was ist Ihre Wahl – ein langer Ritt hinter den Rudeln mit mir – oder eine Abkürzung über die Hügel mit Roy?" er hat gefragt.

„Ich wähle die kleinere von zwei Fahrten", antwortete Helen lächelnd.

„Ich schätze, das wird einfacher sein, aber du wirst wissen, dass du mitgefahren bist", sagte Dale bedeutungsvoll.

„Was hatten wir gestern?" fragte Bo schelmisch.

„Nur dreißig Meilen, aber kalt und nass. Heute wird es gut zum Reiten sein."

„Milt, ich nehme eine Decke und etwas Essen mit, falls du uns heute Abend nicht triffst", sagte Roy. „Und ich schätze, wir werden uns hier trennen, und ich muss die Abkürzung nehmen."

Bo stieg ohne helfende Hand auf, aber Helens Gliedmaßen waren so steif, dass sie ohne Hilfe nicht auf den hohen Ranger klettern konnte. Der Jäger ging den Hang des Canyons hinauf, der auf dieser Seite nicht steil war. Es war ein brauner Kiefernwald, mit hier und da einem Büschel dunkler immergrüner Bäume mit silbernen Spitzen, die Roy Fichte nannte. Als dieser Hang überwunden war, waren Helens Schmerzen nicht mehr so schlimm. Der Sattel schien ihr besser zu passen, und der Gang des Pferdes war nicht so ungewohnt. Sie meinte jedoch, dass sie bergauf immer recht gut zurechtgekommen sei. Hier war es wunderschönes Waldland, uneben und wilder. Sie ritten eine Zeit lang am Rand entlang, während weit unten der weiße, rauschende Bach deutlich zu sehen war und dessen melodisches Brüllen immer in den Ohren dröhnte.

Dale zügelte die Zügel und spähte auf die Kiefernmatte.

„Hier gibt es überall frische Hirsche", sagte er und zeigte darauf.

„Wal, das habe ich schon vor langer Zeit gesehen", entgegnete Roy.

Helens genauer Blick wurde belohnt, als sie in den Kiefernnadeln mehrere winzige Vertiefungen entdeckte, die dunkel gefärbt und scharf abgegrenzt waren.

„Möglicherweise bekommen wir nie eine bessere Chance", sagte Dale. „Diese Rehe kommen auf uns zu. Hol dein Gewehr raus."

Dann wurde die Reise wieder aufgenommen, wobei Roy dem Tross etwas voraus war. Dann stieg er ab, warf sein Zaumzeug weg und spähte vorsichtig nach vorn. Dann drehte er sich um und schwenkte seinen Sombrero. Die Lasttiere blieben in einem Haufen stehen. Dale winkte den Mädchen zu, ihm zu folgen, und ritt zu Roys Pferd. Dieser Punkt befand sich, wie Helen sah, an der Spitze eines sich kreuzenden Kanuons. Dale stieg ab, ohne sein Gewehr aus der Sattelscheide zu ziehen, und näherte sich Roy.

„Buck und zwei schon", sagte er mit leiser Stimme. „Und sie haben uns fertig gemacht, aber sie sehen uns noch nicht ... Mädels, reitet näher heran."

Helen folgte den Anweisungen von Dales langem Arm und blickte den Hang hinunter. Es war offen, hier und da standen hohe Kiefern, Silberfichtenbüschel und Espen, die im Morgensonnenlicht wie Gold glänzten. Plötzlich rief Bo aus: „Oh, schau! Ich verstehe! Ich verstehe!" Dann passierte Helens schweifender Blick etwas anderes als Grün, Gold und Braun. Als sie dorthin zurückkehrte, sah sie einen prächtigen Hirsch mit edlem, ausgebreitetem Geweih, der wie eine Statue dastand und den Kopf in wacher und wilder Haltung erhoben hatte. Seine Farbe war grau. Neben ihm grasten zwei Hirsche von schlankerer und anmutigerer Statur, ohne Hörner.

„Es geht bergab", flüsterte Dale. „Und du wirst über das Ziel hinausschießen."

Dann sah Helen, dass Roy sein Gewehr gerichtet hatte.

„Oh, nicht!" Sie weinte.

Dales Bemerkung ärgerte Roy offensichtlich. Er senkte das Gewehr.

„Milt, ich schaue mir diese Waffe an. Wie kannst du da stehen und mir sagen, dass ich hoch schießen werde? Ich hatte eine tote Perle an ihm."

„Roy, du hast die Abfahrt nicht berücksichtigt... Beeil dich. Er sieht uns jetzt."

Roy richtete das Gewehr, zielte wie zuvor und feuerte. Der Bock stand vollkommen regungslos da, als wäre er tatsächlich aus Stein gewesen. Die Hirsche sprangen jedoch erschrocken auf und blickten erschrocken in alle Richtungen.

" Sagte dir! Ich habe gesehen, wo deine Kugel die Kiefer getroffen hat – einen halben Fuß über seiner Schulter. Versuchen Sie es noch einmal und zielen Sie auf seine Beine."

Roy zielte nun schneller und drückte ab. Eine Staubwolke direkt vor den Füßen des Bocks zeigte, wo Roys Führung dieses Mal getroffen hatte. Mit einem einzigen Satz war das große Reh, wunderbar anzusehen, hinter Bäumen und Unterholz außer Sichtweite. Die Hirsche sprangen hinter ihm her.

„Verdammtes Glück!" rief Roy mit rotem Gesicht, als er den Hebel seines Gewehrs betätigte. „Könnte nie bergab schießen, auf keinen Fall!"

Seine reumütige Entschuldigung bei den Mädchen für das Fehlen löste bei Bo ein fröhliches Lachen aus.

„Um eine Welt hätte ich es nicht gewollt, dass du dieses schöne Reh tötest!" rief sie aus.

„Wir werden kein Hirschsteak von ihm bekommen, das ist sicher", bemerkte Dale trocken. „ Und vielleicht kein Reh, wenn Roy schießt."

Sie setzten ihre Fahrt fort, bogen nach rechts ab und blieben am Rand der sich kreuzenden Kanu. Schließlich ritten sie bis zum Grund hinunter, wo ein kleiner Bach durch Weiden plätscherte, und sie folgten diesem etwa eine Meile lang bis zu der Stelle, an der er in den größeren Bach mündete. An dieser Stelle zeigte sich ein undeutlicher, mit Gras bewachsener Pfad.

„Hier trennen wir uns", sagte Dale. „Du wirst mir schneller in mein Lager kommen, aber ich werde irgendwann nach Einbruch der Dunkelheit dort ankommen."

„Hey, Milt, ich habe deinen verdammten Puma und den Rest deiner Menagerie vergessen. Glaubst du, sie werden den Mädchen keine Angst machen? Besonders der alte Tom?"

„Du wirst Tom erst sehen, wenn ich nach Hause komme", antwortete Dale.

„ Ist er nicht eingepfercht oder gefesselt?"

"NEIN. Er hat das Sagen."

„Wal, dann auf Wiedersehen, ein Rascheln entlang."

Dale nickte den Mädchen zu, drehte sein Pferd und trieb den Zug vor sich her die offene Fläche zwischen dem Bach und dem bewaldeten Hang hinauf.

Roy stieg mit dieser einzigen Aktion vom Pferd, die Helen wie eine Meisterleistung vorkam.

„Ich schätze, ich sollte mich besser anschnallen", sagte er, während er einen Steigbügel über den Sattelknauf warf. „Ihr Mädels werdet wildes Land sehen."

„Wer ist der alte Tom?" fragte Bo neugierig.

„Na ja, er ist Milts Lieblingspuma."

"Puma? Das ist ein Panther – ein Berglöwe, hat er nicht gesagt?"

„Ufer ist. Tom ist eine Schönheit. Und wenn er Gefallen an dir findet, wird er dich lieben, mit dir spielen und dich halb zu Tode schlagen."

Bo war voller Augen.

„Dale hat auch andere Haustiere?" fragte sie eifrig.

„Ich war nie in seinem Lager, es sei denn, es war voller Vögel, Eichhörnchen und Ungeziefer aller Art, so zahm wie Kühe. Zu verdammt zahm, sagt Milt. Aber ich kann mir das nicht vorstellen. Ihr Mädchen werdet seine Senaca niemals verlassen wollen."

„Was ist ein Senaca?" fragte Helen, während sie ihren Fuß bewegte, damit er die Gurte an ihrem Sattel festziehen konnte.

„Das ist mexikanisch für Park, schätze ich", antwortete er. „Diese Berge sind voller Parks; Und sagen wir mal, ich will nie wieder einen schöneren Ort sehen, bis ich im Himmel bin ... Da, Ranger, alter Junge, das ist eng."

Er gab dem Pferd liebevoll eine Ohrfeige, drehte sich zu seinem Pferd um, trat vor und schwang sein langes Pferd hoch.

„Hier ist es nicht tief. Komm schon", rief er und gab seinem Braunen die Sporen.

Der Bach hier war breit und schien tief, aber es war trügerisch.

„Wal, Mädchen, hier beginnt die zweite Lektion", sagte er gedehnt und fröhlich. „Reiten Sie hintereinander – bleiben Sie dicht bei mir – tun Sie, was ich tue – und schreien Sie, wenn Sie sich ausruhen möchten oder wenn etwas schief geht."

Damit sprang er ins Dickicht. Bo ging als nächstes und Helen folgte ihm. Die Weiden zogen so stark an ihr, dass sie Roy nicht beobachten konnte, und das Ergebnis war, dass ein tief ausladender Ast sie hart auf den Kopf schlug. Es schmerzte und erschreckte sie und weckte ihren Mut. Roy behielt den lockeren Trab bei, der den Boden so gut deckte, und ging einen Hang hinauf zum offenen Kiefernwald. Hier verlief die Fahrt über mehrere Meilen gerade, eben und offen. Helen mochte heute den Wald. Es war braun und grün, mit goldenen Flecken dort, wo die Sonne schien. Sie sah ihren ersten Vogel – ein großes Birkhuhn, das unter ihrem Pferd hervorschwirrte, und eine kleine karierte Grauwachtel, die auf den Flügeln unbeholfen wirkte. Mehrmals deutete Roy auf grau huschende Hirsche in einer Waldschneise, und oft war Helen nicht schnell genug, um sie zu erkennen, wenn er zeigte.

Helen erkannte, dass diese Fahrt die grässliche Fahrt von gestern ersetzen würde. Bislang hatte sie wunde Stellen und schmerzende Knochen kaum wahrgenommen . Diese würde sie ertragen. Sie liebte das Wilde und das Schöne, und beides wurde mit jeder Meile deutlich stärker. Die Sonne war warm, die Luft duftend und kühl, der Himmel blau wie Azurblau und so tief, dass sie meinte, sie könne weit hinaufschauen.

Plötzlich zügelte Roy so scharf, dass er den Braunen zum Stehen brachte.

"Sehen!" rief er scharf.

Bo schrie.

„Nicht so! Hier! Oh, er ist weg!"

„Nell! Es war ein Bär! Ich sah es! Oh! überhaupt nicht wie Zirkusbären!" rief Bo.

Helen hatte ihre Chance verpasst.

„Ich schätze, er war ein Grizzly, und ich bin auch froh, dass er davongekommen ist", sagte Roy. Er änderte seinen Kurs etwas und führte zu einem alten morschen Baumstamm, in den der Bär gegraben hatte. „Nach den Maden. Dort sehen Sie seine Spur. Er war ein echter Hingucker."

Sie ritten weiter bis zu einem hohen Punkt, von dem aus man Kanu und Bergkette, Schlucht und Bergrücken überblicken konnte, grün und schwarz, so weit Helen sehen konnte. Die Gebirgszüge waren kühn und lang und stiegen bis zur zentralen Anhöhe an, wo eine Reihe von gesäumten Gipfeln ihre Köpfe zur gewaltigen, kahlen Kuppel von Old Baldy erhoben. So weit das Auge reichte, lag rechts ein sanfter, wunderschöner und ruhiger Kiefernwald. Irgendwo dahinter musste die Wüste gelegen haben, aber sie war nicht zu sehen.

„Ich sehe da unten Truthähne", sagte Roy und wich zurück. „Wir gehen runter und herum und vielleicht bekomme ich eine Chance."

Der Abstieg über eine felsige Spitze erfolgte durch dichtes Unterholz. Dieser Hang bestand aus breiten Bänken, die mit Gehölzen und vereinzelten Kiefern und vielen Eichen bedeckt waren. Helen war erfreut, die vertrauten Bäume zu sehen, obwohl diese sich von den Missouri-Eichen unterschieden. Diese robusten und knorrigen, aber nicht hohen Bäume hatten breite Äste, deren Blätter gelb wurden. Roy führte ihn auf eine grasbewachsene Lichtung, sprang mit dem Gewehr in der Hand vom Pferd und bereitete sich darauf vor, auf etwas zu schießen. Wieder schrie Bo, aber dieses Mal war es vor Freude. Dann sah Helen eine riesige Herde Truthähne, anscheinend wie die Truthähne, die sie zu Hause kannte, aber diese hatten Bronze und weiße Karos und sahen wild aus. In der Herde waren es bestimmt hunderte, die meisten davon Hühner. Ein paar Fresser auf der anderen Seite begannen den Flug und rannten schnell davon. Helen hörte deutlich das Stampfen ihrer Füße. Roy schoss einmal, zweimal, dreimal. Dann erhob sich ein großer Tumult und Poltern und ein lautes Brüllen vieler Flügel. Staub und Blätter, die in der Luft herumwirbelten, blieben dort zurück, wo die Truthähne gewesen waren.

„Wal, ich habe zwei", sagte Roy und schritt nach vorne, um sein Spiel fortzusetzen. Als er zurückkam, band er zwei glänzende, dicke Fresser an seinen Sattel und bestieg wieder sein Pferd. „Heute Abend gibt es Truthahn, wenn Milt rechtzeitig im Lager ankommt."

Die Fahrt wurde fortgesetzt. Helen wäre nie müde geworden, durch diese Eichenhaine zu reiten, braun, bräunlich und gelb, mit fallenden Blättern und Eicheln.

„Hier haben bereits Bären gearbeitet", sagte Roy. „Ich sehe überall Spuren. Im Herbst essen sie Eicheln. Und vielleicht stoßen wir noch auf einen."

Je weiter er hinunterführte, desto wilder und dichter wuchsen die Bäume, so dass es keine leichte Aufgabe war, den Ästen auszuweichen. Es schien Ranger egal zu sein, wie nah er an einem Baum oder unter einem Ast vorbeikam, so dass er sie selbst verfehlte; aber Helen hat sich dadurch noch ein paar blaue Flecken zugezogen. Besonders schwer fiel es ihr beim Vorbeigehen an einem Baum, ihr Knie rechtzeitig aus dem Weg zu räumen.

Als nächstes blieb Roy an einem scheinbar großen grünen Teich stehen, der voller Vegetation und stellenweise mit dickem Schaum bedeckt war. Aber es gab eine Strömung und einen Auslass, was bewies, dass es sich um eine riesige Quelle handelte. Roy zeigte auf eine schlammige Stelle.

„Bärensuhlen. Er hat uns kommen hören. Schauen Sie sich die kleine Spur an. Junge Spur. Ein Blick auf diese Kratzer an diesem Baum, höher als mein Kopf. Eine alte Bärin stand auf und kratzte sie."

Roy setzte sich in den Sattel und streckte die Hand aus, um frische Spuren am Baum zu berühren.

„Der Wald ist voller großer Bären", sagte er grinsend. „Und ich denke, es ist eine besondere Art von dieser alten Frau, die mit ihrem Jungen davonrast. Bärinnen mit Jungen sind gefährlich."

Der nächste Ort, der Helen in Begeisterung versetzte, war das Tal am Fuße dieses Kanuons. Buchen, Ahornbäume und Espen, überragt von hohen Kiefern, spendeten dichten Schatten über einem Bach, wo Forellen auf der braunen, wirbelnden Strömung planschten und Blätter herabtrieben und vereinzelte Flecken goldenen Sonnenlichts die Dunkelheit erhellten. Es war ein hartes Hin- und Herreiten über den Bach, zwischen riesigen moosbewachsenen Felsbrocken und zwischen Espen, die so dicht beieinander standen, dass Helen ihre Knie kaum durchquetschen konnte.

Noch einmal kletterte Roy aus dieser Schlucht heraus, über einen Bergrücken in einen anderen, lange bewaldete Hänge hinab und durch Buscheichendickicht, immer weiter, bis die Sonne direkt über ihm stand. Dann machte er eine kurze Rast, nahm die Pferde ab, um sie rollen zu lassen, und gab den Mädchen etwas kaltes Mittagessen, das er eingepackt hatte. Er schlenderte mit seiner Waffe davon, und als er zurückkam, sattelte er um und gab das Startwort.

Das war die letzte Ruhe und ein entspanntes Reisen für die Mädchen. Der Wald, in den er eindrang, schien wie ein Waschbrett gerippt zu sein, mit tiefen Schluchten, die so steil waren, dass das Reisen gefährlich war. Meistens hielt er sich am Boden auf, wo trockene Wäsche eine Art Spur bildete. Aber es war notwendig, diese Schluchten zu überqueren, da sie zu lang waren, um bewältigt zu werden, und diese Überquerung war Arbeit.

Das für diese Hänge typische Heuschreckendickicht war dornig und engmaschig. Sie rissen, kratzten und stachen sowohl Pferde als auch Reiter. Ranger schien das intelligenteste Pferd zu sein und litt weniger. Bos weißer Mustang schleifte sie durch mehr als eine dornige Gegend . Andererseits waren einige dieser steilen Hänge vergleichsweise frei von Unterholz. Überall ragten große Tannen und Kiefern empor. Die Erde war weich und die Hufe sanken tief ein. Am Ende eines Abstiegs stützte Ranger seine Vorderfüße ab und rutschte dann auf den Hinterbeinen nach unten. Dieser Modus erleichterte das Reisen, machte Helen jedoch Angst. Der Aufstieg auf die andere Seite musste dann zu Fuß erfolgen.

Nachdem Helen ein halbes Dutzend Steigungen auf diese Weise überwunden hatte, waren ihre Kräfte erschöpft und ihr der Atem ausgegangen. Sie fühlte sich benommen. Sie konnte nicht genug Luft bekommen. Ihre Füße fühlten sich an wie Blei und ihr Reitmantel war eine Last. Hundertmal, heiß und nass und pochend, war sie gezwungen aufzuhören. Sie war schon immer eine hervorragende Wanderin und Kletterin gewesen. Und hier, um die lange Fahrt zu unterbrechen, war sie froh, wieder auf den Beinen zu sein. Aber sie konnte nur einen Fuß nach dem anderen hochziehen. Als dann ihre Nase zu bluten begann, wurde ihr klar, dass es die erhöhte Lage war, die den ganzen Ärger verursachte. Ihr Herz tat ihr jedoch nicht weh, obwohl sie sich eines Drucks auf ihrer Brust bewusst war.

Schließlich führte Roy in eine Schlucht, die so tief und breit und voller Waldgrün war, dass es unmöglich schien, sie zu überqueren. Dennoch begann er den Abstieg und stieg nach einem kurzen Weg wieder ab. Helen fand, dass es schlimmer war, Ranger zu Fall zu bringen, als ihn zu reiten. Er kam schnell und würde direkt in ihre Fußstapfen treten. Sie war nicht schnell genug, um von ihm wegzukommen. Zweimal trat er ihr auf den Fuß, und wieder traf seine breite Brust ihre Schulter und warf sie zu Boden. Als er am Boden zu rutschen begann, musste Helen um ihr Leben rennen.

„Oh, Nell! Ist das nicht großartig?" keuchte Bo von irgendwo vorn.

„Bo – dein – Verstand ist – weg", keuchte Helen als Antwort.

Roy versuchte an mehreren Stellen herauszuklettern und scheiterte an jeder Stelle. Während er die Schlucht etwa hundert Meter oder mehr hinunterführte, versuchte er einen weiteren Versuch. Hier hatte es einen Erdrutsch gegeben und teilweise war die Erde kahl. Als er das verarbeitet hatte, blieb er oben stehen und rief:

"Schlechter Platz! Bleiben Sie auf der Seite der Pferde!"

Das schien leichter gesagt als getan zu sein. Helen konnte Bo nicht beobachten, weil Ranger nicht warten wollte. Er zog am Zaumzeug und schnaubte.

„Je schneller du kommst, desto besser", rief Roy.

Helen konnte den Sinn darin nicht erkennen, aber sie versuchte es. Roy und Bo hatten einen tiefen Pfad im Zickzack den tückischen Abhang hinaufgegraben. Helen machte den Fehler, ihnen zu folgen, und als ihr klar wurde, dass dieser Ranger schnell kletterte und sie fast mitzog, war es zu spät, um nach oben zu kommen. Bei Helen begannen die Wehen. Sie rutschte direkt vor Ranger herunter. Das intelligente Tier sprang schnaubend aus der Spur, um nicht auf sie zu treten. Dann war er über ihr.

„Pass da unten auf", schrie Roy warnend. „Geh auf die Seite!"

Aber das schien nicht möglich. Die Erde begann unter Ranger zu rutschen, was Helens Fortschritt behinderte. Er ging vor ihr her und zerrte am Zügel.

"Lass los!" schrie Roy.

Helen ließ das Zaumzeug fallen, als sich mit Ranger eine schwere Rutsche in Bewegung setzte. Er schnaubte heftig, und als er sich hoch aufrichtete, gewann er in einem gewaltigen Sprung festen Boden. Helen war bis zu den Knien begraben, aber nachdem sie sich befreit hatte, kroch sie zu einem sicheren Punkt und ruhte sich aus, bevor sie weiter kletterte.

„Schlechter Einsturz, der", war Roys Kommentar, als sie sich schließlich zu ihm und Bo an die Spitze gesellte.

Roy schien nicht zu wissen, welchen Weg er einschlagen sollte. Er ritt auf eine Anhöhe und blickte in alle Richtungen. Für Helen erschien ein Weg so wild und rau wie der andere, und alles war gelb, grün und schwarz unter der untergehenden Sonne. Roy fuhr ein kurzes Stück in die eine Richtung und wechselte dann in die andere.

Dann hörte er auf.

„Wal, ich habe mich umgedreht", sagte er.

„Du bist nicht verloren?" rief Bo.

„Ich schätze, ich bin schon seit ein paar Stunden dort", antwortete er fröhlich. „Ich bin noch nie hierher gefahren, ich wusste die Richtung, aber ich werde jetzt beschuldigt, wenn ich sagen kann, in welche Richtung es war."

Helen sah ihn bestürzt an.

"Verloren!" sie wiederholte.

KAPITEL IX

Es folgte eine Stille, erfüllt von schmerzlicher Angst um Helen, als sie in Bos weiß werdendes Gesicht blickte. Sie las die Gedanken ihrer Schwester. Bo erinnerte sich an Geschichten über verlorene Menschen, die nie gefunden wurden.

„Ich und Milt verirren uns jeden Tag", sagte Roy. „Du glaubst nicht, dass irgendjemand dieses große Land kennen kann. Es ist nichts für uns, verloren zu gehen."

„Oh!... ich war verloren, als ich klein war", sagte Bo.

„Wal, ich glaube, es wäre besser gewesen, es dir nicht so spontan zu sagen", antwortete Roy zerknirscht. „Mach dir jetzt kein schlechtes Gewissen. Ich brauche nur einen Blick auf Old Baldy. Dann werde ich mich orientieren. Aufleuchten."

Helens Selbstvertrauen kehrte zurück, als Roy in schnellem Trab losfuhr. Er ritt der untergehenden Sonne entgegen und hielt sich an den Bergrücken, den sie erklommen hatten, bis er erneut auf eine Landzunge stieß. Der alte Baldy ragte dort auf, schwärzer, höher und näher. Der dunkle Wald zeigte runde, gelbe, kahle Stellen wie Parks.

„Nicht so weit von der Strecke entfernt", sagte Roy, als er sein Pferd herumdrehte. „Wir werden heute Nacht in Milts Senaca unser Lager aufschlagen."

Er führte vom Bergrücken hinunter in ein Tal und dann hinauf in eine höhere Höhe, wo sich der Charakter des Waldes veränderte. Bei den Bäumen handelte es sich nicht mehr um Kiefern, sondern um Tannen und Fichten, die dünn und überaus hoch wuchsen und nur wenige Zweige unter dem obersten Laubwerk hatten. Dieser Wald war so dicht, dass es schien, als sei die Dämmerung hereingebrochen.

Die Reise war beschwerlich. Überall gab es Windböen, denen man ausweichen musste, und keine Rute war da, ohne dass ein Baum umgefallen wäre. Die langsam arbeitenden Pferde sanken manchmal bis zu den Knien in den braunen Duff. Graues Moos bedeckte die Baumstämme, und auf den verrottenden Baumstämmen wuchs dicht bernsteingrünes Moos.

Helen liebte diesen Urwald. Es war so still, so dunkel, so düster, so voller Schatten und Schatten und einem feuchten Geruch nach verrottendem Holz und dem süßen Duft von Fichte. Die großen Windfälle, bei denen Bäume zu Dutzenden zusammengepfercht waren, zeigten die Wildheit der Stürme. Wo immer ein einzelner Monarch entwurzelt war, waren eine Reihe ehrgeiziger Söhne entstanden, die eifersüchtig aufeinander waren und um einen Platz kämpften. Sogar die Bäume kämpften gegeneinander! Der Wald war ein geheimnisvoller Ort, aber sein Streit war für jedes Auge erkennbar. Die Blitze hatten Tannen bis zu den Wurzeln gespalten, andere hatte er mit reißenden Rissen von der Spitze bis zum Stamm umkreist.

Es kam jedoch die Zeit, in der die außerordentliche Wildheit des Waldes mit seiner Dichte und dem umgestürzten Holz es für Helen unumgänglich machte, ihre ganze Aufmerksamkeit auf den Boden und die Bäume in ihrer unmittelbaren Nähe zu richten. So blieb ihr das Vergnügen verwehrt, den Blick nach vorn auf die wunderschöne Wildnis zu richten. Danach wurde das Reisen zur Mühsal und die Stunden endlos.

Roy ging voran und Ranger folgte ihm, während sich die Schatten unter den Bäumen verdunkelten. Sie schwankte halb blind und krank im Sattel, als Roy fröhlich rief, dass sie fast da seien.

Was auch immer seine Idee war, für Helen kam es ihr so vor, als ob sie ihm viele Meilen weiter folgte, aus dem dicht bewaldeten Wald hinunter über Hänge aus niedrigen, immergrünen Fichten, die steil auf eine andere Ebene abfielen, wo dunkle, flache Bäche sanft flossen und die In feierlicher Stille hing ein leises Rauschen fallenden Wassers, und schließlich endete der Wald in einem wunderschönen Park voller dichtem, sattem, goldenem Licht eines schnell verblassenden Sonnenuntergangs.

„Riechen Sie den Rauch", sagte Roy. „Bei Salomo! wenn Milt nicht vor mir hier ist!"

Er ritt weiter. Helens müder Blick erfasste die runde Senaca, die umlaufenden schwarzen Hänge, die zu schroffen Rändern führten, die im letzten Glanz der Sonne ganz golden und rot waren; Dann blitzte der ganze Geist, der noch in ihr war, in aufregender Verwunderung an diesem exquisiten, wilden und farbenfrohen Ort auf.

Pferde grasten draußen im hohen Gras und Rehe grasten mit ihnen. Roy führte ihn um eine Ecke des angrenzenden Waldgebietes, und dort, unter hohen Bäumen, leuchtete ein Lagerfeuer. Riesige graue Felsen ragten dahinter auf, und dann stiegen die Klippen Schritt für Schritt bis zu einer Kerbe in der Bergwand an, über die sich ein dünner, spitzer Wasserfall ergoss. Als Helen entzückt zusah, verblasste das Gold des Sonnenuntergangs zu Weiß und der gesamte Westhang des Amphitheaters verdunkelte sich.

Dales große Gestalt erschien.

„Ich schätze, du bist zu spät", sagte er, als er die drei mit einem umfassenden Blick erfasste.

„Milt, ich habe mich verlaufen", antwortete Roy.

„Das habe ich befürchtet ... Ihr Mädels sieht aus, als hättet ihr besser daran getan, mit mir zu fahren", fuhr Dale fort und reichte Bo die Hand, um ihm beim Aussteigen zu helfen. Sie nahm es, versuchte ihren Fuß aus den Steigbügeln zu bekommen und glitt dann vom Sattel in Dales Arme. Er stellte sie auf ihre Füße und sagte, sie stützend, fürsorglich: „Ein hundert Meilen langer Ritt in drei Tagen für einen Tenderfoot ist etwas, das dein Onkel Al nicht glauben wird ... Komm, geh zu Fuß, wenn es dich umbringt!"

Daraufhin führte er Bo, ganz so, als würde er einem Kind das Laufen beibringen. Die Tatsache, dass der redselige Bo nichts zu sagen hatte, war für Helen von Bedeutung, die ihm mit Roys Hilfe folgte.

Einer der riesigen Felsen ähnelte einer Muschel, da er eine Mulde enthielt, über die sich der weitläufige Schelf erstreckte. Es griff nach den Ästen großer Kiefern. Aus einem Spalt im Fels brach eine Quelle hervor. Das Lagerfeuer loderte unter einer Kiefer und die blaue Rauchsäule stieg direkt vor dem steilen Felsen auf. Rucksäcke lagen im Gras und einige waren offen. Hinweise auf einen dauerhaften Aufenthalt des Jägers gab es hier nicht. Aber weiter entfernt lagen andere riesige Felsen, die schief und rissig waren und Höhlen bildeten, von denen er vielleicht einige nutzte.

„Mein Lager ist gerade zurück", sagte Dale, als hätte er Helens Gedanken gelesen. „Morgen werden wir es hier gemütlich für euch einrichten, Mädels."

Helen und Bo wurde es so leicht gemacht, wie es Decken und Sättel nur zuließen, und die Männer gingen ihren Aufgaben nach.

„Nell – ist das nicht – ein Traum?" murmelte Bo.

"Kein Kind. Es ist real – schrecklich real", antwortete Helen. „Jetzt, wo wir hier sind – mit dieser schrecklichen Fahrt vorbei – können wir nachdenken."

„Es ist so hübsch – hier", gähnte Bo. „Ich wäre genauso froh, dass Onkel Al uns nicht so schnell gefunden hat."

„Bo! Er ist ein kranker Mann. Überlegen Sie, welche Sorgen ihn machen werden."

„Ich wette, wenn er Dale kennt , wird er sich nicht so viele Sorgen machen."

„Dale hat uns erzählt, dass Onkel Al ihn nicht mochte."

„Puh! Welchen Unterschied macht das? ... Oh, ich weiß nicht, wer ich bin – hungriger oder müder!"

„Ich konnte heute Abend nichts essen", sagte Helen müde.

Als sie sich ausstreckte, hatte sie das unbestimmte, köstliche Gefühl, dass dies das Ende von Helen Rayner sei, und sie war froh. Über sich sah sie durch die filigranen, farnartigen Tannennadeln den blauen Himmel und einen blassen Stern, der sich gerade abzeichnete. Die Dämmerung schlich sich rasch zurück. Die Stille war wunderschön, scheinbar ungestört vom sanften, seidigen, verträumten Wasserfall. Helen schloss die Augen, bereit zum Schlafen, während die körperliche Aufregung in ihrem Körper allmählich nachließ. An manchen Stellen fühlten sich ihre Knochen an, als wären sie durch ihr Fleisch herausgetreten; bei anderen pochende, tiefsitzende Schmerzen; Ihre Muskeln schienen langsam nachzulassen, sich zu entspannen, und das Zittern hörte nach und nach auf; Durch Muskeln und Knochen, durch ihren ganzen Körper pulsierte ein brennender Strom.

Bos Kopf fiel auf Helens Schulter. Der Sinn wurde für Helen unklar. Sie verlor das leise Rauschen des Wasserfalls und dann das Geräusch oder Gefühl von jemandem am Lagerfeuer. Und ihr letzter bewusster Gedanke war, dass sie versuchte, die Augen zu öffnen, es aber nicht schaffte.

Als sie aufwachte, war alles hell. Die Sonne schien fast direkt über uns. Helen war erstaunt. Bo lag in tiefen Schlaf gehüllt, ihr Gesicht war gerötet, mit Schweißperlen auf ihrer Stirn und feuchten kastanienbraunen Locken. Helen warf die Decken weg, und dann nahm sie all ihren Mut zusammen – denn sie hatte das Gefühl, ihr Rücken wäre gebrochen – und versuchte, sich aufzusetzen. Vergeblich! Ihr Geist war willig, aber ihre Muskeln weigerten sich zu handeln. Es muss eine heftige krampfartige Anstrengung erfordern. Sie versuchte es mit geschlossenen Augen und als es ihr gelang, saß sie zitternd da. Die Aufregung, die sie in den Decken verursacht hatte, weckte Bo und sie blinzelte im Sonnenlicht mit ihren überraschten blauen Augen.

„Hallo – Nell! Muss ich – aufstehen?" fragte sie schläfrig.

"Kannst du?" fragte Helen.

„Kann ich was?" Bo war jetzt völlig wach und lag da und starrte ihre Schwester an.

„Warum – steh auf."

„Ich würde gerne wissen, warum nicht", erwiderte Bo, als sie sich die Mühe machte. Sie hob einen Arm und eine Schulter, fiel dann aber wie ein verkrüppeltes Ding zurück. Und sie stieß das kläglichste kleine Stöhnen aus. "Ich bin tot! Ich weiß, ich bin!"

Mädchen sein willst, solltest du besser genug Sperma haben, um dich zu bewegen."

„A-huh!" stieß Bo aus. Dann drehte sie sich um, nicht ohne zu stöhnen, und sobald sie ihr Gesicht erreicht hatte, stützte sie sich auf die Hände und drehte sich in eine sitzende Haltung. „Wo sind alle? ... Oh, Nell, es ist wunderschön hier. Paradies!"

Helen sah sich um. Ein Feuer schwelte. Niemand war in Sicht. Wundervolle Farben aus der Ferne schienen ihren Blick zu treffen, als sie versuchte, ihn auf nahegelegene Objekte zu richten. Aus Fichtenzweigen war ein wunderschönes kleines grünes Zelt oder eine Hütte errichtet worden. Es hatte ein schräges Dach, das von einer Firststange bis zum Boden reichte; Die vordere Öffnung war zur Hälfte geschlossen, ebenso die Seiten. Die Fichtenzweige schienen alle in die gleiche Richtung gelegt zu sein, was dem Ganzen ein glattes, kompaktes Aussehen verlieh, als ob es dort gewachsen wäre.

„Dieser Unterstand war letzte Nacht nicht da?" fragte Bo.

„Ich habe es nicht gesehen. Anlehnen? Woher hast du diesen Namen?"

„Es ist Western, meine Liebe. Ich wette, sie haben es für uns aufgehängt ... Klar, ich sehe unsere Taschen darin. Lass uns aufstehen. Es muss spät sein."

Den Mädchen bereitete es großen Spaß, aber auch Schmerzen, aufzustehen und sich gegenseitig aufrecht zu halten, bis ihre Gliedmaßen sie festhielten. Sie waren begeistert von dem Unterstand aus Fichtenholz. Es blickte ins Freie und stand direkt unter dem weitläufigen Felsvorsprung. Der winzige Ausfluss der Quelle floss daneben und ergoss sein klares Wasser über einen Stein, um in ein kleines Becken zu fallen. Der Boden dieser Waldbehausung bestand aus Spitzen von Fichtenzweigen, die etwa einen Fuß tief waren und alle in einer Richtung verlegt waren, glatt und federnd und so süß duftend, dass die Luft berauschend wirkte. Helen und Bo öffneten ihr Gepäck, und mithilfe von kaltem Wasser, Bürste und Kamm sowie sauberen Blusen fühlten sie sich trotz der unerträglichen Schmerzen so wohl wie möglich. Dann gingen sie zum Lagerfeuer.

Helens Blick wurde von sich bewegenden Objekten in der Nähe angezogen. Dann sah Helen gleichzeitig mit Bos Freudenschrei ein wunderschönes Reh unter den Bäumen näherkommen. Dale ging daneben.

„Du hast wirklich lange geschlafen", war die Begrüßung des Jägers. „Ich denke, ihr seht beide besser aus."

"Guten Morgen. Oder ist es Nachmittag? Wir können uns gerade noch bewegen", sagte Helen.

„Ich könnte reiten", erklärte Bo energisch. „Oh, Nell, sieh dir das Reh an! Es kommt zu mir."

Das Reh war etwas zurückgeblieben, als Dale das Lagerfeuer erreichte. Es war ein graues, schlankes Geschöpf, glatt wie Seide, mit großen dunklen Augen. Es stand einen Moment da, die langen Ohren aufgestellt, dann kam es mit einem anmutigen kleinen Trab auf Bo zu und streckte eine schmale Nase nach ihrer ausgestreckten Hand aus. Bis auf die schönen, weichen Augen wirkte alles an ihm wild, und doch war es so zahm wie ein Kätzchen. Dann plötzlich, als Bo die langen Ohren streichelte, zuckte es zusammen, löste sich und rannte unter den Kiefern wieder außer Sichtweite.

„Was hat es erschreckt?" fragte Bo.

Dale zeigte auf die Wand unter dem steilen Felsdach. Dort, zwanzig Fuß über dem Boden, lag zusammengerollt auf einem Felsvorsprung ein riesiges gelbbraunes Tier mit einem Gesicht wie das einer Katze.

„Sie hat Angst vor Tom", antwortete Dale. „Er erkennt ihn wohl als Erbfeind. Ich kann mich nicht mit ihnen anfreunden."

"Oh! Das ist also Tom – der Lieblingslöwe!" rief Bo aus. "Pfui! Kein Wunder, dass das Reh weggelaufen ist!"

„Wie lange ist er schon da oben?" fragte Helen und blickte fasziniert auf Dales berühmtes Haustier.

„Das kann ich nicht sagen. „Tom kommt und geht", antwortete Dale. „Aber ich habe ihn letzte Nacht dorthin geschickt."

„Und er war da – völlig frei – direkt über uns – während wir schliefen!" platzte Bo heraus.

"Ja. Und ich schätze, dadurch hast du umso sicherer geschlafen."

"Von allen Dingen! Nell, ist er nicht ein Monster? Aber er sieht nicht wie ein Löwe aus – wie ein afrikanischer Löwe. Er ist ein Panther. Ich habe seinesgleichen einmal im Zirkus gesehen."

„Er ist ein Puma", sagte Dale. „Der Panther ist lang und schlank. Tom ist nicht nur lang, sondern auch dick und rund. Ich habe ihn seit vier Jahren. Und er war ein Kätzchen, nicht größer als meine Faust, als ich ihn bekam."

„Ist er vollkommen zahm – in Sicherheit?" fragte Helen besorgt.

„Ich habe noch nie jemandem gesagt, dass Tom in Sicherheit ist, aber er ist es", antwortete Dale. „Man kann es absolut glauben. Ein wilder Puma würde einen Mann nicht angreifen, wenn er nicht in die Enge getrieben oder verhungert wäre. Ein „Tom" ist wie ein großes Kätzchen."

Das Tier hob sein großes, katzenartiges Gesicht mit seinen schläfrigen, halbgeschlossenen Augen und blickte auf sie herab.

„Soll ich ihn herunterrufen?" fragte Dale.

Ausnahmsweise fand Bo ihre Stimme nicht.

„Gewöhnen wir uns etwas mehr an ihn – auf Distanz", antwortete Helen mit einem kleinen Lachen.

„Wenn er zu dir kommt, reibe ihm einfach den Kopf und du wirst sehen, wie zahm er ist", sagte Dale. „Glaubst du, ihr seid beide hungrig?"

„Nicht so sehr", erwiderte Helen, die sich seines durchdringenden grauen Blicks bewusst war.

„Nun, das bin ich", versicherte Bo.

„Sobald der Truthahn fertig ist, werden wir essen. Mein Lager ist rund zwischen den Felsen. Ich rufe dich an."

Erst als er ihm den breiten Rücken zuwandte, bemerkte Helen, dass der Jäger anders aussah. Dann sah sie, dass er einen leichteren, saubereren Anzug aus Wildleder trug, ohne Mantel, und statt der hochhackigen Reiterstiefel Mokassins und Leggings. Die Veränderung ließ ihn geschmeidiger erscheinen.

„Nell, ich weiß nicht, was du denkst, aber *ich* finde ihn gutaussehend", erklärte Bo.

Helen hatte keine Ahnung, was sie dachte.

„Lass uns versuchen, etwas zu Fuß zu gehen", schlug sie vor.

Also meisterten sie diese mühsame Aufgabe und gelangten ein paar Ruten von ihrem Lager entfernt bis zu einem Kiefernstamm. Dieser Punkt lag nahe am Rande des Parks, von dem aus man eine freie Sicht hatte.

"Mein! Was für ein Platz!" rief Bo mit großen und runden Augen.

„Oh, wunderschön!" hauchte Helen.

Als erstes erregte eine unerwartete Farbenpracht ihren Blick. Aus den schwarzen Fichtenhängen leuchteten Flecken von Espen in herrlichem Rot und Gold, und tief unten am Waldrand rannten Scharen von Espen in den Park hinaus, noch nicht so leuchtend wie die oben, sondern violett, gelb und weiß im Sonnenschein. Massen von Silberfichten, wie Bäume im Mondlicht, säumten den Park und schickten hier und da einen einzelnen Baum hervor, scharf wie ein Speer, dessen Unterzweige dicht am Boden lagen. Langes goldgrünes Gras, das an halbreifen Weizen erinnerte, bedeckte den gesamten Parkboden und bewegte sich sanft im Wind. Oben ragten die schwarzen, mit Goldflecken gesprenkelten Hänge ab, steil und unübersteigbar, die zu Strebepfeilern aus dunklem, eisenfarbenem Fels aufstiegen. Und im Osten umgaben sie die Reihen der Klippenbänke, grau und alt und mit Fransen, die sich oben in der Kerbe spalteten, wo der spitzenartige, schlummernde Wasserfall wie weißer Rauch herabfiel und verschwand, um in einer breiteren Spitze wieder aufzutauchen, nur um fallen und verschwinden wieder in den grünen Tiefen.

Es war ein grünes Tal, tief eingebettet in die Bergwände, wild, traurig und einsam. Der Wasserfall dominierte den Geist des Ortes, verträumt, schläfrig und ruhig; Es murmelte süß bei einem Windhauch und beruhigte sich bei einem anderen, und manchmal verstummte es ganz, nur um dann mit sanftem, seltsamem Brüllen wieder zu kommen.

„Paradiespark!" flüsterte Bo vor sich hin.

Ein Anruf von Dale störte ihre Begeisterung. Sie drehten sich um und humpelten mit eifrigen, aber mühsamen Schritten in Richtung eines größeren Lagerfeuers, das rechts von dem großen Felsen stand, der ihren Unterschlupf schützte. Dort war keine Hütte oder kein Haus zu sehen und auch keines wurde benötigt. In den Abschnitten der höhlenartigen Klippen, die in vergangenen Zeiten von der Bergwand darüber abgespalten waren, befanden sich Verstecke und Behausungen für hundert Jäger. Ein paar stattliche Kiefern ragten aus den Felsen hervor, und eine Gruppe Silberfichten floss zu einem braunen Bach hinab. Dieses Lager war nur einen Schritt vom Unterstand entfernt, um die Ecke eines riesigen Felsens, und doch war es außer Sichtweite gewesen. Hier gab es tatsächlich Hinweise auf das Zuhause eines Jägers – Felle, Felle und Geweihe, einen ordentlichen Stapel gespaltenen Feuerholzes, einen langen Felsvorsprung, gut geschützt und beladen mit Taschen wie ein riesiges Vorratsregal, Rucksäcken, Seilen und Sätteln. Werkzeuge und Waffen sowie eine Plattform aus trockenem Gestrüpp als Unterschlupf für ein Feuer, um das herum an Stangen verschiedene Utensilien für das Lager hingen.

„Hyar – du Idiot!" schrie Dale und warf einen Stock nach etwas. Ein Bärenjunges rannte hastig davon. Er war klein, wollig und braun und grunzte beim Laufen. Bald blieb er stehen.

„Das ist Bud", sagte Dale, als die Mädchen heraufkamen. „Ich schätze, er wäre in meiner Abwesenheit fast verhungert. Ein „Jetzt will er alles", besonders den Zucker. Wir haben hier oben nicht oft Zucker."

„Ist er nicht lieb? Oh, ich liebe ihn!" rief Bo. „Komm zurück, Bud. Komm, Kumpel."

Das Junge blieb jedoch auf Distanz und beobachtete Dale mit leuchtenden kleinen Augen.

„Wo ist Mr. Roy?" fragte Helen.

„ Roy ist weg. Es tat ihm leid, sich nicht zu verabschieden. Aber es ist wichtig, dass er Ansons Spur in den Kiefern aufnimmt. Er wird sich an Anson halten, und falls sie in die Nähe von Pine kommen, wird er hineinreiten, um zu sehen, wo dein Onkel ist."

"Was erwartest du?" fragte Helen ernst.

„‚Fast alles'", antwortete er. „Ich schätze, Al weiß es jetzt. Vielleicht ist er inzwischen schon in den Bergen unterwegs. Wenn er sich mit Anson trifft, ist das gut , denn Roy wird nicht mehr weit sein. Und ich bin mir sicher, dass sie bald hier sein werden, wenn er Roy begegnet. Aber wenn ich du wäre , würde ich nicht damit rechnen, deinen Onkel bald wiederzusehen. Es tut mir Leid. Ich habe mein Bestes gegeben. Es ist sicher ein schlechtes Geschäft."

„Halten Sie mich nicht für unhöflich", antwortete Helen hastig. Wie deutlich hatte er angedeutet, dass es eine Entbehrung und ein Ärgernis für sie sein musste, seine Gastfreundschaft annehmen zu müssen! „Du bist gut – nett. Ich schulde dir viel. Ich werde ewig dankbar sein."

Dale richtete sich auf, als er sie ansah. Sein Blick war aufmerksam und durchdringend. Er schien ein seltsames oder ungewöhnliches Omen zu empfangen. Er braucht nicht zu sagen, dass mit ihm noch nie so gesprochen wurde!

„Vielleicht müssen Sie wochenlang, vielleicht monatelang bei mir bleiben, wenn wir das Pech haben, eingeschneit zu werden", sagte er langsam, als wäre er über diese Schlussfolgerung erschrocken. „Du bist hier in Sicherheit. Kein Schafdieb könnte dieses Lager jemals finden. Ich werde Risiken eingehen, um dich sicher in Al's Hände zu bringen. Aber ich werde ziemlich sicher sein, was ich tue ... Also – es gibt viel zu essen und es ist ein hübscher Ort."

"Hübsch! Ja, es ist großartig!" rief Bo aus. „Ich habe es Paradise Park genannt."

„Paradise Park", wiederholte er und wog die Worte ab. „Du hast ihm und auch dem Bach einen Namen gegeben. Paradise Creek! Ich war zwölf Jahre hier und hatte keinen passenden Namen für mein Zuhause, bis du das gesagt hast."

„Oh, das freut mich!" antwortete Bo mit leuchtenden Augen.

„Iss jetzt", sagte Dale. „Und ich schätze, der Truthahn wird dir gefallen."

Es gab eine saubere Plane, auf der dampfende, duftende Pfannen ausgebreitet waren – gebratener Truthahn, heiße Kekse und Soße, Kartoffelpüree, so weiß, als hätte man es zu Hause zubereitet, gedünstete getrocknete Äpfel sowie Butter und Kaffee. Dieses üppige Mahl überraschte und erfreute die Mädchen; Als sie einmal den gebratenen wilden Truthahn probiert hatten, hatte Milt Dale Gelegenheit, über ihre Lobreden zu erröten.

„Ich hoffe – Onkel Al – kommt erst in einem Monat", erklärte Bo, während sie versuchte, zu Atem zu kommen. Auf ihrer Nase und auf jeder Wange befand sich ein brauner Fleck, verdächtig nahe an ihrem Mund.

Dale lachte. Es war angenehm, ihm zuzuhören, denn sein Lachen schien ungenutzt und tief, als käme es aus stillen Tiefen.

„Willst du nicht mit uns essen?" fragte Helen.

„Ich schätze, das werde ich", sagte er, „das spart Zeit, ein heißes Essen schmeckt besser."

Es folgte eine ziemliche Pause des Schweigens, die bald von Dale unterbrochen wurde.

„Hier kommt Tom."

Helen bemerkte mit Begeisterung, dass der Puma großartig war, wie er aufrecht auf allen Vieren mit langsamer, geschmeidiger Anmut näher kam. Seine Farbe war gelbbraun mit weißlich-grauen Flecken. Er hatte O-Beine, groß und rund und pelzig, und einen riesigen Kopf mit großen gelbbraunen Augen. Ganz gleich, wie zahm er angeblich war, er sah wild aus. Wie ein Hund ging er direkt auf sie zu und befand sich zufällig direkt hinter Bo, in Reichweite für sie, als sie sich umdrehte.

"Oh Gott!" rief Bo und hob beide Hände, in einer davon befand sich ein riesiges Stück Truthahn. Tom nahm es, nicht bösartig, aber dennoch mit einem Schnappschuss, der Helen zusammenzucken ließ. Wie durch Zauberei verschwand der Truthahn. Und Tom trat einen Schritt näher an Bo heran. Ihr Ausdruck der Angst verwandelte sich in Bestürzung.

„Er hat meinen Truthahn gestohlen!"

„Tom, komm her", befahl Dale scharf. Der Puma glitt eher verlegen umher. „Jetzt leg dich hin und benimm dich."

Tom hockte auf allen Vieren, den Kopf auf die Pfoten gestützt, und seine schönen gelbbraunen Augen, hell und durchdringend, waren auf den Jäger gerichtet.

„Nicht greifen", sagte Dale und hielt ihm ein Stück Truthahn hin. Worauf Tom es weniger gefräßig nahm.

Zufällig sah das kleine Bärenjunge diese Transaktion und äußerte deutlich seine Meinung über die gegenüber Tom gezeigte Bevorzugung.

„Oh, mein Lieber!" rief Bo aus. „Er meint, es sei nicht fair... Komm, Bud – komm schon."

Aber Bud näherte sich der Gruppe erst, als Dale ihn rief. Dann eilte er voller Freude zu ihnen. Bo vergaß fast ihre eigenen Bedürfnisse, ihn zu füttern und ihn kennenzulernen. Tom zeigte deutlich seine Eifersucht auf Bud, und Bud zeigte auch seine Angst vor der großen Katze.

Helen konnte den Beweis ihrer Augen nicht glauben – dass sie ruhig und hungrig im Wald war und süßes Fleisch mit wildem Geschmack aß – dass ein ausgewachsener Berglöwe auf der einen Seite von ihr lag und ein Braunbärenbaby auf der anderen – dass ein seltsamer Jäger, ein Mann des Waldes, dort in seiner einsamen und isolierten Festung, die Romantik in ihr ansprach und sie interessierte wie kein anderer, den sie jemals getroffen hatte.

Als das wunderbare Essen endlich beendet war, lockte Bo das Bärenjunge in das Lager der Mädchen, und bald wurden dort gute Kameraden mit ihm. Helen, die Bo spielen sah, neigte dazu, sie zu beneiden. Egal wo Bo platziert wurde, sie hatte immer etwas davon. Sie hat sich angepasst. Sie, die mit fast jedem und allem eine gute Zeit haben könnte, würde die Stunden in diesem wunderschönen Park voller wilder Wunder süß und vergänglich finden.

Aber lediglich objektive Handlungen – lediglich körperliche Bewegungen – hatten Helen noch nie zufrieden gestellt. Sie konnte mit voller Hingabe laufen, klettern, reiten und spielen, aber diese Dinge würden ihr nicht lange genügen, und ihr Geist brauchte Nahrung. Helen war eine Denkerin. Einer der Gründe, warum sie sich gewünscht hatte, sich im Westen niederzulassen, war, dass sie durch ein offenes, aktives Leben weniger nachdenken, träumen und grübeln könnte. Und hier war sie im Wilden Westen, nach den drei anstrengendsten, aktiven Tagen ihrer Karriere, und immer noch drehte derselbe alte Riese ihre Gedanken und richtete sie auf sich selbst und auf alles, was sie sah.

"Was kann ich machen?" sie fragte Bo fast hilflos.

„Ruh dich aus, du Dummkopf!" erwiderte Bo. „Du gehst wie eine alte, verkrüppelte Frau mit nur einem Bein."

Helen hoffte, dass der Vergleich unverdient war, aber der Rat war vernünftig. Die im Gras ausgebreiteten Decken sahen einladend aus und fühlten sich im Sonnenschein angenehm warm an. Die Brise war langsam, träge, duftend und brachte das leise Summen des murmelnden Wasserfalls mit sich, wie eine Bienenmelodie. Helen machte ein Kissen und legte sich zum Ausruhen hin. Die grünen Tannennadeln, so dünn und fein in ihrem kreuz und quer verlaufenden Netzwerk, hoben sich deutlich vom blauen Himmel ab. Nach Vögeln suchte sie vergeblich. Dann wanderte ihr Blick verwundert zum hohen, mit Fransen gesäumten Rand des großen

Amphitheaters, und als sie es betrachtete , begann sie zu begreifen, wie abgelegen es war, wie weit es in der verdünnten Atmosphäre entfernt war. Ein schwarzer Adler, der dahinschwebte, schien winzig klein zu sein, und doch befand er sich weit unter den Höhen darüber. Wie schön fand sie es dort oben zu sein! Und schläfrige Fantasien lullten sie in den Schlaf.

Helen schlief den ganzen Nachmittag und als sie gegen Sonnenuntergang aufwachte, fand sie Bo zusammengerollt neben sich. Dale hatte sie nachdenklich mit einer Decke zugedeckt; Außerdem hatte er ein Lagerfeuer gemacht. Die Luft wurde frisch und kalt.

Später, als sie ihre Mäntel angezogen und bequeme Sitze neben dem Feuer vorbereitet hatten, kam Dale vorbei, offenbar um sie zu besuchen.

„Ich glaube, du kannst nicht die ganze Zeit schlafen", sagte er. „ Wenn du Stadtmädchen bist, wirst du einsam sein."

"Einsam!" wiederholte Helen. Der Gedanke, dass sie hier einsam sein könnte, war ihr nicht in den Sinn gekommen.

„Das habe ich mir alles überlegt", fuhr Dale fort, als er sich nach indischer Art vor das Feuer setzte. „Es ist ganz natürlich, dass man hier oben viel Zeit braucht, weil man an viele Leute und Hektik, Arbeit und alles, was Mädchen mögen, gewöhnt ist."

„Ich würde hier nie einsam sein", antwortete Helen mit ihrer direkten Kraft.

Dale zeigte keine Überraschung, aber er zeigte, dass sein Fehler Anlass zum Nachdenken gab.

„Entschuldigen Sie", sagte er plötzlich, während seine grauen Augen die ihren festhielten. „So hatte ich es. Soweit ich mich an Mädchen erinnere – und es kommt mir vor, als wäre es noch nicht lange her, seit ich mein Zuhause verlassen habe –, starben die meisten von ihnen hier oben an Einsamkeit." Dann wandte er sich an Bo. "Und du? Weißt du, ich dachte, es würde dir gefallen, und deiner Schwester nicht."

„Ich werde nicht so schnell einsam sein", antwortete Bo.

"Ich bin froh. Es machte mir einige Sorgen, dass ich noch nie zuvor Mädchen als Gesellschaft gehabt hatte. Und in etwa einem Tag, wenn du ausgeruht bist, helfe ich dir, dir die Zeit zu vertreiben."

Bos Augen waren voller blitzendem Interesse und Helen fragte ihn: „Wie?"

Es war ein aufrichtiger Ausdruck ihrer Neugier und keine zweifelnde oder ironische Herausforderung einer gebildeten Frau an einen Mann aus dem Wald. Aber als Herausforderung nahm er es an.

"Wie!" wiederholte er und ein seltsames Lächeln huschte über sein Gesicht. „Na ja, indem wir dir Fahrten und Anstiege zu wunderschönen Orten anbieten. Ein „Dann, wenn Sie interessiert sind", um Ihnen zu zeigen, wie wenig sogenannte zivilisierte Menschen über die Natur wissen."

Helen erkannte damals, dass er, was auch immer seine Berufung war, ob Jäger, Wanderer oder Einsiedler, nicht ungebildet war, auch wenn er scheinbar Analphabet war.

„Ich werde gerne von Ihnen lernen", sagte sie.

"Ich auch!" stimmte Bo zu. „Man kann niemandem aus Missouri zu viel erzählen."

Er lächelte, und das wärmte Helen, denn dann wirkte er weniger distanziert von anderen Menschen. An diesem Jäger begann etwas von der Natur zu sein, von der er sprach – eine Stille, Distanziertheit, eine unzerbrechliche Ruhe, ein kalter, klarer Geist wie der in der Bergluft, ein körperliches Etwas, das der gezähmten Wildheit seiner Haustiere nicht unähnlich war die Stärke der Kiefern.

„Ich wette, ich kann dir mehr erzählen, als du jemals in Erinnerung behalten wirst", sagte er.

„Worauf wetten Sie?" erwiderte Bo.

„Na ja, noch mehr Truthahnbraten dagegen – sag etwas Nettes, wenn du sicher bist und bei deinem Onkel Al zu Hause bist, der seine Ranch leitet. "

"Vereinbart. Nell, hast du gehört?"

Helen nickte mit dem Kopf.

"In Ordnung. Wir überlassen es Nell", begann Dale halb ernst. „Jetzt erzähle ich dir zunächst einmal, dass wir zum Zeitvertreib mit meinen Pferden im Park reiten und Rennen fahren werden. Und wir werden in den Bächen angeln und im Wald jagen. Es gibt einen alten Silberspitz, den man sehen kann, wie ich ihn töte. Und wir werden die Gipfel erklimmen und wundervolle Sehenswürdigkeiten sehen ... Soviel dazu. Nun, wenn Sie wirklich lernen wollen – oder wenn Sie nur möchten, dass ich es Ihnen sage – nun, das ist egal. Nur ich gewinne die Wette! ... Sie werden sehen, wie dieser Park im Krater eines Vulkans liegt und einst voller Wasser war – und wie der Schnee im Winter auf einer Seite dreißig Meter tief hineinweht, wenn es auf dem anderen keine gibt. Und die Bäume – wie sie wachsen und leben und einander bekämpfen und aufeinander angewiesen sind und den Wald vor

Sturmwinden schützen. Und wie sie das Wasser halten, das die Quellen der großen Flüsse sind. Und wie die Lebewesen und Dinge, die in ihnen oder auf ihnen leben, gut für sie sind und keines von ihnen ohne das andere leben könnte. Und dann zeige ich dir meine Haustiere, gezähmt und ungezähmt, und erzähle dir, wie es der Mensch ist, der jedes Lebewesen wild macht – wie leicht sie zu zähmen sind – und wie sie lernen, dich zu lieben. Und da ist das Leben im Wald, sein Streit – wie der Bär lebt, die Katzen, die Wölfe und die Hirsche. Sie werden sehen, wie grausam die Natur ist, wie wild der Wolf oder Puma das Reh niederreißt – wie ein Wolf frisches, heißes Blut liebt und wie ein Puma die Haut eines Rehs von seinem Hals abrollt. Und Sie werden sehen, dass diese Grausamkeit der Natur – dieses Werk des Wolfes und des Pumas – das Reh so schön, gesund, schnell und empfindlich macht. Ohne seine tödlichen Feinde würde der Hirsch verfallen und aussterben. Und Sie werden sehen, wie dieses Prinzip bei allen Lebewesen des Waldes funktioniert. Streit! Es ist der Sinn der gesamten Schöpfung und die Erlösung. Wenn Sie schnell erkennen, werden Sie feststellen, dass die Natur hier in der Wildnis die gleiche ist wie die der Menschen – nur dass Männer keine Kannibalen mehr sind. Bäume kämpfen ums Leben – Vögel kämpfen – Tiere kämpfen – Männer kämpfen. Sie alle leben voneinander. Und es ist dieser Kampf, der sie alle näher und näher an die Perfektion bringt. Aber nichts wird jemals perfekt sein."

„Aber wie wäre es mit der Religion?" unterbrach Helen ernst.

„Die Natur hat eine Religion, und sie besteht darin, zu leben – zu wachsen – sich zu reproduzieren, jede ihrer Art."

„Aber das ist nicht Gott oder die Unsterblichkeit der Seele", erklärte Helen.

„Nun, es ist so nah an Gott und der Unsterblichkeit, wie es die Natur nur sein kann."

„Oh, du würdest mich meiner Religion berauben!"

„Nein, ich rede nur, während ich das Leben sehe", antwortete Dale nachdenklich, während er einen Stock in die rote Glut des Feuers steckte. „Vielleicht habe ich eine Religion. Ich weiß nicht. Aber es ist nicht die Art, die Sie haben – nicht die Art der Bibel. Diese Art hält die Männer nicht in Pine und Snowdrop fest und überall – Schafhirten, Viehzüchter, Bauern und Reisende, wie ich sie kannte – hält die Religion, zu der sie sich bekennen, sie nicht davon ab, zu lügen und zu betrügen ', stehlen', 'töten'. Ich schätze, kein Mann, der so lebt wie ich – was vielleicht meine Religion ist – wird lügen oder betrügen oder stehlen oder töten, es sei denn, es geht um Selbstverteidigung oder so, wie ich es tun würde, wenn Snake Anson jetzt hierher reiten würde. Meine Religion ist vielleicht die Liebe zum Leben – zum wilden Leben, wie es am Anfang war – und zum Wind, der von überall her Geheimnisse verweht, und zum Wasser, das den ganzen Tag und die ganze Nacht singt , und zu den Sternen, die ständig leuchten. und die Bäume, die irgendwie sprechen, und die Felsen, die nicht tot sind. Ich bin hier oder auf den Wegen nie allein. Es gibt etwas Unsichtbares, aber immer bei mir. Und das ist es! Nennen Sie es Gott, wenn Sie möchten. Aber was mich stutzig macht, ist: Wo war dieser Geist, als diese Erde eine Kugel aus feurigem Gas war? Wo wird dieser Geist sein, wenn alles Leben auf diesem Globus eingefroren oder ausgebrannt ist und tot im Weltraum hängt wie der Mond? Diese Zeit wird kommen. In der Natur gibt es keinen Abfall. Nicht das kleinste Atom wird zerstört. Es verändert sich, das ist alles, wenn man sieht, wie dieser Kiefernwald in Rauch aufsteigt und man spürt, wie etwas Hitze aus ihm austritt. Wohin geht das? Es ist nicht verloren. Nichts ist verloren. Der schöne und rettende Gedanke ist also, dass vielleicht alle Steine und Wälder, Wasser, Blut und Fleisch wieder in den Elementen aufgelöst werden, um irgendwann irgendwo wieder zum Leben zu erwachen."

„Oh, was du sagst, ist wunderbar, aber es ist schrecklich!" rief Helen aus. Er hatte tief in ihre Seele eingedrungen.

"Schrecklich? Ich schätze", antwortete er traurig.

Dann folgte eine kleine Pause der Stille.

„Milt Dale, ich habe die Wette verloren", erklärte Bo mit Ernsthaftigkeit hinter ihrer Frivolität.

„Das hatte ich vergessen. Ich schätze, ich habe viel geredet", sagte er entschuldigend. „Sehen Sie, ich habe kaum Gelegenheit zum Reden, außer mit mir selbst oder Tom. Als ich vor Jahren feststellte, dass sich die Angewohnheit des Schweigens bei mir festgesetzt hatte, fing ich an, laut zu denken und mit irgendetwas zu reden."

„Ich könnte dir die ganze Nacht zuhören", erwiderte Bo verträumt.

„Lesen Sie – haben Sie Bücher?" fragte Helen plötzlich.

„Ja, ich lese einigermaßen gut; „Viel besser als ich rede oder schreibe", antwortete er. „Ich bin bis zu meinem fünfzehnten Lebensjahr zur Schule gegangen. Ich habe das Lernen immer gehasst, aber ich habe gern gelesen. Vor Jahren hat mir eine alte Freundin hier unten in Pine – Witwe Cass – viele alte Bücher geschenkt. Und ich habe sie hier eingepackt. Der Winter ist die Zeit, in der ich lese."

Danach stockte das Gespräch bis auf oberflächliche Bemerkungen, und bald darauf wünschte Dale den Mädchen eine gute Nacht und verließ sie. Helen sah zu, wie seine große Gestalt in der Dunkelheit unter den Kiefern verschwand, und nachdem er verschwunden war , starrte sie ihn immer noch an.

„Nell!" rief Bo schrill. „Ich habe dich dreimal angerufen. Ich will ins Bett gehen."

"Oh! Ich – ich habe nachgedacht", erwiderte Helen, halb verlegen, halb über sich selbst verwundert. „Ich habe dich nicht gehört."

„Ich sollte lächeln, das hast du nicht getan", erwiderte Bo. „Ich wünschte, du hättest nur deine Augen sehen können. Nell, soll ich dir etwas sagen?

„Warum – ja", sagte Helen ziemlich schwach. Sie tat es überhaupt nicht, als Bo so redete.

„Du wirst dich in diesen wilden Jäger verlieben", erklärte Bo mit einer Stimme, die wie eine Glocke klang.

Helen war nicht nur erstaunt, sondern auch wütend. Sie hielt den Atem an, um dieser unverbesserlichen Schwester ihre Meinung zu sagen. Bo ging ruhig weiter.

„Ich kann es in meinen Knochen spüren."

„Bo, du bist ein kleiner Idiot – ein sentimentaler, romantischer, überschwänglicher kleiner Idiot!" erwiderte Helen. „Alles, was du scheinbar im Kopf hast, ist irgendein Blödsinn über die Liebe. Wenn man dich reden hört , könnte man meinen, es gäbe nichts anderes auf der Welt als Liebe."

Bos Augen waren strahlend, klug, liebevoll und lachend, als sie ihren festen Blick auf Helen richtete.

„Nell, genau das ist es. Es gibt nichts anderes!"

KAPITEL X

Die Nacht schlief so kurz, dass Helen kaum glauben konnte, dass Stunden vergangen waren. Bo machte heute Morgen einen lebhaften Eindruck und hatte weniger Schmerzen.

„Nell, du hast Farbe!" rief Bo aus. „Und deine Augen leuchten. Ist der Morgen nicht herrlich?... Konnten Sie sich bei dieser Luft nicht betrinken? Ich rieche Blumen. Und oh! Ich bin hungrig!"

„Bo, unser Gastgeber wird seine Jagdfähigkeiten bald brauchen, wenn du Appetit hast", sagte Helen, während sie versuchte, ihre Haare aus ihren Augen zu halten, während sie ihre Stiefel schnürte.

"Sehen! da ist ein großer Hund – ein Jagdhund."

Helen schaute, wie Bo es ihr sagte, und sah einen Hund von ungewöhnlich großen Proportionen, schwarz und braun gefärbt, mit langen, hängenden Ohren. Neugierig trottete er näher an die Tür ihrer Hütte heran und blieb dann stehen, um sie anzusehen. Sein Kopf war edel, seine Augen leuchteten dunkel und traurig. Er wirkte weder freundlich noch unfreundlich.

„Hallo, Hündchen! Kommen Sie rein, wir tun Ihnen nichts", rief Bo, aber ohne Begeisterung.

Das brachte Helen zum Lachen. „Bo, du bist einfach köstlich", sagte sie. „Du hast Angst vor diesem Hund."

"Sicher. Ich frage mich, ob er Dale ist. Natürlich muss er das sein."

Bald darauf trottete der Hund außer Sichtweite davon. Als die Mädchen am Lagerfeuer auftauchten, erspähten sie ihren neugierigen Hundebesucher liegend. Seine Ohren waren so lang, dass die Hälfte davon auf dem Boden lag.

„Ich habe Pedro rübergeschickt, um euch Mädels aufzuwecken", sagte Dale, nachdem er sie begrüßt hatte. „Hat er dir Angst gemacht?"

„Pedro. Das ist also sein Name. Nein, er hat mir nicht gerade Angst gemacht. Er tat es allerdings, Nell. „Sie ist ein furchtbarer Weichfuß", antwortete Bo.

„Er ist ein großartig aussehender Hund", sagte Helen und ignorierte den Ausfall ihrer Schwester. "Ich liebe Hunde. Wird er Freunde finden?"

„Er ist schüchtern und wild. Weißt du, wenn ich das Lager verlasse , wird er nicht herumbleiben. Er und Tom sind eifersüchtig aufeinander. Ich hatte ein Rudel Hunde und habe wegen Tom alle bis auf Pedro verloren. Ich denke, mit Pedro kann man sich anfreunden. Versuch es."

Daraufhin machte Helen Annäherungsversuche an Pedro, und das nicht ganz umsonst. Der Hund war erwachsen, von fast strenger Zurückhaltung und offensichtlich nicht an Menschen gewöhnt. Seine tiefen, weindunklen Augen schienen Helens Seele zu erforschen. Sie waren ehrlich und weise, mit einer seltsamen Traurigkeit.

„Er sieht intelligent aus", bemerkte Helen, während sie die langen, dunklen Ohren strich.

„Dieser Hund ist fast menschlich", antwortete Dale. „Komm, und während du isst, erzähle ich dir von Pedro."

Dale hatte den Hund als Welpe von einem mexikanischen Schafhirten bekommen, der behauptete, er sei zum Teil ein kalifornischer Bluthund. Er wuchs auf und entwickelte eine Bindung zu Dale. In jungen Jahren kam er mit Dales anderen Haustieren nicht gut zurecht und Dale gab ihn einem Rancher unten im Tal. Pedro war am nächsten Tag wieder in Dales Lager. Von diesem Tag an begann Dale, sich mehr um den Hund zu kümmern, aber er wollte ihn aus verschiedenen Gründen nicht behalten. Der wichtigste Grund war die Tatsache, dass Pedro ein zu guter Hund war, als dass er die halbe Zeit alleine gelassen hätte, um sich selbst zu versorgen. In diesem Herbst musste Dale in das am weitesten entfernte Dorf, Snowdrop, gehen, wo er Pedro mit einem Freund zurückließ. Dann ritt Dale nach Show Down und Pine und zum Lager der Beemans, und mit ihnen schleppte er einige wilde Pferde hundert Meilen weit hinüber nach New Mexico. Der Schnee flog, als Dale zu seinem Lager in den Bergen zurückkehrte. Und da war Pedro, hager und erschöpft, überglücklich, ihn zu Hause willkommen zu heißen. Roy Beeman besuchte Dale im Oktober und erzählte, dass Dales Freund in Schneeglöckchen Pedro nicht behalten konnte. Er zerriss eine Kette und kletterte über einen zehn Fuß hohen Zaun, um zu entkommen. Er folgte Dale nach Show Down, wo einer von Dales Freunden den Hund erkannte, ihn fing und ihn bis zu Dales Rückkehr behalten wollte. Aber Pedro weigerte sich zu essen. Zufälligerweise war ein Frachter auf dem Weg zum Beeman-Lager, und Dales Freund packte Pedro ein und setzte ihn auf den Wagen. Pedro brach aus der Box aus, kehrte zu Show Down zurück, nahm Dales Spur nach Pine und dann weiter zum Beeman-Lager auf. So weit konnte Roy die Bewegungen des Hundes verfolgen. Aber er glaubte, und Dale auch, dass Pedro sie auf der Wildpferdjagd verfolgt hatte. Im folgenden Frühjahr erfuhr Dale mehr von dem Hirten eines Schafhirten, in dessen Lager er und die Beemans lebten; hatte sich auf dem Weg nach New Mexico ausgeruht. Es schien, dass Pedro angekommen war, nachdem Dale dieses Lager verlassen hatte, und ein anderer mexikanischer Hirte den Hund gestohlen hatte. Aber Pedro ist entkommen.

„Und er war hier, als ich ankam", schloss Dale lächelnd. „Danach wollte ich ihn nie mehr loswerden. Es stellte sich heraus, dass er der beste Hund war, den ich je kannte. Er weiß, was ich sage. Er kann fast sprechen. Und ich schwöre, er kann weinen. Das tut er immer, wenn ich ohne ihn anfange."

„Wie wunderbar!" rief Bo aus. „Sind Tiere nicht großartig? ... Aber ich liebe Pferde am meisten."

Helen schien es, als hätte Pedro verstanden, dass sie über ihn sprachen, denn er sah beschämt aus, schluckte schwer und senkte den Blick. Sie wusste etwas über die Liebe der Hunde zu ihren Besitzern. Diese Geschichte von Dale war jedoch seltsamer als alles, was sie je gehört hatte.

Dann erschien Tom, der Puma, und in den gelbbraunen Augen, die er auf Pedro richtete, lag kaum Liebe. Aber der Hund würdigte ihn nicht. Tom schlich sich an Bo heran, die auf der anderen Seite der Planentischdecke saß und offensichtlich etwas von ihrem Frühstück wollte.

„Mensch! Ich liebe sein Aussehen", sagte sie. „Aber wenn er in der Nähe ist, bringt er mir eine Gänsehaut."

„Bestien sind genauso seltsam wie Menschen", bemerkte Dale. „Sie akzeptieren Vorlieben und Abneigungen. Ich glaube, Tom hat Gefallen an dir gefunden und Pedro beginnt, sich für deine Schwester zu interessieren. Ich kann sagen."

„Wo ist Bud?" fragte Bo.

„Er schläft oder ist irgendwo in der Nähe. Sobald ich mit der Arbeit fertig bin, was würdet ihr Mädchen gerne tun?"

"Fahrt!" erklärte Bo eifrig.

„Bist du nicht wund und steif?"

"Ich bin das. Aber es ist mir egal. Außerdem habe ich, als ich auf die Farm meines Onkels in der Nähe von Saint Joe ging, immer festgestellt, dass Reiten ein Heilmittel gegen Schmerzen ist."

„Sicher, wenn du es aushältst. Und was würde deine Schwester gerne tun?" gab Dale zurück und wandte sich an Helen.

„Oh, ich werde mich ausruhen und euch beobachten – und träumen", antwortete Helen.

„Aber nachdem Sie sich ausgeruht haben, müssen Sie aktiv sein", sagte Dale ernst. „Man muss Dinge tun. Es spielt keine Rolle, solange Sie nicht untätig herumsitzen."

"Warum?" fragte Helen überrascht. „Warum nicht hier an diesem wunderschönen, wilden Ort untätig sein? einfach nur um die Stunden – die Tage – wegzuträumen! Ich könnte es tun."

„Aber das darfst du nicht. Es hat Jahre gedauert, bis ich gelernt habe, wie schlimm das für mich war. Und im Moment würde ich nichts lieber tun, als meine Arbeit, meine Pferde und Haustiere – alles – zu vergessen und einfach nur herumzuliegen und zu sehen und zu fühlen."

„Sehen und fühlen? Ja, das muss es sein, was ich meine. Aber warum – was ist das? Da sind die Schönheit und die Farben – die wilden, zotteligen Hänge – die grauen Klippen – der singende Wind – das beruhigende Wasser – die Wolken – der Himmel. Und die Stille, Einsamkeit und Süße von allem."

„Es ist ein Driften zurück. Was ich gerne mache und was ich am meisten fürchte. Das ist es, was einen Einzeljäger aus einem Mann macht. Und es kann so stark werden, dass es einen Mann an die Wildnis bindet."

"Wie merkwürdig!" murmelte Helen. „Aber das könnte MICH nie binden. Ich muss meine Mission, meine Arbeit in der zivilisierten Welt leben und erfüllen."

Es schien Helen, als würde Dale bei ihren ernsten Worten fast unmerklich zusammenzucken.

„Die Art und Weise der Natur ist seltsam", sagte er. „Ich sehe es anders. Die Natur ist genauso daran interessiert, Sie wieder in einen Zustand der Wildheit zu versetzen, wie Sie zivilisiert werden möchten. Und wenn die Natur gewinnen würde, würden Sie ihren Plan umso besser ausführen."

Die Rede dieses Jägers schockierte Helen und regte dennoch ihren Geist an.

„Ich – ein Wilder? Ach nein!" rief sie aus. „Aber wenn das möglich wäre, wie würde die Natur dann vorgehen?"

„Sie haben von Ihrer Lebensaufgabe gesprochen", antwortete er. „Die Mission einer Frau ist es, Kinder zu bekommen. Das Weibchen jeder Art hat nur eine Aufgabe: die Fortpflanzung seiner Art. „Die Natur hat nur eine Mission – zu mehr Stärke, Männlichkeit, Effizienz – absolute Perfektion, die unerreichbar ist."

„Wie steht es mit der geistigen und spirituellen Entwicklung von Mann und Frau?" fragte Helen.

„Beide sind direkte Hindernisse für die Gestaltung der Natur. Die Natur ist körperlich. Um grenzenlose Ausdauer für das ewige Leben zu schaffen. Das muss der unergründliche Plan der Natur sein. Ein „Warum sie scheitern muss."

„Aber die Seele!" flüsterte Helen.

"Ah! Wenn Sie von der Seele sprechen und ich vom Leben spreche, meinen wir dasselbe. Sie und ich werden ein paar Gespräche führen, während Sie hier sind. Ich muss meine Gedanken auffrischen."

„Das muss ich auch, so scheint es", sagte Helen mit einem langsamen Lächeln. Sie war ernst und nachdenklich geworden. „Aber ich schätze, ich werde es riskieren, unter den Kiefern zu träumen."

Bo hatte sie mit ihren scharfen blauen Augen beobachtet.

„Nell, es würde tausend Jahre dauern, dich zu einem Wilden zu machen", sagte sie. „Aber eine Woche reicht mir."

„Bo, du warst einer, bevor du Saint Joe verlassen hast", antwortete Helen. „Erinnern Sie sich nicht an den Schullehrer Barnes, der sagte, Sie seien eine Mischung aus Wildkatze und Indianer? Er hat dich mit einem Lineal verprügelt."

"Niemals! Er hat mich vermisst", erwiderte Bo mit roten Wangen. „Nell, ich wünschte, du würdest nichts über mich erzählen, als ich ein Kind war."

„Das war erst vor zwei Jahren", entgegnete Helen leicht überrascht.

„Angenommen, es wäre so. Ich war schon ein Kind. Ich wette, du –" Bo brach abrupt ab, warf den Kopf zurück, tätschelte Tom und rannte dann um die Ecke der Klippenwand davon.

Helen folgte gemächlich.

„Sag mal, Nell", sagte Bo, als Helen in ihrer kleinen grünen Hütte mit den Pfosten ankam, „weißt du, dass dieser Jäger einige deiner Theorien zunichte machen wird?"

"Vielleicht. Ich gebe zu, dass er mich verblüfft – und mich leider auch beleidigt", antwortete Helen. „Was mich überrascht, ist, dass er trotz seines offensichtlichen Mangels an Schulbildung weder grob noch grob ist. Er ist elementar."

„Schwester, Schatz, wach auf. Der Mann ist wunderbar. Sie können mehr von ihm lernen, als Sie jemals in Ihrem Leben gelernt haben. Das kann ich auch. Ich habe Bücher sowieso schon immer gehasst."

Als sich Dale wenig später mit einigen Zügeln näherte, trottete ihm der Hund Pedro auf den Fersen.

„Ich denke, du solltest besser auf dem Pferd reiten, das du hast", sagte er zu Bo.

"Was auch immer du sagst. Aber ich hoffe, dass du mich nach und nach alle reiten lässt."

"Sicher. Ich habe da draußen einen Mustang, der dir gefallen wird. Aber er wirft ein wenig", erwiderte er und wandte sich dem Park zu. Der Hund kümmerte sich um ihn und dann um Helen.

„Komm, Pedro. Bleib bei mir", rief Helen.

Dale, der sie hörte, winkte den Hund zurück. Gehorsam trottete Pedro auf sie zu, immer noch schüchtern und nüchtern wachsam, als wäre er sich ihrer Absichten nicht sicher, aber jetzt hatte er etwas Freundliches an sich. Helen fand einen weichen, erholsamen Sitz in der Sonne mit Blick auf den Park und bereitete sich dort auf langsame, süße, müßige Stunden vor. Pedro rollte sich neben ihr zusammen. Die große Gestalt von Dale stolzierte durch den Park auf die herumstreunenden Pferde zu. Wieder sah sie ein Reh zwischen ihnen grasen. Wie aufrecht und regungslos stand es da und beobachtete Dale! Dann sprang es in Richtung Waldrand davon. Einige der Pferde pfiffen und rannten, wobei sie ihre Fersen hoch in die Luft schlugen. Die schrillen Pfiffe hallten deutlich in der Stille wider.

„Mensch! Schau sie dir an!" rief Bo fröhlich aus und kam zu Helen, die dort saß. Bo warf sich auf die duftenden Tannennadeln und streckte sich träge aus wie ein faules Kätzchen. Ihre geschmeidigen, anmutigen Umrisse hatten etwas Katzenhaftes. Sie lag flach und schaute durch die Kiefern nach oben.

„Wäre es jetzt nicht großartig", murmelte sie verträumt, halb vor sich hin, „wenn dieser Las-Vegas-Cowboy irgendwie käme und uns dann ein Erdbeben hier in diesem Paradise Valley einsperren würde, so dass wir es nie tun würden." aussteigen?"

„Bo! Was würde Mutter zu solch einem Gerede sagen?" keuchte Helen.

„Aber, Nell, wäre es nicht großartig?"

„Es wäre schrecklich."

„Oh, in dir war nie Romantik, Nell Rayner", antwortete Bo. „Genau das ist tatsächlich hier draußen in diesem wunderbaren Land der wilden Orte passiert. Du brauchst es mir nicht zu sagen! Sicher ist es passiert. Mit den Klippenbewohnern und den Indianern und dann den Weißen. Jeder Ort, an den ich schaue, lässt mich das spüren. Nell, um das zu glauben, müsste man Menschen auf dem Mond durch ein Teleskop sehen."

„Gott sei Dank bin ich praktisch veranlagt und vernünftig!"

„Aber der Argumentation halber", protestierte Bo mit blitzenden Augen, „nehmen wir an, es KÖNNTE passieren. Nur um mich zu erfreuen, nehmen wir an, wir wären hier mit Dale und dem Cowboy eingesperrt, den wir vom Zug aus gesehen haben. Sich einschließen, ohne die Hoffnung, jemals herauszukommen ... Was würden Sie tun? Würdest du aufgeben und dahinsiechen und sterben? Oder würdest du um das Leben und die Freude, die es bedeuten mag, kämpfen?"

„Selbsterhaltung ist der erste Instinkt", antwortete Helen, überrascht von einem seltsamen, tiefen Schauer in ihren Tiefen. „Ich würde natürlich ums Leben kämpfen."

"Ja. Nun ja, wenn ich ernsthaft darüber nachdenke, möchte ich nicht, dass so etwas passiert. Aber trotzdem würde ich mich darüber freuen, wenn es passieren würde."

Während sie redeten, kam Dale mit den Pferden zurück.

„Können Sie Ihr eigenes Pferd zügeln und satteln?" er hat gefragt.

"NEIN. Ich schäme mich, sagen zu müssen, dass ich es nicht kann", antwortete Bo.

„Dann ist es Zeit zu lernen. Aufleuchten. Beobachten Sie mich zuerst, wenn ich meinen sattele."

Bo war ganz im Auge, als Dale das Zaumzeug von seinem Pferd abnahm und es dann mit langsamer, einfacher Bewegung wieder zurechtrückte. Als nächstes strich er den Rücken des Pferdes glatt, schüttelte die Decke aus, faltete sie zur Hälfte zusammen und warf sie an ihren Platz, wobei er darauf achtete, Bo genau die richtige Position zu erklären. Er hob seinen Sattel auf eine bestimmte Art und Weise an, befestigte ihn und zog dann die Gurte fest.

„Jetzt versuchst du es", sagte er.

Nach Helens Einschätzung könnte Bo ihr ganzes Leben lang ein westliches Mädchen gewesen sein. Aber Dale schüttelte den Kopf und ließ sie es noch einmal wiederholen.

„Das war besser. Natürlich ist der Sattel zu schwer, um ihn hochzuhängen. Das kann man mit einem leichten lernen. Legen Sie nun den Zaum wieder an. Haben Sie keine Angst vor Ihren Händen. Er wird nicht beißen. Schieben Sie das Gebiss seitlich hinein... Da. Jetzt lass uns sehen, wie du aufsteigst."

Als Bo in den Sattel stieg, fuhr Dale fort: „Du bist schnell und leicht gestiegen, aber in die falsche Richtung." Schau mir zu."

Bo musste mehrmals aufsteigen, bevor Dale zufrieden war. Dann sagte er ihr, sie solle ein kleines Stück davonreiten. Als Bo außer Hörweite war, sagte Dale zu Helen: „Sie verhält sich zu einem Pferd wie eine Ente zum Wasser." Dann stieg er auf und ritt hinter ihr her.

Helen sah zu, wie sie trabten und galoppierten und die Pferde durch den grasbewachsenen Park trieben, und bedauerte ziemlich, dass sie nicht mit ihnen gegangen war. Schließlich ritt Bo zurück, stieg ab und warf sich hin, rotwangig und strahlend, mit zerzaustem Haar und feuchten Locken an den Schläfen. Wie lebendig schien sie! Helens Sinne waren begeistert von der Anmut, dem Charme und der Vitalität dieser überraschenden Schwester, und sie spürte eine pure körperliche Freude in ihrer Gegenwart. Bo ruhte sich aus, aber sie ruhte nicht lange. Sie machte sich bald auf den Weg, um mit Bud zu spielen. Dann überredete sie das zahme Reh, ihr aus der Hand zu fressen. Sie schleppte Helen abwechselnd neugierig und gedankenlos zu wilden Blumen. Und schließlich schlief sie schnell ein, auf eine Weise, die Helen an die nun für immer vergangene Kindheit erinnerte.

Dale rief sie gegen vier Uhr zum Abendessen, als die Sonne den Westwall des Parks rötete. Helen fragte sich, wo der Tag geblieben war. Die Stunden waren wie im Flug verflogen, ohne dass sie einen Gedanken an ihren Onkel oder Angst vor ihrer erzwungenen Inhaftierung dort oder einer möglichen Entdeckung durch die Gesetzlosen geweckt hatte, die angeblich hinter ihr her waren. Als ihr klar wurde, wie diese Stunden vergingen , hatte sie ein unbeschreibliches Gefühl dafür, was Dale damit gemeint hatte, als er die Stunden dahinträumte. Die Natur des Paradise Parks widersprach den Gedanken, die sie normalerweise verfolgt hatte. Sie fand den neuen Gedanken fesselnd, doch als sie versuchte, ihn zu benennen , stellte sie fest, dass sie schließlich nur gefühlt hatte. Zur Essenszeit war sie ruhiger als sonst. Sie sah, dass Dale es bemerkte und versuchte, sie zu interessieren oder abzulenken. Es gelang ihm, aber sie wollte ihn das nicht sehen lassen. Sie schlenderte allein zu ihrem Platz unter der Kiefer. Bo ging einmal an ihr vorbei und rief verlockend:

„Meine Güte, Nell, aber du wirst langsam romantisch!"

Nie zuvor in Helens Leben war die Schönheit des Abendsterns so herrlich, die Dämmerung so bewegend und schattenhaft oder die Dunkelheit so voller Einsamkeit gewesen. Es war ihre Umgebung – die Begleitung der Trauer der wilden Wölfe, des murmelnden Wasserfalls, dieses seltsamen Mannes des Waldes und der unbekannten Elemente, in denen er sich niederließ.

Am nächsten Morgen, als ihre Energie zurückgekehrt war, teilte Helen Bos Unterricht im Zaumen und Satteln ihres Pferdes sowie im Reiten. Bo ritt jedoch so schnell und so hart, dass es Helen unmöglich war, ihre Gesellschaft zu teilen. Und Dale, interessiert und amüsiert, aber auch besorgt, verbrachte die meiste Zeit mit Bo. So ritt Helen allein durch den Park. Sie war erstaunt über seine Größe, obwohl es von fast jedem Punkt aus so klein wirkte. Die Atmosphäre täuschte sie. Wie klar konnte sie sehen! Und sie begann, Entfernungen anhand der Größe vertrauter Dinge zu beurteilen. Ein Pferd, das über die längste Länge des Parks betrachtet wurde, schien tatsächlich sehr klein zu sein. Hier und da ritt sie auf dunklen, schnellen, kleinen Bächen, die herrlich klar und bernsteinfarben waren und durch das hohe Gras fast unsichtbar waren. Diese verliefen alle in eine Richtung und vereinigten sich zu einem tieferen Bach, der sich offenbar unter den Klippen am Westende hindurch wand und in engen Spalten zu einem Abfluss hinabstürzte. Als Dale und Bo einmal zu ihr kamen, erkundigte sie sich und war überrascht, als sie von Dale erfuhr, dass dieser Bach in einem Loch in den Felsen verschwand und auf der anderen Seite des Berges einen Abfluss hatte. Irgendwann würde er sie zu dem See bringen, der daraus entstand.

"Über den Berg?" fragte Helen und erinnerte sich erneut daran, dass sie sich als Flüchtling betrachten musste. „Wird es sicher sein, unser Versteck zu verlassen? Ich vergesse so oft, warum wir hier sind."

„Dort wären wir besser versteckt als hier", antwortete Dale. „Das Tal auf dieser Seite ist nur von diesem Bergrücken aus zugänglich. Und mach dir keine Sorgen, dass du gefunden wirst. Ich habe dir gesagt, dass Roy Beeman Anson und seine Bande beobachtet. Roy wird zwischen ihnen und uns bleiben."

Helen war beruhigt, doch im Hintergrund ihres Geistes musste immer ein Gefühl der Angst zurückbleiben. Trotzdem beschloss sie, das Beste aus ihrer Chance zu machen. Bo war ein Anreiz. Und so verbrachte Helen den Rest des Tages damit, ihrer Schwester hinterherzureiten und sie zu verfolgen.

Der nächste Tag war für Helen weniger hart. Aktivität, Ruhe, Essen und Schlafen bekamen für sie eine wunderbare neue Bedeutung. Sie hatte sie wirklich nie als seltsame Freuden erlebt. Sie ritt, sie ging, sie kletterte ein wenig, sie döste unter ihrer Kiefer, sie half Dale bei der Arbeit am Lagerfeuer, und als die Nacht hereinbrach , sagte sie, sie wisse es selbst nicht. Diese Tatsache verfolgte sie in vagen, tiefen Träumen. Als sie aufwachte, vergaß sie ihren Vorsatz, sich selbst zu studieren. Dieser Tag verging. Und dann vergingen noch einige weitere, bevor sie sich an eine Situation gewöhnte , von der sie Grund zu der Annahme hatte, dass sie Wochen und sogar Monate andauern würde.

Es war der Nachmittag, den Helen am meisten liebte. Der Sonnenaufgang war frisch und wunderschön; der Morgen war windig und duftend; der Sonnenuntergang war rosig, herrlich; die Dämmerung war traurig und veränderte sich; und die Nacht schien unendlich süß mit ihren Sternen, ihrer Stille und ihrem Schlaf. Aber der Nachmittag, an dem sich nichts änderte, als alles ruhig war, als die Zeit stehenzubleiben schien, das war ihre Entscheidung und ihr Trost.

Eines Nachmittags hatte sie das Lager ganz für sich allein. Bo ritt. Dale war auf den Berg geklettert, um nach Spuren oder Rauch vom Lagerfeuer zu sehen. Bud war nirgends zu sehen, ebenso wenig wie eines der anderen Haustiere. Tom war zu einem sonnigen Felsvorsprung gegangen, wo er sich wie die wilderen Brüder seiner Art sonnen konnte. Pedro war eine Nacht und einen Tag lang nicht gesehen worden, eine Tatsache, die Helen mit Sorge zur Kenntnis genommen hatte. Sie hatte ihn jedoch vergessen und war umso überraschter, ihn auf drei Beinen ins Lager humpeln zu sehen.

„Warum, Pedro! Du hast gekämpft. Komm her", rief sie.

Der Hund sah nicht schuldig aus. Er hinkte zu ihr und hielt seine rechte Vorderpfote hoch. Die Aktion war unverkennbar. Helen untersuchte das verletzte Glied und fand bald darauf ein Stück, das wie eine Muschelschale aussah, die tief zwischen den Zehen steckte. Die Wunde war geschwollen, blutig und offensichtlich sehr schmerzhaft. Pedro jammerte. Helen musste die ganze Kraft ihrer Finger aufwenden, um es herauszuziehen. Dann heulte Pedro. Doch sofort zeigte er seine Dankbarkeit, indem er ihr die Hand leckte. Helen badete seine Pfote und band sie fest.

Als Dale zurückkam, erzählte sie den Vorfall, zeigte das Muschelstück und fragte: „Wo kommt das her?" Gibt es Muscheln in den Bergen?"

„Einst lag dieses Land unter dem Meer", antwortete Dale. „Ich habe Dinge gefunden, die Sie zum Staunen bringen würden."

„Unter dem Meer!" rief Helen. Es war eine Sache, von solch einer seltsamen Tatsache zu lesen, aber eine ganz andere, sie hier inmitten dieser hohen Gipfel zu realisieren. Dale zeigte ihr immer etwas oder erzählte ihr etwas, das sie verblüffte.

„Schau her", sagte er eines Tages. „Was hältst du von diesem kleinen Espenhaufen?"

Sie befanden sich auf der anderen Seite des Parks und ruhten unter einer Kiefer. Der Wald drang hier mit seinen vereinzelten Fichtenreihen und Espenhainen in den Park ein. Das kleine Espenbüschel unterschied sich nicht von den Hunderten, die Helen gesehen hatte.

„Ich mache mir nichts Besonderes daraus", antwortete Helen zweifelnd. „Nur ein winziger Espenhain – manche sehr klein, manche größer, aber keiner sehr groß. Aber es ist hübsch mit seinen grünen und gelben Blättern, die flattern und zittern."

„Das lässt dich nicht an einen Kampf denken?"

"Kämpfen? Nein, das ist ganz sicher nicht der Fall", antwortete Helen.

„Nun, es ist ein ebenso gutes Beispiel für Kampf, Streit und Selbstsucht, wie man es im Wald finden kann", sagte er. „Jetzt komm rüber, du ‚Bo', und lass mich dir zeigen, was ich meine."

„Komm schon, Nell", rief Bo begeistert. „Er wird uns noch mehr die Augen öffnen."

Nichts Schlimmes, Helen ging mit ihnen zu dem kleinen Espenbüschel.

„Insgesamt etwa hundert", sagte Dale. „Sie sind durch die Fichten ziemlich gut beschattet, bekommen aber das Sonnenlicht von Osten und Süden. Diese kleinen Bäume stammen alle von denselben Sämlingen. Sie sind alle gleich alt. Vier von ihnen sind, sagen wir, drei Meter oder mehr hoch und so groß wie mein Handgelenk. Hier ist einer, der am größten ist. Sehen Sie, wie üppig er ist – wie er die meisten anderen überragt, aber nicht so sehr die vier neben ihm. Sie stehen alle dicht beieinander, ganz nah, sehen Sie. Die meisten davon sind nicht größer als mein Daumen. Schauen Sie, wie wenige Filialen sie haben, und ganz unten gibt es keine. Schauen Sie, wie wenige Blätter. Sehen Sie, wie alle Zweige nach Osten und Süden abstehen – wie natürlich die Blätter in die gleiche Richtung zeigen? Sehen Sie, wie sich ein Ast eines Baumes zur Seite eines anderen Baumes biegt. Das ist ein Kampf um das Sonnenlicht. Hier sind ein, zwei, drei tote Bäume. Schau, ich kann sie abbrechen. Und jetzt schauen Sie unter sie hinunter. Hier gibt es kleine Bäume, fünf Fuß hoch, vier Fuß hoch, bis hin zu diesen, die nur einen Fuß hoch sind. Schauen Sie, wie blass, zart, zerbrechlich, ungesund! Sie bekommen so wenig Sonnenschein. Sie wurden mit den anderen Bäumen geboren, hatten aber keinen gleichwertigen Start. Die Position verschafft vielleicht den Vorteil."

Dale führte die Mädchen durch den kleinen Hain und veranschaulichte seine Worte durch Taten. Er schien es zutiefst ernst zu meinen.

„Du verstehst, dass es ein Kampf um Wasser und Sonne ist. Aber vor allem Sonne, denn wenn die Blätter die Sonne absorbieren können, wachsen der Baum und seine Wurzeln, um die benötigte Feuchtigkeit aufzunehmen. Schatten ist der Tod – ein langsamer Tod für das Leben der Bäume. Diese kleinen Espen kämpfen um einen Platz im Sonnenlicht. Es ist ein gnadenloser Kampf. Sie stoßen und biegen sich gegenseitig die Äste zur Seite und ersticken sie. Nur vielleicht die Hälfte dieser Espen wird überleben, um eine der größeren Gruppen zu bilden, wie etwa die aus ausgewachsenen Bäumen dort drüben. Eine Saison wird diesem Schössling einen Vorteil verschaffen, und nächstes Jahr jenes. Der Vorteil einiger Saisons gegenüber einer Saison sichert ihre Dominanz gegenüber den anderen. Aber es ist nie sicher, diese Dominanz zu behalten. Ein „Wenn Wind oder Sturm oder ein stark wachsender Rivale es nicht stürzt, wird es früher oder später das Alter tun." Denn es gibt einen absoluten und fortwährenden Kampf. Was für diese

Espen gilt, gilt für alle Bäume im Wald und für die gesamte Pflanzenwelt im Wald. Das Wunderbarste für mich ist die Beharrlichkeit des Lebens."

Und am nächsten Tag zeigte ihnen Dale ein noch eindrucksvolleres Beispiel für dieses Geheimnis der Natur.

Er führte sie zu Pferd einen der dichten, grün bewaldeten Hänge hinauf und machte sie zu verschiedenen Zeiten auf die verschiedenen Bewuchsarten aufmerksam, bis sie den Gipfel des Bergrückens erreichten, wo das Holz spärlich und winzig klein wurde. Am Rande der Baumgrenze zeigte er eine knorrige und knorrige Fichte, die nicht mehr wie eine schöne Fichte aussah, gebogen und vom Sturm gepeitscht, mit fast kahlen Ästen, die alle in eine Richtung reichten. Der Baum war ein Gespenst. Es stand allein. Es war wenig Grün darauf. Seine Verrenkungen schienen etwas Tragisches zu haben. Aber es war lebendig und stark. Es hatte keine Konkurrenten, die Sonne oder Feuchtigkeit vertragen. Seine Feinde waren der Schnee, der Wind und die Kälte der Höhen.

Helen verspürte, als ihr die Erkenntnis kam, das Wissen, das Dale vermitteln wollte, dass es ebenso traurig wie wunderbar und ebenso geheimnisvoll wie inspirierend war. In diesem Moment waren sowohl der Schmerz als auch die Süße des Lebens – der Schmerz und die Freude – in Helens Herzen. Diese seltsamen Tatsachen würden sie lehren – sie verwandeln. Und selbst wenn es weh tat, hieß sie sie willkommen.

KAPITEL XI

„Ich reite dich, wenn es bricht – mein Genick!" keuchte Bo leidenschaftlich und schüttelte dem grauen Pony ihre behandschuhte Faust.

Dale stand mit einem breiten Lächeln im Gesicht daneben. Helen war in Hörweite und schaute vom Parkrand aus zu. Sie war so fasziniert und verängstigt, dass sie Bo nicht zurufen konnte, er solle aufhören. Der kleine graue Mustang war eine Schönheit, saubergliedrig und rassig, mit langer schwarzer Mähne und Schweif und einem schönen, temperamentvollen Kopf. Auf seinem Rücken war eine Decke festgeschnallt, aber kein Sattel. Bo hielt das kurze Halfter, das mit einem Hackamore-Knoten befestigt war, um seine Nase. Sie trug keinen Mantel; ihre Bluse war mit Gras und Samen bedeckt und am Hals offen; ihr Haar hing lose und zerzaust herab; Auf einer Seite ihres Gesichts waren Gras- und Schmutzflecken und der Verdacht auf Blut zu erkennen. der andere war rot und weiß; ihre Augen leuchteten; Auf ihrer Stirn standen Schweißperlen und auf ihren Wangen glänzten feuchte Stellen. Als sie anfing, das Halfter zu belasten und sich näher an das feurige Pony heranzog, zeichneten sich die Umrisse ihrer schlanken Gestalt geschmeidig und kräftig ab.

Bo war in ihrem gehegten und entschlossenen Ehrgeiz, Dales Mustang zu reiten, gescheitert, und sie war wütend. Der Mustang schien weder bösartig noch gemein zu sein. Aber er war temperamentvoll, listig, boshaft und hatte sie sechsmal geworfen. Bos Niederlage fand am Rande des Parks statt, wo dichtes Moos und Gras weiche Stellen boten, an denen Bos fallen konnte. Außerdem hatte der graue Mustang dadurch keinen Halt, was ihn offensichtlich benachteiligte. Dale zügelte ihn nicht, weil er nicht zum Zaumzeug gebracht worden war; Und obwohl es für Bo schwieriger war, ihn ohne Sattel zu reiten, war das Risiko geringer, dass sie sich verletzte. Bo hatte voller Eifer und Begeisterung damit begonnen, den Mustang zu lieben und zu streicheln, den sie „Pony" nannte. Offensichtlich hatte sie mit einem Abenteuer gerechnet, aber ihr lächelndes, entschlossenes Gesicht hatte Zuversicht signalisiert. Pony hatte dem Aufsitzen ziemlich gut standgehalten und sich dann hin und her geworfen, bis Bo heruntergerutscht war oder umgekippt oder geworfen worden war. Nach jedem Sturz sprang Bo mit weniger Lächeln und mehr Elan auf, bis jetzt plötzlich die westliche Leidenschaft, ein Pferd zu beherrschen, in ihr zum Leben erwachte. Es war kein Spaß mehr, kein gewagter Zirkustrick mehr, um Helen zu erschrecken und Dales Bewunderung zu erwecken. Der Streit lag nun zwischen Bo und dem Mustang.

Pony bäumte sich auf, schnaubte, warf den Kopf hin und her und scharrte mit den Vorderpfoten.

„Zieh ihn runter!" schrie Dale.

Bo hatte nicht viel Gewicht, aber sie hatte Kraft, sie zog mit aller Kraft und brachte ihn schließlich zu Fall.

„Jetzt halte dich fest, nimm das Seil und geh zu ihm", rief Dale. "Gut! Du hast bestimmt keine Angst vor ihm. Er sieht das. Halten Sie ihn jetzt fest, sprechen Sie mit ihm und sagen Sie ihm, dass Sie ihn reiten werden. Streichle ihn ein wenig. Und wenn er aufhört zu zittern, schnappen Sie sich seine Mähne, springen Sie hoch und schieben Sie ein Bein über ihn. Dann haken Sie Ihre Füße unter ihn ein, so fest Sie können, und halten Sie sich fest."

Bo gehabt hätte, hätte sie ihre anderen Empfindungen genießen können. Kriechende, kalte Schauer jagten über sie hinweg, als Bo, geschmeidig und schnell, einen Arm und ein Bein über Pony schob und sich mit einem trotzigen Schrei auf ihn richtete. Pony riss seinen Kopf nach unten, brachte seine Füße zu einem Sprung zusammen und begann zu hüpfen. Diesmal bekam Bo den Schwung und blieb dran.

„Du machst ihn fertig", schrie Dale. „Jetzt drücken Sie kräftig mit den Knien. Schlagen Sie ihm mit Ihrem Seil über den Kopf ... So ist es. Warte jetzt, dann wirst du ihn besiegen."

Der Mustang schlug über den gesamten Raum neben Dale und Helen und riss das Moos und Gras auf. Mehrmals warf er Bo hoch, aber sie rutschte zurück, um ihn erneut mit ihren Beinen zu packen, und er konnte sie nicht werfen. Plötzlich hob er den Kopf und rannte los. Dale antwortete auf Bos triumphierenden Schrei. Aber Pony war noch keine fünfzehn Meter gelaufen, als er stolperte und stürzte, wodurch Bo weit über seinen Kopf geschleudert wurde. Wie es der Zufall wollte – viel Glück, sagte Dale später –, landete sie an einem sumpfigen Ort und die Kraft ihres Schwunges war so groß, dass sie mehrere Meter mit dem Gesicht nach unten in nasses Moos und schwarzen Schlamm rutschte.

Helen stieß einen Schrei aus und rannte vorwärts. Bo war gerade auf den Knien, als Dale sie erreichte. Er half ihr auf, halb führte er sie, halb trug er sie aus dem sumpfigen Gelände. Bo war nicht erkennbar. Von Kopf bis Fuß tropfte schwarzer Schleim von ihr.

„Oh, Bo! Bist du verletzt?" rief Helen.

Offensichtlich war Bos Mund voller Schlamm.

„Pp-su-tt! Autsch! Wütend!" sie stotterte. "Verletzt? NEIN! Kannst du nicht sehen, was ich angezündet habe? Dale, die Kanonenkugel hat mich nicht geworfen. Er ist gestürzt und ich bin über seinen Kopf hinweggeflogen."

"Rechts. Du bist sicher auf ihm geritten. „Und er ist gestolpert und hat dich eine Meile weit geschleudert", antwortete Dale. „Ein Glück, dass du dich in diesem Sumpf angezündet hast."

"Glücklich! Mit verstopften Augen und verstopfter Nase? Ooooo! Ich bin voller Schlamm. Und mein schöner – neuer Reitanzug!"

Bos Tonfall deutete darauf hin, dass sie bereit war zu weinen. Als Helen erkannte, dass Bo nicht verletzt worden war, begann sie zu lachen. Ihre Schwester war das lustigste Objekt, das ihr jemals vor Augen gekommen war.

„Nell Rayner – lachst du – über mich?" forderte Bo in aufrichtigem Erstaunen und Zorn.

„Ich lache? N-nie, Bo", antwortete Helen. „Kannst du nicht sehen, dass ich nur – nur –"

"Sehen? Du Idiot! Meine Augen sind voller Schlamm!" blitzte Bo auf. „Aber ich verstehe dich. Ich werde – ich werde mich rächen."

Dale lachte ebenfalls, aber lautlos, und Bo, der im Moment blind war, konnte sich dessen nicht bewusst sein. Zu diesem Zeitpunkt hatten sie das Lager erreicht. Helen fiel flach und lachte, wie sie noch nie zuvor gelacht hatte. Als Helen sich selbst so weit vergaß, sich auf dem Boden zu wälzen, war das wirklich ein Grund zum Lachen. Dales großer Körper zitterte, als er ein Handtuch ergriff, es an der Feder nass machte und begann, den Schlamm von Bos Gesicht zu wischen. Aber das hat nicht geholfen. Bo bat darum, zum Wasser geführt zu werden, wo sie sich hinkniete und sich unter Spritzern die Augen auswusch, dann ihr Gesicht und dann die zerzausten Haarsträhnen.

„Dieser Mustang hat mir nicht das Genick gebrochen, aber er hat mein Gesicht im Schlamm verwurzelt. Ich werde ihn reparieren", murmelte sie, als sie aufstand. „Bitte gib mir jetzt das Handtuch... Na ja! Milt Dale, du lachst!"

„Entschuldigung, Bo. Ich – Haw! haha! Haha!" Dann taumelte Dale davon und hielt sich an den Seiten.

Bo schaute ihm nach und dann wieder zu Helen.

„Ich nehme an, wenn man mich getreten, geschlagen und getötet hätte , würdest du lachen", sagte sie. Und dann schmolz sie. „Oh, mein hübscher Reitanzug! Was für ein Chaos! Ich muss ein echter Hingucker sein... Nell, ich habe dieses wilde Pony geritten – die Kanonensonne! Ich bin ihn geritten! Das ist genug für mich. Du versuchst es. Lache so viel du willst. Es war lustig. Aber wenn du dich mit mir abfinden willst, hilf mir, meine Kleidung zu reinigen."

Spät in der Nacht hörte Helen, wie Dale streng nach Pedro rief. Sie verspürte eine kleine Beunruhigung. Es passierte jedoch nichts und sie schlief bald wieder ein. Beim Frühstück erklärte Dale es.

„Pedro und Tom waren letzte Nacht unruhig. Ich glaube, irgendwo auf dem Bergrücken arbeiten Löwen. Ich habe einen Schrei gehört."

"Schrei?" fragte Bo interessiert.

„Ja, und wenn du jemals einen Löwen schreien hörst, denkst du, es sei eine Frau in Todesangst. Der Pumaschrei, wie Roy ihn nennt, ist der wildeste, den man im Wald hört. Ein Wolf heult. Er ist traurig, hungrig und wild. Aber ein Puma scheint menschlich und wild zu sein. Wir werden eine Fahrt dorthin unternehmen . Vielleicht pflanzt Pedro einen Löwen. Bo, wenn er es tut, wirst du dann schießen?"

„Sicher", antwortete Bo, den Mund voller Kekse.

So kam es, dass sie eine lange, langsame und steile Fahrt im Schutz dichter Fichtenwälder unternahmen. Helen gefiel die Fahrt, nachdem sie die Höhe erreicht hatten. Aber sie kamen nicht an den Punkt, an dem sie ihrem Vergnügen, in die Ferne über die Gebirgskette zu blicken, nachgehen konnte. Dale führte auf und ab und schließlich größtenteils abwärts, bis sie in Sichtweite dünner bewaldeter Bergrücken kamen, darunter Parks und in der Sonne glänzende Bäche.

Mehr als einmal musste Pedro von Dale hart angesprochen werden. Das nach Hunden duftende Wild.

„Hier ist eine alte Beute", sagte Dale und blieb stehen, um auf einige gebleichte Knochen zu zeigen, die unter einer Fichte verstreut waren. Büschel grauweißer Haare lagen verstreut herum.

"Was war es?" fragte Bo.

„Hirsch, natürlich. Dort getötet und von einem Löwen gefressen. Irgendwann letzten Herbst. Sehen Sie, sogar der Schädel ist gespalten. Aber ich kann nicht sagen, dass der Löwe es getan hat."

Helen schauderte. Sie dachte an die zahmen Hirsche unten in Dales Lager. Wie schön und anmutig und empfänglich für Freundlichkeit!

Sie ritten aus dem Wald in eine grasbewachsene Senke, die von Steinen und einigen grünen Büschen begrenzt war. Hier bellte Pedro, das erste Mal, dass Helen ihn hörte. Die Haare in seinem Nacken sträubten sich und Dale musste strenge Rufe erzwingen, um ihn festzuhalten. Dale stieg ab.

„Hyar, Pede, du kommst zurück", befahl er. „Ich lasse dich sofort gehen... Mädels, ihr werdet euch etwas ansehen. Aber bleiben Sie auf Ihren Pferden."

Dale, den Hund angespannt und sträubend neben sich, schritt hier und da am Rand der Mulde hin und her. Dann blieb er auf einer kleinen Anhöhe stehen und winkte den Mädchen zu, hinüberzureiten.

schön festgedrückt wird ", sagte er und zeigte darauf. „Ein Löwe hat das gemacht. Er hat sich dorthin geschlichen und nach Rehen Ausschau gehalten. Das wurde heute Morgen erledigt. Komm jetzt. Mal sehen, ob wir ihn verfolgen können."

Dale bückte sich jetzt, betrachtete das Gras und hielt Pedro fest. Plötzlich richtete er sich mit einem Funken in seinen grauen Augen auf.

„Hier ist er gesprungen."

Aber Helen konnte keinen Grund erkennen, warum Dale das sagen sollte. Der Mann des Waldes machte einen großen Schritt und dann noch einen.

„Und hier hat der Löwe auf dem Rücken des Hirsches geleuchtet. Es war ein großer Sprung. Sehen Sie die scharfen Hufspuren des Hirsches." Dale schob hohes Gras beiseite und zeigte dunkle, raue, frische Spuren eines Hirsches, die offensichtlich durch Gewalteinwirkung entstanden waren.

„Komm schon", rief Dale und ging schnell. „Jetzt wirst du sicher etwas sehen ... Hier ist der Hirsch gesprungen und hat den Löwen getragen."

"Was!" rief Bo ungläubig aus.

„Der Hirsch rannte hierher mit dem Löwen auf dem Rücken. Ich werde es Ihnen beweisen. Komm jetzt. Pedro, du bleibst bei mir. Mädels, es ist eine neue Spur." Dale ging mit seinem Pferd voran und deutete hin und wieder ins Gras. "Dort! Siehst du das! Das sind Haare."

Helen sah tatsächlich einige Büschel grauer Haare, die auf dem Boden verstreut lagen, und sie glaubte, kleine, dunkle Abstände im Gras zu erkennen, an denen kürzlich ein Tier vorbeigekommen war. Plötzlich blieb Dale stehen. Als Helen ihn erreichte, war Bo bereits da und sie blickten auf eine weite, flache Stelle im Gras hinunter. Sogar Helens unerfahrene Augen konnten Anzeichen eines Kampfes erkennen. Grauweiße Haarbüschel lagen auf dem zerdrückten Gras. Helen musste nichts mehr sehen, aber Dale zeigte schweigend auf einen Blutfleck. Dann sprach er:

„Der Löwe hat den Hirsch hierher gebracht und ihn getötet. Wahrscheinlich hat er sich das Genick gebrochen. Dieser Hirsch lief hundert Meter mit dem Löwen. Sehen Sie, hier ist die Spur, die dort übrig geblieben ist, wo der Löwe das Reh weggezerrt hat."

Ein klar definierter Pfad zeigte sich quer durch die Senke.

„Mädels, ihr werdet das Reh ziemlich schnell sehen", erklärte Dale und machte sich auf den Weg. „Diese Arbeit wurde gerade erledigt. Erst vor ein paar Minuten."

"Woran erkennst du das?" fragte Bo.

"Sehen! Sehen Sie das Gras. Es wurde von dem Hirsch, der darüber gezogen wurde, nach unten gebogen. Jetzt geht es los."

Dales nächster Halt war auf der anderen Seite der Senke, unter einer Fichte mit niedrigen, ausladenden Ästen. Der Blick von Pedro beschleunigte Helens Puls. Er war wild darauf, die Verfolgung aufzunehmen. Ängstlich blickte Helen in die Richtung, in die Dale zeigte, in der Erwartung, den Löwen zu sehen. Stattdessen sah sie ein Reh daliegen, mit ausgestreckter Zunge, blinden Augen und blutigen Haaren.

„Mädels, dieser Löwe hat uns gehört und ist gegangen. Er ist nicht weit", sagte Dale, als er sich bückte, um den Kopf des Hirsches zu heben. "Warm! Genick gebrochen. Sehen Sie die Zähne und Kratzspuren des Löwen ... Es ist ein Reh. Schau hier. Seid nicht zimperlich, Mädels. Dies ist nur ein stündlicher Vorfall im alltäglichen Leben im Wald. Sehen Sie, wo der Löwe das Fell so sauber heruntergerollt hat, wie ich es nur konnte, und da hatte er gerade angefangen, hineinzubeißen, als er uns hörte."

„Was für eine mörderische Arbeit. Der Anblick macht mich krank!" rief Helen aus.

„Es liegt in der Natur", sagte Dale schlicht.

„Lasst uns den Löwen töten", fügte Bo hinzu.

Als Antwort machte Dale eine schnelle Drehung an ihren Sattelgurten, dann stieg er auf und rief nach dem Hund. „Such ihn auf, Pedro."

Wie ein Schuss war der Hund davon.

„Reiten Sie auf meinen Spuren und bleiben Sie dicht bei mir", rief Dale, während er sein Pferd herumwirbelte.

„Wir sind los!" „Quiekte Bo vor lauter Freude und ließ ihr Reittier stürzen."

Helen trieb ihr Pferd hinter ihnen her und sie brachen über eine Ecke der Senke in den Wald auf. Pedro lief geradeaus, mit erhobener Nase. Er stieß ein kurzes Bellen aus. Er ging in den Wald, Dale nicht weit dahinter. Helen saß auf einem von Dales besten Pferden, aber diese Tatsache machte sich kaum bemerkbar, da die anderen begannen, ihren Vorsprung auszubauen. Sie betraten den Wald. Es war offen und es ging ziemlich gut. Bos Pferd lief im Wald genauso schnell wie im Freien. Das machte Helen Angst und sie rief

Bo zu, er solle ihn festhalten. Sie stieß auf taube Ohren. Das war Bos großes Risiko – sie hatte nicht die Absicht, vorsichtig zu sein. Plötzlich hallte der Wald von Dales aufmunterndem Schrei wider, der den Mädchen helfen sollte, ihm zu folgen. Helens Pferd erfasste den Geist der Verfolgungsjagd. Er machte etwas Vorsprung auf Bo, indem er Baumstämme lief, manchmal sogar zwei auf einmal. Helens Blut schoss in einer seltsamen Erregung, völlig unbekannt und ebenso völlig widerstandslos. Doch ihre natürliche Angst und die Intelligenz, die mit dem törichten Risiko dieser Fahrt rechnete, waren in ihrer Gesamtheit der Empfindungen gleichermaßen vertreten. Sie versuchte sich an Dales Vorsicht zu erinnern, Ästen und Baumstümpfen auszuweichen und die Knie nach hinten zu schieben, um Stößen durch Bäume auszuweichen. Sie verfehlte nur knapp einige furchterregend weitreichende Äste. Sie bekam einen heftigen Schlag, dann noch einen, der sie aus dem Sitz warf, aber verzweifelt hielt sie fest und rutschte zurück, und am Ende eines langen Laufs durch einen vergleichsweise offenen Wald bekam sie von einem weit ausladenden Kiefernzweig einen stechenden Schlag ins Gesicht . Bo verfehlte nur um Haaresbreite einen festen Haken, der sie in zwei Teile zerbrochen hätte. Sowohl Pedro als auch Dale verschwanden aus Helens Sichtfeld. Dann, als Helen begann, Bo zu verlieren, hatte sie das Gefühl, dass sie lieber größere Risiken eingehen würde, als zurückgelassen zu werden und sich im Wald zu verirren, und sie trieb ihr Pferd an. Dales Schrei erklang. Dann erschien es noch spannender, dem Hören zu folgen als dem Sehen. Wind und Gebüsch zerrissen sie. Die Luft war stark von einem stechenden Kieferngeruch erfüllt. Helen hörte ein wildes, lautes Bellen des Hundes, das voller wilder Gier zurückklang, und sie glaubte, Pedro hätte den Löwen aus einem Versteck geweckt. Es brachte ihr Blut stärker in Wallung und trieb ihr Pferd sicherlich schneller voran.

Dann ließ das schnelle Tempo nach. Ein unerwarteter Holzstoß verzögerte Helen. Sie erhaschte einen Blick auf Dale, der weit vorn einen Hang hinaufstieg. Der Wald schien erfüllt von seinem schallenden Schrei. Seltsamerweise wünschte sich Helen einen ebenen Boden und die frühere schnelle Bewegung. Als nächstes sah sie, wie Bo sich nach rechts bewegte, und Dales Schrei kam nun aus dieser Richtung. Helen folgte ihr, stieg aus dem Waldstück aus und kam auf einem allmählichen Abhang zu einem anderen Park schneller voran.

Als sie die freie Fläche erreichte , sah sie Bo fast auf der anderen Seite dieses schmalen, offenen Geländes. Hier brauchte Helen ihr Reittier nicht zu drängen. Er schnaubte und stürzte sich auf die Höhe und kam so schnell voran, dass Helen vor Angst und Freude laut geschrien hätte, wenn sie nicht außer Atem gewesen wäre.

Ihr Pferd hatte das Pech, weiches Gelände zu überqueren. Er ging auf die Knie und Helen segelte über seinen Kopf aus dem Sattel. Weiche Weiden und nasses Gras bremsten ihren Sturz. Sie war überrascht, unverletzt zu sein. Sie sprang auf und kannte diese neue Helen Rayner sicherlich nicht. Ihr Pferd kam, und er hatte Geduld mit ihr, aber er wollte sich beeilen. Helen schaffte den schnellsten Aufstieg aus ihrer Erfahrung und war irgendwie stolz darauf. Das würde sie Bo sagen. Doch in diesem Moment verschwand Bo plötzlich im Wald und war außer Sichtweite. Helen stürmte förmlich in das grüne Laubwerk und brach Gestrüpp und Zweige ab. Sie drang in den offenen Wald ein. Bo war drinnen und ritt einen Gang zwischen Kiefern und Fichten entlang. In diesem Moment hörte Helen ganz in der Nähe Dales melodischen Schrei. Als sie in einen noch offeneren Wald kam, in dem es hier und da Steine gab, sah sie Dale unter einer Kiefer absteigen, Pedro mit den Vorderpfoten auf dem Baumstamm stehen und dann hoch oben auf einem Ast einen riesigen gelbbraunen Löwen, genau wie Tom.

Bos Pferd wurde langsamer und zeigte Angst, aber er hielt bis zu Dales Pferd weiter. Aber Helen weigerte sich, näher zu kommen. Es fiel ihr schwer, ihn aufzuhalten. Dann stieg sie ab, warf ihr Zaumzeug über einen Baumstumpf und lief weiter, keuchend und ängstlich, aber am ganzen Körper kribbelnd, bis zu ihrer Schwester und Dale.

„Nell, für einen Tenderfoot hast du dich ganz gut geschlagen", war Bos Begrüßung.

„Es war eine schöne Verfolgungsjagd", sagte Dale. „Ihr seid beide gut gefahren. Ich wünschte, du hättest den Löwen auf dem Boden sehen können. Er sprang – große, weite Sprünge mit erhobenem Schwanz – sehr lustig. Ein Pedro hätte ihn fast eingeholt. Das machte mir Angst, denn er hätte den Hund getötet. Pedro war in seiner Nähe, als er Bäume baumelte. Und da ist er – der gelbe Hirschtöter. Er ist ein Mann und ausgewachsen."

Damit zog Dale sein Gewehr aus der Sattelscheide und sah Bo erwartungsvoll an. Aber sie blickte mit großem Interesse und Bewunderung zu dem Löwen auf.

„Ist er nicht einfach wunderschön?" sie platzte heraus. „Oh, sieh dir seine Spucke an! Genau wie eine Katze! Dale, er sieht aus, als hätte er Angst, er könnte herunterfallen."

„Das tut er auf jeden Fall. Löwen sind sich ihres Gleichgewichts auf einem Baum nie sicher. Aber ich habe noch nie erlebt, dass einer einen Fehltritt gemacht hat. Er weiß, dass er nicht dorthin gehört."

Für Helen sah es großartig aus, dass der Löwe dort oben saß. Er war lang und rund und anmutig und gelbbraun. Seine Zunge hing heraus und seine dicken Flanken hoben sich, was zeigte, zu was für einem schnellen, harten Lauf er getrieben worden war. Was Helen an ihm am meisten beeindruckte, war etwas in seinem Gesicht, als er auf den Hund herabblickte. Er war verängstigt. Er erkannte seine Gefahr. Helen konnte nicht zusehen, wie er getötet wurde, doch sie konnte sich nicht dazu durchringen, Bo anzuflehen, nicht zu schießen. Helen gestand, dass sie ein Zartfuß war.

„Geh runter, Bo, und lass uns sehen, wie gut du schießt", sagte Dale. Bo löste langsam ihren faszinierten Blick vom Löwen und blickte Dale mit einem reumütigen Lächeln an.

"Ich habe meine Meinung geändert. Ich sagte, ich würde ihn töten, aber jetzt kann ich nicht mehr. Er sieht so ganz anders aus, als ich es mir vorgestellt hatte."

Dales Antwort war ein seltenes Lächeln des Verständnisses und der Zustimmung, das Helens Herz ihm gegenüber erwärmte. Trotzdem war er amüsiert. Er steckte die Waffe weg und bestieg sein Pferd.

„Komm schon, Pedro", rief er. „Kommt, ich sage es euch ", fügte er scharf hinzu, „Nun, Mädels, wir haben ihn jedenfalls gevögelt, und es hat Spaß gemacht." Jetzt reiten wir zurück zu dem Hirsch, den er getötet hat, und packen eine Keule zum Lagern für unseren eigenen Gebrauch ein."

„Wird der Löwe zu seiner – seiner Beute, wie Sie es genannt haben, zurückkehren?" fragte Bo.

„Ich habe ein halbes Dutzend Mal einen von seiner Beute verjagt. Löwen gibt es hier nicht in großer Zahl und sie werden nicht überfüttert. Ich denke, die Bilanz ist ziemlich ausgeglichen."

Diese letzte Bemerkung machte Helen neugierig. Und während sie langsam auf dem Hinterweg weiterritten, redete Dale.

„Ihr Mädchen, die ihr so zartherzig seid und das Leben im Wald nicht kennt, was gut und was schlecht ist, findet es schade, dass der arme Hirsch von einem mörderischen Löwen getötet wurde. Aber du liegst falsch. Wie ich Ihnen bereits sagte, ist der Löwe für die Gesundheit und die Freude am wilden Leben – oder sozusagen am wilden Leben der Hirsche – absolut notwendig. Als Hirsche erschaffen wurden oder entstanden, musste auch der Löwe entstanden sein. Sie können nicht ohne einander leben. Wölfe sind keine besonderen Wildjäger. Sie ernähren sich von Elchen und allem, was sie fangen können. Das gilt übrigens auch für Löwen. Aber ich meine, Löwen folgen den Hirschen hin und her, vom Winter- zum Sommerfutterplatz. Wo keine Hirsche sind, gibt es auch keine Löwen. Nun, wenn man sie in Ruhe ließe, würden sich die Hirsche sehr schnell vermehren. In ein paar Jahren würden es Hunderte sein, wo es jetzt nur noch einen gibt. Und mit der Zeit, im Laufe der Generationen, würden sie die Angst, die Wachsamkeit, die Geschwindigkeit und Stärke, die ewige Wachsamkeit, die die Liebe zum Leben ausmacht, verlieren – sie würden das verlieren und beginnen, sich zu verschlechtern, und eine Krankheit würde es tun trage sie fort. Ich habe eine Saison lang Schwarzzungen bei Hirschen gesehen. Es hat sie getötet, und ich glaube, das ist eine der Krankheiten der Überproduktion. Die Löwen sind nun für immer auf der Spur des Hirsches. Sie haben gelernt. Vorsicht ist ein dem Rehkitz angeborener Instinkt. Es macht ihn scharf, schnell, aktiv, ängstlich und so wächst er stark und gesund heran und wird zu dem glatten, schlanken, schönen, sanftäugigen, wild aussehenden Hirsch, den ihr Mädels so gerne beobachtet. Aber ohne die Löwen würde es den Hirschen nicht gut gehen. Nur die Stärksten und Schnellsten überleben. Das ist der Sinn der Natur. Die Natur sorgt immer für ein perfektes Gleichgewicht. Es kann in verschiedenen Jahren variieren, aber im Großen und Ganzen ist es über die langen Jahre hinweg im Durchschnitt ein ausgeglichenes Gleichgewicht."

„Wie wunderbar hast du es ausgedrückt!" rief Bo mit all ihrer Impulsivität. „Oh, ich bin froh, dass ich den Löwen nicht getötet habe."

„Was du sagst, tut mir irgendwie weh", sagte Helen wehmütig zu dem Jäger. „Ich sehe – ich fühle, wie wahr – wie unvermeidlich es ist. Aber es verändert meine – meine Gefühle. Fast würde ich mir solche Kenntnisse wie Ihres lieber nicht aneignen. Dieses Gleichgewicht der Natur – wie tragisch – wie traurig!"

"Aber warum?" fragte Dale. „Du liebst Vögel, und Vögel sind die größten Killer im Wald."

„Erzählen Sie mir das nicht – beweisen Sie es nicht", flehte Helen. „Es ist nicht so sehr die Liebe zum Leben eines Hirsches oder eines anderen Lebewesens und das schreckliche Festhalten am Leben, die mir Kummer bereiten. Es ist Leiden. Ich kann es nicht ertragen, Schmerzen zu sehen. Ich selbst kann Schmerzen ertragen, aber ich kann es nicht ertragen, sie zu sehen oder daran zu denken."

„Nun", antwortete er. Dale, nachdenklich: „Da hast du mich schon wieder überrumpelt. Ich habe lange im Wald gelebt und wenn ein Mann allein ist, denkt er eine Menge nach. Und immer konnte ich den Grund oder die Bedeutung des Schmerzes nicht verstehen. Von all den verblüffenden Dingen im Leben ist das am schwersten zu verstehen und zu verzeihen – der Schmerz!"

Als sie an diesem Abend an erholsamen Plätzen am Lagerfeuer saßen und die noch immer dämmernde Dämmerung in die Nacht überging, fragte Dale die Mädchen ernsthaft, was die Jagd des Tages für sie bedeutet habe. Seine Art zu fragen regte zum Nachdenken an. Beide Mädchen schwiegen einen Moment.

„Herrlich!" war Bos kurze und beredte Antwort.

"Warum?" fragte. Dale, neugierig. "Sie sind ein Mädchen. Du bist an Zuhause, Menschen, Liebe, Komfort, Sicherheit und Ruhe gewöhnt."

„Vielleicht war es gerade deshalb herrlich", sagte Bo ernst. „Ich kann es kaum erklären. Ich liebte die Bewegung des Pferdes, das Gefühl des Windes in meinem Gesicht, den Geruch der Kiefer, den Anblick von Hängen und Waldlichtungen und Windstoß und Felsen und den schwarzen Schatten unter den Fichten. Mein Blut pochte und brannte. Meine Zähne klickten. Meine Nerven zitterten. Manchmal, in gefährlichen Momenten, erstickte mich fast das Herz, und die ganze Zeit über hämmerte es heftig. Jetzt war meine Haut heiß und dann war sie kalt. Aber ich denke, das Beste an dieser Verfolgungsjagd war für mich, dass ich auf einem schnellen Pferd saß und ihn führte und kontrollierte. Er war am Leben. Oh, wie ich sein Laufen gespürt habe!"

„Nun, was Sie sagen, ist für mich so natürlich, als ob ich es fühlen würde", sagte Dale. "Ich fragte mich. Du bist auf jeden Fall voller Feuer, und , Helen, was sagst du?"

„Bo hat dir mit ihren Gefühlen geantwortet", antwortete Helen, „das konnte ich ehrlich gesagt nicht tun. Die Tatsache, dass Bo den Löwen nicht erschossen hat, nachdem wir ihn abgeholzt hatten, spricht sie frei. Dennoch ist ihre Antwort rein körperlich. Wissen Sie, Mr. Dale, wie Sie über das Physische sprechen. Ich sollte sagen, meine Schwester war nur ein junges, wildes, hochsensibles, heißblütiges Weibchen dieser Art. Sie freute sich über diese Verfolgungsjagd wie eine Indianerin. Ihre Empfindungen waren vererbt – ganz gewiss nicht durch Bildung erworben. Bo hat das Lernen immer gehasst. Die Fahrt war für mich eine Offenbarung. Ich hatte viele von Bos Gefühlen – wenn auch nicht so stark. Doch ihnen gegenüber stand der Widerstand der Vernunft, des Bewusstseins. Eine neugeborene Seite meiner Natur konfrontierte mich, seltsam, überraschend, gewalttätig, unwiderstehlich. Es war, als würde eine andere Seite meiner Persönlichkeit plötzlich sagen: „Hier bin ich." Rechnen Sie jetzt mit mir!' Und es hatte im Moment keinen Sinn, sich dieser seltsamen Seite zu widersetzen. Ich – die denkende Helen Rayner – war machtlos. Oh ja, solche Gedanken hatte ich sogar, als die Zweige in meinem Gesicht brannten und ich voller Begeisterung in die Bucht des Hundes lief. Einmal ist mein Pferd gestürzt und hat mich geworfen... Du brauchst nicht beunruhigt dreinzuschauen. Es war gut. Ich landete in einer weichen Stelle und blieb unverletzt. Aber als ich durch die Luft segelte, blitzte ein Gedanke auf: Das ist mein Ende! Es war wie ein Traum, in dem man fürchterlich fällt. Vieles von dem, was ich bei dieser Jagd gefühlt und gedacht habe, muss auf das zurückzuführen sein, was ich studiert, gelesen und gelehrt habe. Die Realität, die Action und der Blitz waren großartig. Aber die Angst vor der Gefahr, das Mitleid mit dem gejagten Löwen, das Bewusstsein des törichten Risikos, die rücksichtslose

Missachtung der ernsten Verantwortung, die ich übernommen habe – all das wirkte in meinem Kopf und hielt das zurück, was eine rein physische, primitive Freude an der Wildnis hätte sein können Moment."

Dale hörte aufmerksam zu, und nachdem Helen fertig war , betrachtete er das Feuer und stocherte nachdenklich mit seinem Stock in der roten Glut. Sein Gesicht war ruhig und gelassen, unbekümmert und ohne Falten, aber Helens Augen wirkten traurig, nachdenklich und Ausdruck einer unbefriedigten Sehnsucht und eines Staunens. Sie hatte vorsichtig und ernsthaft gesprochen, weil sie sehr neugierig war, was er sagen würde.

„Ich verstehe dich", antwortete er plötzlich. „Und ich bin sicher überrascht, dass ich es kann. Ich habe meine Bücher gelesen – und sie noch einmal gelesen, aber noch nie hat jemand so mit mir gesprochen. Was ich daraus mache, ist Folgendes. In dir steckt das gleiche Blut wie in Bo. Ein „Blut ist stärker als das Gehirn." Denken Sie daran, dass Blut Leben ist. Es wäre gut für Sie, wenn es läuft und läuft , so wie Bo's es getan hat. Ihr Blut hat das tausend Jahre oder zehntausend Jahre getan, bevor der Intellekt in Ihren Vorfahren geboren wurde. Der Instinkt ist vielleicht nicht größer als die Vernunft, aber er ist eine Million Jahre älter. Bekämpfe deine Instinkte nicht so hart. Wenn sie nicht gut wären, hätte der Gott der Schöpfung sie dir nicht gegeben. Heute war Ihr Geist voller Selbstbeherrschung, die Sie nicht völlig zurückhalten konnte. Du konntest dich selbst nicht vergessen. Man konnte nicht nur FÜHLEN, wie Bo es tat. Du könntest deiner wahren Natur nicht treu bleiben."

„Ich stimme Ihnen nicht zu", antwortete Helen schnell. „Ich muss kein Inder sein, um mir selbst treu zu bleiben."

„Ja, das tust du", sagte Dale.

„Aber ich könnte kein Inder sein", erklärte Helen temperamentvoll. „Ich konnte nicht nur FÜHLEN, wie du sagst, Bo. Ich konnte in der Skala nicht zurückgehen, wie Sie angedeutet haben. Was würde all meine Bildung bedeuten – obwohl Gott weiß, dass sie wenig genug ist –, wenn ich keine Kontrolle über die primitiven Gefühle hätte, die zufällig in mir geboren wurden?"

„Sie werden kaum oder gar keine Kontrolle über sie haben, wenn der richtige Zeitpunkt gekommen ist", antwortete Dale. „Ihr behütetes Leben und Ihre Ausbildung haben Sie von natürlichen Instinkten abgebracht. Aber sie sind in dir und du wirst den Beweis dafür hier draußen erfahren."

"NEIN. Nicht, wenn ich hundert Jahre im Westen leben würde", beteuerte Helen.

„Aber, Kind, weißt du, wovon du redest?"

Hier stieß Bo ein glückseliges Gelächter aus.

"Herr. Tal!" rief Helen fast beleidigt aus. Sie war gerührt. „Ich kenne mich zumindest selbst."

"Aber du nicht. Du hast keine Ahnung von dir selbst. Du hast Bildung, ja, aber nicht in der Natur und im Leben. Und schließlich sind es die echten Dinge. Antworte mir jetzt – mal ehrlich, ja?"

„Sicherlich, wenn ich kann. Einige Ihrer Fragen sind schwer zu beantworten."

„Bist du jemals verhungert?" er hat gefragt.

„Nein", antwortete Helen.

„Haben Sie sich jemals außerhalb Ihres Zuhauses verirrt?"

"NEIN."

„Haben Sie schon einmal dem Tod gegenübergestanden – einem wirklich harten und nackten Tod, nah und schrecklich?"

"In der Tat nicht."

„Wollten Sie jemals jemanden mit bloßen Händen töten?"

„Oh, Mr. Dale, Sie – Sie verblüffen mich. Nein!... Nein!"

„Ich glaube, ich kenne Ihre Antwort auf meine letzte Frage, aber ich werde sie trotzdem stellen ... Waren Sie jemals so unsterblich in einen Mann verliebt, dass Sie ohne ihn nicht leben könnten?"

Bo fiel mit einem hohen, trillernden Lachen von ihrem Sitz. „Oh, ihr zwei seid großartig!"

„Gott sei Dank, das war ich nicht", antwortete Helen knapp.

„Dann wissen Sie nichts über das Leben", erklärte Dale entschieden.

Helen ließ sich dadurch nicht entmutigen, so zweifelhaft und beunruhigt sie auch war.

„Haben Sie all diese Dinge erlebt?" sie fragte hartnäckig.

„Alle bis auf den letzten. Die Liebe kam nie zu mir. Wie könnte es sein? Ich lebe alleine. Ich gehe selten in die Dörfer, in denen es Mädchen gibt. Kein Mädchen würde sich jemals um mich kümmern. Ich habe nichts... Aber trotzdem verstehe ich die Liebe ein wenig, allein im Vergleich zu den starken Gefühlen, die ich gelebt habe."

Helen beobachtete den Jäger und staunte über seine Einfachheit. Sein trauriger und durchdringender Blick war auf das Feuer gerichtet, als wäre es ihm verwehrt, in dessen weißem Herzen das Geheimnis zu lesen. Er hatte gesagt, dass kein Mädchen ihn jemals lieben würde. Sie vermutete, dass er über die Natur der Mädchen deutlich weniger wusste als über den Wald.

„Um zu mir selbst zurückzukehren", sagte Helen und wollte den Streit fortsetzen. „Du hast erklärt, dass ich es selbst nicht wüsste. Dass ich keine Selbstbeherrschung hätte. Ich werde!"

„Ich meinte die großen Dinge des Lebens", sagte er geduldig.

"Welche Sachen?"

"Ich habe es dir gesagt. Durch die Frage, was dir noch nie passiert ist, habe ich erfahren, was passieren wird."

„Diese Erfahrungen sollen zu MIR kommen!" hauchte Helen ungläubig. "Niemals!"

„Schwester Nell, das werden sie sicher – vor allem die letztgenannte – die verrückte Liebe", warf Bo schelmisch, aber gläubig ein.

Weder Dale noch Helen schienen ihre Unterbrechung zu hören.

„Lassen Sie es mich einfacher ausdrücken", begann Dale und zerbrach sich offenbar den Kopf nach einer Analogie. Seine Ratlosigkeit kam ihm schmerzhaft vor, denn er hatte einen großen Glauben, eine große Überzeugung, die er nicht klar zum Ausdruck bringen konnte. „Hier bin ich, der natürliche physische Mensch, und lebe in der Wildnis. Ein „Hier kommst du, die komplexe, intellektuelle Frau." Denken Sie für meine Argumentation daran, dass Sie hier sind. Angenommen, die Umstände haben Sie gezwungen, hier zu bleiben. Du würdest mit mir gegen die Elemente kämpfen und mit mir daran arbeiten, das Leben zu erhalten. Je nach dem Einfluss des anderen muss sich entweder bei Ihnen oder bei mir eine große Veränderung ergeben. Und siehst du nicht, dass die Veränderung in dir eintreten muss, nicht wegen irgendetwas Überlegenem in mir – ich bin dir wirklich unterlegen –, sondern wegen unserer Umgebung? Sie würden Ihre Komplexität verlieren. Und in den kommenden Jahren würdest du eine Frau mit natürlichem Körper sein, weil du ein Leben durch das Körperliche durchleben würdest."

„Oh je, wird Bildung der westlichen Frau nicht helfen?" fragte Helen fast verzweifelt.

„ Sicher wird es das", antwortete Dale prompt. „Was der Westen braucht, sind Frauen, die Kinder großziehen und unterrichten können. Aber du verstehst mich nicht. Du gehst nicht unter die Haut. Ich schätze, ich kann Sie nicht dazu bringen, meine Argumentation so zu sehen, wie ich sie empfinde. Dafür können Sie sich aber auf mein Wort verlassen. Früher oder später wirst du aufwachen und dich selbst vergessen. Erinnern."

„Nell, ich wette, du auch", sagte Bo ernst für sie. „Es mag dir seltsam vorkommen, aber ich verstehe Dale. Ich spüre, was er meint. Es ist eine Art Schock. Nell, wir sind nicht das, was wir scheinen. Wir sind nicht das, was wir uns gerne vorstellen. Wir haben zu lange mit Menschen zusammengelebt – zu weit weg von der Erde. Du weißt, dass die Bibel so etwas sagt: „Staub bist du und zum Staub wirst du zurückkehren." Woher kommen wir?"

KAPITEL XII

Tage vergingen.

Jeden Morgen erwachte Helen mit der fragenden Frage, was dieser Tag bringen würde, insbesondere im Hinblick auf mögliche Neuigkeiten von ihrem Onkel. Irgendwann musste es kommen, und sie hatte große Angst davor. Etwas an diesem einfachen, wilden Leben im Lager begann sie zu fesseln. Sie scheute jeden Tag davor zurück, sich um die Kleidung zu kümmern, die sie nach Westen gebracht hatte. Sie brauchten es, aber sie begann zu erkennen, wie oberflächlich sie wirklich waren. Andererseits waren die Aufgaben am Lagerfeuer zu einem Vergnügen geworden. Sie hatte viel mehr über sie erfahren als Bo. Sorgen und Furcht drängten sich ständig in den Randbereich ihrer Gedanken – immer vage präsent, wenn auch selten störend. Sie waren wie Schatten in Träumen. Sie wollte zur Ranch ihres Onkels, um die Aufgaben ihres neuen Lebens zu übernehmen. Aber sie wollte nicht glauben, dass sie diese wilde Erfahrung nicht bereuen würde. Sie musste davon wegkommen, um es klar zu sehen, und sie begann, an sich selbst zu zweifeln.

Währenddessen ging das aktive und erholsame Leben im Freien weiter. Bo neigte immer mehr dazu, sich völlig damit zu versöhnen. Ihre Augen hatten einen wundervollen Blitz, wie ein blauer Blitz; ihre Wangen waren golden und braun; Ihre Hände waren dunkel gebräunt wie die einer Indianerin.

Sie konnte auf den grauen Mustang springen oder, was das betrifft, über seinen Rücken hinwegspringen. Sie lernte, ein Gewehr genau genug zu schießen, um Dales Lob zu gewinnen, und schwor, dass sie gerne einen Grizzlybären oder Snake Anson ins Visier nehmen würde.

in letzter Zeit im Lager herumstreift, würdest du direkt auf einen Baum rennen", erklärte Helen eines Morgens, als Bo besonders prahlerisch wirkte.

„Machen Sie sich nichts vor", erwiderte Bo.

„Aber ich habe gesehen, wie du vor einer Maus davongelaufen bist!"

„Schwester, könnte ich nicht Angst vor einer Maus haben und nicht vor einem Bären?"

„Ich verstehe nicht wie."

„Nun, hier im Westen trifft man auf Bären, Löwen, Gesetzlose und andere wilde Tiere, und ich habe mich entschieden", sagte Bo und nickte nachdenklich.

Sie argumentierten, wie sie immer argumentiert hatten, Helen aus Vernunft, gesundem Menschenverstand und Zurückhaltung, Bo aus dem Grundsatz, dass es besser sei, den ersten Schlag zu bekommen, wenn sie kämpfen müsse.

An dem Morgen, an dem dieser Streit stattfand, war Dale lange damit beschäftigt, die Pferde einzufangen. Als er eintrat, schüttelte er ernst den Kopf.

„Irgendein Ungeziefer hat die Pferde gejagt", sagte er, als er nach seinem Sattel griff. „Hast du sie letzte Nacht schnauben und rennen gehört?"

Keines der Mädchen war geweckt worden.

„Ich habe einen der Hengste verpasst", fuhr Dale fort, „und ich werde durch den Park reiten."

Dales Bewegungen waren schnell und streng. Es war bezeichnend, dass er sein schwereres Gewehr wählte, und als er aufstieg, mit einem scharfen Ruf an Pedro, ritt er davon, ohne den Mädchen ein weiteres Wort zu sagen.

Bo beobachtete ihn einen Moment und begann dann, den Mustang zu satteln.

„Du wirst ihm nicht folgen?" fragte Helen schnell.

„Das werde ich auf jeden Fall", antwortete Bo. „Er hat es nicht verboten."

„Aber er wollte uns bestimmt nicht."

„Er will dich vielleicht nicht, aber ich wette, er würde nichts gegen mich haben, egal, was los ist", sagte Bo knapp.

"Oh! Du denkst also –", rief Helen zutiefst verletzt aus. Sie biss sich auf die Zunge, um eine hitzige Antwort zurückzuhalten. Und es war sicher, dass ein sprudelnder Zorn sie überflutete. War sie denn so ein Feigling? Dachte Dale, dass diese so wilde und eigenwillige Schwester eine stärkere Frau sei als sie? Ein Moment des stillen Streits überzeugte sie davon, dass er zweifellos so dachte und zweifellos Recht hatte. Dann konzentrierte sich die Wut auf sie selbst, und Helen verstand sich selbst nicht und traute sich auch nicht.

Das Ergebnis war ein unkontrollierbarer Impuls. Helen begann, ihr Pferd zu satteln. Sie hatte die Aufgabe halb erledigt, als Bos Anruf sie dazu brachte, aufzuschauen.

"Hören!"

Helen hörte das klingelnde, wilde Bellen des Hundes.

„Das ist Pedro", sagte sie begeistert.

"Sicher. Er rennt. Wir haben ihn noch nie so bellen hören."

„Wo ist Dale?"

„Er ist da drüben außer Sichtweite geritten", antwortete Bo und zeigte darauf. „Und Pedro rennt den Hang entlang auf uns zu. Er muss eine Meile – zwei Meilen von Dale entfernt sein."

„Aber Dale wird folgen."

"Sicher. Aber er würde jetzt Flügel brauchen, um diesem Hund nahe zu kommen. Pedro hätte nicht mit ihm dorthin gehen können … hör einfach zu."

Der wilde Ton des Hundes regte Bo offensichtlich zu unbändiger Aktion an. Sie schnappte sich Dales leichteres Gewehr, steckte es in ihre Sattelscheide, sprang auf den Mustang und ließ ihn über Büsche und Bäche treiben, direkt den Park hinunter zu der Stelle, an der Pedro gerade hinaufkletterte. Einen Moment lang stand Helen unaussprechlich vor Erstaunen da. Als Bo wie ein Hindernisjäger über einen großen Baumstamm segelte, reagierte Helen auf einen weiteren unüberlegten Impuls, indem sie hektisch ihren Sattel festschnallte. Ohne Mantel und Hut stieg sie auf. Das nervöse Pferd raste fast aus, bevor es in den Sattel stieg. Ein seltsames, scharfes Zittern durchlief alle ihre Adern. Sie wollte Bo anschreien, er solle warten. Bo war außer Sichtweite, aber die tiefen, schlammigen Spuren an nassen Stellen und der Pfad durch das hohe Gras ermöglichten es Helen, leicht zu folgen. Tatsächlich brauchte ihr Pferd keine Führung. Er rannte zwischen den vereinzelten Fichten am Rande des Parks hin und her und drehte sich plötzlich um eine Baumecke, um auf den grauen Mustang zu stoßen, der still stand. Bo schaute auf und lauschte.

"Da ist er!" schrie Bo, als der Hund schallend bellte, diesmal näher an ihnen, und sie trieb die Sporen an.

Helens Pferd folgte ohne Drängen. Er war aufgeregt. Seine Ohren waren hochgezogen. Etwas war im Wind. Helen war noch nie an diesem kaputten Ende des Parks entlang geritten, und es war nicht einfach, mit Bo Schritt zu halten. Sie führte über Moore, Bäche, Mulden, felsige kleine Bergkämme, durch Waldstücke und Espenhaine, die so dicht waren, dass Helen sich kaum hindurchzwängen konnte. Dann kam Bo in einen großen offenen Ausläufer des Parks, direkt unter dem Berghang, und dort saß sie, während ihr Pferd zusah und zuhörte. Helen ritt auf sie zu und bildete sich einmal ein, sie hätte den Hund gehört.

"Sehen! Sehen!" Bos Schrei ließ ihren Mustang fast aufrecht stehen.

Als Helen aufblickte, sah sie einen großen Braunbären mit gefrostetem Fell über eine Öffnung am Hang trotteten.

„Es ist ein Grizzly! Er wird Pedro töten! Oh, wo ist Dale!" rief Bo mit großer Aufregung.

„Bo! Der Bär rennt runter! „Wir – wir müssen ihm aus dem Weg gehen", keuchte Helen atemlos und alarmiert.

„Dale hatte keine Zeit, in seiner Nähe zu sein … Oh, ich wünschte, er wäre gekommen! Ich weiß nicht, was ich tun soll."

"Zurück Reiten. Warte wenigstens auf ihn."

In diesem Moment sprach Pedro anders, mit wildem Bellen, und darauf folgte ein lautes Knurren und Krachen im Unterholz. Diese Geräusche schienen nicht weit oben am Hang zu sein.

„Nell! Hörst du? „Pedro kämpft gegen den Bären", platzte Bo heraus. Ihr Gesicht wurde blass, ihre Augen blitzten wie blauer Stahl. „Der Bär wird ihn töten!"

„Oh, das wäre schrecklich!" antwortete Helen verzweifelt. „Aber was in aller Welt können wir tun?"

„Hallo, DALE!" rief Bo mit der höchsten Tonlage ihrer durchdringenden Stimme.

Es kam keine Antwort. Ein heftiges Krachen des Unterholzes, das Rollen von Steinen und ein weiteres Knurren vom Hang verrieten Helen, dass der Hund den Bären in Schach gehalten hatte.

„Nell, ich gehe rauf", sagte Bo bewusst.

„Nein-nein! Bist du verrückt?" gab Helen zurück.

„Der Bär wird Pedro töten."

„Er könnte dich töten."

„Du fährst dort entlang und schreist nach Dale", erwiderte Bo.

"Was werden Sie tun?" keuchte Helen.

„Ich werde auf den Bären schießen – ihn verscheuchen. Wenn er mich verfolgt , kann er mich beim Bergabfahren nicht erwischen. Dale hat das gesagt."

"Du bist verrückt!" rief Helen, als Bo den Hang hinaufblickte und nach offenem Gelände suchte. Dann zog sie das Gewehr aus der Scheide.

Aber Bo hörte es nicht oder es war ihm egal. Sie gab dem Mustang die Sporen, und er warf wild los und warf Gras und Erde von seinen Fersen. Was Helen damals getan hätte, wusste sie nie, aber Tatsache war, dass ihr Pferd dem Mustang nachlief. Scheinbar war Bo in einem Augenblick im Gold und Grün des Waldhangs verschwunden. Helens Pferd kletterte schnaubend und schwankend im Laufschritt durch Espen, Unterholz und Baumstämme, bis es in einer schmalen, langen Öffnung herauskam, die sich der Länge nach den Hang hinauf erstreckte.

Ein plötzlicher, anhaltender Krach vor ihr alarmierte Helen und brachte ihr Pferd zum Stehen. Sie sah Espen beben. Dann sprang ein riesiges braunes Tier als Katze aus dem Wald. Es war ein Bär von enormer Größe. Helens Herz blieb stehen – ihre Zunge klebte an ihrem Gaumen. Der Bär drehte sich um. Sein Mund war offen, rot und tropfend. Er sah struppig und grau aus. Er stieß einen schrecklichen Schrei aus. Helens jeder Muskel erstarrte. Ihr Pferd stürzte hoch und seitwärts, drehte sich fast in der Luft und wieherte vor Angst. Wie ein Stein fiel sie vom Sattel. Sie sah nicht, wie das Pferd in den Wald brach, aber sie hörte es. Ihr Blick ließ den Bären nie los, selbst während sie fiel, und es schien, als würde sie in einer aufrechten Position mit dem Rücken gegen einen Busch landen. Es hat ihr Halt gegeben. Der Bär wedelte mit seinem riesigen Kopf hin und her. Dann, als der Hund in seiner Nähe bellte, drehte er sich um und rannte stürmisch bergauf und aus der Öffnung heraus.

Der Moment seines Verschwindens war für Helen ein Moment des Zusammenbruchs. Sie war vor Entsetzen erstarrt und unfähig gewesen, sich zu bewegen, zu fühlen oder zu denken. Plötzlich war sie eine zitternde Masse aus kaltem, hilflosem Fleisch, nass vom Schweiß, krank von einem zitternden, würgenden, inneren Krampf, ihr Geist war von dem lähmenden Schock befreit. Der Moment war genauso schrecklich wie der, in dem der Bär seine schreckliche Wut herausgebrüllt hatte. Ein starkes, eisiges, schwarzes Gefühl schien von ihr Besitz zu ergreifen. Sie konnte keine Hand heben, doch ihr ganzer Körper schien zu zittern. Es gab ein Flattern, ein Würgen in ihrer Kehle. Das erdrückende Gewicht, das ihr Herz umgab, ließ nach, bevor sie ihre Gliedmaßen wieder gebrauchen konnte. Dann war das nackte und schreckliche Ding verschwunden, wie ein Albtraum, der dem Bewusstsein Platz machte. Was für eine gesegnete Erleichterung! Helen sah sich wild um. Der Bär und der Hund waren außer Sichtweite, ebenso ihr Pferd. Sie stand sehr schwindelig und schwach auf. Dann schien der Gedanke an Bo sie wiederzubeleben, das Leben und die Gefühle in all ihren kalten Extremitäten zu verändern. Sie hörte zu.

Sie hörte Hufgetrappel den Hang hinunter, dann Dales klaren, lauten Ruf. Sie antwortete. Es erschien, lange bevor er aus dem Wald stürmte, hart ritt und ihr Pferd führte. In dieser Zeit erholte sie sich vollständig, und als er sie erreichte, um den feurigen Waldläufer plötzlich zum Stehen zu bringen, fing sie das Zaumzeug, das er warf, und bestieg schnell ihr Pferd. Das Gefühl des Sattels schien anders zu sein. Dales durchdringender grauer Blick erregte sie seltsam.

„Du bist weiß. Bist du verletzt?" er sagte.

"NEIN. Ich war ängstlich."

„Aber er hat dich geworfen?"

„Ja, er hat mich auf jeden Fall geworfen."

"Was ist passiert?"

„Wir hörten den Hund und ritten am Wald entlang. Dann sahen wir den Bären – ein Monster – weiß – mit Fell –"

"Ich weiß. Es ist ein Grizzly. Er hat das Fohlen getötet – dein Haustier. Beeil dich jetzt. Was ist mit Bo?"

„Pedro kämpfte gegen den Bären. Bo sagte, er würde getötet werden. Sie ist direkt hierher geritten. Mein Pferd folgte. Ich hätte ihn nicht aufhalten können. Aber wir haben Bo verloren. Genau dort kam der Bär heraus. Er brüllte. Mein Pferd warf mich und rannte davon. Pedros Bellen hat mich gerettet – mein Leben, glaube ich. Oh! Das war schrecklich! Dann ging der Bär hinauf – dort ... Und du kamst."

„Bo folgt dem Hund!" rief Dale. Und indem er die Hände vor den Mund hob, stieß er einen lauten Schrei aus, der den Hang hinaufrollte, an den Klippen widerhallte, ertönte, brach und verklang. Dann wartete er und lauschte. Von weit oben am Hang erklang ein schwacher, wilder Schrei, hoch und süß, der seltsame Echos erzeugte und in den Schluchten dahinschwebte, um zu sterben.

„Sie ist hinter ihm her!" erklärte Dale grimmig.

„ Bo hat dein Gewehr", sagte Helen. „Oh, wir müssen uns beeilen."

„Geh zurück", befahl Dale und schwenkte sein Pferd.

"NEIN!" Helen spürte, wie dieses Wort mit der Wucht einer Kugel ihre Lippen verließ.

Dale gab Ranger die Sporen und ging auf den offenen Hang. Helen blieb ihm auf den Fersen, bis er das Holz erreichte. Hier führte ein steiler Steig hinauf. Dale stieg ab.

„Pferdespuren – Bärenspuren – Hundespuren", sagte er und beugte sich vor. „Wir müssen hier hochgehen. Es wird unseren Pferden vielleicht auch Zeit sparen ."

„Reitet Bo da hoch?" fragte Helen und beäugte den steilen Aufstieg.

„Das ist sie auf jeden Fall." Damit sprang Dale auf und führte sein Pferd. Helen folgte. Es war harte und harte Arbeit. Sie war leicht bekleidet, doch schon bald war ihr heiß, sie hatte Wehen und ihr Herz begann zu schmerzen. Als Dale anhielt, um sich auszuruhen, war Helen gerade bereit, sich hinzulegen. Das Bellen des Hundes, wenn auch selten, inspirierte sie. Aber plötzlich war dieser Ton verloren. Dale sagte, Bär und Hund seien über den Bergrücken gegangen und sobald sie oben angekommen seien , würde er sie wieder hören.

„Sehen Sie", sagte er plötzlich und zeigte auf frische Spuren, die größer waren als die von Bos Mustang. „Elchspuren. Wir haben einen großen Bullen erschreckt und er ist direkt vor uns. Schauen Sie genau hin, dann werden Sie ihn sehen."

Helen ist noch nie zuvor so hart und schnell geklettert, und als sie den Grat erreichte, war sie völlig ausgelaugt. Es war alles, was sie tun konnte, um auf ihr Pferd zu steigen. Dale führte entlang des Kamms dieses bewaldeten Bergrückens zum westlichen Ende, das deutlich höher lag. Stellenweise spaltete offener Felsboden das grüne Holz. Dale zeigte auf eine Landzunge.

Helen sah die Silhouette eines prächtigen Elchs, der sich am Himmel abzeichnete. Seine ganze Hinterhand war hellgrau, Schultern und Kopf waren schwarz. Sein schweres, weit ausgebreitetes Geweih überragte ihn und verstärkte die Wildheit seiner großartigen Haltung, als er dort stand, ins Tal blickte und zweifellos auf das Bellen des Hundes lauschte. Als er Dales Pferd hörte, machte er einen Satz, der anmutig und wunderbar sein Geweih trug, um im Grünen zu verschwinden.

Wieder auf einem kahlen Stück Boden zeigte Dale nach unten. Helen sah große, runde Spuren, die ein wenig nachsprangen, was ihr einen Schauer über den Rücken jagte. Sie wusste, dass es sich um Grizzlyspuren handelte.

Hartes Fahren war auf diesem Kammkamm nicht möglich, eine Tatsache, die Helen Zeit gab, zu Atem zu kommen. Als Dale endlich den Gipfel des Berges erreichte, hörte er den Hund. Helens Augen weideten in der Ferne an einer wilden Szene rauer Erhabenheit, bevor sie auf den Westhang zu ihren Füßen hinunterblickte und einen kahlen, allmählichen Abstieg sah, der zu einer spärlich bewaldeten Bank und weiter zu einer tiefgrünen Kanu führte.

„Reite jetzt hart!" schrie Dale. „Ich sehe Bo, und ich muss reiten, um sie zu fangen."

Dale spornte den Hang hinunter. Helen ritt auf seinen Spuren und obwohl sie so schnell stürzte, dass ihr vor Angst die Haare zu Berge standen, sah sie, wie er sich von ihr zurückzog. Manchmal rutschte ihr Pferd ein paar Meter auf der Hinterhand aus, und in diesen gefährlichen Momenten zog sie ihre Füße aus den Steigbügeln, um von ihm loszufallen, falls er zu Boden ging. Sie ließ ihn den Weg wählen, während sie erst nach Dale blickte und dann weiter, in der Hoffnung, Bo zu sehen. Endlich wurde sie belohnt. Weit unten auf der Holzbank sah sie das graue Aufblitzen des kleinen Mustangs und ein helles Glitzern von Bos Haaren. Ihr Herz schwoll an. Dale würde Bo bald überholen und zwischen ihr und der Gefahr stehen. Und in diesem Augenblick vollzog sich in ihrem Geist eine bemerkenswerte Veränderung, obwohl Helen sich dessen noch nicht bewusst war. Die Angst verließ sie. Und ein heißes, erhebendes, unfassbares Etwas erfasste sie.

Sie ließ das Pferd laufen, und als es bis zum Fuß des weichen Bodenhangs gestürzt war, rannte es in einem Tempo über die offene Bank, dass der Wind Helen in die Wangen biss und ihr in den Ohren brüllte. Sie verlor Dale aus den Augen. Es löste in ihr eine seltsame, grimmige Freude aus. Sie richtete ihren eifrigen Blick darauf, die Spuren seines Pferdes zu finden, und sie fand sie. Außerdem konnte sie die Spuren von Bos Mustang und dem Bären und dem Hund erkennen. Ihr Pferd, das vielleicht das Wild witterte und Angst davor hatte, allein gelassen zu werden, nahm einen schnellen und kraftvollen Schritt an und segelte über Baumstämme und Unterholz. Die offene Bank hatte kurz ausgesehen, war aber lang, und Helen ritt mit halsbrecherischer Geschwindigkeit den allmählichen Abstieg hinunter. Sie würde nicht zurückgelassen werden. Sie war zu einer Achtlosigkeit gegenüber Risiken erwacht. Etwas brannte stetig in ihr. Eine grimmige, harte Wut der Freude! Als sie weit unten an einem weiteren offenen, allmählichen Abstieg sah, dass Dale an Bo vorbeigekommen war und dass Bo den kleinen Mustang ritt wie nie zuvor, brannte Helen vor Wahnsinn, sie einzufangen, sie in dieser wunderbaren Verfolgungsjagd zu schlagen, es ihr zu zeigen und Dale, was es wirklich in den Tiefen von Helen Rayner gab.

Sie hatte den Ehrgeiz, nur von kurzer Dauer zu sein, vermutete sie aus der Lage des vor ihr liegenden Landes, aber die Fahrt, die sie damals eine fliegende Meile lang erlebte, war etwas, das ihre Wangen immer erblassen ließ und ihre Haut in Erinnerung brannte.

Das offene Gelände war nur zu kurz. Dieses donnernde Tempo brachte Helens Pferd bald zum Baumstamm. Hier brauchte sie ihre ganze Kraft, um seinen stürmischen Flug über Abstürze und zwischen kleinen Kiefern zu stoppen. Helen verlor Bo aus den Augen und ihr wurde klar, dass sie all ihren Verstand brauchen würde, um nicht verloren zu gehen. Sie musste der Spur folgen, und an manchen Stellen war sie vom Pferd aus schwer zu erkennen.

Außerdem war ihr Pferd mutig, völlig erregt und wollte freie Hand und seinen eigenen Weg. Helen versuchte das, nur um die Spur zu verlieren und verschiedene Stöße von Bäumen und Ästen einzustecken. Sie konnte weder den Hund noch Dale hören. Die Kiefern waren klein, dicht beieinander und robust. Sie waren schwer zu biegen. Helen verletzte sich an den Händen, kratzte sich im Gesicht und bellte auf den Knien. Das Pferd gewöhnte sich plötzlich an, den Weg zu gehen, den es wollte, und nicht so, wie Helen es geführt hatte, und als es zu nahe zwischen den Setzlingen hindurchstürzte, um einen einfachen Durchgang zu ermöglichen, war es äußerst hart für sie. Für Helen machte das keinen Unterschied. Einmal in Raserei geraten, blieb ihr Blut unter hohem Druck. Sie diskutierte nicht mit sich selbst über die Notwendigkeit verzweifelter Eile. Selbst ein Schlag auf den Kopf, der sie fast blind machte, hielt sie nicht im Geringsten zurück. Das Pferd konnte kaum gehalten werden, und an den wenigen freien Stellen überhaupt nicht.

Endlich erreichte Helen einen anderen Hang. Als sie am Kanurand herauskam, hörte sie weit unten Dales klaren Ruf und Bos Antwortruf, hoch und durchdringend, mit dem Ton jubelnder Wildheit. Helen hörte auch, wie der Bär und der Hund am Ende dieses Kanons kämpften.

Auch hier verpasste Helen die Spuren von Dale und Bo. Der Abstieg schien unpassierbar. Sie ritt am Rand entlang zurück und dann vorwärts. Schließlich fand sie eine Stelle, an der der Boden von Hufen tief umgepflügt worden war, über kleine Böschungen hinweg. Helens Pferd sträubte sich gegen diese Sprünge. Als sie ihn dazu anstachelte, ging sie auf seinen Hals vor. Es schien, als würde man direkt bergab fahren. Der verrückte Geist dieser Verfolgungsjagd wurde für Helen umso schärfer, je größer die Hindernisse wurden. Dann machten das Bellen des Hundes und das Gebrüll des Bären erneut einen Dämon aus ihrem Pferd. Er schnaubte trotzig schrill. Er stürzte mit den Vorderhufen in die Luft. Er rutschte aus und bahnte sich einen Weg die steilen, weichen Ufer hinunter, durch das dichte Gestrüpp und die dichten Baumgruppen, wobei er lose Steine und Erde in Lawinen vor sich herschleuderte. Er stürzte über ein Ufer, aber ein Espendickicht stützte ihn, so dass er abprallte und wieder auf die Beine kam. Die Kampfgeräusche verstummten, aber Dales aufregender Ruf schwebte in der nach Kiefern duftenden Luft.

Bevor Helen es merkte, befand sie sich am Fuße des Abhangs, in einem schmalen Kanubett voller Steine und Bäume, und das leise Rauschen des fließenden Wassers drang in ihre Ohren. Überall waren Spuren zu sehen, und als sie an der ersten freien Stelle ankam, sah sie, wo der Grizzly von einer Sandbank ins Wasser gestürzt war. Hier hatte er gegen Pedro gekämpft. Die Anzeichen dieser Schlacht waren leicht zu erkennen. Helen sah, wo seine riesigen, noch nassen Spuren zum gegenüberliegenden Sandufer führten.

Dann ritt flussabwärts Helen noch etwas rücksichtsloser und prächtiger. Auf ebenem Boden war das Pferd großartig. Einmal sprang er klar über den Bach. Bei jedem Sprung, bei jeder Wendung erwartete Helen, Dale und Bo vor dem Bären zu treffen. Der Kanal wurde schmaler, das Bachbett tiefer. Sie musste langsamer fahren, um durch die Bäume und Felsen zu gelangen. Ganz unerwartet ritt sie durcheinander auf Dale und Bo und den keuchenden

Pedro los. Ihr Pferd blieb stehen und reagierte auf das schrille Wiehern der anderen Pferde.

Dale blickte Helen bewundernd und erstaunt an.

„Sag mal, hast du den Bären wieder getroffen?" fragte er ausdruckslos.

"NEIN. Hast du ihn nicht getötet?" keuchte Helen und sackte langsam in ihrem Sattel zusammen.

„Er ist in den Felsen entkommen. Raues Land hier unten."

Helen rutschte von ihrem Pferd und fiel mit einem leisen, keuchenden Schrei der Erleichterung zu Boden. Sie sah, dass sie blutig, schmutzig, zerzaust und schweißnass war. Ihr Reitkleid war in Fetzen gerissen. Jeder Muskel schien zu brennen und zu stechen, und alle ihre Knochen schienen gebrochen zu sein. Aber das alles war es wert, Dales durchdringenden Blick zu begegnen, Bos völliges, ungläubiges Erstaunen zu sehen.

„Nell – Rayner!" keuchte Bo.

„Wenn mein Pferd im Wald gut gewesen wäre", keuchte Helen, „hätte ich nicht so viel Zeit verloren, als ich diesen Berg hinuntergeritten wäre. Und ich hatte dich erwischt – geschlagen."

„Mädchen, bist du diesen letzten Hang hinuntergefahren?" fragte Dale.

„Das habe ich auf jeden Fall", antwortete Helen lächelnd.

„Wir sind jeden Schritt des Weges zu Fuß gegangen und hatten Glück, dass wir es geschafft haben", antwortete Dale ernst. „Da unten hätte kein Pferd geritten werden dürfen. Er muss wohl heruntergerutscht sein."

„Wir sind ausgerutscht – ja. Aber ich blieb bei ihm."

Bos Ungläubigkeit verwandelte sich in staunende, sprachlose Bewunderung. Und Dales seltenes Lächeln veränderte seine Ernsthaftigkeit.

"Es tut mir Leid. Es war ein Vorsatz von mir. Ich dachte, du gehst zurück... Aber Ende gut, alles gut... Helen, bist du heute aufgewacht?"

Sie senkte den Blick und hatte keine Lust, dem fragenden Blick auf sie zu begegnen.

„Vielleicht – ein bisschen", antwortete sie und bedeckte ihr Gesicht mit ihren Händen. Die Erinnerung an seine Fragen – an seine Versicherung, dass sie den wahren Sinn des Lebens nicht kannte – an ihre hartnäckige Feindschaft – beschämte sie irgendwie. Aber es dauerte nicht lange.

„Die Verfolgungsjagd war großartig", sagte sie. „Ich wusste es selbst nicht. Du hattest Recht."

„Inwiefern hast du mich richtig gefunden?" er hat gefragt.

„Ich glaube, alle – bis auf einen", antwortete sie lachend und schaudernd. „Ich bin JETZT fast verhungert – ich war so wütend auf Bo, dass ich sie hätte ersticken können. Ich stand diesem schrecklichen Tier gegenüber ... Oh, ich weiß, was es bedeutet, den Tod zu fürchten! ... Ich war auf der Fahrt zweimal verloren – absolut verloren. Das ist alles."

Bo fand ihre Zunge. „Das Letzte war, dass du dich wild verliebt hast, nicht wahr?"

„Laut Dale muss ich das zu meinen heutigen neuen Erfahrungen hinzufügen – bevor ich das wirkliche Leben kennenlernen kann", antwortete Helen zurückhaltend.

Der Jäger wandte sich ab. „Lass uns gehen", sagte er nüchtern.

KAPITEL XIII

Nach weiteren Tagen, in denen ich auf der Grasfläche dieses wunderbar goldenen und violetten Parks geritten war und tagsüber verträumt dem immer leisen und sich ständig verändernden Rauschen des Wasserfalls und nachts dem wilden, einsamen Klagen eines jagenden Wolfs lauschte, und Beim Aufstieg in die schwindelerregenden Höhen, wo der Wind süß stach, verlor Helen Rayner das Zeitgefühl und vergaß ihre Gefahr.

Roy Beeman kehrte nicht zurück. Wenn Dale gelegentlich Roy und seine Suche erwähnte, hatten die Mädchen kaum etwas zu sagen, abgesehen von der wiederkehrenden Sorge um den alten Onkel, und dann vergaßen sie es wieder. Der Paradise Park, der zu dieser Jahreszeit noch kurze Zeit bewohnt war, hätte jeden in seinen Bann gezogen und verfolgte ihn für immer im Schlaf oder im Wachzustand.

Bo gab sich dem wilden Leben hin, den Pferden und Ausritten, den vielen Haustieren und ganz besonders dem Puma Tom. Die große Katze folgte ihr überall hin, spielte mit ihr, rollte und scharrte wie ein Kätzchen, und er legte seinen riesigen Kopf in ihren Schoß, um zufrieden zu schnurren. Bo hatte vor nichts Angst, und hier in der Wildnis verlor sie diese bald.

Ein weiteres Haustier von Dale war ein halb ausgewachsener Schwarzbär namens Muss. Er war ungewöhnlich eifersüchtig auf den kleinen Bud und hatte einen ausgeprägten Hass auf Tom, ansonsten war er ein sehr gutmütiger Bär und genoss Dales unparteiische Achtung. Tom jedoch jagte Muss aus dem Lager, wenn Dale ihm den Rücken zuwandte, und manchmal blieb Muss weg und wechselte für sich. Mit der Ankunft von Bo, der viel Zeit mit den Tieren verbrachte, fand Muss das Lager offensichtlich attraktiver. Daraufhin sagte Dale Ärger zwischen Tom und Muss voraus.

Bo gefiel nichts mehr als ein toller Ausflug mit dem Schwarzbären. Muss war weder sehr groß noch sehr schwer, und in einem Ringkampf mit dem starken und drahtigen Mädchen schnitt er manchmal als Zweiter ab. Es sprach gut für ihn, dass er offenbar darauf achtete, Bo nicht zu verletzen. Er biss oder kratzte nie, obwohl er ihr manchmal mit seinen Pfoten kräftige Ohrfeigen gab. Daraufhin ballte Bo ihre behandschuhten Fäuste und segelte ernsthaft auf ihn zu.

Eines Nachmittags vor dem frühen Abendessen, das sie immer hatten, sahen Dale und Helen zu, wie Bo den Bären neckte. Sie war in ihrer bösartigsten Stimmung, voller Leben und Kampf. Tom lag mit seinem großen Körper im Gras und sah mit schmalen, glänzenden Augen zu.

Als Bo und Muss sich umarmten und sich immer wieder hin und her drehten, machte Dale Helen auf den Puma aufmerksam.

„Tom ist eifersüchtig. Es ist seltsam, wie Tiere wie Menschen sind. Bald muss ich Muss einsperren, sonst gibt es einen Kampf."

Helen konnte nichts Falsches an Tom erkennen, außer dass er nicht verspielt aussah.

Während des Abendessens verschwanden sowohl der Bär als auch der Puma, obwohl dies erst später bemerkt wurde. Dale pfiff und rief, aber die rivalisierenden Haustiere kehrten nicht zurück. Am nächsten Morgen war Tom da, gemütlich zusammengerollt am Fußende von Bos Bett, und als sie aufstand, folgte er ihr wie immer. Aber Muss kehrte nicht zurück.

Der Umstand machte Dale beunruhigt. Er verließ das Lager, nahm Tom mit und gab bei seiner Rückkehr an, dass er Muss' Spur so weit wie möglich gefolgt sei und dann versucht habe, Tom auf die Spur zu bringen, aber der Puma wollte oder konnte ihm nicht folgen. Dale sagte, Tom mochte Bärenspuren sowieso nie, da Pumas und Bären gemeinsame Feinde seien. Ob durch Zufall oder Absicht, Bo hat einen ihrer Spielkameraden verloren.

Der Jäger suchte am nächsten Tag einige Hänge ab und stieg sogar auf einen der Berge. Er entdeckte keine Spur von Muss, sagte aber, er hätte etwas anderes gefunden.

„Bo, ihr Mädels wollt noch mehr echte Aufregung?" er hat gefragt.

Helen lächelte zustimmend und Bo antwortete mit einer ihrer eindringlichen Reden.

„Stört es dich nicht, brav zu sein und Angst zu haben?" Er ging weiter.

„Du kannst mir keine Angst machen", scherzte Bo. Aber Helen sah zweifelnd aus.

„Oben in einem der Parks traf ich auf eines meiner Pferde – eine lahme Bucht, die Sie noch nicht gesehen haben. Nun, er war von diesem alten Silberspitz getötet worden. Der, den wir verfolgt haben. War nicht länger als eine Stunde tot gewesen. Es floss immer noch Blut und es wurde nur wenig Fleisch gegessen. Dieser Bär hörte mich oder sah mich und machte sich auf den Weg in den Wald. Aber er wird heute Abend zurückkommen. Ich gehe da hoch, lege ihm nach und töte ihn dieses Mal. Ich denke, du gehst besser, denn ich möchte dich nachts nicht alleine hier lassen."

„Wirst du Tom mitnehmen?" fragte Bo.

"NEIN. Der Bär könnte seinen Geruch wahrnehmen. Und außerdem ist Tom nicht zuverlässig, wenn es um Bären geht. Ich werde Pedro auch zu Hause lassen."

Als sie mit dem Abendessen fertig waren und Dale auf die Pferde gestiegen war, war die Sonne untergegangen und das Tal lag tief unten im Schatten, während die Stadtmauern noch golden waren. Der lange Zickzackpfad, dem Dale den Hang hinauf folgte, brauchte fast eine Stunde, um ihn zu erklimmen, und als er ihn überwunden hatte und aus dem Wald herausführte, war bereits Dämmerung hereingebrochen. Soweit Helen sehen konnte, erstreckte sich ein hügeliger Park, der von Wald gesäumt war, der stellenweise vereinzelte Baumgruppen hervorsandte. Hier und da befanden sich, wie Inseln, vereinzelte Waldstücke.

In einer Höhe von zehntausend Fuß war die Dämmerung dieser klaren und kalten Nacht ein reicher und seltener atmosphärischer Effekt. Es sah aus, als ob man es durch vollkommen klares Rauchglas sehen würde. Objekte waren selbst aus großer Entfernung deutlich sichtbar und schienen vergrößert zu sein. Im Westen, wo das Nachglühen des Sonnenuntergangs über der dunklen, zerklüfteten, mit Fichtenzweigen gesäumten Horizontlinie verweilte, gab es eine so durchsichtige goldene Linie, die in leuchtendes Sternenblau verschmolz, dass Helen nur mit staunender Bewunderung hinschauen und hinschauen konnte.

Dale trieb sein Pferd zum Galopp, und die temperamentvollen Reittiere der Mädchen folgten ihm. Der Boden war rau und die Grasbüschel wuchsen dicht beieinander, doch die Pferde stolperten nicht. Ihre Aktion und ihr Schnauben verrieten Aufregung. Dale führte um mehrere Baumgruppen herum, eine lange grasbewachsene Senke hinauf und dann geradeaus nach Westen über eine offene Ebene dorthin, wo sich die dunkel gesäumte Waldgrenze wild und klar gegen den kalten Himmel abhob. Die Pferde liefen schnell, und der Wind schnitt wie eine Eisklinge. Helen bekam kaum Luft und keuchte, als wäre sie gerade einen mühsamen Hügel erklommen. Die Sterne begannen aus heiterem Himmel zu blinken und das Gold wurde etwas blasser, und doch blieb die Dämmerung bestehen. In dieser Wohnung schien es lang zu sein, aber in Wirklichkeit war es kurz. Als Dale an einer dünnen Baumreihe ankam, die über einen Abhang zu einem tiefer gelegenen, aber immer noch isolierten Waldstück führte, stieg er ab und band sein Pferd fest. Als die Mädchen ausstiegen, half er auch ihren Pferden.

„Bleiben Sie nah bei mir und legen Sie ruhig die Füße nieder", flüsterte er. Wie groß und dunkel er im schwindenden Licht auftragte! Helen war, wie so oft in letzter Zeit, begeistert von der seltsamen, potenziellen Kraft des Mannes. Mit leisen Schritten und ohne das geringste Geräusch betrat Dale dieses öde Waldstück, in dem es offenbar enge Gassen und Winkel gab. Dann erreichte er plötzlich die Spitze eines dicht bewaldeten Abhangs, der anscheinend pechdunkel war. Aber als Helen ihr folgte, bemerkte sie die Bäume, und es waren dünne Zwergfichten, teilweise abgestorben. Der Hang war weich und federnd, leicht und geräuschlos zu betreten. Dale ging so vorsichtig, dass Helen ihn nicht hören konnte, und manchmal konnte sie ihn in der Dunkelheit nicht sehen. Dann überkam sie der kühle Nervenkitzel. Bo hielt weiterhin an Helen fest, was Helen behinderte und etwas dazu beitrug, Bos Prahlerei zu widerlegen. Endlich war ebener Boden erreicht. Helen erkannte einen hellgrauen Hintergrund, der von schwarzen Balken durchzogen war. Ein weiterer Blick zeigte, dass es sich um die dunklen Baumstämme vor dem offenen Park handelte.

Dale blieb stehen und brachte Helen mit einer Berührung zu einer anstrengenden Pause. Er hörte zu. Es schien wunderbar zu sehen, wie er den Kopf neigte und so still und regungslos dastand wie einer der dunklen Bäume.

„Er ist noch nicht da", flüsterte Dale und trat ganz langsam vor. Helen und Bo stießen auf dünne tote Äste, die unsichtbar waren und dann brachen. Dann kniete Dale nieder und schien mit der Erde zu verschmelzen.

„Du musst kriechen", flüsterte er.

Wie seltsam und aufregend das für Helen war und wie harte Arbeit! Der Boden trug Zweige und abgestorbene Äste, über die sorgfältig gekriechen werden musste; und flach liegend, wie es nötig war, erforderte es ungeheure Anstrengungen, ihren Körper Zentimeter für Zentimeter zu ziehen. Wie eine riesige Schlange schlängelte sich Dale vorwärts.

Allmählich hellte sich das Holz auf. Sie näherten sich dem Rand des Parks. Helen sah jetzt einen Streifen Licht mit einer hohen, schwarzen Wand aus Fichten dahinter. Das Nachglühen blitzte auf oder veränderte sich wie ein schwächer werdendes Nordlicht und verschwand dann. Dale kroch weiter und blieb schließlich zwischen zwei Baumstämmen am Waldrand stehen.

„Komm neben mich", flüsterte er.

Helen kroch weiter, und plötzlich war Bo keuchend neben ihr, mit blassem Gesicht und großen, starrenden Augen, die im fahlen Licht deutlich zu sehen waren.

„Der Mond kommt gleich. Wir kommen gerade noch rechtzeitig. Der alte Grizzly ist noch nicht da, aber ich sehe Kojoten. Sehen."

Dale deutete über den offenen Teil des Parks auf einen dunklen, verschwommenen Fleck, der ein kleines Stück von der schwarzen Wand entfernt lag.

„Das ist das tote Pferd", flüsterte Dale. „Und wenn man genau hinschaut, kann man die Kojoten sehen. Sie sind grau und bewegen sich... Kannst du sie nicht hören?"

Helens aufgeregte Ohren, die so voller Pochen und Fantasien waren, registrierten plötzlich ein leises Knacken und Knurren. Bo drückte ihren Arm.

"Ich höre sie. Sie kämpfen. Oh Jesus!" Sie keuchte und atmete tief und unaussprechlich aufgeregt ein.

„Bleib jetzt ruhig und beobachte und höre zu", sagte der Jäger.

Langsam schien die schwarze, zerklüftete Waldgrenze immer schwärzer zu werden und sich zu erheben; langsam hellte sich der graue Parkstreifen unter einem unsichtbaren Einfluss auf; Langsam verblassten die Sterne und der Himmel füllte sich. Irgendwo ging der Mond auf. Und langsam wurde dieser vage verschwommene Fleck etwas klarer.

Durch die Spitzen der Fichte, die jetzt ganz in der Nähe zu sein schien, schien eine schlanke, silberne Mondsichel, die sich verdunkelte, sich verbarg, wieder leuchtete und kletterte, bis ihre exquisite Sichelspitze die Bäume überragte, und dann lichtete sie sie auf magische Weise ab , strahlend und kalt. Während die östliche schwarze Wand noch schwärzer schattierte, erbleichte der Park, und die gegenüberliegende Grenzlinie begann als Bäume hervorzustechen.

"Sehen! Sehen!" rief Bo ganz leise und ängstlich, während sie zeigte.

„Nicht so laut", flüsterte Dale.

„Aber ich sehe etwas!"

„Bleib ruhig", ermahnte er.

In die Richtung, in die Bo zeigte, konnte Helen nichts außer mondbleichem, kahlen Boden sehen, der sich in der Nähe eines kleinen Hügels erhob.

„Lieg still", flüsterte Dale. „Ich werde herumkriechen, um einen Blick aus einem anderen Blickwinkel zu werfen. Ich bin gleich wieder da."

Er bewegte sich lautlos rückwärts und verschwand. Als er weg war, spürte Helen ein klopfendes Herz und ein Kribbeln auf ihrer Haut.

"Oh mein! Nell! Sehen!" flüsterte Bo erschrocken. „Ich weiß, dass ich etwas gesehen habe."

Oben auf dem kleinen Hügel bewegte sich ein rundes Objekt langsam und gelangte immer weiter ins Licht. Helen sah mit angehaltenem Atem zu. Es bewegte sich heraus und zeichnete sich als Silhouette gegen den Himmel ab – offenbar ein riesiges, rundes, borstiges Tier mit frostiger Farbe. In einem Moment schien es riesig zu sein, im nächsten war es klein, dann ganz nah – und weit weg. Es bog ab und kam direkt auf sie zu. Plötzlich wurde Helen klar, dass das Biest kein Dutzend Meter entfernt war. Sie begann gerade eine neue Erfahrung – einen echten und schrecklichen Schrecken, bei dem ihr das Blut gefror, ihr Herz einen gewaltigen Sprung machte und dann stehen blieb und sie fliegen wollte, aber wie angewurzelt blieb –, als Dale an ihre Seite zurückkehrte.

„Das ist ein lästiges Stachelschwein", flüsterte er. „Ich bin fast über dich hinweggekrochen. Er hätte dich mit Sicherheit vollgestopft."

Daraufhin warf er einen Stock nach dem Tier. Es sprang mit erstaunlicher Schnelligkeit gerade nach oben, um sich umzudrehen, und gab ein rasselndes Geräusch von sich; dann kroch es außer Sichtweite.

"Stachelschwein!" flüsterte Bo keuchend. „Es hätte – genauso gut – ein Elefant sein können!"

Helen stieß einen langen, beredten Seufzer aus. Sie hätte ihre Gefühle beim Anblick eines harmlosen Igels nicht beschreiben wollen.

"Hören!" warnte Dale, sehr niedrig. Seine große Hand schloss sich um Helens behandschuhte Hand. „Da haben Sie – den wahren Schrei der Wildnis."

Scharf und kalt in der Nachtluft klang der Schrei eines Wolfes, fern und doch wunderbar deutlich. Wie wild und traurig und hungrig! Wie wunderbar rein! Helen erschauerte am ganzen Körper vor dem Nervenkitzel der Musik, den wilden, unaussprechlichen und tiefen Gefühlen, die sie hervorrief. Wieder drang ein Klang dieses Waldes über ihr Leben hinaus, zurück in die düstere, ferne Vergangenheit, aus der sie gekommen war.

Der Schrei wurde nicht wiederholt. Die Kojoten waren still. Und es herrschte völlig ungebrochene Stille.

Dale stieß Helen an und streckte dann die Hand aus, um Bo anzutippen. Er blickte scharf nach vorn und seine angespannte Intensität war spürbar. Helen schaute mit aller Kraft hin und sah, wie die schattenhaften grauen Gestalten der Kojoten aus dem Mondlicht in die Dunkelheit des Waldes schlichen, wo sie verschwanden. Nicht nur Dales Intensität, sondern auch die Stille selbst, die Wildheit des Augenblicks und Ortes schien von wunderbarer Kraft erfüllt zu sein. Bo muss es auch gespürt haben, denn sie zitterte am ganzen Körper, klammerte sich fest an Helen und atmete schnell und schnell.

„A-huh!" murmelte Dale leise.

Helen spürte die Erleichterung und Gewissheit in seinem Ausruf und ahnte, wie dieser Moment für einen Jäger gewesen sein musste.

Dann wurde ihr wandernder, wachsamer Blick von einem drohenden grauen Schatten abgehalten, der aus dem Wald kam. Es bewegte sich, aber dieses riesige Ding konnte sicherlich kein Bär sein. Es ging aus der Dunkelheit in silbernes Mondlicht über. Helens Herz machte einen Sprung. Denn es war ein großer Bär mit frostigem Fell, der auf das tote Pferd zustapfte. Instinktiv suchte Helens Hand nach dem Arm des Jägers. Es fühlte sich an wie Eisen unter einer welligen Oberfläche. Die Berührung löste den Druck auf ihrer Lunge und die Enge in ihrem Hals. Was Angst gewesen sein musste, verließ sie, und zurück blieb nur eine gewaltige Aufregung. Ein scharfer Atemstoß von Bo und eine heftige Bewegung ihres Körpers waren Anzeichen dafür, dass sie den Grizzly gesichtet hatte.

Im Mondlicht wirkte er riesig groß, und dieser wilde Park mit der düsteren Schwärze des Waldes bot einen passenden Rahmen für ihn. Helens schneller Verstand, der so von Emotionen erfüllt war, dachte immer noch an das Wunder und die Bedeutung dieser Szene. Sie wollte den Bären töten, aber das schien ihr schade.

Er hatte einen wedelnden, rollenden, langsamen Gang, der mehrere Augenblicke dauerte, bis er sein Opfer erreichte. Als er es endlich erreichte, ging er mit deutlich hörbarem Schniefen und dann einem bösen Knurren umher. Offensichtlich hatte er festgestellt, dass sein Essen verdorben war. Im Großen und Ganzen war der große Bär deutlich zu erkennen, allerdings nur in Umrissen und Farben. Die Entfernung betrug vielleicht zweihundert Meter. Dann schien es, als hätte er begonnen, an dem Kadaver zu zerren. Tatsächlich zog er es voran, sehr langsam, aber sicher.

"Sieh dir das an!" flüsterte Dale. „Wenn er nicht stark ist!... Ich schätze, ich muss ihn aufhalten."

Der Grizzly blieb jedoch aus eigenem Antrieb knapp außerhalb der Schattengrenze des Waldes stehen. Dann krümmte er sich wie ein großer, frostiger Haufen über seiner Beute und begann zu zerreißen und zu zerreißen.

„Jess war ein wirklich gutes Pferd", murmelte Dale grimmig; „Zu gut, um eine Mahlzeit für ein Silberspitzenschwein zuzubereiten."

Dann erhob sich der Jäger schweigend auf die Knie und schwang das Gewehr vor sich hin. Er blickte hinauf zu den niedrigen Ästen des Baumes über ihm.

„Mädels, man kann nicht sagen, was ein Grizzly tun wird. Wenn ich schreie, kletterst du auf diesen Baum und machst es schnell."

Damit richtete er das Gewehr aus und stützte seinen linken Ellbogen auf sein Knie. Das vordere Ende des Gewehrs, das aus dem Schatten ragte, glänzte silbern im Mondlicht. Mensch und Waffe wurden still wie Stein. Helen hielt den Atem an. Aber Dale entspannte sich und senkte den Lauf.

„Ich kann die Sehenswürdigkeiten nicht sehr gut sehen", flüsterte er und schüttelte den Kopf. „Denken Sie daran – wenn ich schreie, klettern Sie!"

Wieder zielte er und wurde langsam steif. Helen konnte ihren faszinierten Blick nicht von ihm abwenden. Er kniete barhäuptig nieder, und im Schatten konnte sie den Schimmer seines klaren, strengen und kalten Profils erkennen.

Ein Feuerstrahl und ein heftiger Knall erschreckten sie. Dann hörte sie, wie die Kugel einschlug. Als sie ihren Blick änderte, sah sie, wie der Bär krampfhaft zuckte und sich auf den Hinterbeinen aufrichtete. Das laute Klicken muss auf ein wütendes Aufeinanderprallen seiner Kiefer zurückzuführen sein. Aber es gab kein anderes Geräusch. Dann wieder donnerte Dales schweres Geschütz. Helen hörte erneut das einzigartige, spritzende Geräusch von schlagendem Blei. Der Bär ging mit einem Flop zu Boden, als wäre ihm ein gewaltiger Schlag versetzt worden. Aber genauso schnell stand er auf allen Vieren und begann mit heiserem, wildem Schreien voller Schmerz und Wut herumzuwirbeln. Seine Aktion trug ihn schnell aus dem Mondlicht in den Schatten, wo er verschwand. Dort wich das Gebrüll einem knirschenden Knurren, einem Krachen im Unterholz und dem Knacken von Ästen, als er sich auf den Weg in den Wald machte.

„ Sicher ist er verrückt", sagte Dale und stand auf. „Ein', glaube ich, hart getroffen. Aber ich werde ihm heute Nacht nicht folgen.

Beide Mädchen standen auf und Helen stellte fest, dass sie auf den Beinen wackelte und ihr sehr kalt war.

„Oh-h, war – es – nicht wunderbar!" rief Bo.

"Hast Du Angst? „Du klapperst mit den Zähnen", fragte Dale.

"Mir ist kalt."

„Na ja, es ist auf jeden Fall kalt", antwortete er. „Jetzt ist der Spaß vorbei, du wirst es spüren... Nell, bist du auch erstarrt?"

Helen nickte. Sie war tatsächlich so kalt wie nie zuvor. Aber das verhinderte nicht, dass in ihren Adern ein seltsames Wärmegefühl und ein beschleunigter Puls auftraten, über deren Ursache sie keine Vermutung anstellte.

„Lass uns rascheln", sagte Dale, ging voran aus dem Wald und umrundete den Waldrand bis zum Hang. Dort kletterten sie in die Ebene und gingen durch die vereinzelte Baumreihe zu der Stelle, an der die Pferde angebunden waren.

Hier oben begann der Wind zu wehen, nicht stark durch den Wald, aber immer noch stark und stetig draußen im Freien und bitterkalt. Dale half Bo beim Aufsteigen und dann Helen.

„Ich bin – taub", sagte sie. „Ich werde runterfallen – sicher."

"NEIN. „Dir wird es im Handumdrehen warm sein", antwortete er, „denn wir fahren ein Stück zurück." Lass Ranger den Weg bestimmen und bleib dran."

Beim ersten Sprung von Ranger begann Helens Blut zu fließen. Er schoss hinaus, seinen schlanken, dunklen Kopf neben Dales Pferd. Der wilde Park lag klar und hell im Mondlicht, mit seltsamem, silbernem Glanz auf dem Gras. Die Waldstücke schienen wie spitze schwarze Inseln in einem vom Mond erhellten See Schatten und Verstecke für Bären zu beherbergen, die bereit waren, herauszuspringen. Als Helen sich jedem kleinen Hain näherte, zitterte ihr Puls und ihr Herz klopfte. Eine halbe Meile rasanter Fahrt ließ die Kälte ausbrennen. Und alles schien herrlich – der segelnde Mond, weiß am dunkelblauen Himmel, die weißen, leidenschaftslosen Sterne, so feierlich, so weit entfernt, der lockende Rand des Waldlandes, der gleichzeitig geheimnisvoll und freundlich war, und die schnellen Pferde, die mit ihnen liefen Sanfte, rhythmische Schläge über das Gras, die über Gräben und Mulden hinweghüpften und den bitteren Wind stechend und schneidend machten. Die Fahrt durch den Park war lang gewesen; Die Rückkehr war ebenso kurz wie aufregend. Bei Helen sammelten sich die Erfahrungen langsam an, und es war dieser schnelle Ritt, der Hals an Hals der Pferde und all die Wildheit und Schönheit, die die langsame, heimtückische Arbeit der Jahre vollendeten. Die Tränen der Aufregung erstarrten auf ihren Wangen und ihr Herz klopfte bis zum Hals. Alles, was diese Nacht betraf, ging ihr ins Blut. Es war nur zum Fühlen, zum Leben jetzt, aber es konnte für immer verstanden und erinnert werden.

Dales Pferd segelte etwas voraus über einen Graben. Ranger machte einen großartigen Sprung, aber er landete zwischen einigen Grasbüscheln und fiel. Helen schoss über seinen Kopf. Sie schlug der Länge nach mit ausgestreckten Armen zu und rutschte heftig ab, bis ein schockierender Aufprall entstand, der sie betäubte.

Bos Schrei hallte in ihren Ohren wider; Sie spürte das nasse Gras unter ihrem Gesicht und dann die starken Hände, die sie hochhoben. Dale ragte über ihr auf und bückte sich, um ihr ins Gesicht zu schauen. Bo umklammerte sie mit verzweifelten Händen. Und Helen konnte nur nach Luft schnappen. Ihre Brust schien eingeengt zu sein. Das Bedürfnis zu atmen war eine Qual.

„Nell! – du bist nicht verletzt. Du bist leicht gefallen, wie eine Feder. Alles Gras hier... Dir darf nichts passieren!" sagte Dale scharf.

Seine besorgte Stimme drang über ihr Gehör hinaus, und seine starken Hände fuhren schnell über ihre Arme und Schultern und tasteten nach gebrochenen Knochen.

„Mir ist gerade der Atem ausgegangen", fuhr Dale fort. „Es fühlt sich schrecklich an, aber es ist nichts."

Helen bekam ein wenig Luft, das war wie heiße Nadelspitzen in ihrer Lunge, dann atmete sie tiefer und dann tief und keuchend.

„Ich schätze – ich bin nicht verletzt – kein bisschen", brachte sie hervor.

„Du hattest sicher einen Kopfball. Ich habe noch nie eine schönere Verschüttung gesehen. Ranger macht das nicht oft. Ich schätze, wir waren zu schnell unterwegs. Aber es hat Spaß gemacht, finden Sie nicht?"

Es war Bo, der antwortete. „Oh, herrlich!... Aber, meine Güte! Ich war ängstlich."

Dale hielt immer noch Helens Hände. Sie ließ sie los, während sie zu ihm aufsah. Der Moment war für sie die Erkenntnis dessen, was tagelang eine vage, süße Ungewissheit gewesen war, die nah und fremd, beunruhigend und gegenwärtig wurde. Dieser Unfall hatte der wunderbaren Fahrt ein plötzliches, gewaltsames Ende gesetzt. Aber seine Wirkung, das Wissen darüber, was ihr ins Blut gelangt war, würde sich nie ändern. Und untrennbar damit verbunden war dieser Mann des Waldes.

KAPITEL XIV

Am nächsten Morgen wurde Helen von etwas geweckt, das sie für einen Traum hielt, in dem jemand schrie. Erschrocken setzte sie sich auf. Der Sonnenschein zeigte Rosa und Gold auf der zerklüfteten Fichtenlinie der Bergränder. Bo war auf den Knien, flocht ihr Haar mit zitternden Händen und versuchte gleichzeitig herauszuschauen.

Und die Echos eines schallenden Schreis hallten von den Klippen wider. Das war Dales Stimme gewesen.

„Nell! Nell! Aufwachen!" rief wild Bo. „Oh, da ist jemand! Pferde und Männer!"

Helen ging auf die Knie und spähte über Bos Schulter hinaus. Dale stand aufrecht und schlagend neben dem Lagerfeuer und schwenkte seinen Sombrero. Am offenen Rand des Parks kam eine Reihe von Packeseln mit berittenen Männern hinterher. Im vordersten Reiter erkannte Helen Roy Beeman.

„Der Erste ist Roy!" rief sie aus. „Ich würde ihn nie auf einem Pferd vergessen ... Bo, das muss bedeuten, dass Onkel Al gekommen ist!"

"Sicher! Wir werden glücklich geboren. Hier sind wir gesund und munter – und dieser ganze große Camp-Ausflug ... Schauen Sie sich die Cowboys an ... SCHAUEN Sie! Oh, vielleicht ist das nicht so toll!" plapperte Bo.

Dale drehte sich um, um zu sehen, wie die Mädchen herauslugten.

„Es ist Zeit, dass du aufstehst!" er hat angerufen. „Dein Onkel Al ist hier."

Nachdem Helen wieder aus Dales Sicht verschwunden war, saß sie einen Moment lang vollkommen regungslos da, so beeindruckt war sie von dem einzigartigen Ton von Dales Stimme. Sie stellte sich vor, dass er bedauerte, was diese Reiterkolonne bedeutete – sie waren gekommen, um sie zu ihrer Ranch in Pine zu bringen. Helens Herz begann plötzlich schnell, aber heftig zu schlagen, als ob es in ihrer Brust gedämpft wäre.

„Beeilt euch jetzt, Mädels", rief Dale.

Bo war bereits draußen, kniete auf dem flachen Stein am kleinen Bach und spritzte in großer Eile Wasser. Helens Hände zitterten so sehr, dass sie ihre Stiefel kaum schnüren oder ihr Haar bürsten konnte, und sie war Bo weit hinterher, wenn es darum ging, sich vorzeigbar zu machen. Als Helen ausstieg, stand ein kleiner, kräftig gebauter Mann in grober Kleidung und schweren Stiefeln da und hielt Bos Hände.

„Wal, wa! „Du bevorzugst die Rayners", sagte er gerade. „Ich erinnere mich an deinen Vater, und er war ein toller Kerl."

Neben ihnen standen Dale und Roy, und dahinter eine Gruppe Pferde und Reiter.

„Onkel, hier kommt Nell", sagte Bo leise.

„Ach!" Der alte Viehzüchter atmete schwer, als er sich umdrehte.

Helen beeilte sich. Sie hatte nicht erwartet, sich an diesen Onkel zu erinnern, aber ein Blick in das braune, strahlende Gesicht mit den blitzenden, aber traurigen blauen Augen, und sie erkannte ihn und erinnerte sich gleichzeitig an ihre Mutter.

Er streckte seine Arme aus, um sie zu empfangen.

„Nell Auchincloss noch einmal!" rief er mit tiefer Stimme, als er sie küsste. „Ich hätte dich überall erkannt!"

„Onkel Al!" murmelte Helen. „Ich erinnere mich an dich – obwohl ich erst vier war."

„Wal, wal, das ist in Ordnung", antwortete er. „Ich erinnere mich, dass du einmal rittlings auf meinem Knie gesessen hast, und deine Haare waren heller – und lockiger. Das ist es jetzt auch nicht mehr... Sechzehn Jahre! Und du bist jetzt zwanzig? Was für ein schönes, breitschultriges Mädchen du bist! Und, Nell, du bist der hübscheste Auchincloss, den ich je gesehen habe!"

Helen errötete und zog ihre Hände von seinen zurück, als Roy vortrat, um ihm seinen Respekt zu erweisen. Er stand barhäuptig da, schlank und groß, und weder seine klaren Augen noch sein ruhiges Gesicht noch die ausgestreckte Hand drückten irgendetwas von der bewährten Qualität der Treue und der Leistung aus, die Helen in ihm spürte.

„Hallo, Miss Helen? Hallo, Bo?" er sagte. „Ihr seht beide gut aus und seid braun ... Ich schätze, ich habe langsam deinen Onkel Al hier oben an Land gebracht. Aber ich habe angenommen, dass dir Milts Lager für eine Weile gefallen würde."

„Das haben wir auf jeden Fall", antwortete Bo schelmisch.

„Ach!" hauchte Auchincloss schwer. „Lass mich absetzen."

Er führte die Mädchen zu dem rustikalen Sitzplatz, den Dale für sie unter der großen Kiefer gebaut hatte.

„Oh, du musst müde sein! Wie – wie geht es dir?" fragte Helen besorgt.

"Müde! Wal, wenn ich es bin, dann ist das nur ein Scherz. Als Joe Beeman mit der Nachricht von dir auf mich zukam – wal, dachte ich scherzhaft, dass ich ein erschöpfter alter Kerl war. Habe mich seit Jahren nicht mehr so gut gefühlt. Vielleicht machen zwei so junge und hübsche Nichten einen neuen Mann aus mir."

„Onkel Al, für mich siehst du stark und gesund aus", sagte Bo. „Und auch jung, und –"

„Hau! Haha! „Das reicht schon", unterbrach Al. „Ich durchschaue dich. Was du Onkel Al antun wirst, wird eine Menge sein ... Ja, Mädels, mir geht es gut. Aber seltsam – seltsam! Vielleicht ist es meine Freude, dich in Sicherheit zu sehen – in Sicherheit, obwohl ich es fürchtete, dieser verdammte Schmierer Beasley –"

In Helens ernstem Blick veränderte sich sein Gesicht schnell – und all die aufeinanderfolgenden Jahre der Mühe, des Kampfes und der Entbehrungen zeigten sich mit etwas, das weder Alter noch Resignation war, aber dennoch so tragisch wie beides.

„Wal, kümmere dich nicht um ihn – jetzt", fügte er langsam hinzu, und das wärmere Licht kehrte auf sein Gesicht zurück. „Dale – komm her."

Der Jäger trat näher.

„Ich schätze, ich schulde dir mehr, als ich jemals bezahlen kann", sagte Auchincloss und legte einen Arm um jede Nichte.

„Nein, Al, du schuldest mir nichts", erwiderte Dale nachdenklich und schaute weg.

„A-huh!" grunzte Al. „Du hörst ihn, Mädchen... Jetzt hör zu, du wilder Jäger. Und ihr Mädels hört zu ... Milt, ich habe euch nie besonders gut gefunden, außer in der Wildnis. Aber ich denke, das werde ich schlucken müssen. Ich tue. Wie du zu mir gekommen bist – und nachdem ich betrogen wurde – deinen Rat einhalte und meine Mädchen vor dem Überfall rette, wal, das ist das größte Geschäft, das jemals ein Mann für mich gemacht hat ... Und Ich schäme mich für mein hartes Gefühl, und hier ist meine Hand."

„Danke, Al", antwortete Dale mit seinem flüchtigen Lächeln und erwiderte die ausgestreckte Hand. „Wirst du jetzt hier dein Lager aufschlagen?"

„Wal, nein. Ich werde mich ein wenig ausruhen, und du kannst das Outfit der Mädchen einpacken – dann gehen wir. Sicher, dass du mit uns gehst?"

„Ich rufe die Mädchen zum Frühstück", antwortete Dale und ging weg, ohne Auchincloss' Frage zu beantworten.

Helen ahnte, dass Dale nicht vorhatte, mit ihnen nach Pine zu gehen, und diese Erkenntnis löste in ihr ein leeres Gefühl der Überraschung aus. Hatte sie damit gerechnet, dass er gehen würde?

„Komm her, Jeff", rief Al einem seiner Männer zu.

Ein kleiner, krummbeiniger Reiter mit staubiger Kleidung und sonnengebleichtem Gesicht humpelte aus der Gruppe hervor. Er war nicht jung, aber er hatte ein jungenhaftes Grinsen und leuchtende kleine Augen. Unbeholfen legte er seinen lässigen Sombrero ab.

„Jeff, gib meinen Nichten die Hand", sagte Al. „Das ist Helen, von nun an Ihre Chefin. Und das ist Bo, kurz gesagt. Ihr Name war Nancy, aber als sie ein Baby in die Wiege legte, nannte ich sie Bo-Peep, und der Name ist hängengeblieben ... Mädchen, das hier ist mein Vorarbeiter, Jeff Mulvey, der seit zwanzig Jahren bei mir ist."

Die Einführung verursachte bei allen drei Schulleitern Verlegenheit, insbesondere bei Jeff.

„Jeff, wirf die Rucksäcke und Sättel weg, um auszuruhen", lautete Als Befehl an seinen Vorarbeiter.

„Nell, ich schätze, du wirst Spaß daran haben, das Outfit zu leiten", kicherte Al. „Keiner von ihnen hat eine Frau. Das sind viele Trottel; Keine Frau würde sie haben!"

„Onkel, ich hoffe, ich muss nie ihr Chef sein", antwortete Helen.

„Wal, das wirst du auf Anhieb tun", erklärte Al. „Das sind ja schließlich keine schlechten Leute. Und ich habe wahrscheinlich einen neuen Mann.

Damit wandte er sich an Bo, und nachdem er ihr hübsches Gesicht betrachtet hatte, fragte er in scheinbar strengem Ton: „Haben Sie einen Cowboy namens Carmichael geschickt, um mich um einen Job zu bitten?"

Bo sah ziemlich erschrocken aus.

„Carmichael! „Na, Onkel, diesen Namen habe ich noch nie gehört", antwortete Bo verwirrt.

„A-huh! Ich habe geglaubt, dass der junge Schlingel gelogen hat", sagte Auchincloss. „Aber mir gefiel das Aussehen des Kerls, also lass ihn bleiben."

Dann wandte sich der Rancher an die Gruppe faulenzender Reiter.

„Las Vegas, komm her", befahl er mit lauter Stimme.

Helen war begeistert, als sie einen großen, prächtig gebauten Cowboy sah, der sich widerstrebend von der Gruppe löste. Er hatte ein rotbronzefarbenes Gesicht, jung wie das eines Jungen. Helen erkannte es und den wallenden roten Schal und die schwingende Waffe und den langsamen, die Sporen klirrenden Gang. Kein anderer als Bos Cowboy-Verehrer aus Las Vegas!

Dann warf Helen Bo einen Blick zu, der in ihr ein köstliches, fast unwiderstehliches Verlangen zum Lachen auslöste. Diese junge Dame erkannte auch die widerstrebende Person, die mit gerötetem und niedergeschlagenem Gesicht näher kam. Helen zeichnete ihre erste Erfahrung mit Bos völligem Unbehagen auf. Bo wurde erst weiß, dann rot wie eine Rose.

„Sagen Sie, meine Nichte sagte, sie hätte den Namen Carmichael noch nie gehört", erklärte Al streng, als der Cowboy vor ihm stehen blieb. Helen wusste, dass ihr Onkel den Ruf hatte, hart mit seinen Männern umzugehen, aber hier fühlte sie sich beruhigt und erfreut über das Funkeln in seinen Augen.

„Shore, Boss, ich kann nichts dagegen tun", sagte der Cowboy gedehnt. „Es ist die gute alte Texas-Aktie."

Er wirkte jetzt nicht beschämt, sondern genauso kühl, entspannt, kläräugig und träge wie an dem Tag, als Helen sein warmes junges Gesicht und seinen aufmerksamen Blick gemocht hatte.

"Texas! Ihr Jungs vom Pan Handle brüllt immer „Texas". „Ich habe noch nie gesehen, dass die Texaner jemand anderen geschlagen hätten – etwa aus Missouri", erwiderte Al gereizt.

Carmichael bewahrte diskretes Schweigen und vermied es sorgfältig, die Mädchen anzusehen.

„Wal, ich schätze, wir werden dich sowieso alle Las Vegas nennen", fuhr der Rancher fort. „Hast du nicht gesagt, dass meine Nichte dich wegen eines Jobs zu mir geschickt hat?"

Daraufhin verschwand Carmichaels lockere Art.

„Nun, Chef, stützen Sie die Poren meines Gedächtnisses", sagte er. „Ich sage nur –"

„Erzähl mir das nicht. „Mein Gedächtnis reicht nicht aus", antwortete Al und ahmte den gedehnten Ton nach. „Was Sie gesagt haben, war, dass meine Nichte ein gutes Wort für Sie sprechen würde."

Hier warf Carmichael Bo einen schüchternen Blick zu, der ihn völlig niedergeschlagen machte. Es war nicht unwahrscheinlich, dass er Bos Gesichtsausdruck für etwas gehalten hatte, was er nicht bedeutete, denn Helen las darin eine Mischung aus Bestürzung und Schrecken. Ihre Augen waren groß und strahlend; Auf jeder Wange wuchs ein roter Fleck, als sie aus seiner Verwirrung Kraft schöpfte.

„Na ja, nicht wahr?" forderte Al.

Aus dem Blick, den der alte Rancher von dem Cowboy auf die anderen seiner Angestellten warf, schien Helen, dass sie sich auf Kosten Carmichaels amüsierten.

„Ja, Sir, das habe ich", antwortete plötzlich der Cowboy.

„A-huh! Alles klar, hier ist meine Nichte. Jetzt seht, wie sie das gute Wort spricht."

Carmichael sah Bo an und Bo sah ihn an. Ihre Blicke waren seltsam, verwundert und sie wurden schüchtern. Bo ließ ihres fallen. Der Cowboy vergaß offenbar, was von ihm verlangt worden war.

Helen legte eine Hand auf den Arm des alten Ranchers.

„Onkel, was passiert ist, war meine Schuld", sagte sie. „Der Zug hielt in Las Vegas. Dieser junge Mann sah uns am offenen Fenster. Er muss vermutet haben, dass wir einsame Mädchen mit Heimweh waren, die sich im Westen verirrten. Denn er hat mit uns gesprochen – nett und freundlich. Er wusste von dir. Und er fragte, was ich zum Spaß annahm, ob wir dachten, Sie würden ihm einen Job geben. Und ich antwortete, nur um Bo zu ärgern, dass sie bestimmt ein gutes Wort für ihn sagen würde."

„Hau! Haha! „Das ist es also", antwortete Al und wandte sich mit fröhlichen Augen an Bo. „Wal, ich habe diesen Las Vegas Carmichael hier behalten, weil er es gesagt hat. Geben Sie Ihr gutes Wort, es sei denn, Sie möchten, dass er seinen Job verliert."

Bo verstand das Geplänkel ihres Onkels nicht, denn sie blickte den Cowboy ernst an. Aber sie hatte etwas begriffen.

„Er – er war der Erste – draußen im Westen – der freundlich zu uns sprach", sagte sie und blickte ihren Onkel an.

„Wal, das ist ein ziemlich gutes Wort, aber es reicht nicht", antwortete Al.

Gedämpftes Gelächter kam aus der Zuhörergruppe. Carmichael rutschte von einer Seite zur anderen.

„Er – er sieht aus, als ob er gut reiten könnte", wagte Bo.

„Der beste Hossman, den ich je gesehen habe", stimmte Al herzlich zu.

„Und – und schießen?" fügte Bo hoffentlich hinzu.

„Bo, er packt die Waffe tief, wie Jim Wilson und all diese texanischen Revolverhelden. Ich schätze, das ist kein gutes Wort."

„Dann – ich werde für ihn bürgen", sagte Bo endgültig.

„Das regelt es." Auchincloss wandte sich an den Cowboy. „Las Vegas, du bist ein Fremder für uns. Aber du bist in der Truppe herzlich willkommen und ich hoffe, dass du uns nie enttäuschen wirst."

Auchincloss' Tonfall, der von Scherz zu Ernst wechselte, verriet Helen, dem alten Rancher, dass er neue und echte Männer brauchte, und deutete an, dass ihm schwere Tage bevorstanden.

Carmichael stand vor Bo, den Sombrero in der Hand, drehte ihn im Kreis und platzte offensichtlich vor Worten, die er nicht aussprechen konnte. Und das Mädchen sah mit ihrem geröteten Gesicht und den leuchtenden Augen sehr jung und süß aus. Helen sah in diesem Moment mehr als nur dieses kleine Nebenspiel der Verwirrung.

„Miss – Miss Rayner – ich bin Ihnen dankbar", stammelte er plötzlich.

„Gerne geschehen", antwortete sie leise. „Ich – ich bin in den nächsten Zug gestiegen", fügte er hinzu.

Als er das sagte, sah Bo ihn direkt an, aber sie schien es nicht gehört zu haben.

"Wie heißen Sie?" plötzlich fragte sie.

„Carmichael."

"Das habe ich gehört. Aber hat Onkel dich nicht Las Vegas genannt?"

"Ufer. Aber es war nicht meine Schuld. Die Kuhfaust-Mannschaft hat es mir sofort angetan. Sie wissen es nicht besser. Shore , ich scherze nicht, antworte nicht auf den Namen ... Nun – Miss Bo – mein richtiger Name ist Tom."

„Ich konnte dich einfach nicht anrufen – bei keinem anderen Namen als Las Vegas", antwortete Bo sehr freundlich.

„Aber – ich bitte um Verzeihung – das gefällt mir nicht", tobte Carmichael.

„Menschen werden oft beschimpft – das gefällt ihnen nicht", sagte sie mit tiefer Absicht.

Der Cowboy errötete scharlachrot. Sowohl Helen als auch er verstanden Bos Rückschluss auf den letzten kühnen Beinamen, den er kühn gerufen hatte, als der Zug Las Vegas verließ. Sie ahnte auch etwas von der Katastrophe, die Mr. Carmichael bevorstand. In diesem Moment wurde der verlegene junge Mann durch Dales Aufruf an die Mädchen gerettet, zum Frühstück zu kommen.

Diese Mahlzeit, die letzte für Helen im Paradise Park, löste eine seltsame und unerklärliche Zurückhaltung aus. Sie hatte wenig zu sagen. Bo war in bester Stimmung, neckte die Haustiere, scherzte mit ihrem Onkel und Roy und machte sich sogar über Dale lustig. Der Jäger wirkte etwas düster. Roy war sein gewohnt trockenes, freundliches Ich. Und Auchincloss, der in der Nähe saß, war ein interessierter Zuschauer. Als Tom auftauchte und mit seiner katzenartigen Anmut im Lager herumlungerte, als wüsste er, dass er ein privilegiertes Haustier war, konnte der Rancher sich kaum beherrschen.

„Dale, das ist dieser verdammte Puma!" er ejakulierte.

„Klar, das ist Tom."

„Er sollte eingepfercht oder angekettet werden. „Ich habe keine Verwendung für Pumas", protestierte Al.

„Tom ist so zahm und sicher wie ein Kätzchen."

„A-huh! Wal, erzähl es den Mädchen, wenn du willst. Aber nicht ich! Ich bin ein alter Mistkerl, das bin ich."

„Onkel Al, Tom schläft zusammengerollt am Fußende meines Bettes", sagte Bo.

„Ach – was?"

„Ehrlicher Indianer", antwortete sie. „Nun, nicht wahr?"

Helen nickte lächelnd und bestätigte sie. Dann rief Bo Tom zu sich und ließ ihn mit dem Kopf auf den ausgestreckten Pfoten direkt neben ihr liegen und um etwas Essbares betteln.

„Wal! Das hätte ich nie geglaubt!" rief Al und schüttelte seinen großen Kopf. „Dale, es liegt an mir. Diese Großkatzen haben mich auf den Wegen, durch den Wald, im Mondlicht und in der Dunkelheit verfolgt. Und ich habe gehört, wie sie diesen schrecklichen Schrei ausgestoßen haben. Es gibt keinen wilden Sound auf der Welt, der den eines Pumas schlagen könnte . Lässt dieser Tom jemals einen dieser Schreie los?"

„Manchmal nachts", antwortete Dale.

„Wal, entschuldigen Sie. Ich hoffe, du holst den lautstarken Schlingel nicht nach Pine.

„Das werde ich nicht."

„Was machst du mit dieser Menagerie?"

Dale betrachtete den Rancher aufmerksam. „Rechnen Sie, Al, ich werde mich um sie kümmern."

„Aber du gehst zu meiner Ranch."

"Wozu?"

Al kratzte sich am Kopf und blickte den Jäger perplex an. „Wal, ist es nicht üblich, Freunde zu besuchen?"

„Danke, Al. Wenn ich das nächste Mal den Pine Way entlang reite – vielleicht im Frühling –, werde ich rüberfahren und nachsehen, wie es dir geht."

"Frühling!" rief Auchincloss. Dann schüttelte er traurig den Kopf und ein in die Ferne gerichteter Blick filmte seine Augen. „Ich schätze, du würdest zu spät anrufen."

„Al, du wirst jetzt wieder gesund. Diese, Mädchen – jetzt werden sie euch heilen. Ich glaube, ich habe dich noch nie so gut gesehen."

Auchincloss drängte zu diesem Zeitpunkt nicht weiter auf seinen Standpunkt, doch nach dem Essen, als die anderen Männer kamen, um Dales Lager und seine Haustiere zu besichtigen, bemerkte Helen mit ihren scharfen Ohren, wie das Thema wieder aufgegriffen wurde.

„Ich frage dich – kommst du?" Sagte Auchincloss leise und eifrig.

"NEIN. „Da unten würde ich nicht hineinpassen", antwortete Dale.

„Milt, rede vernünftig. „Man kann nicht ewig weiter Bären jagen und Katzen zähmen", protestierte der alte Rancher.

"Warum nicht?" fragte der Jäger nachdenklich.

Auchincloss stand auf, schüttelte sich, als wollte er seine Reizbarkeit abwehren, und legte eine Hand auf Dales Arm.

„Ein Grund dafür ist, dass du in Pine gebraucht wirst."

"Wie? Wer braucht mich?"

"Ich tue. Ich spiele schnell aus. Ein „Beasley ist mein Feind." Die Ranch und alles, was ich habe, gehen an Nell. Die Ranch muss von einem Mann geführt und gehalten werden. Bist du schlau? Es ist eine große Aufgabe. Und ich biete Ihnen an, Sie sofort zu meinem Vorarbeiter zu machen."

„Al, du raubt mir irgendwie den Atem", antwortete Dale. „Und ich bin auf jeden Fall dankbar. Aber Tatsache ist: Selbst wenn ich den Job bewältigen könnte, glaube ich nicht, dass ich das wollen würde."

„Dann machen Sie doch Lust. Das würde bald kommen. Es würde Sie interessieren. Dieses Land wird sich entwickeln. Ich habe es vor Jahren gesehen. Die Regierung wird die Apachen hier rausjagen. Bald werden Siedler herbeiströmen. Große Zukunft, Dale. Du willst jetzt einsteigen. Ein'-"

Hier zögerte Auchincloss und sprach dann leiser:

„Und nutze deine Chance mit dem Mädchen!... Ich werde auf deiner Seite sein."

Ein leicht vibrierender Schreck überkam Dales unerschütterliche Gestalt.

„Al – du bist ein Vollidiot!" er rief aus.

„Dotty! Mich? Dotty!" rief Auchincloss. Dann fluchte er. „Gleich werde ich dir sagen, was du bist."

„Aber, Al, dieses Gerede ist so – so – wie das eines alten Idioten ."

„Huh! Ein „Warum denn?"

„Weil dieses – wundervolle Mädchen mich nie ansehen würde", antwortete Dale schlicht.

„Ich habe sie schon gesehen", erklärte Al unverblümt.

Dale schüttelte den Kopf, als wäre es aussichtslos, mit dem alten Rancher zu streiten.

„Macht dir nichts", fuhr Al fort. „Vielleicht bin ich ein schrulliger alter Idiot – vor allem, weil ich dich zum Leuchten gebracht habe. Aber ich sage es noch einmal: Kommst du nach Pine und wirst mein Vorarbeiter?"

„Nein", antwortete Dale.

„Milt, ich habe keinen Sohn – und ich habe – Angst vor Beasley." Dies wurde in einem aufgeregten Flüstern geäußert.

„Al, du schämst mich", sagte Dale heiser. „Ich kann nicht kommen. Ich habe keine Nerven."

„Du hast nicht was?"

„Al, ich weiß nicht, was mit mir los ist. Aber ich fürchte, ich würde es herausfinden, wenn ich dorthin käme."

„A-huh! Es ist das Mädchen!"

„Ich weiß es nicht, aber ich fürchte es. Und ich werde nicht kommen.

„Ach ja, das wirst du –"

Helen erhob sich mit klopfendem Herzen und prickelnden Ohren und entfernte sich außer Hörweite. Sie hatte zu lange auf etwas gelauscht, das nicht für ihre Ohren bestimmt war, und doch konnte sie es nicht bereuen.

Sie ging ein paar Ruten am Bach entlang, unter den Kiefern hervor, und als sie am offenen Rand des Parks stand, spürte sie, wie die schöne Szene ihre Aufregung beruhigte. Die folgenden Momente waren die glücklichsten, die sie je im Paradise Park verbracht hatte, und die tiefgreifendsten ihres ganzen Lebens.

Kurz darauf rief ihr Onkel sie an.

„Nell, dieser Jäger hier will dir das schwarze Pferd geben. Und ich sage, du nimmst ihn."

„Ranger verdient eine bessere Pflege, als ich ihm geben kann", sagte Dale. „Er läuft die meiste Zeit frei im Wald herum. Ich wäre ihr dankbar, wenn sie ihn hätte. Und der Hund, Pedro auch."

Bo warf einen frechen Blick von Dale zu ihrer Schwester.

„ Sicher wird sie Ranger haben. Biete ihn MIR einfach an!"

Dale stand erwartungsvoll da, eine Decke in der Hand haltend, bereit, das Pferd zu satteln. Carmichael ging mit dem prüfenden Blick, den man für Cowboys so scharf hat, um Ranger herum.

„Las Vegas, wissen Sie etwas über Pferde?" fragte Bo.

"Mich! „Wal, wenn du jemals ein Schwein kaufst oder tauschst, dann bring mich dorthin", antwortete Carmichael.

„Was halten Sie von Ranger?" fuhr fort, Bo.

„ Shore, ich würde ihn sofort kaufen, wenn ich könnte."

"Herr. „Las Vegas, du bist zu spät", beteuerte Helen, als sie auf das Pferd zugriff, um Hand anzulegen.

„Ranger gehört mir."

Dale strich die Decke glatt, faltete sie zusammen und warf sie über das Pferd. und dann brachte er mit einem kräftigen Schwung den Sattel an seinen Platz.

„Vielen Dank für ihn", sagte Helen leise.

„Gerne geschehen, und ich freue mich auf jeden Fall", antwortete Dale und fuhr dann, nach ein paar geschickten, kräftigen Zügen an den Riemen, fort. „Da ist er bereit für dich."

Damit legte er einen Arm über den Sattel und sah Helen an, die Ranger streichelte und streichelte. Helen, jetzt stark und ruhig, im weiblichen Besitz ihres und seines Geheimnisses sowie ihrer Gelassenheit, blickte Dale offen und fest an. Auch er wirkte gefasst, doch die Bronze seines schönen Gesichts war ein wenig blass.

„Aber ich kann Ihnen für Ihren Dienst an mir und meiner Schwester nicht danken – ich werde es Ihnen nie zurückzahlen können", sagte Helen.

„Ich schätze, du brauchst es nicht zu versuchen", erwiderte Dale. „Und mein Dienst, wie Sie es nennen, war gut für mich."

„Gehst du mit uns nach Pine?"

"NEIN."

„Aber du kommst bald?"

„Nicht sehr bald, schätze ich", antwortete er und wandte den Blick ab.

"Wann?"

„Kaum vor dem Frühling."

„Frühling?... Das ist eine lange Zeit. Willst du mich nicht schon früher besuchen?"

„Wenn ich nach Pine komme."

„Du bist der erste Freund, den ich im Westen gefunden habe", sagte Helen ernst.

„Du wirst noch viel mehr machen – und ich schätze, den, den du den Mann des Waldes genannt hast, wirst du bald vergessen."

„Ich vergesse nie einen meiner Freunde. Und du warst der größte Freund, den ich je hatte."

„Ich werde stolz sein, mich daran zu erinnern."

„Aber wirst du dich erinnern – wirst du versprechen, nach Pine zu kommen?"

"Ich rechne damit."

"Danke schön. Dann ist alles gut... Mein Freund, auf Wiedersehen."

„Auf Wiedersehen", sagte er und ergriff ihre Hand. Sein Blick war klar, warm, schön und doch traurig.

Auchincloss' herzliche Stimme brach den Bann. Dann sah Helen, dass die anderen beritten waren. Bo war aus der Nähe geritten; Ihr Gesicht war zugleich ernst, glücklich und traurig, als sie sich von Dale verabschiedete. Die Packesel humpelten dem grünen Hang entgegen. Helen war die letzte, die aufstieg, aber Roy war der letzte, der den Jäger verließ. Pedro kam widerwillig.

Es war ein fröhlicher, singender Zug, der diese braune, duftende Spur unter den dunklen Fichten hinaufstieg. Helen war sicherlich glücklich, doch ein Stich blieb in ihrer Brust.

Sie erinnerte sich, dass der Weg auf halber Höhe des Abhangs eine Kurve machte und auf eine offene Klippe mündete. Die Zeit kam ihr lang vor, aber schließlich kam sie ans Ziel. Und sie überprüfte Ranger, um einen kurzen Blick in den Park werfen zu können.

Dort gähnte es, ein dunkelgrüner und hellgoldener Abgrund, schlafend unter der untergehenden Sonne, herrlich, wild, einsam. Dann sah sie Dale auf der freien Fläche zwischen den Kiefern und Fichten stehen. Er winkte ihr zu. Und sie erwiderte den Gruß.

Dann holte Roy sie ein und hielt sein Pferd an. Er winkte Dale mit seinem Sombrero zu und stieß einen durchdringenden Schrei aus, der die schlafenden Echos weckte und sich seltsamerweise von einer Klippe zur anderen teilte.

„Shore Milt wusste nie, was es heißt, einsam zu sein", sagte Roy, als würde er laut nachdenken. „Aber er wird es jetzt wissen."

Ranger trat aus eigenem Antrieb heraus und bog vom Felsvorsprung ab und betrat den Fichtenwald. Helen verlor den Paradise Park aus den Augen. Stundenlang ritt sie einen schattigen, duftenden Pfad entlang, sah die Schönheit der Farben und der Wildheit, hörte das Murmeln, Rauschen und Brüllen des Wassers, aber die ganze Zeit über kreisten ihre Gedanken um die süße und bedeutungsvolle Erkenntnis, die sie so begeistert hatte – dass der Jäger, dieser seltsame Mann des Waldes, so tief in der Natur bewandert und so fremd mit Emotionen, distanziert und einfach und stark wie die Elemente, die ihn entwickelt hatten, hatte sich in sie verliebt und wusste es nicht.

Kapitel XV

Dale stand mit erhobenem Gesicht und erhobenem Arm da und sah zu, wie Helen vom Felsvorsprung ritt und im Wald verschwand. Der riesige Fichtenhang schien sie verschluckt zu haben. Sie war gegangen! Langsam senkte Dale seinen Arm mit einer Geste, die eine seltsame Endgültigkeit ausdrückte, eine beredte Verzweiflung, deren er sich nicht bewusst war.

Er wandte sich dem Park, seinem Lager und den vielen Aufgaben eines Jägers zu. Der Park schien nicht derselbe zu sein, ebenso wenig wie sein Zuhause, noch seine Arbeit.

„Ich denke, dieses Gefühl ist natürlich", sagte er resigniert, „aber für mich ist es auf jeden Fall seltsam. Das kommt davon, wenn man Freunde findet. Nell und Bo, sie haben einen Unterschied gemacht, einen Unterschied, den ich vorher nie gekannt habe."

Er berechnete, dass dieser Unterschied lediglich auf der Verantwortung beruhte, dann auf dem Charme und der Lebendigkeit der Kameradschaft der Mädchen und schließlich auf der Freundschaft. Diese würden nun vorübergehen, da die Ursachen beseitigt wären.

Lager gearbeitet hatte, wurde ihm klar, dass eine Veränderung gekommen war, aber es war nicht die erwartete. Immer zuvor hatte er sich auf seine Aufgaben konzentriert, was auch immer sie sein mochten; Jetzt arbeitete er, während seine Gedanken seltsam verwickelt waren.

Das kleine Bärenjunge jammerte hinter ihm; Das zahme Reh schien ihn mit tiefen, fragenden Augen zu betrachten, der große Puma tappte sanft hier und da, als suche er nach etwas.

„Sie alle vermissen sie – jetzt – denke ich", sagte Dale. „Nun, sie sind weg und du musst mit mir klarkommen."

Eine vage Herangehensweise an Ärger mit seinen Haustieren überraschte ihn. Plötzlich wurde er sowohl verärgert als auch überrascht über sich selbst – ein Geisteszustand, der völlig ungewohnt war. Mehrere Male, als die alte Gewohnheit ihn vorübergehend abgelenkt machte, sah er sich plötzlich nach Helen und Bo um. Und jedes Mal wurde der Schock stärker. Sie waren weg, aber ihre Anwesenheit blieb bestehen. Nachdem seine Aufgaben im Lager erledigt waren , ging er hinüber, um den Unterstand abzureißen, den die Mädchen als Zelt genutzt hatten. Die Fichtenzweige waren braun und vertrocknet; der Wind hatte das Dach durcheinandergewirbelt; die Seiten neigten sich nach innen. Da diese kleine Behausung nun keinen weiteren Nutzen mehr hatte, sollte er sie vielleicht besser abreißen. Dale gab nicht zu, dass sein Blick viele Male unfreiwillig dorthin gewandert war. Deshalb ging er hinüber mit der Absicht, es zu zerstören.

Zum ersten Mal seit Roy und er den Unterstand gebaut hatten, trat er hinein. Nichts war sicherer als die Tatsache, dass er ein seltsames, für ihn völlig unverständliches Gefühl verspürte. Die Decken lagen dort auf den Fichtenzweigen, von eiligen Händen durcheinander geworfen und zurückgeworfen, und doch hielten sie immer noch etwas von runden Falten an den Stellen, an denen sich die schlanken Gestalten angeschmiegt hatten. Ein schwarzer Schal, den Bo oft trug, bedeckte das Kissen aus Tannennadeln; An einem Zweig hing ein rotes Band, das Helen an ihrem Haar getragen hatte. Diese Artikel waren alles, was vergessen worden war. Dale betrachtete sie aufmerksam, dann die Decken und alles rund um den duftenden kleinen Unterschlupf; und er trat mit dem unbehaglichen Wissen hinaus, dass er den Ort, an dem Helen und Bo so viele Stunden verbracht hatten, nicht zerstören konnte.

Daraufhin nahm Dale in fleißiger Stimmung sein Gewehr und machte sich auf die Jagd. Sein Wintervorrat an Wildbret war noch nicht aufgebraucht. Action passte zu seiner Stimmung; er kletterte weit hinauf und kam an manchen zusehenden Böcken vorbei, um sie zu töten, was ihm wie Mord vorkam; Schließlich sprang er über einen, der wild war , und sprang davon. Dies erschoss er und stellte sich eine Herkulesaufgabe, indem er den ganzen Kadaver zurück ins Lager packte. Mit dieser Last torkelte er unter den Bäumen, schwitzte heftig, rang oft nach Luft und schmerzte vor Anstrengung, bis er schließlich das Lager erreichte. Dort nahm er den Hirschkadaver von seinen Schultern, stand darüber und blickte nach unten, während seine Brust schmerzte. Es war einer der schönsten jungen Böcke, die er je gesehen hatte. Aber weder beim Anpirschen, noch beim Abfeuern eines wunderbaren Schusses, noch beim Packen eines Gewichts, das zwei Männer belastet hätte, noch beim Hinunterblicken auf seine schöne Beute erlebte Dale etwas von der alten Freude des Jägers.

„Mir geht es ein bisschen schlecht", sinnierte er, während er sich den Schweiß von seinem erhitzten Gesicht wischte. „Vielleicht ein bisschen zottig, wie ich Al genannt habe. Aber das wird vorübergehen."

Was auch immer sein Zustand war, er ging nicht durch. Wie einst lag er nach einem langen Jagdtag am Lagerfeuer und sah zu, wie sich die goldenen Abendrote auf den Stadtmauern veränderten; Wie in alter Zeit legte er eine Hand auf den weichen, pelzigen Kopf des Pumas; wie in alter Zeit sah er zu, wie sich das Gold in Rot und dann in Dunkelheit verwandelte und wie die Dämmerung sich wie eine Decke senkte; wie immer lauschte er dem verträumten, beruhigenden Rauschen des Wasserfalls. Die altbekannte

Schönheit, Wildheit, Stille und Einsamkeit waren da, aber der alte Inhalt schien seltsamerweise verschwunden.

Nüchtern gestand er dann, dass ihm die fröhliche Gesellschaft der Mädchen fehlte. In seiner langsamen Selbstbeobachtung unterschied er Helen nicht von Bo. Als er sein Bett aufsuchte , schlief er nicht sofort ein. Immer war er nach ein paar Momenten des Wachseins eingeschlafen, während sich die Stille legte oder der Wind durch die Kiefern heulte. Diese Nacht fand er etwas anderes. Obwohl er müde war, würde er nicht so schnell einschlafen. Die Wildnis, die Berge, der Park, das Lager – alles schien etwas verloren zu haben. Sogar die Dunkelheit schien leer zu sein. Und als Dale schließlich einschlief, wurde er von unruhigen Träumen geplagt.

Mit der scharfkantigen, stahlhellen Morgendämmerung ging er mit dem federnden Schritt des Hirschjägers seinen Aufgaben nach.

Am Ende dieses anstrengenden Tages, der auf einzigartige Weise von alter Aufregung, Action und Gefahr und neuen Beobachtungen erfüllt war, musste er gestehen, dass ihm die Jagd nicht mehr genügte.

Viele Male hatte er an diesem Tag auf den Höhen, mit dem scharfen Wind in seinem Gesicht und den riesigen grünen Fichtenwolken unter sich, festgestellt, dass er starrte, ohne etwas zu sehen, stehen blieb, ohne einen Gegenstand zu haben, und träumte, wie er noch nie zuvor geträumt hatte.

Als einmal ein prächtiger Elch auf einen felsigen Bergrücken kam und unsichtbaren Rivalen eine Herausforderung pfiff und dort ein Ziel darstellte, das den Puls eines jeden Jägers höher schlagen ließ, hob Dale nicht einmal sein Gewehr. In diesem Moment ertönte Helens Stimme in seinem Ohr: „Milt Dale, du bist kein Inder. Sich der Tierwelt eines Jägers hinzugeben ist egoistisch. Es ist falsch. Du liebst dieses einsame Leben, aber es ist keine Arbeit. Arbeit, die anderen nicht hilft, ist keine echte Männerarbeit."

Von diesem Moment an quälte ihn sein Gewissen. Nicht das, was er liebte, sondern das, was er tun sollte, zählte für die Summe des Guten, das in der Welt erreicht wurde. Der alte Al Auchincloss hatte recht gehabt. Dale verschwendete Kraft und Intelligenz, die seinen Beitrag zur Entwicklung des Westens leisten sollten. Wenn er nun, da er reif geworden war, durch seine Kenntnis der Naturgesetze die Bedeutung des Kampfes der Menschen um Existenz, Platz, Besitz erkannt und sie verachtet hatte, war das kein Grund, warum er daran festhalten sollte er distanzierte sich von ihnen, von irgendeiner Arbeit, die in einer unverständlichen Welt nötig war.

Dale hasste die Arbeit nicht, aber er liebte die Freiheit. Allein zu sein, mit der Natur zu leben, die Elemente zu spüren, zu arbeiten und zu träumen und untätig zu sein und zu klettern und zu schlafen, ungehindert von Pflichten, von Sorgen, von Einschränkungen, von den kleinlichen Interessen der

Menschen – das war schon immer sein Lebensideal gewesen. Cowboys, Reiter, Schafhirten, Bauern – sie schufteten für das wenige Geld, das ihnen zugeteilt wurde, von einem Ort und einem Job zum anderen. Darin hatte es für ihn nie etwas Schönes, nichts Bedeutsames gegeben. Als Junge hatte er an allen Arten von Weidearbeiten gearbeitet, und von all der eintönigen Zeitverschwendung hatte ihm das Sägen von Holz am besten gefallen. Einmal hatte er die Arbeit als Viehbrandstifter aufgegeben, weil ihn der Geruch verbrannter Haut und das Schreien des verängstigten Kalbes krank gemacht hatten. Wenn die Menschen ehrlich wären, gäbe es keinen Grund, Vieh zu narben. Er hatte nie im Geringsten den Wunsch geäußert, Land und große Viehbestände zu besitzen und Geschäfte mit Viehzüchtern abzuschließen, Geschäfte, die für ihn von Vorteil waren. Warum sollte ein Mann einen Handel abschließen oder ein Pferd tauschen oder eine Arbeit zum Nachteil eines anderen Mannes verrichten wollen? Selbsterhaltung war das erste Gesetz des Lebens. Aber als die Pflanzen und Bäume und Vögel und Tiere dieses Gesetz auslegten, so gnadenlos und unvermeidlich sie auch waren, hatten sie weder Gier noch Unehrlichkeit. Sie lebten nach der großen Regel, was für die größtmögliche Zahl am besten war.

Aber Dales Philosophie, kalt, klar und unvermeidlich, wie die Natur selbst, begann von der menschlichen Anziehungskraft in Helen Rayners Worten durchdrungen zu werden. Was meinte sie? Nicht, dass er seine Liebe zur Wildnis verlieren sollte, sondern dass er sich selbst erkennt ! Viele zufällige Worte dieses Mädchens hatten Tiefe. Er war jung, stark, intelligent, frei von Krankheiten oder Alkoholfieber. Er könnte etwas für andere tun. WHO? Wenn das von Bedeutung war, dann war da zum Beispiel die arme alte Mrs. Cass, jetzt gealtert und lahm; da war Al Auchincloss, der in seinen Stiefeln starb, aus Angst vor Feinden und voller Sehnsucht danach, dass sein Blut und sein Eigentum die Früchte seiner Arbeit erhalten würden; Da waren die beiden Mädchen Helen und Bo, neu und fremd im Westen, die mit einem großen Problem des Ranchlebens und rivalisierenden Interessen konfrontiert wurden. Dale dachte an noch mehr Menschen in dem kleinen Dorf Pine – an andere, die versagt hatten, deren Leben hart war und die durch Freundlichkeit und Hilfe glücklicher geworden wären.

Was war dann die Pflicht von Milt Dale sich selbst gegenüber? Sollte er einer sogenannten Zivilisation den Rücken kehren oder wie sie wachsen, weil die Menschen einander und die Schwachen ausbeuteten? Glockenklar kam die Antwort, dass es seine Pflicht sei, weder das eine noch das andere zu tun. Und dann erkannte er, dass das kleine Dorf Pine und die ganze Welt Männer wie ihn brauchten. Für seine Entwicklung war er in die Natur, in den Wald, in die Wildnis gegangen; und alle Urteile und Bemühungen seiner Zukunft würden ein Ergebnis dieser Ausbildung sein.

So kam Dale, der in der Dunkelheit und Stille seines einsamen Parks lag, zu dem Schluss, dass er vermutete, dass dies nur der Beginn eines Kampfes war.

Es bedurfte einer langen Introspektion, um die genaue Natur dieses Kampfes zu bestimmen, aber schließlich entwickelte sich das Paradoxon, dass Helen Rayner seine Augen für seine Pflicht als Mann geöffnet hatte, dass er sie akzeptierte und dennoch in dem Verwirrenden, Tumultären ein seltsames Hindernis entdeckte, süße Angst, jemals wieder in ihre Nähe zu kommen.

Plötzlich drehten sich alle seine Gedanken um das Mädchen, und aus dem Gleichgewicht geraten, irrte er in einer Wildnis ungewohnter seltsamer Ideen umher.

Als er am nächsten Tag aufwachte, war der Kampf ernst. Im Schlaf war sein Geist aktiv gewesen. Der Gedanke, der ihn begrüßte, so schön wie der Sonnenaufgang, blitzte in der Erinnerung an Auchincloss' bedeutungsvolle Worte auf: „Ergreifen Sie Ihre Chance mit dem Mädchen!"

Der alte Rancher war in seinem Alter. Er deutete Dinge an, die jenseits des Möglichen lagen. Der Gedanke an eine Chance für Dale blieb nur einen Augenblick vor seinem Bewusstsein. Sterne waren unerreichbar; das Leben war nicht zu ergründen; Das Geheimnis der Natur blieb nicht allein auf der Erde – diese Theorien waren genauso wenig zu beweisen, wie Helen Rayner es für ihn sein könnte.

Dennoch hatte ihr seltsames Kommen in sein Leben verheerende Auswirkungen gehabt, deren Ausmaß er erst langsam zu begreifen begann.

Einen Monat lang stapfte er durch den Wald. Es war Oktober, eine noch immer goldene, erfüllende Jahreszeit; und überall im weiten Dunkelgrün bildete ein herrlicher Glanz aus Eiche und Espe einen wunderschönen Kontrast. Er trug sein Gewehr bei sich, benutzte es aber nie. Er kletterte kilometerweit und ging hin und her, ohne ein Objekt in Sicht zu haben. Doch sein Auge und sein Ohr waren noch nie so scharf gewesen. Stundenlang verbrachte er auf einem Vorgebirge und beobachtete die Ferne, wo die goldenen Espenflecken hell aus den dunkelgrünen Berghängen hervorleuchteten. Er liebte es, sich in einen Espenhain am Rande einer Senaca niederzulassen und in diesem Glanz wie ein Schleier aus Gold, Purpur und Rot zu liegen, während die weißen Baumstämme den Schatten streiften. Ob immer eine Brise wehte oder nicht, die Espenblätter zitterten unaufhörlich und wunderbar, wie sein Puls, außerhalb seiner Kontrolle. Oft lehnte er sich an einen moosbewachsenen Felsen neben einem Gebirgsbach, um zu lauschen, zu beobachten und alles zu spüren, was dort war, während sein Geist die eindringliche, dunkeläugige Vision eines Mädchens in sich trug.

Auf den einsamen Höhen saß er wie ein Adler und blickte hinab in den Paradise Park, der immer schöner wurde, aber nie wieder derselbe sein würde, ihn nie mit Zufriedenheit erfüllen, nie ganz und gar für ihn sein würde.

Ende Oktober fiel der erste Schnee. Auf der Südseite des Parks schmolz es sofort, aber die Nordhänge und die Ränder und Kuppeln darüber blieben weiß.

Dale hatte schnell und hart daran gearbeitet, seinen Wintervorrat an Lebensmitteln zu lagern und zu lagern, und jetzt verbrachte er Tage damit, Holz zu hacken und zu spalten, um es in den Monaten, in denen es eingeschneit war, zu verbrennen. Er hielt Ausschau nach den dunkelgrauen, schnell vorbeiziehenden Sturmwolken und hieß sie willkommen, wenn sie kamen. Sobald drei Meter Schnee auf den Wegen lag, würde er bis zum Frühjahr eingeschneit sein. Es wäre unmöglich, nach Pine hinunterzugehen. Und vielleicht würde er während des langen Winters von dieser seltsamen, namenlosen Störung seiner Gefühle geheilt werden.

Der November brachte Stürme auf die Gipfel. Im Park fiel jeden Tag Schneegestöber, aber die sonnige Südseite, wo Dales Lager lag, behielt ihre herbstliche Farbe und Wärme. Erst spät im Winter kroch der Schnee über diesen abgelegenen Winkel.

Endlich kam der Morgen, durchdringend klar und hell, als Dale sah, dass die Höhen unpassierbar waren; Die Erkenntnis erfüllte ihn mit tiefem Bedauern. Er hatte nicht geahnt, warum er Helen Rayner wiedersehen wollte, bis es zu spät war. Das öffnete ihm die Augen. Es folgte ein rasender Aktionsrausch, in dem er sich nur körperlich ermüdete, ohne sich geistig zu helfen.

Es war Sonnenuntergang, als er nach Westen blickte und zu den rosa Schneekuppeln und den dunkelgoldenen Fichtenrändern aufblickte, und in diesem Moment fand er die Wahrheit.

"Ich liebe dieses Mädchen! Ich liebe dieses Mädchen!" Er sprach laut zu den fernen weißen Gipfeln, zu den Winden, zur Einsamkeit und Stille seines Gefängnisses, zu den großen Kiefern und zum murmelnden Bach und zu seinen treuen Haustieren. Es war sein tragisches Eingeständnis der Schwäche, der erstaunlichen Wahrheit, der hoffnungslosen Lage, der erbärmlichen Entschuldigung für die in ihm bewirkte Veränderung.

Dales Kampf endete dort, als er sich seiner Seele stellte. Sich selbst zu verstehen bedeutete, von Anspannung, Sorge, unaufhörlichem, aufdringlichem Zweifel, Staunen und Angst befreit zu werden. Aber das Fieber der Unruhe, der Ungewissheit war nichts im Vergleich zu einer plötzlich aufflammenden Liebesqual.

Mit düsterer Überlegung machte er sich an die Aufgaben, die nötig waren, und an andere, die er erledigen könnte – seine Lagerfeuer und Mahlzeiten, die Pflege seiner Haustiere und Pferde, das Ausbessern von Sätteln und Geschirren, das Aushärten von Hirschleder für Mokassins und die Jagd. Anzüge. Seine Tage waren also nicht untätig. Aber all diese Arbeit war für ihn Gewohnheit und erforderte keine geistige Anstrengung.

Und Dale war, wie einige Männer, die ein einsames Leben in der Wildnis führten und sich nicht dem Wilden zuwandten, ein Denker. Die Liebe machte ihn zum Leidenden.

Die Überraschung und Scham über seine unbewusste Hingabe, die gewisse Hoffnungslosigkeit, die langen Jahre der Gemeinschaft mit allem, was wild, einsam und schön war, die wunderbar entwickelte Einsicht in die Geheimnisse der Natur und die plötzlich aufkommende Offenbarung, dass er nicht allwissend war Von dem rücksichtslosen, alltäglichen Schicksal des Menschen befreit zu sein – all dies zeigte ihm die Stärke seiner Männlichkeit und seiner Leidenschaft und dass das Leben, das er gewählt hatte, von allen Leben dasjenige war, das dazu geeignet war, die Liebe traurig und schrecklich zu machen.

Helen Rayner verfolgte ihn. Im Sonnenlicht gab es keinen Ort rund um das Lager, der sich nicht ihren geschmeidigen, kräftigen Körper, ihre dunklen, nachdenklichen Augen, ihre beredten, entschlossenen Lippen und das Lächeln vorstellte, das so süß und kraftvoll war. Nachts war sie da wie ein schlankes Gespenst und ging neben ihm unter den ächzenden Kiefern auf und ab. Jedes Lagerfeuer trug in seinem Herzen den strahlend weißen Glanz ihres Geistes.

Die Natur hatte Dale gelehrt, Einsamkeit und Stille zu lieben, aber die Liebe selbst lehrte ihn, was sie bedeuteten. Einsamkeit war geschaffen für den Adler auf seinem Felsen, für die verfluchte Bergtanne, einsam und knorrig auf ihrem Gipfel, für den Elch und den Wolf. Aber es war nicht für den Menschen gedacht. Und immer in der Stille wilder Orte zu leben bedeutete, von sich selbst besessen zu sein – zu denken und zu träumen – glücklich zu sein, ein Zustand, der, wie sehr er auch vom Menschen angestrebt wurde, nicht gut für ihn war. Dem Menschen müssen gebieterische Sehnsüchte nach dem Unerreichbaren gegeben werden.

Es brauchte also nur die Erinnerung an eine unerreichbare Frau, um die Einsamkeit, die ein Mann leidenschaftlich sehnte, doch fast unerträglich zu machen. Dale war mit seinem Geheimnis allein; und jede Kiefer, alles in diesem Park sah ihn erschüttert und zerstört.

In der dunklen, stockstreifen Nacht, wenn kein Wind wehte und die Kälte auf den Gipfeln den Wasserfall gefroren hatte, schien die Stille unerträglich.

Viele Stunden, die man hätte schlafen sollen, vergingen unter den kalten, weißen, erbarmungslosen Sternen, unter den einsamen Kiefern.

Dales Erinnerung verriet ihn, machte sich über seine Zurückhaltung lustig und betrog ihn um jeden Frieden; und seine durch die Liebe geschärfte Vorstellungskraft schuf Bilder, Fantasien und Gefühle, die ihn in den Wahnsinn trieben.

Er dachte an Helen Rayners starke, wohlgeformte braune Hand. In tausend verschiedenen Taten verfolgte es ihn. Wie schnell und geschickt bei Aufgaben am Lagerfeuer! Wie anmutig und schnell flocht sie ihr dunkles Haar! Wie zärtlich und geschickt im Umgang, als eines seiner Haustiere verletzt worden war! Wie beredt, wenn sie in einem Moment der Angst auf den gefährlichen Höhen fest an ihre Brust gedrückt wird! Wie ausdrucksvoll für unaussprechliche Dinge, wenn er auf seinen Arm gelegt wird!

Dale sah, wie diese schöne Hand langsam seinen Arm hinaufkletterte, über seine Schulter strich und um seinen Hals glitt, um ihn dort zu umklammern. Er war machtlos, das Bild zu verhindern. Und was er damals fühlte, war grenzenlos, unaussprechlich. Noch nie hatte eine Frau seine Hand ergriffen, und noch nie zuvor war ihm eine solche Vorstellung in den Sinn gekommen, doch tief in ihm, irgendwo verborgen, hatte dieses wartende, süße und herrische Bedürfnis geherrscht. Am hellen Tag schien er solche Fantasien abzuwehren, aber nachts war er hilflos. Und jede Fantasie machte ihn schwächer und wilder.

Als Dale, der noch nie die Berührung der Lippen einer Frau gekannt hatte, auf dem Höhepunkt dieser Phase seiner Leidenschaft plötzlich der Illusion von Helen Rayners Küssen nachgab, war er völlig verrückt, voller Verzückung und Verzweiflung und liebte sie so sehr er hasste sich selbst. Es schien, als hätte er all diese schrecklichen Gefühle in einem früheren Leben erlebt und sie in diesem Leben vergessen. Er hatte kein Recht, an sie zu denken, aber er konnte dem nicht widerstehen. Sich die süße Hingabe ihrer Lippen vorzustellen, war ein Sakrileg, doch hier war er trotz seines Willens, seiner Ehre und seiner Scham verloren.

Endlich war Dale besiegt, und er hörte auf, über sich selbst zu schimpfen oder seine Fantasien zu zügeln. Er wurde zu einem verträumten, traurig blickenden Lagerfeuergucker, wie so mancher einsamer Mann, der durch Zufall oder Irrtum von dem getrennt wurde, wonach sein Herz am meisten hungerte. Aber als ihm diese großartige Erfahrung in ihrer ganzen Bedeutung klar wurde, erweiterte sie sein Verständnis für die Prinzipien der Natur in der Anwendung auf das Leben ungemein.

Die Liebe war in ihm stärker gewesen als bei den meisten Menschen, wegen seiner lebhaften, kraftvollen und einsamen Jahre im Wald, wo die

Gesundheit von Geist und Körper intensiviert und bewahrt wurde. Wie einfach, wie natürlich, wie unvermeidlich! Er hätte jedes gutherzige, gesunde Mädchen lieben können. Wie ein Baum, der seine Äste und Blätter als Ganzes dem Sonnenlicht entgegenschießt, so war er der Liebe einer Frau entgegengewachsen. Warum? Denn das Ding, das er in der Natur verehrte, der Geist, das Universelle, das Leben, das Gott war, hatte bei seiner Geburt oder vor seiner Geburt die drei gewaltigen Instinkte der Natur geschaffen – um das Leben zu kämpfen, sich selbst zu ernähren und seinesgleichen zu reproduzieren. Das war alles. Aber oh! das Geheimnis, die Schönheit, die Qual und der Schrecken dieses dritten Instinkts – dieser Hunger nach der Süße und dem Ruhm der Liebe einer Frau!

Kapitel XVI

Helen Rayner ließ ihr Strickzeug auf den Schoß fallen und saß nachdenklich da und blickte aus dem Fenster auf die kahlen gelben Felder der Ranch ihres Onkels.

Der Wintertag war hell, aber eisig, und der Wind, der von den weiß gekrönten Bergen herab peitschte, hatte eine scharfe, frostige Note. An geschützten Stellen lag kaum Schnee; Das Vieh stand zusammengedrängt im Windschatten der Bergrücken; Niedrige Staubwolken huschten über die Ebene.

Das große Wohnzimmer des Ranchhauses war warm und gemütlich mit seinen roten Lehmwänden, seinem riesigen Steinkamin, in dem Zedernholzscheite brannten, und seinen bunten Decken. Bo Rayner saß zusammengerollt in einem Sessel vor dem Feuer und war in ein Buch vertieft. Auf dem Boden lag der Hund Pedro, seinen rassigen, feinen Kopf der Wärme entgegengestreckt.

„Hat Onkel angerufen?" fragte Helen und schreckte aus ihren Träumereien auf.

„Ich habe ihn nicht gehört", antwortete Bo.

Helen erhob sich, ging auf Zehenspitzen über den Boden, öffnete sanft einige Vorhänge und blickte in das Zimmer, in dem ihr Onkel lag. Er hat geschlafen. Manchmal rief er im Schlaf. Seit Wochen war er ans Bett gefesselt und wurde langsam schwächer. Mit einem Seufzer kehrte Helen zu ihrem Fensterplatz zurück und nahm ihre Arbeit auf.

„Bo, die Sonne scheint", sagte sie. „Die Tage werden länger. Ich bin so froh."

„Nell, du wünschst dir immer eine Auszeit. Bei mir geht es schnell genug vorbei", antwortete die Schwester.

„Aber ich liebe den Frühling, den Sommer und den Herbst – und ich glaube, ich hasse den Winter", erwiderte Helen nachdenklich.

Die gelben Gebirgszüge rollten bis zu den schwarzen Bergkämmen und diese wiederum strömten hinauf zu den kalten, weißen Bergen. Helens Blick schien über diese schneebedeckte Barriere hinauszugehen. Und Bos scharfe Augen studierten das ernste, traurige Gesicht ihrer Schwester.

„Nell, hast du jemals an Dale gedacht?" fragte sie plötzlich.

Die Frage erschreckte Helen. Eine langsame Röte überzog Hals und Wange.

„Natürlich", antwortete sie, als wäre sie überrascht, dass Bo so etwas fragte.

„Ich – ich hätte das nicht fragen sollen", sagte Bo leise und beugte sich dann wieder über ihr Buch.

Helen blickte zärtlich auf den hellen, gesenkten Kopf. In diesem rasanten, ereignisreichen und arbeitsreichen Winter, in dem die Leitung der Ranch vollständig Helen überlassen worden war, hatte sich die kleine Schwester von ihr entfernt. Bo hatte auf ihrem eigenen freien Willen bestanden und war diesem gefolgt, zur Belustigung ihres Onkels, zur Besorgnis von Helen, zur Bestürzung und Verwirrung der treuen mexikanischen Haushälterin und zum Verderben aller jungen Männer auf der Ranch.

Helen hatte immer auf eine günstige Stunde gehofft und gewartet, in der sie diese eigenwillige Schwester wieder empfänglich für weisen und liebevollen Einfluss finden würde. Doch während sie zögerte zu sprechen, erklangen von draußen langsame Schritte und das Klirren von Sporen, und dann ertönte ein schüchternes Klopfen. Bo blickte fröhlich auf und rannte los, um die Tür zu öffnen.

"Oh! Es bist nur du!" „sagte sie mit vernichtendem Spott zu dem, der geklopft hatte."

Helen glaubte zu erraten, wer das war.

"Wie geht es euch allen?" fragte eine gedehnte Stimme.

„Nun, Herr Carmichael, falls Sie das interessiert – ich bin ziemlich krank", antwortete Bo eiskalt.

"Krank! Ach nein, jetzt?"

"Es ist eine Tatsache. Wenn ich nicht sofort sterbe, muss ich nach Missouri zurückgebracht werden", sagte Bo beiläufig.

„Wirst du mich hereinbitten?" fragte Carmichael unverblümt. „Es ist kalt – und ich habe etwas zu sagen –"

"Mir? „Nun, du bist nicht rückständig, das erkläre ich", erwiderte Bo.

„Miss Rayner, ich schätze, es wird seltsam für Sie sein, herauszufinden, dass ich nicht gekommen bin, um Sie zu besuchen."

"In der Tat! Nein. Aber was seltsam war, war die irreführende Vorstellung, die ich hatte – dass Sie sich bei mir entschuldigen wollten – wie ein Gentleman ... Kommen Sie herein, Mr. Carmichael. Meine Schwester ist hier."

Die Tür schloss sich, als Helen sich umdrehte. Carmichael stand mit seinem Sombrero in der Hand direkt drinnen, und als er Bo ansah, wirkte sein schmales Gesicht hart. In den wenigen Monaten seit dem Herbst hatte er sich verändert – er schien gealtert zu sein, und die einst jungen, offenen, wachsamen und sorglosen Cowboy-Eigenschaften hatten sich zu einem Mann zusammengeschlossen. Helen wusste genau, was für ein Mann er wirklich war. Er war ihre Hauptstütze während der ganzen komplexen Arbeit auf der Ranch gewesen, die ihr auferlegt worden war.

„Wal, ich schätze, du hast dich getäuscht, wenn du gedacht hast, ich würde wie die anderen Liebhaber von dir kriechen", sagte er mit kühler Überlegung.

Bo wurde blass, und ihre Augen leuchteten ziemlich, doch selbst in ihrer scheinbaren Wut sah Helen Erstaunen und Schmerz.

„ANDERE Liebhaber? Ich denke, die größte Täuschung hier ist die Art und Weise, wie man sich selbst schmeichelt", antwortete Bo stechend.

„Ich schmeichele mir selbst? Nein. Du verstehst mich nicht. Ich hasse mich heutzutage selbst."

"Kleines Wunder. Ich hasse dich auf jeden Fall – von ganzem Herzen!"

Bei dieser Erwiderung senkte der Cowboy den Kopf und sah nicht, wie Bo den Raum verließ. Aber er hörte, wie sich die Tür schloss, und kam dann langsam auf Helen zu.

„Kopf hoch, Las Vegas", sagte Helen lächelnd. „Bo ist hitzig."

„Miss Nell, ich bin wie ein Hund. Je gemeiner sie mich behandelt, desto mehr liebe ich sie", antwortete er niedergeschlagen.

Zu Helens anfänglichem Instinkt, diesen Cowboy zu mögen, gesellten sich Bewunderung, Respekt und eine wachsende Wertschätzung für einen starken, treuen, sich entwickelnden Charakter. Carmichaels Gesicht und Hände waren vom Winterwind rot und rissig; das Leder der Armbänder, des Gürtels und der Stiefel war völlig abgenutzt, glänzend und dünn; Während er schwer atmete, fielen kleine Staubfäden von ihm. Er sah nicht mehr wie ein schneidiger Cowboy aus, der zu einem Tanz, einem Scherz oder einem Kampf bereit war.

„Wie um alles in der Welt hast du sie so beleidigt?" fragte Helen. „Bo ist wütend. Ich habe sie noch nie so wütend gesehen."

„Miss Nell, das war ein Scherz", begann Carmichael. „Shore Bo wusste, dass ich in sie verliebt war. Ich bat sie, mich zu heiraten, und sie sagte weder „Ja" noch „Nein" … Und so gemein es auch klingen mag – sie ist nie davongelaufen, dem Ufer. Wir hatten einige Streitereien – zwei davon schlimm, und dieser letzte ist der schlimmste."

„Bo hat mir von einem Streit erzählt", sagte Helen. „Es war – weil du – dieses Mal getrunken hast."

„Es war am Ufer. Sie hat einen ihrer Erkältungsanfälle erlitten, und ich habe mich scherzhaft betrunken."

„Aber das war falsch", protestierte Helen.

„Ich bin nicht so bodenständig. Wissen Sie, ich habe mich oft betrunken – bevor ich hierher kam. Und ich war nur einmal betrunken. Zurück in Las Vegas würde das Outfit es nie glauben. Wal, ich habe Bo versprochen , dass ich es nicht noch einmal tun würde, und ich habe mein Wort gehalten."

„Das ist in Ordnung von dir. Aber sag mir, warum ist sie jetzt wütend?"

„Bo macht alle Kerle wieder gut", gestand Carmichael und ließ den Kopf hängen. „Ich habe sie letzte Woche zum Tanz mitgenommen – drüben im Rathaus. Es war das erste Mal, dass sie mit mir irgendwohin ging. Ich war stolz... Aber der Tanz war die Hölle. Bo hat etwas Schreckliches getan, und ich …"

" Sag mir. Was hat Sie getan?" forderte Helen besorgt. „Ich bin für sie verantwortlich. Ich muss dafür sorgen, dass sie sich benimmt."

„Ach, ich sage nicht, dass sie sich nicht wie eine Dame benommen hat", antwortete Carmichael. „Es war – sie – wal, alle diese Kerle sind Idioten wegen ihr – und ‚Bo war mir gegenüber nicht treu."

„Mein lieber Junge, ist Bo mit dir verlobt?"

„Herr – wenn sie es nur wäre!" er seufzte.

„Wie kannst du dann sagen, dass sie dir nicht treu war? Sei vernünftig."

„Ich glaube, Miss Nell, dass niemand verliebt sein und sich vernünftig verhalten kann", entgegnete der Cowboy. „Ich weiß nicht, wie ich es erklären soll, aber Tatsache ist, dass ich das Gefühl habe, dass Bo mit mir und all den anderen Kerlen den – den Teufel gespielt hat."

„Du meinst, sie hat geflirtet?"

"Ich rechne damit."

„Las Vegas, ich fürchte, Sie haben Recht", sagte Helen mit wachsender Besorgnis. "Mach weiter. Erzähl mir, was passiert ist."

„Wal, der Turner-Junge, der für Beasley fährt, er war heiß auf Bo", erwiderte Carmichael und sprach, als ob ihm die Erinnerung wehtat. „Ich schätze, ich habe keine Verwendung für Turner. Er ist ein gutaussehender, strammer, großer Bullenschläger und darauf bedacht, die Mädchen für sich zu gewinnen. Er prahlt damit, dass er es kann, und ich denke, er hat Recht.

Wal, er war immer bei Bo. Und er hat einen meiner Tänze mit Bo gestohlen. Ich hatte nur drei, und er kommt und sagt, das sei seins; Bo, sehr unschuldig – oh, sie ist süß ! – Sie sagt: „Warum, Mister Turner – gehört es wirklich Ihnen?" Und sie sah so voller Freude aus, dass ich, als er zu mir sagte: „Entschuldige uns, Freund Carmichael", wie ein Idiot da saß und sie gehen ließ. Aber ich war nicht böse darüber. Er war ein besserer Tänzer als ich und ich wollte, dass sie eine gute Zeit hatte. Was zum Teufel begann, war, dass ich gesehen habe, wie er seinen Arm um sie gelegt hat, als es nicht gerade an der Zeit war, laut Tanz, ein „Bo" – sie hat keine Rekorde gebrochen, um von ihm wegzukommen. Sie stieß ihn weg – nach einer Weile – nachdem ich fast gestorben wäre. Wal, auf dem Heimweg musste ich es ihr sagen. Das habe ich gemacht. Und sie sagte, was ich gerne vergessen würde. Dann – dann, Miss Nell, habe ich sie gepackt – es war hier draußen an der Veranda und strahlendes Mondlicht – ich habe sie gepackt und umarmt und ihr einen kräftigen Kuss gegeben. Als ich sie loslasse, sage ich: „Ein bisschen mutig, aber ich hatte große Angst – ich sage: ‚Wal, willst du mich jetzt heiraten?'"

Er schloss mit einem Schluck und sah Helen mit Wehmut in den Augen an.

"Oh! Was hat Bo getan?" fragte Helen atemlos.

„Sie hat mich geohrfeigt", antwortete er. „Und dann sagt sie: Ich mochte dich am liebsten, aber JETZT hasse ich dich!" Und sie hat mir die Tür vor der Nase zugeschlagen."

„Ich denke, Sie haben einen großen Fehler gemacht", sagte Helen ernst.

„Wal, wenn ich das gedacht hätte, würde ich sie um Verzeihung bitten. Aber ich schätze, das tue ich nicht. Außerdem fühle ich mich besser als zuvor. Ich bin nur ein Cowboy und habe nie viel Gutes getan, bis ich sie traf. Dann machte ich mich bereit. Ich musste Hoffnungen haben, Bücher studieren, und Sie wissen schon, wie ich mich mit diesem Ranchspiel beschäftigt habe. Ich habe mit dem Trinken aufgehört und mein Geld gespart. Wal, sie weiß das alles. Einmal sagte sie, sie sei stolz auf mich. Aber es schien für sie keine große Rolle zu spielen. Und wenn es nicht groß zählen kann , möchte ich nicht, dass es überhaupt zählt. Ich denke, je wütender Bo auf mich losgeht, desto größer ist meine Chance. Sie weiß, dass ich sie liebe – dass ich für sie sterben würde – dass ich ein veränderter Mann bin. Und sie weiß, dass ich nie zuvor daran gedacht hätte, ihre Hand zu berühren. Und sie weiß, dass sie mit Turner geflirtet hat."

„Sie ist noch ein Kind", antwortete Helen. „Und all diese Veränderungen – der Westen – die Wildheit – und ihr Jungs, die viel aus ihr machen – nun, es hat ihr den Kopf verdreht. Aber Bo wird völlig aus der Krise herauskommen . Sie ist gut, liebevoll. Ihr Herz ist Gold."

„Ich glaube, ich weiß es, und mein Glaube kann nicht erschüttert werden ", erwiderte Carmichael schlicht. „Aber sie sollte glauben, dass sie hier draußen böses Blut produzieren wird. Der Westen ist der Westen. Mädchen jeglicher Art sind rar. Einer wie Bo – Herr! Wir Cowboys haben noch nie jemanden gesehen, der mit ihr vergleichbar wäre. Sie wird böses Blut produzieren und einiges davon wird vergossen."

„Onkel Al ermutigt sie", sagte Helen besorgt. „Es kitzelt ihn, zu hören, wie die Jungs hinter ihr her sind. Oh, sie sagt es ihm nicht. Aber er hört. Und ich, der für sie an der Stelle der Mutter stehen muss, was kann ich tun?"

„Miss Nell, sind Sie auf meiner Seite?" fragte der Cowboy wehmütig. Er war stark und elementar, gefangen in den Mühsalen einer Macht, die über ihm lag.

Gestern hätte Helen bei dieser Frage vielleicht gezögert. Aber heute brachte Carmichael eine bewährte Qualität der Loyalität mit, eine seltsame Tiefe rauer Aufrichtigkeit, als hätte sie seinen zukünftigen Wert kennengelernt.

„Ja, das bin ich", antwortete Helen ernst. Und sie reichte ihre Hand.

„Wal, dann wird es glücklich", sagte er und drückte ihre Hand. Sein Lächeln war dankbar, aber da war nichts von dem Sieg, den er andeutete. Ein Teil seiner rötlichen Farbe war verschwunden. „ Und jetzt möchte ich dir sagen, warum ich komme."

Er hatte seine Stimme gesenkt. „Schläft Al?" er flüsterte.

„Ja", antwortete Helen. „Er war vor einer Weile."

„Ich schätze, ich sollte besser seine Tür schließen."

Helen sah zu, wie der Cowboy durch den Raum glitt, vorsichtig die Tür schloss und dann mit aufmerksamem Blick zu ihr zurückkehrte. Sie spürte Ereignisse in seinem Blick und ahnte plötzlich, dass er sich wie ihr Bruder fühlen musste.

„Shore, ich bin derjenige, der dir alle schlechten Nachrichten überbringt", sagte er bedauernd.

Helen hielt den Atem an. Es hatte in der Tat viele kleine Katastrophen gegeben, die ihre Bewirtschaftung der Ranch getrübt hatten – der Verlust von Rindern, Pferden und Schafen – das Verlassen der Hirten nach Beasley – das Ausbleiben von Frachtschiffen, die am dringendsten benötigt wurden – Kämpfe unter den Cowboys – und Meinungsverschiedenheiten über seit langem vereinbarte Dinge Angebote.

„Dein Onkel Al macht einen Haufen daraus, Jeff Mulvey", versicherte Carmichael.

„Ja, tatsächlich. Onkel verlässt sich absolut auf Jeff", antwortete Helen.

„Wal, ich sage es Ihnen nur ungern, Miss Nell", sagte der Cowboy verbittert, „der Mulvey ist nicht der Mann, den er zu sein scheint."

„Oh, was meinst du?"

„Wenn dein Onkel stirbt, geht Mulvey zu Beasley und er wird alle Kerle mitnehmen, die ihm treu bleiben wollen."

„Könnte Jeff so treulos sein – nach so vielen Jahren der Vorarbeiter meines Onkels? Oh, woher weißt du das?"

„Ich schätze, das habe ich schon vor langer Zeit vermutet. Aber es war kein Ufer. Miss Nell, in letzter Zeit liegt viel im Wind, da der arme alte Al schwächer wird. Mulvey war besonders freundlich zu mir und ich habe ihn gepflegt, außer dass ich nicht getrunken habe. Und seine Freunde waren auch immer besonders mit mir befreundet, je mehr ich lockerer wurde. Sie sehen, sie waren mir gegenüber schüchtern, als ich hier ankam. Heute sah ich die ganze Sache deutlich wie eine Hufspur in weichem Boden. Bud Lewis, der mit mir zusammengeschlafen hat, kam heraus und versuchte, mich für Beasley zu gewinnen – sobald Auchincloss starb. Ich habe mit Bud geplaudert und wollte es wissen. Aber Bud würde nur sagen, dass er mit Jeff und anderen Mitgliedern der Truppe mitmachen würde. Ich sagte ihm, ich würde darüber nachdenken und es ihm sagen. Er denkt, ich komme vorbei."

„Warum – warum werden diese Männer mich verlassen, wenn – wann – Oh, armer Onkel! Sie verhandeln über seinen Tod. Aber warum – sag mir warum?"

„Beasley hat daran gearbeitet – sie überzeugt", antwortete Carmichael grimmig. „Nachdem Al gestorben ist, geht die Ranch an dich. Beasley will es haben. Er und Al waren einst befreundet, und jetzt glauben die meisten Leute hier bei Beasley, dass er den Kürzeren gezogen hat. Er wird Papiere haben – Land – und er wird die meisten Männer haben. Also wird er dich einfach abschrecken und dich in Besitz nehmen. Das ist alles, Miss Nell, und Sie können sich darauf verlassen, dass es wahr ist."

„Ich – ich glaube dir – aber ich kann nicht glauben, dass ein solcher Raub möglich ist", keuchte Helen.

„Es ist ein Kinderspiel . Besitz ist hier Gesetz. Sobald Beasley am Boden ist, ist alles erledigt. Was könnten Sie tun, wenn keine Männer um Ihr Eigentum kämpfen würden?"

„Aber sicherlich werden einige der Männer bei mir bleiben?"

"Ich rechne damit. Aber nicht genug."

„Dann kann ich mehr einstellen. Die Beeman-Jungs. Und Dale würde kommen, um mir zu helfen."

„Dale würde kommen. Und er würde einem Haufen helfen. Ich wünschte, er wäre hier", antwortete Carmichael nüchtern. „Aber es gibt keine Möglichkeit, ihn zu kriegen. Er ist bis Mai eingeschneit."

„Ich wage es nicht, mich Onkel anzuvertrauen", sagte Helen aufgeregt. „Der Schock könnte ihn töten. Ihm dann von der Untreue seiner alten Männer zu erzählen – das wäre grausam ... Oh, es kann nicht so schlimm sein, wie du denkst."

„Ich denke, es könnte nicht schlimmer sein. Und – Miss Nell, es gibt nur einen Ausweg – und das ist der Weg des Westens."

"Wie?" fragte Helen eifrig.

Carmichael richtete sich auf und blickte auf sie herab. Er schien nun völlig losgelöst von dem offenen, liebenswürdigen Cowboy ihrer ersten Eindrücke zu sein. Die Rötung war vollständig aus seinem Gesicht verschwunden. Etwas Seltsames, Kaltes und Sicheres blickte aus seinen Augen.

„Ich habe gesehen, wie Beasley in den Saloon ging, als ich vorbeifuhr. Angenommen, ich gehe dorthin, fange einen Streit mit ihm an – und töte ihn?"

Helen saß vor Kälte kerzengerade da.

„Carmichael! Sie sind nicht ernst?" rief sie aus.

"Ernst? Ich bin Ufer. Das ist der einzige Weg, Miss Nell. Und ich denke, es ist das, was Al wollen würde. Ein „zwischen dir und mir" – das wäre einfacher, als ein Kalb festzuhalten. Diese Kerle in Pine kennen sich mit Waffen nicht aus. Nun, ich komme von dort, wo Waffen etwas bedeuten. Und wenn ich dir sage, dass ich eine Waffe geschickt und schnell werfen kann, ist es keine Prahlerei, warum ich an Land gehe. Sie brauchen sich um mich keine Sorgen zu machen, Miss Nell."

Helen begriff, dass er die Anzeichen ihrer geschockten Sensibilität als Zeichen dafür gedeutet hatte, dass sie um sein Leben fürchtete. Aber was sie krank gemacht hatte, war die bloße Vorstellung, für sie Blut zu vergießen.

„Du würdest Beasley töten, nur weil es Gerüchte über seinen Verrat gibt?" keuchte Helen.

"Ufer. „Es muss auf jeden Fall getan werden", antwortete der Cowboy.

"NEIN! NEIN! Es ist zu schrecklich, daran zu denken. Das wäre Mord. Ich – ich kann nicht verstehen, wie du – so – so ruhig – darüber sprichst."

„Ich schätze, ich mache das nicht ruhig. Ich bin wahnsinnig wütend", sagte Carmichael mit einem rücksichtslosen Lächeln.

„Oh, wenn du es ernst meinst, sage ich nein – nein – nein! Ich verbiete es dir. Ich glaube nicht, dass mir mein Eigentum geraubt wird."

„Wal, angenommen, Beasley schreckt dich ab – und nimmt Besitz. Was wirst du dann sagen?" forderte der Cowboy in langsamer, kühler Überlegung.

„Ich würde damals dasselbe sagen wie heute", antwortete sie.

Er senkte nachdenklich den Kopf, während seine roten Hände seinen Sombrero glattstrichen.

„Shore, ihr Mädels seid noch nicht lange im Westen", murmelte er, als würde er sich für sie entschuldigen. „Und ich denke, es braucht Zeit, um die Sitten eines Landes kennenzulernen."

„West hin oder her, Westen, ich lasse nicht zu, dass Schlägereien absichtlich angezettelt und Männer erschossen werden, selbst wenn sie mich bedrohen", erklärte Helen positiv.

„In Ordnung, Miss Nell, ich respektiere Ihre Wünsche", erwiderte er. „Aber das werde ich dir sagen. Wenn Beasley Sie zu einem 'Bo' macht, werde ich ihn auf eigene Faust aufsuchen.

Helen konnte ihn nur ansehen, als er rückwärts zur Tür ging, und sie erschauerte und schauderte über seine scheinbare Loyalität ihr gegenüber, seine Liebe zu Bo und das, was in ihm selbst unvermeidlich war.

„Ich schätze, du könntest uns allen etwas Ärger ersparen – wenn du jetzt – einfach wütend werden würdest – und mich den Schmierer jagen lassen würdest."

„Schmierer! Meinst du Beasley?"

"Ufer. Er ist ein Mischling. Er wurde in Magdalena geboren, wo ich gehört habe, dass keiner seiner Eltern nicht gut war."

„Das spielt keine Rolle. Ich denke an die Menschheit von Recht und Ordnung. Von dem, was richtig ist."

„Wal, Miss Nell, ich werde warten, bis Sie richtig wütend werden – oder bis Beasley –"

„Aber mein Freund, ich werde nicht böse", unterbrach Helen. „Ich werde meine Beherrschung bewahren."

„Ich wette, das tust du nicht", erwiderte er. „ Vielleicht denkst du, dass du nichts von Bo in dir hast. Aber ich wette, du könntest so wütend werden – wenn du erst einmal damit angefangen hast –, dass du furchtbar wärst. Wofür haben Sie diese Augen, Miss Nell, wenn Sie kein Auchincloss sind?"

Er lächelte, aber er meinte jedes Wort ernst. Helen empfand die Wahrheit als etwas, das sie fürchtete.

„Las Vegas, das wette ich nicht. Aber du – du wirst immer zuerst zu mir kommen, wenn es Ärger gibt."

„Ich verspreche es", antwortete er nüchtern und ging dann hinaus.

Helen bemerkte, dass sie zitterte und dass ihre Brust sich bewegte. Carmichael hatte ihr Angst gemacht. Sie hatte keinen Zweifel mehr am Ernst der Lage. Sie hatte Beasley oft gesehen, mehrmals in der Nähe, und einmal war sie gezwungen gewesen, ihn zu treffen. Damals hatte sie davon überzeugt, dass er persönliches Interesse an ihr gezeigt hatte. Und aus diesem Grund, gepaart mit der Tatsache, dass Riggs offenbar nichts anderes zu tun hatte, als sie zu beschatten, hatte sie ihre Absicht, eine Schule für die Kinder von Pine zu gründen und zu unterrichten, nur langsam entwickelt. Riggs war in den Siedlungen zu einer eher zweifelhaften Berühmtheit geworden. Dennoch hatte seine kühne, offensichtliche Bösartigkeit Eindruck gemacht. Allen Berichten zufolge verbrachte er seine Zeit mit Spielen, Trinken und Prahlen. Es war in Pine keine Neuigkeit mehr, welche Absichten er gegenüber Helen Rayner hatte. Zweimal war er zum Ranchhaus geritten, einmal hatte er sich ein Gespräch mit Helen gesichert. Trotz ihrer Verachtung und Gleichgültigkeit beeinflusste er tatsächlich ihr Leben dort in Pine. Und es schien, als würde der andere Mann, Beasley, der Freiheit ihres Handelns bald größere Bedeutung beimessen.

Die Verantwortung der Ranch hatte sich als schwere Belastung herausgestellt. Es konnte zumindest von ihr nicht so gemeistert werden, wie Auchincloss es wollte. Er war alt, gereizt, irrational und hart. Fast alle Nachbarn waren gegen ihn und reagierten natürlich nicht gerade freundlich auf Helen.

Sie hatte nicht den geringsten Hinweis auf unfaires Handeln seitens ihres Onkels gefunden, aber er war ein harter Fahrer gewesen. Dann hatte ihm sein scharfsinniges, weitsichtiges Urteil alle seine Geschäfte zum Glück verholfen, was jedoch keinen Gewinn an Freundschaft gebracht hatte.

Seitdem Auchincloss schwächer und weniger dominant geworden war, hatte Helen viele Entscheidungen selbst getroffen, mit erfreulichen und hoffnungsvollen Ergebnissen. Aber das wunderbare Glück, das sie im Westen erwartet hatte, blieb ihr immer noch fern. Die Erinnerung an Paradise Park schien nur ein Traum zu sein, der mit der Zeit immer süßer und ungreifbarer wurde und voller vager Reue. Bo war ein Trost, aber auch ein großer Grund zur Sorge. Sie wäre Helen vielleicht eine Hilfe gewesen, wenn sie sich nicht so schnell an die westlichen Sitten gewöhnt hätte. Helen wollte die Dinge auf ihre eigene Weise entscheiden, die noch weit vom Westen entfernt war. So war Helen immer mehr auf sich allein gestellt, und der Cowboy Carmichael war der Einzige, der ihr freiwillig zu Hilfe gekommen war.

Eine Stunde lang saß Helen allein im Zimmer, schaute aus dem Fenster und blickte der düsteren Realität mit einem kälteren, ernsteren und schärferen Gefühl der Intimität entgegen als je zuvor. Ihr Eigentum zu behalten und ihr Leben in dieser Gemeinschaft nach ihren Vorstellungen von Ehrlichkeit, Gerechtigkeit und Gesetz zu leben, könnte durchaus außerhalb ihrer Kräfte liegen. Heute war sie davon überzeugt, dass sie dies nicht tun konnte, ohne für sie zu kämpfen, und um zu kämpfen, musste sie Freunde haben. Diese Überzeugung weckte in ihr Sympathie für Carmichael, und eine nachdenkliche Betrachtung dessen, was er für sie getan hatte, zeigte, dass sie ihn nicht völlig wertgeschätzt hatte. Sie würde ihr Versehen wiedergutmachen.

Es gab keine Mormonen in ihrem Dienst, und zwar aus gutem Grund, weil Auchincloss sie nicht einstellen wollte. Aber in einer seiner freundlicheren Stunden, die jetzt seltener werden, hatte er zugegeben, dass die Mormonen die besten, nüchternsten und treuesten Arbeiter auf den Weiden waren und dass sein einziger Einwand gegen sie genau diese Tatsache ihrer Überlegenheit war. Helen beschloss, die vier Beemans und alle ihre Verwandten oder Freunde, die kommen würden, einzustellen; und dies nach Möglichkeit zu tun, ohne es ihrem Onkel mitzuteilen. Sein Temperament und sein Urteilsvermögen waren jetzt ein Hindernis für seine Effizienz. Diese Entscheidung bezüglich der Beemans; brachte Helen zurück zu Carmichaels innigem Wunsch für Dale und dann zu ihrem eigenen.

Bald würde der Frühling mit seinen vielfältigen Aufgaben auf dem Gelände vor der Tür stehen. Dale hatte versprochen, dann nach Pine zu kommen, und Helen wusste, dass dieses Versprechen gehalten werden würde. Ihr Herz schlug trotz ihrer geschäftlichen Gedanken etwas schneller. Dale war dort, über dem Berg mit seinen schwarzen Hängen und schneebedeckten Spitzen, abgeschottet von der Welt. Helen beneidete ihn fast. Kein Wunder, dass er die Einsamkeit, die Einsamkeit, die süße, wilde Stille und die Schönheit des Paradise Parks liebte! Aber er war egoistisch, und Helen wollte ihm das zeigen. Sie brauchte seine Hilfe. Als sie sich an seine körperlichen Fähigkeiten im Umgang mit Tieren erinnerte und sich vorstellte, wie diese im Verhältnis zu Männern aussehen müssten, lächelte sie tatsächlich bei dem Gedanken, dass Beasley sie von ihrem Grundstück vertreiben würde, wenn Dale dabei wäre. Beasley würde sich nur selbst eine

Katastrophe aufzwingen. Dann erlebte Helen einen kurzen Schock. Würde Dale auf diese Situation so reagieren, wie Carmichael geantwortet hatte? Es erleichterte sie, sich vom Gegenteil zu überzeugen. Der Cowboy gehörte zu den Aderlassern; Der Jäger war ein Mann des Denkens, der Sanftmut und der Menschlichkeit. Diese Situation war eine von der Art , die ihn dazu gebracht hatte, die Kleinheit der Menschen zu verachten. Helen versicherte sich, dass er sich in allen Lebensbeziehungen, die sie bei ihm beobachtet hatte, von ihrem Onkel und vom Cowboy unterschied. Aber ein Zweifel blieb in ihrem Kopf. Sie erinnerte sich an seine ruhige Anspielung auf Snake Anson, und das löste in ihr wieder einen kleinen Schauer aus, den Carmichael ihr bereitet hatte. Als sich der Zweifel zu der Möglichkeit steigerte, dass sie Dale möglicherweise nicht kontrollieren konnte, versuchte sie, nicht mehr daran zu denken. Es verwirrte und verblüffte sie, dass ihr der Gedanke durch den Kopf schoss, dass es zwar furchtbar für Carmichael wäre, Beasley zu töten, für Dale aber eine Katastrophe wäre – eine schreckliche Sache. Helen analysierte diesen seltsamen Gedanken nicht. Sie hatte davor ebenso große Angst wie vor dem Aufruhr in ihrem Blut, als sie sich Dale vorstellte.

Ihre Meditation wurde von Bo unterbrochen, der mit rebellischem Blick und sehr erhaben den Raum betrat. Ihr Verhalten veränderte sich, was offenbar darauf zurückzuführen war, dass Helen allein war.

„Ist das – der Cowboy weg?" Sie fragte.

"Ja. „Er ist schon vor einiger Zeit gegangen", antwortete Helen.

„Ich habe mich gefragt, ob er deine Augen zum Leuchten gebracht hat – deine Farbe so brennend. Nell, du bist einfach wunderschön."

„Brennt mein Gesicht?" fragte Helen mit einem kleinen Lachen. " So ist es. Nun, Bo, du hast keinen Grund zur Eifersucht. Man kann Las Vegas nicht für mein Erröten verantwortlich machen."

"Eifersüchtig! Mich? Von diesem wildäugigen, sanftmütigen, doppelzüngigen Kuhhirten? Ich denke nicht, Nell Rayner. Was hat er über mich gesagt ?"

„Bo, er hat viel gesagt", antwortete Helen nachdenklich. „Ich werde es dir gleich sagen. Zuerst möchte ich Sie fragen: Hat Carmichael Ihnen jemals erzählt, wie er mir geholfen hat?"

"NEIN! Wenn ich ihn sehe – was in letzter Zeit nicht oft vorkam –, dann streiten wir uns. Nell, hat er dir geholfen?"

Helen lächelte leicht amüsiert. Sie wollte es ernst meinen, aber sie wollte dem Cowboy gegenüber ihr Wort halten. Tatsache war, dass ihr Nachdenken ihre Schuld gegenüber Carmichael bewusst gemacht hatte.

„Bo, du warst so wild darauf, halb kaputte Mustangs zu reiten – und mit Cowboys weiterzumachen – und zu lesen – und zu nähen – und deine Geheimnisse zu bewahren, dass du keine Zeit für deine Schwester und ihre Probleme hattest."

„Nell!" platzte Bo voller Erstaunen und Schmerz heraus. Sie flog zu Helen und ergriff ihre Hände. „Was sagst du?"

„Es ist alles wahr", antwortete Helen aufregend und beruhigend. Dieser süßen Schwester kann man kaum widerstehen, wenn sie erst einmal erregt ist. Helen meinte, sie sollte an ihrem vorwurfsvollen und strengen Ton festhalten.

„ Sicher ist es wahr", rief Bo heftig. „Aber was hat meine Dummheit mit dem – dem Rest, den du gesagt hast, zu tun? Nell, verheimlichst du mir etwas?"

dir meine Probleme zu erzählen ."

„Aber ich habe – ich habe meinen Onkel gepflegt – bei ihm gesessen – genauso wie du", sagte Bo mit zitternden Lippen.

„Ja, du warst gut zu ihm."

„Wir haben keine anderen Probleme, oder, Nell?"

„Das hast du nicht, aber ich schon", antwortete Helen vorwurfsvoll.

„Warum – warum hast du es mir nicht gesagt?" rief Bo leidenschaftlich. "Was sind Sie? Sag es mir jetzt. Du musst mich für eine – eine selbstsüchtige, hasserfüllte Katze halten."

„Bo, ich hatte viel zu befürchten – und das Schlimmste steht mir noch bevor", antwortete Helen. Dann erzählte sie Bo, wie kompliziert und verwirrend die Verwaltung einer großen Ranch war – als der Besitzer krank, gereizt, gedächtnisschwach und hart wie Stahl war – als er Horde von Gold und Banknoten hatte, sich aber nicht an seine erinnern konnte oder wollte Verpflichtungen – als die benachbarten Viehzüchter berechtigte Ansprüche hatten – als Cowboys und Schafhirten unzufrieden waren und sich untereinander stritten – als große Rinder- und Schafherden im Winter gefüttert werden mussten – als ständig Vorräte über einen schlammigen Untergrund transportiert werden mussten Wüste und schließlich, als ein feindlicher Viehzüchter langsam die besten Hände an sich riss, mit dem Ziel, das Anwesen nach dem Tod des Besitzers absichtlich zu übernehmen. Dann erzählte Helen, wie sie erst an diesem Tag das Ausmaß von Carmichaels Rat, Hilfe und Arbeit erkannt hatte – wie er tatsächlich ein Bruder für sie gewesen war – wie …

Doch zu diesem Zeitpunkt vergrub Bo ihr Gesicht an Helens Brust und begann wild zu weinen.

„Ich – ich – will – nichts – mehr hören", schluchzte sie.

„Nun, das musst du dir anhören", antwortete Helen unaufhaltsam. „Ich möchte, dass du weißt, wie er mir zur Seite stand."

„Aber ich hasse ihn."

„Bo, ich vermute, das stimmt nicht."

"Mach ich mach ich."

„Na ja, dann handeln und reden Sie sehr seltsam."

„Nell Rayner – sind – Sie – setzen Sie sich dafür ein – dieser Teufel?"

„Das bin ich, ja, soweit es mein Gewissen betrifft", erwiderte Helen ernst. „Ich habe ihn nie so geschätzt, wie er es verdient hätte – bis jetzt nicht. Er ist ein Mann, Bo, jeder Zentimeter von ihm. Ich habe gesehen, wie er in drei Monaten dazu herangewachsen ist. Ohne ihn wäre ich nie zurechtgekommen. Ich finde ihn gut, männlich, groß. ICH-"

„Ich wette – er hat auch mit dir geschlafen", antwortete Bo traurig.

„Sprechen Sie vernünftig", sagte Helen scharf. „Er war ein Bruder für mich. Aber Bo Rayner, wenn er mit mir geschlafen hätte, hätte ich es vielleicht mehr geschätzt als du."

Bo hob ihr Gesicht, teilweise gerötet und auch blass, mit tränennassen Wangen und dem verräterischen Leuchten in den blauen Augen.

„Ich war ganz verrückt nach diesem Kerl. Aber ich hasse ihn auch", sagte sie voller Elan. „Und ich möchte ihn weiterhin hassen. Also erzähl mir nichts mehr."

Daraufhin erzählte Helen kurz und anschaulich, wie Carmichael angeboten hatte, Beasley zu töten, als einzige Möglichkeit, ihr Eigentum zu retten, und wie er, als sie sich weigerte, drohte, er würde es trotzdem tun.

Bo fiel keuchend um und klammerte sich an Helen.

„Oh – Nell! „Oh, jetzt liebe ich ihn mehr denn je", schrie sie in einer Mischung aus Wut und Verzweiflung.

Helen drückte sie fest an sich und versuchte sie zu trösten wie in den alten Zeiten, vor nicht allzu langer Zeit, als die Probleme noch nicht so ernst waren wie jetzt.

„ Natürlich liebst du ihn", schloss sie. „Das habe ich schon vor langer Zeit vermutet. Und ich bin glücklich. Aber Sie waren vorsätzlich – dumm. Du würdest dich dem nicht ergeben. Du wolltest eine Affäre mit den anderen Jungs. Du bist – Oh, Bo, ich fürchte, du warst ein trauriger kleiner Flirt."

„Ich – ich war nicht sehr schlecht, bis – bis er herrisch wurde. Nun, Nell, er hat sich auf Anhieb so verhalten, als ob er mich BESITZEN würde. Aber er tat es nicht... Und um ihm zu zeigen, dass ich wirklich mit diesem Turner-Typen geflirtet habe. Dann hat er – er hat mich beleidigt … Oh, ich hasse ihn!"

„Unsinn, Bo. „Du kannst niemanden hassen, während du ihn liebst", protestierte Helen.

„Das weißt du ja schon", blitzte Bo auf. „Das kannst du einfach! Schau hier. Haben Sie jemals gesehen, wie ein Cowboy ein gemeines Pferd mit einem Seil wirft und anbindet?"

"Ja, habe ich."

„Haben Sie eine Vorstellung davon, wie stark ein Cowboy ist – wie seine Hände und Arme wie Eisen sind?"

„Ja, das weiß ich sicher auch."

„Und wie wild ist er?"

"Ja."

„Und wie geht er bei allem vor, was er tun möchte?"

„Ich muss zugeben, Cowboys sind schroff", antwortete Helen mit einem Lächeln.

„Nun, Miss Rayner, haben Sie jemals – als Sie still dastanden wie eine Dame – haben Sie jemals einen Cowboy-Angriff mit einem schrecklichen Ausfallschritt auf Sie ausgeführt – Sie gepackt und festgehalten, sodass Sie sich nicht bewegen, nicht atmen oder schreien konnten – umarmen? dich, bis alle deine Knochen brachen – und dich so heftig und so hart küsste, dass du ihn töten und sterben wolltest?"

Helen hatte sich allmählich von dieser strahlendäugigen, beredten Schwester zurückgezogen, und als das Ende dieser bemerkenswerten Frage kam, war es unmöglich, darauf zu antworten.

"Dort! Ich sehe, dass dir das nie angetan wurde", fuhr Bo zufrieden fort. „Also rede nie mit mir."

„Ich habe seine Seite der Geschichte gehört", sagte Helen gezwungen.

Bo setzte sich erschrocken aufrechter hin, als ob sie sich besser verteidigen könnte.

"Oh! Also hast du? Und ich nehme an, dass Sie seinen Teil übernehmen werden – selbst in dieser Hinsicht – diesen pessimistischen Trick."

"NEIN. Ich finde das unhöflich und dreist. Aber Bo, ich glaube nicht, dass er unhöflich oder dreist sein wollte. Aus dem, was er mir gestanden hat, gehe ich davon aus, dass er glaubte, er würde dich durch diese Gewalt sofort verlieren oder gewinnen. Es scheint, dass Mädchen hier draußen in diesem wilden Westen nicht mit Liebe spielen können. Er sagte, es würde Blut über dich vergossen werden. Mir wird langsam klar, was er meinte. Es tut ihm nicht leid, was er getan hat. Denken Sie, wie seltsam das ist. Denn er hat die Instinkte eines Gentleman. Er ist freundlich, sanft, ritterlich. Offensichtlich hatte er mit allen Mitteln versucht, Ihre Gunst zu gewinnen, außer mit vertrauten Annäherungsversuchen. Er tat das als letzten Ausweg. Meiner Meinung nach bestand sein Motiv darin, einen zu zwingen, ihn anzunehmen oder abzulehnen, und falls man ihn ablehnte, bekam er immer diese verbotenen gestohlenen Küsse, um seine Selbstachtung zu beruhigen – wenn er an Turner oder irgendjemanden anderen dachte, der es wagte, vertraut zu sein mit dir. Bo, ich durchschaue Carmichael, auch wenn ich ihn dir nicht klar mache. Du musst ehrlich zu dir selbst sein. Hat diese Tat Sie gewonnen oder verloren? Mit anderen Worten: Liebst du ihn oder nicht?"

Bo verbarg ihr Gesicht.

„Oh, Nell! Es zeigte mir, wie sehr ich ihn liebte – und das machte mich so krank, dass ich ihn hasste … Aber jetzt ist der Hass ganz verschwunden."

Kapitel XVII

Als der Frühling endlich kam und die Weiden grün und frisch über dem Bach hingen und die Weide vom Schrei des Esels und dem Pfiff der Hengste erklang, lag der alte Al Auchincloss schon einen Monat im Grab.

Helen kam es länger vor. Der Monat war voller Arbeit, Ereignisse und wachsender, hoffnungsvollerer Pflichten gewesen, so dass er eine Welt voller Leben enthielt. Der Onkel war nicht vergessen, aber die unzähligen Einschränkungen der Entwicklung und des Fortschritts waren nicht mehr erkennbar. Beasley hatte weder sich selbst noch irgendeinen Anspruch auf Helen erhoben; und sie, die von Tag zu Tag mehr Selbstvertrauen gewann, begann zu glauben, dass die Behauptung, dass es Ärger geben würde, übertrieben gewesen sei.

In dieser Zeit hatte sie ihre Arbeit und alles, was damit zusammenhing, lieben gelernt. Das Anwesen war groß. Sie wusste nicht genau, wie viele Hektar sie besaß, aber es waren mehr als zweitausend. Das schöne, alte, weitläufige Ranchhaus, das wie eine Festung auf den letzten Ausläufern der Hügel lag, Hürden und Felder und Scheunen und Wiesen und die hügelige grüne Bergkette dahinter und unzählige Schafe, Pferde, Rinder – all das gehörte dazu Helen, zu ihrer immer wieder staunenden Erkenntnis und immer größer werdenden Freude. Dennoch hatte sie Angst, sich gehen zu lassen und vollkommen glücklich zu sein. Da war immer die Angst, die zu tief und stark war, um sie so schnell zu vergessen.

An diesem hellen, frischen Morgen im März kam Helen auf die Veranda, um ein wenig die Wärme des Sonnenscheins und den frischen, nach Kiefern duftenden Wind zu genießen, der von den Bergen herabwehte. Es gab keinen Morgen, an dem sie nicht zum Berg blickte und mit einer Dummheit, die ihr bewusst wurde, zu sehen versuchte, ob der Schnee auf dem kühnen weißen Bergrücken deutlicher weggeschmolzen war. Soweit sie sehen konnte, war es keinen Zentimeter geschmolzen und sie wollte nicht zugeben, warum sie seufzte. Die Wüste war grün und frisch geworden, erstreckte sich bis weit unter ihr Verbreitungsgebiet und wurde in der Ferne dunkel und violett, wobei sich verschwommene Felsvorsprünge abzeichneten. Die Luft war voller Geräusche – das Geräusch von Amseln und dem Baas der Schafe, das Knallen aus den Hürden und das Klappern leichter Hufe auf dem Hof darunter.

Bo ritt vom Stall herein. Helen liebte es, sie auf einem dieser feurigen kleinen Mustangs zu beobachten, aber der Anblick weckte auch Befürchtungen. Heute Morgen schien Bo besonders darauf bedacht zu sein, Helen Angst zu machen. Am Ende der Gasse erschien Carmichael und wedelte mit den Armen, und Helen verband ihn sofort mit Bos offensichtlichem Wunsch, von diesem bestimmten Ort wegzufliegen. Seit jenem Tag vor einem Monat, als Bo Carmichael ihre Liebe gestanden hatte, hatten sie und Helen weder darüber noch über den Cowboy gesprochen. Der Junge und das Mädchen waren immer noch uneins. Aber das machte Helen keine Sorgen. Bo hatte sich sehr zum Besseren verändert, vor allem dadurch, dass sie sich Helen und ihrer Arbeit widmete. Helen wusste, dass am Ende alles gut ausgehen würde, und so hatte sie auf ihre eher prekäre Lage zwischen diesen beiden jungen Hitzköpfen geachtet.

Bo zügelte den Mustang an den Verandastufen. Sie trug einen Reitanzug aus Wildleder, den sie selbst angefertigt hatte, und sein sanftes Grau mit den Akzenten roter Perlen stand ihr sehr gut. Dann war sie im Winter beträchtlich gewachsen und sah jetzt zu auffällig und hübsch aus, um einem Jungen zu ähneln, und doch außergewöhnlich gesund, stark und geschmeidig. Auf ihren Wangen leuchteten rote Flecken, und in ihren Augen leuchtete ein immer gefährlicher Glanz.

„Nell, hast du mich diesem Cowboy verraten?" sie verlangte.

„Gib dich weg!" rief Helen ausdruckslos aus.

"Ja. Du weißt, ich habe dir vor einiger Zeit gesagt, dass ich unsterblich in ihn verliebt bin. Hast du mich verraten – verrätst du es mir?"

Sie war vielleicht wütend, aber verwirrt war sie bestimmt nicht.

„Warum, Bo! Wie konntest du? Nein, das habe ich nicht", antwortete Helen.

„Hast du ihm nie einen Hinweis gegeben?"

„Nicht einmal ein Hinweis. Dafür haben Sie mein Wort. Warum? Was ist passiert?"

„Er macht mich krank."

Bo wollte nichts mehr sagen, da der Cowboy schon nah herangekommen war.

„Mawnin', Miss Nell", sagte er gedehnt. „Das habe ich gerade hier erzählt, Miss Bo-Peep Rayner –"

„Nenn mich nicht so!" unterbrach Bo mit Feuer in ihrer Stimme.

„Wal, ich habe ihr nur gesagt, dass sie keine weiteren langen Fahrten mehr unternehmen wird. Ehrlich gesagt, Miss Nell, es ist nicht sicher, und –"

„Du bist nicht mein Chef", erwiderte Bo.

„In der Tat, Schwester, ich stimme ihm zu. Du wirst mir nicht gehorchen."

„Ich schätze, jemand muss dein Chef sein", sagte Carmichael gedehnt. „Shore, ich habe keine Lust auf den Job. Du könntest nach Kingdom Come reiten oder zu den Apachen – oder ein Stück hierher", woraufhin er wissend grinste, „ oder wohin auch immer, soweit es mich interessierte." Aber ich arbeite für Miss Nell, und sie ist die Chefin. Und wenn sie sagt, dass du sie nicht mitnehmen sollst, dann wirst du es nicht tun. Ist das klug, Fräulein?"

Für Helen war es eine Freude zu sehen, wie Bo den Cowboy ansah.

„Herr Carmichael, darf ich fragen, wie Sie verhindern wollen, dass ich dorthin fahre, wo ich möchte?"

„Wal, wenn es dir hier noch schlimmer geht, halte ich dich in Schach, wenn ich dich anseilen und fesseln muss. Bei Gott, das werde ich!"

Sein trockener Humor war verschwunden und er meinte offensichtlich, was er sagte.

„Wal", sagte sie sehr sanft und süß, aber giftig, „wenn – du – mich jemals wieder – anfasst!"

Daraufhin errötete er und machte dann eine schnelle, leidenschaftliche Geste mit der Hand, die Hitze und Scham zum Ausdruck brachte.

„Du und ich werden nie miteinander auskommen", sagte er mit einer Würde voller Pathos. „Ich habe das vor einem Monat gesehen, als du dich plötzlich verändert hast – wie für mich. Aber nichts, was ich dir sage, hat etwas mit mir zu tun. Ich spreche für deine Schwester. Es ist ihr zuliebe. Und deine eigene... Ich habe es ihr nie gesagt und ich habe dir nie gesagt, dass ich Riggs zweimal auf seinen Fahrten in der Wüste hinter dir herschleichen sah. Wal, ich sage es dir jetzt."

Die Geheimdienstinformationen hatten offenbar nicht die geringste Wirkung auf Bo. Aber Helen war erstaunt und alarmiert.

„Riggs! Oh, Bo, ich habe ihn selbst herumreiten sehen. Er meint es nicht gut. Du musst vorsichtig sein."

„Wenn ich ihn noch einmal ketche", fuhr Carmichael mit hartem Mund fort, „werde ich ihm nachgehen."

Er warf ihr einen kühlen, aufmerksamen und durchdringenden Blick zu, dann senkte er den Kopf und wandte sich ab, um zurück zu den Hürden zu schreiten.

Helen konnte wenig mit der Art und Weise anfangen, wie ihre Schwester zusah, wie der Cowboy außer Sichtweite verschwand.

„Vor einem Monat – als ich mich plötzlich verändert habe", sinnierte Bo. „Ich frage mich, was er damit gemeint hat ... Nell, habe ich mich – direkt nach dem Gespräch, das du mit mir geführt hast – an ihm geändert?"

„ Das hast du tatsächlich, Bo", antwortete Helen. „Aber es war zum Besseren. Nur kann er es nicht sehen. Wie stolz und sensibel er ist! Das würde man zunächst nicht vermuten. Bo, deine Zurückhaltung hat ihn mehr verletzt als dein Flirten. Er hält es für Gleichgültigkeit."

„Vielleicht ist das gut für ihn", erklärte Bo. „Erwartet er, dass ich ihm um den Hals falle? Er ist so dickköpfig! Er ist der Lokierte, nicht ich."

„Ich würde dich gerne fragen, Bo, ob du gesehen hast, wie er sich verändert hat?" fragte Helen ernst. „Er ist älter. Er ist besorgt. Entweder bricht ihm das Herz für dich, oder er fürchtet Ärger für uns. Ich fürchte, es ist beides. Wie er dich beobachtet! Bo, er weiß alles, was du tust – wohin du gehst. Das mit Riggs macht mich krank."

„Wenn Riggs mir folgt und eines seiner Vier-Flush-Desperado- Spiele versucht , wird er alle Hände voll zu tun haben", sagte Bo grimmig. „Und das ohne meinen Cowboy-Beschützer! Aber ich wünschte nur, Riggs würde etwas tun. Dann werden wir sehen, was Las Vegas Tom Carmichael interessiert. Dann werden wir sehen!"

Bo biss leidenschaftlich und eifersüchtig die letzten Worte heraus, dann hob sie ihr Zaumzeug vor dem temperamentvollen Mustang.

„Nell, fürchte dich nicht um mich", sagte sie. "Ich kann auf mich selbst aufpassen."

Helen sah ihr nach, als sie davonritt, und war fast bereit zu gestehen, dass Bo etwas Wahres sagen könnte. Dann ging Helen ihrer Arbeit nach, die sowohl aus Routineaufgaben als auch aus einem ernsthaften Studium bestand, um sich mit den ständig neuen und komplexen Bedingungen des Ranchlebens vertraut zu machen. Jeder Tag brachte neue Probleme. Sie machte sich Notizen über alles, was sie beobachtete und was man ihr erzählte, und stellte fest, dass diese Angewohnheit nach ein paar Wochen der Prüfung für sie äußerst wertvoll sein würde. Sie hatte nicht die Absicht, immer auf das Wissen angeheuerter Männer angewiesen zu sein, so treu einige von ihnen auch sein mochten.

Heute Morgen hatte sie auf ihrem Rundgang aufgrund der Anwesenheit von Roy Beeman und zwei seiner Brüder, die gestern angekommen waren, mit irgendwelchen Entwicklungen gerechnet. Und sie musste feststellen, dass Jeff Mulvey, begleitet von sechs seiner Kollegen und Partner, sie verlassen hatte, ohne ein Wort zu sagen oder auch nur nach ihrem Lohn zu schicken. Carmichael hatte dies vorhergesagt. Helen hatte halb gezweifelt. Es war eine

Erleichterung, jetzt mit Fakten konfrontiert zu werden, so beunruhigend sie auch sein mochten. Sie hatte sich gewappnet, um viel mehr Unglück zu überstehen, als geschehen war. Am Tor des Hauptkorrals, einer riesigen, hoch mit geschälten Baumstämmen umzäunten Einzäunung, traf sie Roy Beeman, das Lasso in der Hand, dieselbe große, schlanke, hinkende Gestalt, an die sie sich so gut erinnerte. Sein Anblick löste in ihr eine unerklärliche Erregung aus – eine flüchtige Erinnerung an eine unvergessliche Nachtfahrt. Roy sollte die Verantwortung für die Pferde auf der Ranch übernehmen, von denen es mehrere Hundert gab, viele, die auf der Weide und in den Bergen verloren gingen, oder die Hengste ohne Markenzeichen nicht mitgerechnet.

Roy nahm seinen Sombrero ab und begrüßte sie. Dieser Mormone hatte eine Höflichkeit gegenüber Frauen, die gut für ihn sprachen. Helen wünschte, sie hätte mehr Mitarbeiter wie ihn.

„Es ist ein Scherz, wie uns Las Vegas gesagt hat", sagte er bedauernd. „Mulvey und seine Freunde haben heute Morgen die Nacht verbracht. Es tut mir leid, Miss Helen. Ich schätze, das liegt nur daran, dass ich vorbeikomme."

„Ich habe die Nachricht gehört", antwortete Helen. „Es braucht dir nicht leid zu tun, Roy, das tue ich nicht. Ich bin froh. Ich möchte wissen, wem ich vertrauen kann."

„Las Vegas sagt, wir sind jetzt bereit dafür."

„Roy, was denkst du?"

„Ich denke schon. Dennoch ist Las Vegas heutzutage ein mächtiges Kreuz und sieht immer auf der dunklen Seite aus. Bei uns Jungs reicht es nun, bis der Tag vorbei ist. Aber, Miss Helen, wenn Beasley den Deal erzwingt, wird es ernsthafte Probleme geben. Ich habe das gesehen. Vor vier oder fünf Jahren hat Beasley einige Schmierer von ihren Farmen geritten, und niemand wusste jemals, ob er einen berechtigten Anspruch hatte."

„Beasley hat keinen Anspruch auf mein Eigentum. Das hat mein Onkel auf seinem Sterbebett feierlich geschworen. Und ich finde nichts in seinen Büchern oder Papieren aus den Jahren, als er Beasley beschäftigte. Tatsächlich war Beasley nie der Partner seines Onkels. Die Wahrheit ist, dass mein Onkel Beasley aufnahm, als er ein armer, obdachloser Junge war."

„ Das sagt mein alter Vater", antwortete Roy. „Aber in diesen Gegenden setzt sich nicht immer das Richtige durch."

„Roy, du bist der leidenschaftlichste Mann, den ich getroffen habe, seit ich in den Westen kam. Sagen Sie mir, was Ihrer Meinung nach passieren wird."

Beeman wirkte geschmeichelt, zögerte jedoch mit einer Antwort. Helen war sich der Zurückhaltung dieser Outdoor-Männer schon lange bewusst.

„Ich schätze, du meinst Ursache und Wirkung, wie Milt Dale sagen würde", antwortete Roy nachdenklich.

"Ja. Was passiert, wenn Beasley versucht, mich von meiner Ranch zu vertreiben?"

Roy blickte auf und begegnete ihrem Blick. Helen erinnerte sich an die einzigartige Stille und Entschlossenheit seines Gesichts.

„Wal, wenn Dale und John rechtzeitig hierherkommen, schätze ich, dass wir das Beasley-Team bluffen können."

„Du meinst meine Freunde – meine Männer würden Beasley zur Rede stellen – seine Forderungen ablehnen – und ihn notfalls abwehren?"

„Das tue ich", antwortete Roy.

„Aber angenommen, ihr seid nicht alle hier? Beasley wäre klug genug, einen passenden Zeitpunkt zu wählen. Angenommen, er hat mich abgeschreckt und Besitz ergriffen? Was dann?"

„Dann kommt es nur noch darauf an, wie schnell Dale oder Carmichael – oder ich – bei Beasley ankommen."

„Roy! Genau das hatte ich befürchtet. Es verfolgt mich. Carmichael bat mich, ihn einen Streit mit Beasley beginnen zu lassen. Fragte mich, so wie er mich nach seiner Arbeit fragen würde! Ich war schockiert. Und jetzt sagst du Dale – und du –"

Helen verschluckte sich vor Aufregung.

„Miss Helen, wonach könnten Sie sonst noch suchen? Las Vegas ist in Miss Bo verliebt. Shore, er hat es mir gesagt. Ein Dale ist in dich verliebt!... Du konntest sie nicht mehr aufhalten, genauso wenig wie du den Wind davon abhalten konntest, eine Kiefer hinunterzuwehen, als er fertig war... Nun, bei mir ist es etwas anders . Ich bin Mormone und verheiratet. Aber ich bin seit vielen Jahren Dales Freund. Und ich wünsche Ihnen und Miss Bo einen beeindruckenden Anblick. Deshalb denke ich, dass ich bei der ersten Chance, die ich bekomme, auf Beasley zurückgreifen würde."

Helen bemühte sich um eine Äußerung, doch diese wurde ihr verweigert. Roys einfache Liebesbekundung für Dale hatte ihre Gefühle dadurch verstärkt, dass sie ihre Richtung völlig veränderte. Sie vergaß, worüber sie sich elend gefühlt hatte. Sie konnte Roy nicht ansehen.

„Miss Helen, fühlen Sie sich nicht schlecht", sagte er freundlich. „Shore, du bist nicht schuld. Dein Kommen nach Westen hat keinen Unterschied in

Beasleys Schicksal gemacht, außer vielleicht, dass du es ein wenig beeilst. Mein Vater ist alt, und wenn er redet, ist es wie Geschichte. Er blickt auf Ereignisse zurück. Wal, es liegt in der Natur der Sache, dass Beasley vor seiner Blüte stirbt. Menschen seiner Art werden im Westen nicht alt. Ich denke also , dass Sie sich weder schlecht fühlen noch sich Sorgen machen müssen. Du hast Freunde."

Helen bedankte sich zusammenhangslos bei ihm und eilte, ihren üblichen Rundgang durch Ställe und Ställe vergessend, zutiefst bewegt, pochend und mit trüben Augen zurück zum Haus, mit einem Gefühl, das sie nicht kontrollieren konnte. Roy Beeman hatte eine Aussage gemacht, die sie aus dem Gleichgewicht gebracht hatte. Es schien einfach und natürlich, aber dennoch bedeutsam und atemberaubend. Zu hören, dass Dale sie liebte – es von Dales bester Freundin offen und ernst gesagt zu hören, war seltsam, süß, erschreckend. Aber war es wahr? Ihr eigenes Bewusstsein hatte es zugegeben. Doch das unterschied sich erheblich von der offenen Aussage eines Mannes. Es war nicht länger ein lieber Traum, ein Geheimnis, das ihr allein zu gehören schien. Wie sie von diesem tief in ihrer Brust verborgenen Geheimnis gelebt hatte!

Etwas brannte aus der Dunkelheit in ihren Augen, als sie zu den Bergen blickte, und ihre Sicht wurde klar, teleskopartig vor Intensität. Herrlich ragten die Berge empor. Schwarze Einschnitte und Flecken an den Hängen zeigten, wo vor ein paar Tagen noch alles weiß gewesen war. Der Schnee schmolz schnell. Bald würde Dale frei sein, nach Pine hinunterzureiten. Und das war ein Ereignis, für das Helen betete, das sie jedoch fürchtete, da sie noch nie etwas gefürchtet hatte.

Die Mittagsglocke des Abendessens schreckte Helen aus einer Träumerei auf, die eine angenehme Nachwirkung ihrer Zügellosigkeit war. Wie waren die Stunden wie im Flug vergangen! Zumindest dieser Morgen muss der Trägheit zugeschrieben werden.

Bo war weder im Esszimmer noch in ihrem eigenen Zimmer, noch war sie vom Fenster oder der Tür aus zu sehen. Diese Abwesenheit hatte es schon einmal gegeben, doch sie störte Helen nicht besonders. In diesem Fall machte sie sich jedoch zunehmend Sorgen. Ihre Nerven deuteten auf eine Überanstrengung hin. In ihren Gefühlen herrschte eine Überladung an Sensibilität oder in der Atmosphäre selbst herrschte ein seltsamer Druck. Sie aß allein zu Abend und blickte voller Besorgnis, die auch durch die ausdrückenden Ängste der alten Maria, der Mexikanerin, die sie bediente, nicht gemildert wurde.

Nach dem Abendessen teilte sie Roy und Carmichael mit, dass sie lieber losfahren sollten, um nach Bo zu suchen. Dann beschäftigte sich Helen entschlossen mit ihren Büchern, bis ein schnelles Hufgeklapper draußen im

Hof sie dazu veranlasste, aufzuspringen und zur Veranda zu eilen. Roy ritt herein.

"Haben Sie sie gefunden?" fragte Helen hastig.

„Oben im Norden gab es keine Spur oder Anzeichen von ihr", antwortete Roy, als er abstieg und sein Zaumzeug warf. „Und ich bin zurückgeritten, um ihre Spuren vom Pferch aufzunehmen und sie zu verfolgen. Aber ich sah Las Vegas kommen und er schwenkte seinen Sombrero. Er kam aus dem Süden. Da ist er jetzt."

Carmichael tauchte auf und schwang sich auf die Fahrbahn. Er saß auf Helens großem schwarzen Ranger und ließ den Staub aufwirbeln.

„Wal, er hat sie gesehen, das Ufer", versicherte Roy erleichtert, als Carmichael heraufritt.

„Miss Nell, sie kommt", sagte der Cowboy, während er die Zügel zügelte und mit einer anmutigen einzigen Bewegung nach unten glitt. Dann warf er in einer für ihn typischen heftigen Aktion seinen Sombrero auf die Veranda und warf beide Arme in die Luft. „Ich habe das Gefühl, dass es sich gelöst hat!"

"Oh was?" rief Helen aus.

„Jetzt, Las Vegas, reden Sie vernünftig", entgegnete Roy. „Miss Helen ist heute nervös. Ist irgendetwas passiert?"

„Ich schätze, aber ich weiß nicht was", antwortete Carmichael und holte tief Luft. „Leute, ich muss langsam alt werden. Denn ich fühlte mich seltsam seltsam, bis ich Bo sah. Sie ritt den Bergrücken hinunter durch das Tal. Ich fahre auch schnell, und sie wird gleich hier sein, wenn sie nicht im Dorf anhält."

„Wal, ich höre sie jetzt kommen", sagte Roy. „Und – wenn du mich fragen würdest, würde ich sagen, dass sie schnell unterwegs war."

Helen hörte das leichte, schnelle, rhythmische Klappern von Hufen, und dann sah sie draußen in der Kurve der Straße, die nach Pine hinunterführte, Bos Mustang, weiß vor Schaum, mit rasender Geschwindigkeit herankommen.

„Las Vegas, sehen Sie Apachen?" fragte Roy fragend.

Der Cowboy antwortete nicht, sondern verließ die Veranda direkt vor dem Mustang. Bo zog stark am Zaumzeug und ließ ihn langsamer werden, konnte ihn aber nicht kontrollieren. Als er das Haus erreichte, konnte man leicht erkennen, dass Bo ihn bis an die Grenzen ihrer Kräfte gezogen hatte, was nicht ausreichte, um ihn aufzuhalten. Carmichael stürzte sich nach dem Zaumzeug, ergriff es und zog ihn zum Stehen.

Als Helen Bo aus nächster Nähe sah, stieß sie einen erschrockenen Schrei aus. Bo war weiß; ihr Sombrero war verschwunden und ihr Haar war offen; Auf ihrem Gesicht waren Blut und Schmutz, und ihr Reitanzug war zerrissen und schmutzig. Offenbar war sie gestürzt. Roy blickte sie voller Bewunderung und Bestürzung an, aber Carmichael blickte sie überhaupt nicht an. Anscheinend untersuchte er das Pferd. „Nun, helfen Sie mir – jemand", rief Bo energisch. Ihre Stimme war schwach, aber nicht ihr Geist.

Roy sprang auf, um ihr aufzuhelfen, und als sie am Boden lag, stellte sich heraus, dass sie lahm war.

„Oh, Bo! „Du bist gestürzt", rief Helen besorgt und rannte los, um Roy zu helfen. Sie führten sie die Veranda hinauf und zur Tür. Dort drehte sie sich zu Carmichael um, der immer noch den erschöpften Mustang untersuchte.

„Sag ihm – er soll hereinkommen", flüsterte sie.

„Hey, Las Vegas!" namens Roy. „Rustle Hyar, ja?"

Als Bo ins Wohnzimmer geführt und auf einem Stuhl Platz genommen worden war, trat Carmichael ein. Sein Gesicht war ein Musterbeispiel, als er langsam auf Bo zuging.

„Mädchen, bist du – nicht verletzt?" fragte er heiser.

„Es ist nicht deine Schuld, dass ich nicht verkrüppelt bin – oder tot oder noch schlimmer", erwiderte Bo. „ Sie sagten, die Südkette sei für mich die einzig sichere Fahrt. Und da – ich – ist es passiert."

Sie keuchte ein wenig und ihr Busen hob und senkte sich. Einer ihrer Stulpen war verschwunden, und das bloße Band, das verletzt und blutig war, zitterte, als sie es hinhielt.

„Liebes, sagen Sie uns – sind Sie schwer verletzt?" fragte Helen mit eiliger Sanftmut.

"Nicht viel. „Ich habe etwas verschüttet", antwortete Bo. „Aber oh! Ich bin wütend – ich koche!"

Sie sah aus, als ob sie ihre Zweifel an Verletzungen vielleicht übertrieben hätte, aber sie hatte ihren Geisteszustand sicherlich nicht überschätzt. Jedes Leuchten, das Helen bisher in diesen schnellen Augen gesehen hatte, war im Vergleich zu diesem harmlos. Es hat tatsächlich einen Sprung gemacht. Bo war damals mehr als hübsch. Offensichtlich bewunderte Roy ihr Aussehen, aber Carmichael sah über ihren Charme hinaus. Und langsam wurde er blass.

„Ich bin aus dem Südgebirge geritten – wie mir gesagt wurde", begann Bo schwer atmend und versuchte, ihre Gefühle zu kontrollieren. „Das ist die Fahrt, die du normalerweise machst, Nell, und du wettest – wenn du sie heute gemacht hättest – wärst du jetzt nicht hier ... Ungefähr drei Meilen vor mir kletterte ich von der Bergkette den Zedernhang hinauf. Ich bleibe immer auf einer Anhöhe. Als ich aufstand, sah ich zwei Reiter aus einigen zerbrochenen Felsen im Osten reiten. Sie ritten, als wollten sie zwischen mir und meinem Zuhause stehen. Das hat mir nicht gefallen. Ich umkreise den Süden. Ungefähr eine Meile weiter erspähte ich einen weiteren Reiter, der direkt vor mir auftauchte und langsam vorankam. Das gefiel mir noch weniger. Es könnte ein Unfall gewesen sein, aber für mich sah es so aus, als hätten diese Fahrer eine Absicht gehabt. Alles, was ich tun konnte, war, nach Südosten zu fahren und loszufahren. Wetten, dass ich mitgefahren bin? Aber ich geriet in unwegsames Gelände, wo ich noch nie zuvor gewesen war. Es ging langsam voran. Schließlich schaffte ich es, die Zedern zu erreichen, und hier machte ich mich los, in dem Glauben, ich könnte vor diesen seltsamen Reitern einen Kreis ziehen und durch Pine hindurchkommen. Ich habe mich geirrt."

Hier zögerte sie, vielleicht um Luft zu holen, denn sie hatte schnell gesprochen, oder vielleicht um ihr Thema besser zu verstehen. Es war nicht unwahrscheinlich, dass die Wirkung, die sie bei ihren Zuhörern hervorrief, deutlich zu werden begann. Roy saß gedankenverloren da, vollkommen bewegungslos, mit stahlscharfen Augen und offenem Mund. Carmichael blickte über Bos Kopf hinweg aus dem Fenster und schien den Rest ihrer Erzählung zu kennen. Helen wusste, dass allein ihre große Aufmerksamkeit eine überwältigende Inspiration für Bo Rayner gewesen wäre.

„ Natürlich habe ich mich geirrt", fuhr Bo fort. „Schon bald hörte ich ein Pferd hinter mir. Ich habe zurückgeschaut. Ich sah einen großen Braunen auf mich herabreiten. Oh, aber er rannte! Er hat einfach die Zedern durchbrochen. ... Ich hatte fast den Verstand verloren. Aber ich habe meinem Mustang die Sporen gegeben und ihn geschlagen. Dann begann ein Rennen! Raues Gelände – dichte Zedernbäume – Flussbetten und Schluchten. Ich musste ihn zum Laufen bringen – um meinen Sattel zu behalten – um meinen Weg zu finden. Oh! aber es war herrlich! Aus Spaß Rennen zu fahren – das ist eine Sache; Um dein Leben zu rennen, ist etwas anderes! Mein Herz schlug mir bis zum Hals – es würgte mich. Ich hätte nicht schreien können. Mir war eiskalt, manchmal war mir schwindelig, manchmal war ich blind, dann drehte sich mein Magen um und ich bekam keine Luft mehr. Und doch hatte ich den wilden Nervenkitzel! ... Aber ich hielt durch und behauptete mich mehrere Meilen lang – bis zum Rand der Zedern. Da kam das große Pferd auf mich zu. Er kam näher – vielleicht bis zu hundert Meter –, ich konnte ihn deutlich hören. Dann hatte ich meine Verschüttung. Oh, mein Mustang ist gestolpert – er hat mich weit über seinen Kopf geschleudert. Ich traf leicht, rutschte aber weit ab – und das ist es, was mich so kratzte. Ich weiß, dass mein Knie wund ist ... Als ich aufstand, stürmte das große Pferd herbei und warf Kies über mich – und sein Reiter sprang ab ... Wer glaubst du, dass er das war?"

Helen wusste es, aber sie äußerte ihre Überzeugung nicht. Carmichael wusste es genau, schwieg jedoch. Roy lächelte, als würde ihn die erzählte Geschichte nicht so beunruhigen.

„Wal, die Tatsache, dass du in Sicherheit und gesund hier bist , macht irgendwie keinen Unterschied, wer dieser Hurensohn war", sagte er.

„Riggs! Harve Riggs!" loderte Bo. „In dem Moment, als ich ihn erkannte, überwand ich meine Angst. Und so wütend, dass ich am ganzen Körper brannte wie Feuer. Ich weiß nicht, was ich gesagt habe, aber es war wild – und es war eine ganze Menge, darauf kannst du wetten.

„Du kannst sicher reiten", sagte er.

„Ich fragte ihn, warum er es gewagt habe, mich zu verfolgen, und er sagte, er hätte eine wichtige Nachricht für Nell. Das war es: „Sagen Sie Ihrer Schwester, dass Beasley vorhat, sie zu vertreiben und die Ranch zu übernehmen." Wenn sie mich heiratet, werde ich seinen Deal blockieren. Wenn sie mich nicht heiratet, gehe ich zu Beasley.' Dann sagte er mir, ich solle nach Hause eilen und niemandem außer Nell ein Wort sagen. Nun, hier bin ich – und ich scheine ziemlich schnell geatmet zu haben."

Sie schaute von Helen zu Roy und von Roy nach Las Vegas. Ihr Lächeln galt letzterem, und für jeden, der von ihrer Geschichte nicht übermäßig begeistert war, hätte dieses Lächeln Bände gesagt.

„Wal, ich werde verbissen sein!" rief Roy gefühlvoll.

Helen lachte.

„Tatsächlich kann ich den Verstand dieses Mannes nicht begreifen ... Ihn heiraten, um meine Ranch zu retten? Ich würde ihn nicht heiraten, um mein Leben zu retten!"

Carmichael brach plötzlich sein Schweigen.

„Bo, hast du die anderen Männer gesehen?"

"Ja. Darauf war ich gekommen", antwortete sie. „Ich habe sie damals in den Zedern gesehen. Die drei waren zusammen, oder zumindest waren drei Reiter da. Sie hatten hinter einigen Bäumen Halt gemacht. Dann begann ich auf dem Heimweg nachzudenken. Selbst in meiner Wut hatte ich Eindrücke erhalten. Riggs war ÜBERRASCHT, als ich aufstand. Ich wette, er hatte nicht erwartet, dass ich der bin, der ich bin. Er dachte, ich wäre NELL! ... In diesem Wildleder-Outfit sehe ich größer aus. Meine Haare standen mir hoch, bis ich meinen Hut verlor, und dann stürzte ich. Er hielt mich für Nell. Ich erinnere mich noch an eine andere Sache – er machte ein Zeichen, eine Bewegung, während ich ihn beschimpfte, und ich glaube, das diente dazu, diese anderen Männer zurückzuhalten ... Ich glaube, Riggs hatte mit diesen anderen Männern einen Plan, um Nell aufzulauern und zu belästigen weg mit ihr. Ich weiß es absolut."

„Bo, du bist so – so – du springst so auf verrückte Ideen ein", protestierte Helen und versuchte, an ihre eigene Sicherheit zu glauben. Aber innerlich zitterte sie.

„Miss Helen, das ist keine verrückte Idee", sagte Roy ernst. „Ich schätze, deine Schwester ist ziemlich nah dran. Las Vegas, verstehen Sie das nicht so?"

Carmichaels Antwort war, den Raum zu verlassen.

"Ruf ihn zurück!" rief Helen besorgt.

„Warte, Junge!" rief Roy scharf.

Helen erreichte gleichzeitig mit Roy die Tür. Der Cowboy nahm seinen Sombrero, klemmte ihn sich auf den Kopf, zog seinen Gürtel so heftig, dass die Waffenscheide hochsprang, und dann war er mit einem riesigen Schritt rittlings auf Ranger.

„Carmichael! Bleiben!" rief Helen.

Der Cowboy gab dem Schwarzen die Sporen, und die Steine hallten unter eisenbeschlagenen Hufen.

„Bo! Ruf ihn zurück! Bitte rufen Sie ihn zurück!" beharrte Helen in Bedrängnis.

„Das werde ich nicht", erklärte Bo Rayner. Ihr Gesicht leuchtete jetzt weißer und ihre Augen waren wie feuriger Feuerstein. Das war ihre Antwort an eine liebevolle, sanftherzige Schwester; Das war ihre Antwort auf den Ruf des Westens.

„Es nützt nichts", sagte Roy leise. „Und ich denke, ich sollte ihn besser aufspüren."

Auch er schritt hinaus, bestieg sein Pferd und galoppierte schnell davon.

Es stellte sich heraus, dass Bo stärker verletzt, aufgeschürft und geschüttelt war, als sie gedacht hatte. Ein Knie war ziemlich schwer verletzt, allein diese Verletzung hätte sie davon abgehalten, bald wieder zu fahren. Helen, die einigermaßen geschickt darin war, Wunden zu verbinden, machte sich große Sorgen über diese verschiedenen Flecken auf Bos heller Haut, und es nahm viel Zeit in Anspruch, sie zu waschen und zu verbinden. Lange nachdem dies geschehen war, während des frühen Abendessens und danach, blieb Bos Aufregung unvermindert. Das Weiß blieb in ihrem Gesicht und das Leuchten in ihren Augen. Helen befahl und flehte sie an, zu Bett zu gehen, denn Bo konnte nicht aufstehen und ihre Hände zitterten.

"Geh ins Bett? Nicht viel", sagte sie. „Ich möchte wissen, was er mit Riggs macht."

Es war diese Möglichkeit, die Helen in schreckliche Ungewissheit versetzte. Wenn Carmichael Riggs tötete, schien es Helen, als würde dieser Struktur des westlichen Lebens, die sie so ernsthaft und ängstlich aufgebaut hatte, der Grund zum Einsturz kommen. Sie glaubte nicht, dass er das tun würde. Aber die Unsicherheit war quälend.

„Lieber Bo", appellierte Helen, „du willst nicht – Oh! willst du wirklich, dass Carmichael – Riggs tötet?"

„Nein, das tue ich nicht, aber es wäre mir egal, wenn er es täte", antwortete Bo unverblümt.

„Glaubst du – er wird es tun?"

„Nell, wenn dieser Cowboy mich wirklich liebt , hat er meine Gedanken hier gelesen, bevor er gegangen ist", erklärte Bo. „Und er wusste, was ich von ihm erwartete."

"Und was ist das?" stockte Helen.

„Ich möchte, dass er Riggs unten im Dorf umzingelt – irgendwo in einer Menschenmenge. Ich möchte, dass Riggs als der Feigling, Angeber und Vier-Flush dargestellt wird, der er ist. Und beleidigt, geohrfeigt, getreten – aus Pine vertrieben!"

Ihre leidenschaftliche Rede hallte noch immer durch den Raum, als auf der Veranda Schritte zu hören waren. Helen beeilte sich, die Türstange anzuheben und sie zu öffnen, als ein Klopfen am Türpfosten zu hören war. Roys Gesicht zeichnete sich weiß aus der Dunkelheit ab. Seine Augen leuchteten. Und sein Lächeln machte Helens ängstliche Frage überflüssig.

„Wie geht es euch allen heute Abend?" er sagte gedehnt, als er eintrat.

Auf dem Herd loderte ein Feuer und auf dem Tisch brannte eine Lampe. Im Licht ihres Lichts wirkte Bo weiß und voller neugieriger Augen, als sie sich in dem großen Sessel zurücklehnte.

„Was hat er getan ?" sie fragte mit all ihrer erstaunlichen Kraft.

„Wal, willst du mir jetzt nicht sagen, wie es dir geht?"

„Roy, ich bin völlig verpfuscht. Ich sollte im Bett sein, aber ich konnte einfach nicht schlafen, bis ich hörte, was Las Vegas getan hat. Ich würde alles verzeihen, außer dass er sich betrinkt."

„Wal, ich kann dich darüber beruhigen", antwortete Roy. „Er hat nie einen Tropfen getrunken."

Roy war verblüffend langsam, als er mit der Geschichte begann, von der jedes Kind hätte ahnen können, dass er sie unbedingt erzählen wollte. Diesmal wurde die harte, angespannte Stille, die Seele der Arbeit, des Schmerzes und der Ausdauer, die so deutlich in seinem Gesicht zu erkennen war, durch angenehme Emotionen gemildert. Er stocherte mit der Stiefelspitze in den brennenden Holzscheiten herum. Helen bemerkte, dass er seine Stiefel gewechselt hatte und jetzt keine Sporen mehr trug. Dann war er nach dem, was unten in Pine passiert war, in sein Quartier gegangen.

"Wo ist er?" fragte Bo.

"WHO? Riggs? Wal, ich weiß es nicht. Aber ich schätze, er ist irgendwo draußen im Wald und pflegt sich selbst."

„Nicht Riggs. Sag mir zuerst, wo ER ist."

„Shore, dann müssen Sie Las Vegas meinen. Ich habe ihn einfach unten in der Hütte gelassen. Er war gerade dabei, zu Bett zu gehen, so früh es auch ist. Ganz müde war er ein weißer Kerl, den man nicht kannte. Aber er sah darüber glücklich aus, und die letzten Worte, die er sagte, mehr zu sich selbst als zu mir, glaube ich, waren: „Ich bin ein lokartiger Herr, aber wenn sie mich jetzt nicht Tom nennt, nützt sie mir nichts!" "

Bo klatschte tatsächlich in die Hände, obwohl eine von ihnen verbunden war.

„Nennen Sie ihn Tom? Ich sollte lächeln, das werde ich tun", erklärte sie erfreut. „Beeilen Sie sich jetzt – was hätte …"

„Es ist unglaublich seltsam, wie er es hasst, in Las Vegas zu sein", fuhr Roy unbeirrt fort.

„Roy, sag mir, was er getan hat – was TOM getan hat – oder ich werde schreien", rief Bo.

„Miss Helen, haben Sie jemals so ein Mädchen gesehen?" fragte Roy und appellierte an Helen.

„Nein, Roy, das habe ich nie getan", stimmte Helen zu. „Aber bitte – bitte sagen Sie uns, was passiert ist."

Roy grinste und rieb seine Hände in einer düsteren Freude aneinander, fast teuflisch in der plötzlichen Offenbarung einer Kluft seltsamer Gefühle tief in ihm. Was auch immer mit Riggs passiert war, es war für Roy Beeman nicht zu viel gewesen. Helen erinnerte sich daran, wie ihr Onkel gesagt hatte, dass ein echter Westler nichts so sehr hasste wie den prahlerischen Desperado, den vermeintlichen Schützen, der vorgab, unter den wahren, wilden und abschätzenden Farben des Westens zu segeln.

Roy lehnte seine geschmeidige, große Gestalt gegen den steinernen Kaminsims und sah die Mädchen an.

„Als ich nach Las Vegas rausfuhr, sah ich ihn weiter unten auf der Straße", begann Roy schnell. „Und ich habe gesehen, wie ein anderer Mann von der anderen Seite nach Pine geritten ist. Das war Riggs, nur wusste ich es damals noch nicht. Las Vegas fuhr zum Laden, wo ein paar Kerle herumlungerten, und er sprach mit ihnen. Als ich hochkam, waren sie alle auf dem Weg zu Turners Saloon. Ich habe ein Dutzend Pferde gesehen, die an den Schienen befestigt waren. Las Vegas fuhr weiter. Aber ich stieg bei Turner's aus und ging mit den anderen hinein. Was auch immer Las Vegas zu diesen Kerlen gesagt hat, sie haben ihn nicht verraten. Ziemlich bald schlenderten weitere Männer ins Turner's, und ich schätze, insgesamt waren es fast zwanzig. Jeff Mulvey war mit seinen Freunden dort. Sie hatten irgendwie umsonst getrunken. Und es gefiel mir nicht, wie Mulvey mich beobachtete. Also ging ich raus und in den Laden, hielt aber weiter nach Las Vegas Ausschau. Er war nicht in Sicht. Aber ich habe gesehen, wie Riggs hochgefahren ist. Nun ist Riggs im Turner's der Ort, an dem er rumhängt und prahlt. Er wirkte kraftvoll, tief und nachdenklich, stieg langsam ab, ohne die ungewöhnliche Anzahl an Pferden dort zu sehen, und dann schlurfte er in Turners Haus. Keine Minute mehr, nachdem Las Vegas wie eine Flut dahingerutscht ist. Und genauso schnell war er auch wieder durch die Tür."

Roy hielt inne, als wollte er Kraft gewinnen oder seine Worte wählen. Seine Geschichte schien nun ganz an Bo gerichtet zu sein, der ihn wie ein faszinierter Zuhörer gebannt ansah.

„Bevor ich Turners Tür erreichte – und das war es nur noch ein kleines Stück – hörte ich Las Vegas schreien. Hast du ihn jemals gehört? Wal, er hat den wildesten Schrei aller Kuhhirte, die ich je gesehen habe. Schnell öffnete ich die Tür und schlüpfte hinein. Riggs und Las Vegas standen allein in der Mitte des großen Saloons, während die Menge sich an die Wände drängte und hinter die Bar rutschte. Riggs war weißer als ein toter Mann. Ich habe nicht gehört und ich weiß nicht, was Las Vegas ihn angeschrien hat. Aber Riggs wusste es und die Bande wusste es auch. Plötzlich sah jeder Mann dort in Las Vegas, was Riggs immer geprahlt hatte . Die Zeit kommt für jeden Mann wie Riggs.

„'Wie hast du mich genannt?' fragte er mit zitterndem Kiefer.

„‚Ich habe dich noch nicht angerufen', antwortete Las Vegas. „Ich habe nur gejubelt."

„‚Was willst du?'

„'Du hast meinem Mädchen Angst gemacht.'

„‚Verdammt, das sagst du!' Wer ist sie?' polterte Riggs und begann, sich schnell umzusehen. Aber er bewegte nie eine Hand. Seine Haltung hatte etwas Enges an sich. Las Vegas hatte beide Arme halb ausgestreckt und war ausgestreckt, als wollte er springen. Aber das war er nicht. Ich habe das noch nie in Las Vegas gesehen, aber als ich ihn gesehen habe, habe ich es verstanden.

"'Du weisst. Und du hast sie und ihre Schwester bedroht. „Nimm deine Waffe", hieß es in „Las Vegas", tief und scharf.

„Das hat die Menge in Ordnung gebracht und niemand hat sich gerührt. Da wurde Riggs grün. Er tat mir fast leid. Er begann zu zittern, als hätte er eine Waffe fallen lassen, wenn er eine gezogen hätte.

„‚Hyar, du bist weg – irgendein Fehler – ich habe keine Mädchen gesehen – ich –'

„'Halt die Klappe, ein Unentschieden!' schrie Las Vegas. Seine Stimme drang geradezu durch Löcher in das Dach, und es könnte eine Kugel gewesen sein, weil Riggs zusammengebrochen war. Jeder Mann sah in einer Sekunde länger, als Riggs nicht zeichnen wollte und konnte. Er hatte Angst um sein Leben. Er war nicht der, für den er sich ausgegeben hatte. Ich weiß nicht, ob er dort Freunde hatte. Aber im Westen haben gute und schlechte Männer gleichermaßen keine Verwendung für Riggs' Art. Eine steinerne Stille brach mit Hahaha ab. Es war genauso erbärmlich, Riggs an der Küste zu sehen, wie es schön war, Las Vegas zu sehen.

„Als er seine Arme fallen ließ, wusste ich, dass es keine Schießerei geben würde. Und dann wurde Las Vegas rot im Gesicht. Er schlug Riggs mit der einen Hand, dann mit der anderen. Und er fing an, ihn zu beschimpfen. Ich hätte nie gedacht, dass der gutmütige Carmichael aus Las Vegas eine solche Sprache verwenden könnte. Es war ein Strom der schlimmsten Namen, die hier bekannt sind, und viele, von denen ich noch nie gehört habe. Hin und wieder habe ich so etwas wie „Low-Down", „Sneak", „Four-Flush" und „Langhaariges Stinktier" erwischt, aber größtenteils waren es nur die verfluchtesten Namen. An' Las Vegas spie sie aus, bis er schwarz im Gesicht war, ein Schaum vor dem Maul, eine heisere und heulende Kuh.

Fluchen außer Atem geriet, schlug er Riggs rund um den Saloon, warf ihn nach draußen, schlug ihn nieder und trat ihn, bis er ihn die Straße entlang trat, mit der ganzen verrückten Bande hinterher. Und er hat ihn aus der Stadt vertrieben!"

Kapitel XVIII

Bo war zwei Tage lang ans Bett gefesselt, litt unter erheblichen Schmerzen und litt unter Fieber, wobei sie unvernünftig redete. Einige dieser Gespräche bereiteten Helen ein ebenso großes Vergnügen, wie sie sicher war, dass es Tom Carmichael in einen siebten Himmel gehoben hätte.

Am dritten Tag ging es Bo jedoch besser, und da sie sich weigerte, im Bett zu bleiben, humpelte sie ins Wohnzimmer, wo sie ihre Zeit damit verbrachte, aus dem Fenster auf die Pferche zu starren und Helen mit Fragen zu belästigen , die sie sichtbar machen wollte lässig. Aber Helen durchschaute ihren Fall und war außer sich vor Freude. Am meisten hoffte sie, dass Carmichael plötzlich etwas weniger Vorliebe für Bo entwickeln würde. Es war die Art von Behandlung, die die junge Dame brauchte. Und jetzt war die große Chance. Helen war fast versucht, dem Cowboy einen Hinweis zu geben.

Allerdings erschien er weder an diesem noch am nächsten Tag im Haus, obwohl Helen ihn auf ihren Runden zweimal sah. Er war wie immer beschäftigt und begrüßte sie, als wäre nichts Besonderes passiert.

Roy rief zweimal an, einmal am Nachmittag und noch einmal am Abend. Mit längerer Bekanntschaft wurde er sympathischer. Bei diesem letzten Besuch machte er Bo sprachlos, indem er sie damit aufzog, dass Carmichael ein anderes Mädchen zum Tanzen mitnehmen würde. Bos Gesicht zeigte, dass ihre Eitelkeit diese Aussage nicht glauben konnte, dass ihre Intelligenz gegenüber jungen Männern sie jedoch für möglich hielt. Roy war offensichtlich ebenso eindringlich wie freundlich. Er machte eine trockene, beiläufige kleine Bemerkung darüber, dass der Schnee in den Bergen in der zweiten Märzhälfte nie schmolz; und der Blick, mit dem er diese Bemerkung begleitete, ließ Helens Wange erröten.

Nachdem Roy gegangen war, sagte Bo zu Helen: „Verdammt, dieser Kerl! Er durchschaut mich."

„Meine Liebe, du bist heutzutage ziemlich durchsichtig", murmelte Helen.

„Du brauchst nicht reden. Er hat dir einen Seitenhieb gegeben", erwiderte Bo. „Er weiß nur, dass du unbedingt sehen willst, wie der Schnee schmilzt."

"Gnädig! Ich hoffe, dass es mir nicht so schlecht geht. Natürlich möchte ich, dass der Schnee schmilzt und der Frühling kommt und Blumen ..."

„Ha! Ha! Ha!" spottete Bo. „Nell Rayner, siehst du etwas Grün in meinen Augen? Der Frühling kommt! Ja, sagte der Dichter im Frühling, die Fantasie eines jungen Mannes wendet sich leicht den Gedanken der Liebe zu. Aber dieser Dichter meinte eine junge Frau."

Helen blickte aus dem Fenster auf die weißen Sterne.

„Nell, hast du ihn gesehen – seit ich verletzt war?" fuhr Bo mit Mühe fort.

"Ihn? WHO?"

„Oh, wen meinst du? Ich meine Tom!" Sie antwortete und das letzte Wort kam mit einem Ausbruch.

„Tom? Wer ist er? Ah, du meinst Las Vegas. Ja, ich habe ihn gesehen."

„Na, hat er nach mir gefragt?"

„Ich glaube, er hat gefragt, wie es dir geht – so etwas in der Art."

„Hmpf! Nell, ich vertraue dir nicht immer." Danach verfiel sie wieder in Schweigen, las eine Weile und träumte eine Weile, schaute ins Feuer, und dann humpelte sie hinüber, um Helen einen Gute-Nacht-Kuss zu geben, und verließ das Zimmer.

Am nächsten Tag war sie ziemlich ruhig und schien kurz vor einem der entmutigten Anfälle zu stehen, die sie selten bekam. Am frühen Abend, gerade nachdem das Licht angezündet worden war und sie zu Helen ins Wohnzimmer gegangen war, ertönte ein vertrauter Schritt auf den losen Brettern der Veranda.

Helen ging zur Tür, um Carmichael hereinzulassen. Er war glattrasiert, trug seinen dunklen Anzug, der einen deutlichen Kontrast zu seiner Reitkleidung bildete, und trug eine Blume im Knopfloch. Dennoch wirkte er trotz all dieses Stils mehr als sonst der kühle, lockere, sorglose Cowboy.

„Guten Abend, Miss Helen", sagte er, als er hereinkam. „Guten Abend, Miss Bo. Wie geht es euch allen?"

Helen erwiderte seinen Gruß mit einem einladenden Lächeln.

„Guten Abend – TOM", sagte Bo zurückhaltend.

Das war sicherlich das erste Mal, dass sie ihn Tom nannte. Während sie sprach, sah sie ablenkend hübsch und verlockend aus. Aber wenn sie damit gerechnet hatte, Carmichael mit der anfänglichen, halb vielversprechenden, völlig spöttischen Verwendung seines Namens zu verärgern, hatte sie damit gerechnet, dass es keinen Grund gab. Der Cowboy empfing diese Begrüßung, als hätte er sie tausendmal gehört oder gar nicht gehört. Helen kam zu dem Schluss, dass er, wenn er eine Rolle spielen würde, sicherlich ein kluger Schauspieler sei. Er verwirrte sie ein wenig, aber ihr gefielen sein Aussehen, seine lockere Art und das Etwas an ihm, das sein unbewusstes Gefühl von Stolz gewesen sein musste. Er war in seinen Annäherungsversuchen an Bo weit genug, vielleicht zu weit gegangen.

„Wie fühlst du dich?" er hat gefragt.

„Mir geht es heute besser", antwortete sie mit gesenktem Blick. „Aber ich bin noch lahm."

„Ich schätze, dieser Bronc hat dich auf die Palme gebracht. Miss Helen sagte, es sei kein Witz über die Schnittwunde an Ihrem Knie. Nun, das Knie eines Kerls ist eine schlimme Verletzungsstelle, wenn er weiterfahren muss."

„Oh, mir geht es bald wieder gut. Wie geht es Sam? Ich hoffe, er war nicht verkrüppelt."

„Thet Sam – er ist so hart, dass er nicht merkt, dass er gestürzt ist."

„Tom – ich – ich möchte dir dafür danken, dass du Riggs gegeben hast, was er verdient hat."

Sie sprach es ernst und eloquent, und ausnahmsweise hatte sie keinen schlauen kleinen Tonfall oder eine freche Verlockung, wie sie es bei diesem verliebten jungen Mann gewohnt war .

„Ach, davon hast du gehört", antwortete Carmichael mit einer Handbewegung, um es auf die leichte Schulter zu nehmen. "Nicht viel. Es musste getan werden. Ein Ufer, vor dem ich Angst hatte, Roy. Er war schlecht gewesen. Und jeder der anderen Jungen würde es auch tun. Ich passe irgendwie auf sie alle auf, wissen Sie, und bin jetzt der Vorarbeiter von Miss Helen."

Helen war unsäglich gekitzelt. Die Wirkung seiner Rede auf Bo war erstaunlich. Er hatte sie entwaffnet. Er hatte sich mit der Finesse, dem Taktgefühl und der Höflichkeit eines Diplomaten von der Verpflichtung distanziert, und die Distanziertheit, die offensichtlich aus seiner großartigen Meisterschaft hervorging, war für Bo verwirrend und demütigend. Sie saß einen oder zwei Moment lang still da, während Helen versuchte, sich problemlos in das Gespräch einzufügen. Es war unwahrscheinlich, dass Bo lange die Worte fehlen würden, und es war auch äußerst wahrscheinlich, dass sie mit einem Aufblitzen ihres wunderbaren Geistes im Handumdrehen den Spieß gegen ihren perversen Liebhaber umdrehen würde. Wie auch immer, es war klar, dass eine Lektion tief in mich eingedrungen war. Sie sah erschrocken, verletzt, wehmütig und schließlich süß trotzig aus.

„Aber – du hast Riggs gesagt, dass ich dein Mädchen bin!" So entlarvte Bo ihre Batterie. Und Helen konnte sich nicht vorstellen, wie Carmichael dem und dem sanften, schelmischen Blick, der ihn begleitete, jemals widerstehen würde.

Helen kannte den Cowboy noch nicht, ebenso wenig wie Bo.

"Ufer. Das musste ich sagen. Ich musste es vor der Bande stark machen. Ich schätze, es war anmaßend von mir, und ich bitte um Entschuldigung."

Bo starrte ihn an, dann schnappte sie leicht nach Luft und ließ sich sinken.

„Wal, ich bin nur reingekommen, um Hallo zu sagen und mich nach euch allen zu erkundigen", sagte Carmichael. „Ich gehe zum Tanz, und da Flo weit außerhalb der Stadt lebt, würde ich besser rauslassen … Gute Nacht, Miss Bo; Ich hoffe, du wirst Sam bald loswerden. Eine gute Nacht, Miss Helen."

Bo erwachte zu einer sehr freundlichen und lakonischen kleinen Rede, die sehr übertrieben war. Carmichael ging hinaus, und Helen verabschiedete sich von ihm und schloss die Tür hinter ihm.

Bos Verwandlung war in dem Moment, in dem er gegangen war, tragisch.

„Flo! Er meinte Flo Stubbs – diesen hässlichen, schielenden, dreisten, kleinen Trottel!"

„Bo!" entgegnete Helen. „Die junge Dame ist nicht schön, das gebe ich zu, aber sie ist sehr nett und angenehm. Ich mochte sie."

„Nell Rayner, Männer sind nicht gut! Und Cowboys sind die Schlimmsten!" erklärte Bo, schrecklich.

„Warum hast du Tom nicht geschätzt, als du ihn hattest?" fragte Helen.

Bo war immer wütender geworden, doch nun brach die Anspielung in der Vergangenheitsform auf die Eroberung, die sie plötzlich und erstaunlicherweise lieb gefunden hatte, ihren Mut. Es war ein sehr blasses, unsicheres und elendes Mädchen, das Helens Blick wich und den Raum verließ.

Am nächsten Tag war Bo aus keiner Richtung erreichbar. Helen empfand sie als Opfer einer Vielzahl von Stimmungen, die von Kummer bis zu düsteren, düsteren Grübeleien, von Wehmut bis hin zu einem Stolz reichten, der sie stützte.

Am späten Nachmittag, zu Helens Freizeit, als sie und Bo im Wohnzimmer waren, trampelten Pferde in den Hof und Schritte erklangen auf der Veranda. Helen öffnete sich mit einem lauten Klopfen und war überrascht, Beasley zu sehen. Und draußen im Hof waren mehrere berittene Reiter. Helens Herz sank. Dieser Besuch war tatsächlich vorhergesehen worden.

„Guten Tag, Miss Rayner", sagte Beasley und nahm seinen Sombrero ab. „Ich habe einen kleinen Geschäftsvertrag abgeschlossen. Wirst du mich sehen?"

Helen nahm seine Begrüßung zur Kenntnis, während sie schnell nachdachte. Sie könnte ihn genauso gut sehen und das unvermeidliche Interview mit ihm führen.

„Kommen Sie herein", sagte sie, und als er eingetreten war , schloss sie die Tür. „Meine Schwester, Mr. Beasley."

„Wie geht es Ihnen, Miss?" sagte der Rancher mit schroffer, lauter Stimme.

Bo quittierte die Einführung mit einer eiskalten kleinen Verbeugung.

Aus nächster Nähe schien Beasley eine kraftvolle Persönlichkeit und ein ziemlich gutaussehender Mann von vielleicht fünfunddreißig Jahren zu sein, kräftig gebaut, dunkelhäutig und schlehenschwarze Augen, wie die Mexikaner, deren Blut angeblich in ihm war. Er sah schlau, selbstbewusst und egozentrisch aus. Wenn Helen vor diesem Besuch noch nie von ihm gehört hätte , hätte sie ihm misstraut.

„Ich hatte früher angerufen, aber ich wartete auf den alten Jose, den Mexikaner, der für mich gehütet hat, als ich der Partner deines Onkels war", sagte Beasley und setzte sich, um seine riesigen behandschuhten Hände auf die Knie zu legen.

"Ja?" fragte Helen fragend.

„Jose raste von Magdalena herüber und sagte: „ Jetzt kann ich meine Behauptung untermauern ... Miss Rayner, diese Hyar-Ranch sollte mir gehören und gehört mir." Es war weder so groß noch so gut bestückt, als Al Auchincloss mich rausschlug. Ich denke, ich werde das zulassen. Ich habe Papiere, einen alten Jose als Zeugen. Und ich schätze, Sie zahlen mir achtzigtausend Dollar, sonst übernehme ich die Ranch."

Beasley sprach in einem gewöhnlichen, sachlichen Ton, der sicherlich aufrichtig wirkte, und seine Art war direkt, aber völlig natürlich.

"Herr. Beasley, deine Behauptung ist für mich keine Neuigkeit", antwortete Helen leise. „Ich habe davon gehört. Und ich habe meinen Onkel befragt. Er hat auf seinem Sterbebett geschworen, dass er dir keinen Dollar schuldet. Tatsächlich behauptete er, die Schuld gehöre ihm gegenüber. Da ich in seinen Papieren nichts finden konnte, muss ich Ihren Anspruch zurückweisen. Ich werde es nicht ernst nehmen."

„Miss Rayner, ich kann es Ihnen nicht verübeln, dass Sie Al's Wort gegen meins nehmen", sagte Beasley. „Und Ihr Standpunkt ist natürlich. Aber Sie sind hier ein Fremder und wissen nichts über Aktiengeschäfte in diesen Bereichen. Es ist nicht fair, schlecht über die Toten zu reden, aber die Wahrheit ist, dass Al Auchincloss damit angefangen hat, Schafe und Rinder ohne Markenzeichen zu stehlen. Das war der Anfang eines jeden Ranchers, den ich kenne. Es war meines. Und keiner von uns hat es jemals als Rascheln betrachtet."

Helen konnte bei dieser Aussage nur ihre Überraschung und ihren Zweifel zum Ausdruck bringen.

„Reden ist überall billig, und im Westen ist Reden überhaupt nicht viel", fuhr Beasley fort. „Ich bin kein Redner. Ich möchte nur meinen Fall erzählen und einen Deal machen, wenn Sie ihn haben. Ich kann in Schwarz und Weiß und mit Zeugenaussage mehr beweisen als Sie. Das ist mein Fall. Der Deal, den ich machen würde, ist dieser ... Lasst uns heiraten und auf diese Weise einen schlechten Deal abschließen."

Die direkte Annahme des Mannes, völlig ohne Berücksichtigung der Haltung ihrer Frau, war erstaunlich, ignorant und niederträchtig; aber Helen war so gut darauf vorbereitet, dass sie ihren Ekel verbarg.

„Vielen Dank, Mr. Beasley, aber ich kann Ihr Angebot nicht annehmen", antwortete sie.

„Würden Sie sich die Zeit nehmen und darüber nachdenken?" fragte er und breitete seine riesigen behandschuhten Hände weit aus.

"Definitiv nein."

Beasley stand auf. Er zeigte keine Enttäuschung oder Verärgerung, aber die kühne Freundlichkeit verließ sein Gesicht, und so geringfügig diese Veränderung auch war, sie beraubte ihn der einzigen erlösenden Eigenschaft, die er zeigte.

„Das heißt, ich werde dich zwingen, mir die achtzigtausend zu zahlen, oder dich vertrösten", sagte er.

"Herr. Beasley, selbst wenn ich dir das schuldig wäre, wie könnte ich eine so enorme Summe aufbringen? Ich bin es nicht schuldig. Und ich werde mich von meinem Eigentum bestimmt nicht abbringen lassen. Du kannst mich nicht abschrecken."

„ Und warum kann ich nicht?" forderte er mit gesenktem, dunklem Blick.

„Weil Ihre Behauptung unehrlich ist. Und ich kann es beweisen", erklärte Helen eindringlich.

„Wem wollen Sie es beweisen – dass ich unehrlich bin?"

„An meine Männer – an Ihre Männer – an die Leute von Pine – an alle. Es gibt niemanden, der mir nicht glaubt."

Er schien neugierig, verunsichert, mürrisch verärgert und doch fasziniert von ihrer Aussage oder auch von der Qualität und dem Aussehen von ihr, als sie ihre Sache energisch verteidigte.

„Und wie willst du das alles beweisen?" er knurrte.

"Herr. Beasley, erinnerst du dich an den letzten Herbst, als du Snake Anson mit seiner Bande oben im Wald getroffen hast – und ihn angeheuert hast, um mit mir auszubrechen?" fragte Helen mit schnellen, klingenden Worten.

Das dunkle Oliv von Beasleys kühnem Gesicht verwandelte sich in ein schmutziges Weiß.

„Was?" er zuckte heiser zusammen.

„Ich sehe, dass du dich erinnerst. Nun, Milt Dale war auf dem Dachboden der Hütte versteckt, in der Sie Anson getroffen haben. Er hat jedes Wort Ihres Deals mit dem Gesetzlosen gehört."

Beasley schwang plötzlich heftig seinen Arm, so heftig, dass sein Handschuh zu Boden fiel. Als er sich bückte, um es aufzuheben, stieß er ein zischendes Zischen aus. Dann ging er zur Tür, riss sie auf und knallte sie hinter sich zu. Seine laute Stimme, heiser vor Leidenschaft, ging dem Scharren und Knacken der Hufe voraus.

Kurz nach dem Abendessen an diesem Tag, als Helen gerade wieder zu sich kam, erschien Carmichael an der offenen Tür. Bo war nicht da. In der dämmernden Dämmerung sah Helen, dass der Cowboy blass, düster und grimmig war.

„Oh, was ist passiert?" rief Helen.

„Roy wurde angeschossen. Es kam in Turners Saloon rüber. Aber er ist nicht tot. Wir brachten ihn zu Witwe Cass. Und er sagte, ich solle dir sagen, dass er durchkommen würde."

"Schuss! Durchziehen!" wiederholte Helen mit einem langsamen, unbewussten Ausruf. Sie war sich eines tiefen inneren Aufruhrs und einer kalten Blutgerinnung in ihrem gesamten äußeren Körper bewusst.

„Ja, erschossen", antwortete Carmichael grimmig.

„Und was auch immer er sagt, ich gehe davon aus, dass er nicht durchkommt."

„O Himmel, wie schrecklich!" platzte Helen heraus. „Er war so gut – so ein Mann! Was für eine Schande! Oh, das muss er in meinem Namen getroffen haben. Erzähl mir was passiert ist? Wer hat ihn erschossen?"

„Wal, ich weiß es nicht. Und das ist es, was mich verrückt gemacht hat. Ich war nicht da, als es losging. Und er wird es mir nicht sagen."

"Warum nicht?"

„Das weiß ich auch nicht. Ich vermutete zunächst, dass es daran lag, dass er sich rächen wollte. Aber nachdem ich darüber nachgedacht habe, glaube ich, dass er im Moment nicht möchte, dass ich jemanden aufsuche, aus Angst, ich könnte verletzt werden. Und du wirst deine Freunde brauchen. Das ist alles, was ich von Roy halten kann."

Dann erzählte Helen hastig von Beasleys Besuch an diesem Nachmittag und allem, was passiert war.

„Wal, der Mischlingssohn eines Schmierers!" rief Carmichael völlig verwirrt aus. „Er wollte, dass du ihn heiratest!"

„Das hat er auf jeden Fall getan. Ich muss sagen, es war ein – ein ziemlich abrupter Vorschlag."

Carmichael schien sich mit Worten herumzuschlagen, die er hinter seinen Zähnen unterdrücken musste. Schließlich stieß er einen explosiven Atemzug aus.

„Miss Nell, ich habe tief in meinen Knochen gespürt, dass ich der Junge bin, der den großen Bullen brandmarken soll."

„Oh, er muss Roy erschossen haben. Er ist wütend von hier weggegangen."

„Ich denke, du kannst es Roy entlocken. Tatsache ist, dass ich nur erfahren konnte, dass Roy allein in den Saloon gekommen ist. Beasley war da, ein ‚Riggs-'"

„Riggs!" unterbrach Helen.

„Ufer, Riggs. Er kam wieder zurück. Aber er sollte mir besser aus dem Weg gehen ... Ein Jeff Mulvey mit seinem Outfit. Turner sagte mir, er habe einen Streit und dann einen Schuss gehört. Die Bande machte sich auf den Weg und ließ Roy auf dem Boden zurück. Ich komme etwas später herein. Roy lag immer noch da. Niemand hat etwas für ihn getan. Und das hatte niemand. Ich halte das Turner übel. Wal, ich habe Hilfe bekommen und Roy zu Witwe Cass gebracht. Roy schien in Ordnung zu sein. Aber er war ein zu intelligenter Talky , um zu mir zu passen. Die Kugel traf seine Lunge, das Ufer. Und er verlor ein Blutbild, bevor wir es aufhalten konnten. Der Stinktier Turner hätte vielleicht mitgeholfen. Und wenn Roy krächzt, schätze ich, dass ich –"

„Tom, warum musst du immer damit rechnen, jemanden zu töten?" forderte Helen wütend.

„Weil hier jemand getötet werden muss. Das ist der Grund!" er schnappte zurück.

„Trotzdem – solltest du es riskieren, Bo und mich ohne einen Freund zurückzulassen?" fragte Helen vorwurfsvoll.

Da geriet Carmichael ins Wanken und verlor etwas von seiner mürrischen Tödlichkeit.

„Ach, Miss Nell, ich bin nur wütend. Wenn Sie nur Geduld mit mir haben – und mich vielleicht überreden würden … Aber ich sehe keinen anderen Ausweg."

„Lasst uns hoffen und beten", sagte Helen ernst. „Du hast davon gesprochen, dass ich Roy überredet habe, zu sagen, wer auf ihn geschossen hat. Wann kann ich ihn sehen?"

„Morgen, schätze ich. Ich komme für dich. Hol Bo mit. Von nun an müssen wir auf Nummer sicher gehen. Und was sagst du zu mir, wenn Hal hier im Ranchhaus schläft?"

„ In der Tat würde ich mich sicherer fühlen", antwortete sie. „Es gibt Zimmer. Bitte komm."

"In Ordnung. Ein „Jetzt werde ich Hal holen." Shore wünschte, ich hätte dich nicht so blass und verängstigt gemacht."

Gegen zehn Uhr am nächsten Morgen fuhr Carmichael Helen und Bo nach Pine und stellte das Gespann vor dem Cottage der Witwe Cass fest.

Die Pfirsich- und Apfelbäume waren eine Mischung aus rosa und weißen Blüten; ein schläfriges Bienensummen erfüllte die duftende Luft; satte, dunkelgrüne Luzerne bedeckte die kleine Obstgartenfläche; ein Holzfeuer ließ eine träge blaue Rauchsäule aufsteigen; und die Vögel sangen süß.

Helen konnte kaum glauben, dass inmitten dieser Ruhe ein Mann lag, der möglicherweise tödlich verletzt war. Sicherlich war Carmichael ernst und zurückhaltend genug gewesen, um die größten Ängste zu erwecken.

Witwe Cass erschien auf der kleinen Veranda, eine graue, gebeugte, abgenutzte, aber fröhliche alte Frau, die Helen als ihre Freundin kennengelernt hatte.

"Mein Land! „Ich freue mich sehr, Sie zu sehen, Miss Helen", sagte sie. „Und du hast das kleine Mädchen geholt, das ich noch nicht kennengelernt habe."

„Guten Morgen, Frau Cass. Wie – wie geht es Roy?" antwortete Helen und musterte ängstlich das faltige Gesicht.

„Roy? Jetzt siehst du nicht so verängstigt aus. Roy ist am liebsten bereit, sich auf sein Pferd zu setzen und nach Hause zu fahren, wenn ich es zulasse. Er wusste, dass du kommst. Und er ließ mich einen Spiegel halten, damit er sich rasieren konnte. Wie geht es einem Mann mit einem Einschussloch! Man kann diese Mormonen auf keinen Fall töten."

Sie führte sie in ein kleines Wohnzimmer, wo Roy Beeman auf einer Couch unter einem Fenster lag. Er war hellwach und lächelte, aber abgezehrt. Er lag teilweise mit einer Decke bedeckt. Sein graues Hemd war am Hals offen und ließ die Bandagen erkennen.

„Morgen – Mädels", sagte er gedehnt. „Shore ist nett von dir, dass du jetzt runterkommst."

Helen stand neben ihm und beugte sich in ihrem Ernst über ihn, während sie ihn begrüßte. Sie sah einen Anflug von Schmerz in seinen Augen und seine Unbeweglichkeit fiel ihr auf, aber es schien ihm nicht schlecht zu gehen. Bo war blass, hatte große Augen und offenbar zu aufgeregt, um zu sprechen. Carmichael stellte für die Mädchen Stühle neben die Couch.

„Wal, was geht dir denn heute schönen Morgen?" fragte Roy, den Blick auf den Cowboy gerichtet.

„Huh! Würden Sie erwarten, dass ich das Lächeln eines Mannes trage, der heiraten will?" erwiderte Carmichael.

„ Shore , du hast dich noch nicht mit Bo versöhnt", erwiderte Roy.

Bo errötete rosig und das Gesicht des Cowboys verlor etwas von seiner düsteren Farbe.

„Ich gebe zu, es geht dir nichts an, wenn SIE sich nicht mit mir versöhnt", sagte er.

„Las Vegas, du bist ein Wunder mit einem Hoss und einem Seil, und ich schätze, mit einer Waffe, aber wenn es um Mädchen geht, bist du nicht da."

„Ich bin kein Mormone, mein Gott! Komm, Ma Cass, lass uns hier verschwinden, damit sie reden können."

„Leute, ich wollte gerade sagen, dass Roy Fieber hat und nicht zu viel reden sollte", sagte die alte Frau. Dann gingen sie und Carmichael in die Küche und schlossen die Tür.

Roy blickte mit seinen scharfen Augen zu Helen auf, freundlicher und durchdringender als je zuvor.

„Mein Bruder John war hier. Er war gerade gegangen, als du kamst. Er ist nach Hause geritten, um meinen Leuten zu sagen, dass ich nicht so schlimm verletzt bin, und dann wird er direkt in die Berge fliegen."

Helens Augen fragten, was ihre Lippen nicht sagen wollten.

„Er ist hinter Dale her. Ich habe ihn geschickt. Ich schätze, wir alle brauchten irgendwie einen Blick auf den verdammten Jäger."

Roy hatte seinen Blick schnell zu Bo abgewendet.

„Stimmst du mir nicht zu, Mädchen?"

„Das tue ich auf jeden Fall", antwortete Bo herzlich.

Alles in Helen war für den Moment ihrer Erkenntnis still gewesen; Und dann kam das Anschwellen und Schlagen des Herzens und das unvorstellbare Scheuern einer Flut, die es zurückhielt.

„Kann John Dale rausholen, wenn der Schnee so tief ist?" fragte sie unsicher.

"Ufer. Er bringt zwei Hunde bis zur Schneegrenze. Anschließend geht es bei Bedarf mit Schneeschuhen über den Pass. Aber ich wette, Dale würde ausreiten. Der Schnee ist fast weg, außer an den Nordhängen und auf den Gipfeln."

„Dann – wann darf ich – erwarten wir Dale zu sehen?"

„Drei oder vier Tage, schätze ich. Ich wünschte, er wäre jetzt hier ... Miss Helen, es gibt Ärger."

"Ich realisiere es. Ich bin bereit. Hat Ihnen Las Vegas von Beasleys Besuch bei mir erzählt?"

"NEIN. Sag es mir ", antwortete Roy.

Kurz begann Helen, ihn mit den Umständen dieses Besuchs vertraut zu machen, und bevor sie fertig war , stellte sie sicher, dass Roy vor sich hin fluchte.

„Er hat dich gebeten, ihn zu heiraten! Jerusalem!... Damit hätte ich nie gerechnet. Der – niederträchtige Kojote von einem Schmierer! ... Wal, Miss Helen, als ich mich letzte Nacht mit Senor Beasley traf , war er gerade dabei, irgendetwas zu verderben; Jetzt verstehe ich, was das war. Und ich glaube, ich habe mir den schlechten Zeitpunkt ausgesucht."

"Wofür? Roy, was hast du gemacht?"

„Wal, ich hatte mir vor einiger Zeit vorgenommen, bei erster Gelegenheit mit Beasley zu sprechen. Und das war's. Ich war im Laden, als ich sah, wie er zu Turner's ging. Also folgte ich. Es war sehr dunkel. Beasley , Riggs, Mulvey und noch ein paar andere tranken und machten Powwowins. Also habe ich ihn sofort unterstützt."

„Roy! Oh, wie ihr Jungs mit der Gefahr umgeht!"

„Aber, Miss Helen, das ist der einzige Weg. Angst zu haben, erhöht die Gefahr. Beasley zeigte sich zunächst höflich genug. Er und ich schoben uns immer weiter zurück, und seine Freunde schoben sich immer wieder hinter uns her, bis wir in einer Ecke des Saloons ankamen. Ich weiß nicht alles, was ich zu ihm gesagt habe. Shore, ich habe eine Menge geredet. Ich erzählte ihm, was mein alter Herr dachte. Ein 'Beasley wusste so gut wie ich, dass mein alter Herr nicht nur der älteste Bewohner hier ist, sondern auch der weiseste. Und er würde nicht lügen. Wal, ich habe in meiner Argumentation alle seine Worte genutzt, um Beasley zu zeigen, dass er fast genauso knapp enden würde, wenn er nicht zu kurz kommen würde . Beasley ist dickköpfig, ein mächtiger, eingebildeter Mensch. Eitel wie ein Pfau! Er konnte nichts sehen und wurde wütend. Ich habe ihm gesagt, dass er reich genug ist, ohne dir deine Ranch zu rauben, und – wal, ich habe eine große Rede für dich gehalten. Zu diesem Zeitpunkt hatten er und seine Bande mich in einer Ecke zusammengedrängt , und ihren Blicken nach zu urteilen, bekam ich langsam kalte Füße. Aber ich war mittendrin und musste das Beste daraus machen. Der Streit führte dazu, dass er mich an mein Wort glaubte, dass ich für dich kämpfen würde, wenn der Kampf zustande käme. Und ich habe ihm in meinem eigenen Interesse gesagt, ich wünschte, es würde schnell gehen ... Dann – wal – dann ging etwas schnell los!"

„Roy, dann hat er dich erschossen!" rief Helen leidenschaftlich aus.

„Nun, Miss Helen, ich habe nicht gesagt, wer es getan hat", antwortete Roy mit seinem einnehmenden Lächeln.

„Sag mir dann – wer hat es getan?"

„Wal, ich schätze, ich werde es dir nicht sagen, es sei denn, du versprichst, es Las Vegas nicht zu sagen. Der Cowboy ist verrückt. Er glaubt zu wissen, wer auf mich geschossen hat, und ich habe etwas Skandalöses gelogen. Sehen Sie, wenn er es lernt, wird er schießen. Und, Miss Helen, der Texaner ist schlecht. Es könnte sein, dass er genauso verstopft wird wie ich – und es würde einen anderen Mann geben, der Sie von Ihrer Seite verdrängt, wenn der große Ärger kommt."

„Roy, ich verspreche dir, dass ich es Las Vegas nicht erzählen werde ", antwortete Helen ernst.

„Wal, dann war es Riggs!" Roy wurde noch blasser, als er dies gestand, und seine Stimme, fast ein Flüstern, drückte Scham und Hass aus. „Der Four-

Flush hat es geschafft. Hat mich hinter Beasley erschossen! Ich hatte keine Chance. Ich konnte ihn nicht einmal zeichnen sehen. Aber als ich fiel und dalag und die anderen zurückfielen, da sah ich die rauchende Waffe in seiner Hand. Er sah mächtig und wichtig aus. Ein Beasley fing an, ihn zu beschimpfen, und beschimpfte ihn, als sie alle hinausliefen."

„Oh, Feigling! der verabscheuungswürdige Feigling!" rief Helen.

„Kein Wunder, dass Tom es herausfinden will!" rief Bo leise und tief aus. „Ich wette, er verdächtigt Riggs."

„ Shore tut er, aber ich würde ihm keine Genugtuung geben."

„Roy, du weißt, dass Riggs hier draußen nicht überleben kann."

„Wal, ich hoffe, er hält durch, bis ich wieder auf die Beine komme."

„Los geht's! Hoffnungslos, alle Jungs! Du musst Blut vergießen!" murmelte Helen schaudernd.

„Liebe Miss Helen, lassen Sie sich das nicht antun. Ich bin wie Dale – kein Mann, der Ärger macht. Aber hier draußen gilt eine Art ungeschriebenes Gesetz: Auge um Auge, Zahn um Zahn. Ich glaube an Gott, den Allmächtigen, und Töten verstößt gegen meine Religion, aber Riggs hat mich erschossen – genauso wie er mir in den Rücken geschossen hat."

„Roy, ich bin nur eine Frau – ich fürchte, kleinmütig und diesem Westen nicht gewachsen."

„Warte, bis dir etwas passiert. „Angenommen, Beasley kommt und packt dich mit seinen eigenen schmutzigen großen Pfoten und wirft dich, nachdem er dich einiges angerichtet hat, aus deinem Haus!" Oder angenommen, Riggs jagt dich in die Enge!"

Helen spürte den Beginn ihres gesamten körperlichen Seins – einen heftigen Blutstrahl. Aber sie konnte ihr Aussehen nur anhand des grimmigen Lächelns des verwundeten Mannes beurteilen, als er sie mit seinen scharfen, aufmerksamen Augen beobachtete.

„Mein Freund, alles kann passieren", sagte er. „Aber hoffen wir, dass es nicht das Schlimmste wird."

Er hatte begonnen, Anzeichen von Schwäche zu zeigen, und Helen stand sofort auf und sagte, dass sie und Bo ihn dann besser verlassen sollten, ihn aber am nächsten Tag besuchen würden. Auf ihren Anruf hin kam Carmichael mit Mrs. Cass erneut herein, und nach ein paar Bemerkungen wurde der Besuch beendet. Carmichael blieb in der Tür stehen.

„Wal, Kopf hoch, du alter Mormone!" er hat angerufen.

„Machen Sie sich Mut, Sie alter Junggeselle!" erwiderte Roy, völlig unnötig laut. „Kannst du nicht genug Mut aufbringen, um dich mit Bo zu versöhnen?"

Carmichael verließ die Tür, als wäre er angespornt worden. Er war ganz rot im Gesicht, als er das Gespann abspannte, und während der Fahrt zum Ranchhaus war er still. Dort stieg er ab und folgte den Mädchen ins Wohnzimmer. Er wirkte immer noch düster, wenn auch nicht mürrisch, und hatte seine Fassung vollständig wiedererlangt.

„Hast du herausgefunden, wer Roy erschossen hat?" fragte er unvermittelt Helen.

"Ja. Aber ich habe Roy versprochen, dass ich es nicht verraten würde", antwortete Helen nervös. Sie wandte ihren Blick von seinem forschenden Blick ab und fürchtete sich instinktiv vor seiner nächsten Frage.

„War es der – Riggs?"

„Las Vegas, frag mich nicht. Ich werde mein Versprechen nicht brechen."

Er ging zum Fenster und schaute einen Moment hinaus, und als er sich plötzlich zu Bo umdrehte, schien er ein stärkerer, erhabenerer, energischerer Mann zu sein, der alle seine Gefühle unter Kontrolle hatte.

„Bo, hörst du mir zu – wenn ich schwöre, die Wahrheit zu sagen – so wie ich sie kenne?"

„Ja, sicherlich", erwiderte Bo, während ihr Gesicht schnell rot wurde.

„Roy möchte nicht, dass ich es erfahre, weil er den Kerl selbst treffen möchte. Und ich möchte es wissen, weil ich ihn aufhalten möchte, bevor er uns oder unseren Freunden noch mehr Dreck antun kann. Das ist Roys Grund und meiner. Und ich bitte DICH, es mir zu sagen."

„Aber, Tom – das sollte ich nicht", antwortete Bo zögernd.

„Hast du Roy versprochen, es nicht zu sagen?"

"NEIN."

„Oder deine Schwester?"

"NEIN. Ich habe es auch nicht versprochen."

„Wal, dann sag es mir. Ich möchte, dass Sie mir in dieser Angelegenheit vertrauen. Aber nicht, weil ich dich liebe und weil ich einmal einen wilden Traum hatte, könnte es sein, dass du dich ein wenig um mich kümmerst …"

„Oh – Tom!" schwankte Bo.

"Hören. Ich möchte, dass Sie mir vertrauen, denn ich bin derjenige, der weiß, was am besten ist. Ich würde nicht lügen und das würde ich auch nicht sagen, wenn ich das Ufer nicht wüsste. Ich schwöre, Dale wird mich unterstützen. Aber er kann einige Tage nicht hier sein. Eine Bande muss geblufft werden. Das solltest du sehen. Ich schätze, Sie waren schnell darin, westliche Methoden zu beherrschen. Ich könnte dir kein größeres Kompliment machen, Bo Rayner ... Sagst du es mir jetzt?"

„Ja, das werde ich", antwortete Bo und das Feuer sprang in ihre Augen.

„Oh, Bo – bitte nicht – bitte nicht. Warten!" flehte Helen.

„Bo – es ist eine Sache zwischen dir und mir", sagte Carmichael.

„Tom, ich werde es dir sagen ", flüsterte Bo. „Es war ein niederträchtiger, feiger Trick ... Roy wurde von diesem Vierer-Riggs umzingelt – und hinter Beasley angeschossen!"

KAPITEL XIX

Die Erinnerung an eine Frau hatte Milt Dales Frieden ruiniert, hatte seine Philosophie des autarken, einsamen Glücks in der Einsamkeit der Wildnis durcheinander gebracht und ihn gezwungen, sich seiner Seele und der fatalen Bedeutung des Lebens von Angesicht zu Angesicht zu stellen.

Als er seine Niederlage erkannte, dass die Dinge nicht so waren, wie sie schienen, dass es für ihn keine Freude am bevorstehenden Frühling gab, dass er in seinem freien, sinnlichen, indischen Verhältnis zur Existenz blind gewesen war, geriet er in einen unerklärlich seltsamen Zustand , eine Verzweiflung, eine Düsterkeit, so tief wie die Stille seines Zuhauses. Dale überlegte, je stärker ein Tier, je schärfer seine Nerven, je höher seine Intelligenz, desto größer müsse sein Leiden unter Fesselung oder Verletzung sein. Er betrachtete sich selbst als ein hochrangiges Tier, dessen großes körperliches Bedürfnis die Tat war, und nun schien der Anreiz zur Tat tot zu sein. Er wurde nachlässig. Er wollte nicht umziehen. Er erfüllte seine abnehmenden Pflichten unter Zwang.

Er erwartete den Frühling als eine Befreiung, aber nicht, dass er das Tal verlassen könnte. Er hasste die Kälte, er wurde müde von Wind und Schnee; Er stellte sich vor, dass die warme Sonne, der Park, der wieder grün mit Gras und strahlend mit Gänseblümchen war, die Rückkehr von Vögeln, Eichhörnchen und Hirschen zu ihren alten Lieblingsplätzen das Mittel sein würden, mit dem er diesen Bann brechen könnte, der auf ihm lastete. Dann könnte er nach und nach zu früherer Zufriedenheit zurückkehren, auch wenn diese niemals mehr dieselbe sein würde.

Aber der Frühling, der früh im Paradise Park Einzug hielt, löste in Dale Fieber aus – ein Feuer unaussprechlicher Sehnsucht. Es war vielleicht gut, dass das so war, denn er schien getrieben zu sein, vom Morgengrauen bis zur Dunkelheit zu arbeiten, zu klettern, zu trampeln und unaufhörlich in Bewegung zu bleiben. Die Aktion stärkte seine schlaffen Muskeln und bewahrte ihn vor den bewegungslosen, sinnlosen Stunden des Grübelns. Zumindest muss er sich nicht schämen, sich nach dem zu sehnen, was ihm niemals gehören könnte – der Süße einer Frau – einem Zuhause voller Licht, Freude, Hoffnung, dem Sinn und der Schönheit von Kindern. Aber diese düsteren Stimmungen waren ein Absturz in die Hölle.

Dale hatte die Tage und Wochen nicht im Auge behalten. Er wusste nicht, wann der Schnee von drei Hängen des Paradise Parks schmolz. Er wusste nur, dass eine Ewigkeit über ihn hinweggezogen war und dass der Frühling gekommen war. Während seiner ruhelosen Wachstunden und selbst wenn er schlief, schien in seinem Hinterkopf immer das Bewusstsein zu wachsen, dass er bald aus dieser Prüfung hervorgehen würde, ein veränderter Mann, bereit, sein erwähltes Los zu opfern, seine Einsamkeit aufzugeben Er lebte ein Leben in selbstsüchtiger Hingabe in träger Verbundenheit mit der Natur und ging dorthin, wo seine starken Hände den Menschen einen echten Dienst erweisen könnten. Dennoch wollte er in dieser Bergfestung verweilen, bis seine Tortur vorüber war – bis er sie und die Welt kennenlernen konnte, da er sich selbst mehr als je zuvor als Mann erkannte.

Eines hellen Morgens, als er am Lagerfeuer saß, warnte der zahme Puma leise und knurrend. Dale war erschrocken. Tom hat sich nicht wegen eines umherstreifenden Grizzlybären oder eines streunenden Hirsches so verhalten. Plötzlich erspähte Dale einen Reiter, der langsam aus den vereinzelten Fichten hervorritt. Und bei diesem Anblick machte Dales Herz einen Satz, als er sich an eine Weissagung seiner zukünftigen Beziehung zu seinesgleichen erinnerte. Noch nie war er so froh gewesen, einen Mann zu sehen!

Dieser Besucher ähnelte einem der Beemans, der Art nach zu urteilen, wie er auf seinem Pferd saß, und Dale erkannte sofort, dass es sich um John handelte.

Zu diesem Zeitpunkt wurde das abgestumpfte Pferd zum Traben angeregt und erreichte bald die Kiefern und das Lager.

„Hallo, du alter Bärenjäger!" rief John und winkte mit der Hand.

Trotz seiner herzlichen Begrüßung sorgte sein Aussehen für eine ähnliche Reaktion von Dale. Das Pferd war bis zu den Flanken schlammig und John war bis zu den Knien schlammig, nass, schmutzig, abgenutzt und weiß. Diese Gesichtsfarbe bedeutete mehr als nur Müdigkeit.

„Hallo, John?" antwortete Dale.

Sie schüttelten sich die Hände. John schwang müde sein Bein über den Knauf, stieg aber nicht sofort ab. Seine klaren grauen Augen waren wunderbar auf den Jäger gerichtet.

„Milt – was zum Teufel ist los?" fragte er.

"Warum?"

„Sag mir, wenn du dich nicht verändert hast, also habe ich dich kaum gekannt. Du warst krank – ganz allein hier!"

„Sehe ich krank aus?"

„Wal, ich sollte lächeln. Dünn und blass und flaumig im Mund! Milt, was fehlt dir?"

„Ich bin zur Saat gegangen."

„Du bist verrückt geworden, Scherz, wie Roy sagte, dass du hier allein lebst. Du hast es übertrieben, Milt. Und du siehst krank aus."

„John, meine Krankheit ist da", antwortete Dale nüchtern und legte eine Hand auf sein Herz.

„Lungenbeschwerden!" rief John. „Mit der Truhe und oben in dieser Luft? ... Raus!"

„Nein – keine Lungenprobleme", sagte Dale.

„Ich verstehe. Ich hatte jedenfalls eine Ahnung von Roy.

„Was für eine Ahnung?"

„Beruhige dich jetzt, Dale, alter Mann... Glaubst du nicht, dass ich schon ziemlich früh auf dich losfahre? Schau dir die Schlampe an!" John rutschte ab und winkte dem herabhängenden Tier zu, dann begann er, es abzusatteln. „Wal, er hat es großartig gemacht. Wir haben einiges blockiert. Und ich bin nachts auf dem gefrorenen Schnee auf den Pass gestiegen."

„Gern geschehen wie die Blumen im Mai. John, welcher Monat ist es?"

„Um Himmels willen! Bist du so schlimm wie die?... Mal sehen. Es ist der dreiundzwanzigste März."

"Marsch! Nun, ich bin geschlagen. Ich habe den Überblick verloren – und vielleicht noch viel mehr."

„Thar!" erklärte John und gab dem Mustang eine Ohrfeige. „Du kannst hier scherzhaft bis zu meiner nächsten Reise warten. Milt, wie geht es deinen Pferden?"

„Gut überwintert."

„Wal, das ist gut. Wir werden sofort zwei große, starke Pferde brauchen."

"Wozu?" fragte Dale scharf. Er ließ ein Stück Holz fallen und richtete sich vom Lagerfeuer auf.

„Du wirst mit mir nach Pine reiten – das ist der Grund dafür."

Dann kam Dale die ruhige, bedächtige Andeutung der Beemans in Momenten zurück, die eine Gerichtsverhandlung ankündigten.

Bei dieser sicheren Gewissheit von John, die zu bedeutsam war, um angezweifelt zu werden, löste Dales Gedanke an Pine langsam ein seltsames Gefühl aus, als ob er tot gewesen wäre und wieder zum Leben erwachen würde.

„Erzählen Sie, was Sie zu sagen haben!" er ist ausgebrochen.

Blitzschnell antwortete der Mormone: „Roy wurde angeschossen. Aber er wird nicht sterben. Er hat nach dir geschickt. Es ist ein schlechter Deal im Gange. Beasley will Helen Rayner vertreiben und ihre Ranch stehlen."

Ein Zittern durchfuhr Dale. Es schien eine weitere schmerzhafte, aber auch aufregende Verbindung zwischen seiner Vergangenheit und dieser vage bevorstehenden Zukunft zu sein. Seine Gefühle waren Grübeln, Träume und Sehnsüchte gewesen. Das, was sein Freund sagte, hatte den Stachel des wirklichen Lebens.

„Dann ist der alte Al tot?" er hat gefragt.

„Vor langer Zeit – ich schätze etwa Mitte Februar. Das Eigentum ging an Helen. Es geht ihr gut. Und viele Leute sagen, es sei schade, dass sie es verliert."

„Sie wird es nicht verlieren", erklärte Dale. Wie seltsam klang seine Stimme in seinen eigenen Ohren! Es war heiser und unwirklich, als ob es nicht benutzt worden wäre.

„Wal, wir alle haben unsere Ideen. Ich sage, sie wird es tun. Mein Vater sagt es. Carmichael sagt es."

"Wer ist er?"

„Erinnerst du dich wohl an den Kuhhirten, der Roy und Auchincloss nach den Mädchen erfunden hat – letzten Herbst?"

"Ja. Sie nannten ihn Las – Las Vegas. Ich mochte sein Aussehen."

„Hmpf! Du wirst ihn sehr mögen, wenn du ihn kennst. Er hat die Ranch die ganze Zeit über für Miss Helen am Laufen gehalten. Aber der Deal spitzt sich zu. Beasley ist mit den Riggs in Verlegenheit. Erinnerst du dich an ihn?"

"Ja."

„Wal, er hat den ganzen Winter in Pine rumgegangen und nach einer Chance Ausschau gehalten, an Miss Helen oder Bo heranzukommen. Jeder hat es gesehen. Ein Scherz, als er in letzter Zeit Bo auf dem Rücken verfolgte und dem Jungen einen bösen Sturz bescherte. Roy sagt, Riggs sei hinter Miss Helen her. Aber ich denke, das eine oder andere der Mädchen würde das Unwesen treiben. Wal, das hat irgendwie angefangen loszugehen. Carmichael schlug Riggs und vertrieb ihn aus der Stadt. Aber er kam zurück. Beasley besuchte Miss Helen und bot ihr an, sie zu heiraten, um ihr die Ranch nicht wegzunehmen, sagte er."

Dale erwachte mit einem donnernden Fluch.

"Ufer!" rief John aus. „Ich würde dasselbe sagen – nur dass ich religiös bin. Verursacht die Galle des schlauäugigen Schmierers nicht den Wunsch, über sich selbst zu spucken? Mein Gott! aber Roy war verrückt! Roy hat große Vorliebe für Miss Helen und Bo... Wal, Roy, hat Beasley bei der ersten Chance, die er bekam, gestärkt und ihm eine ehrliche Rede gehalten. Beasley hatte Schaum vor dem Mund, sagte Roy. Dann erschoss Riggs Roy. Erschoss ihn hinter Beasley, als Roy nicht hinsah! Ein Riggs prahlt damit, ein Revolverheld zu sein. Vielleicht war das kein schlechter Schütze für ihn!"

„Ich schätze", antwortete Dale und schluckte schwer. „Was genau war Roys Botschaft an mich?"

„Wal, ich kann mich nicht an alles erinnern, was Roy gesagt hat", antwortete John zweifelnd. „Aber Roy Shore war aufgeregt und voller Ernst. Er sagt: „ Sagen Sie Milt, was passiert ist." Sagen Sie ihm, dass Helen Rayner in größerer Gefahr ist als im letzten Herbst. Sag ihm, ich habe gesehen, wie sie mit Herzschlag in den Augen über die Berge zum Paradise Park blickte. Sag ihm, dass sie ihn am meisten braucht!'"

Dale zitterte am ganzen Körper, als hätte er einen Fieberanfall. Er wurde von einem Wirbelsturm leidenschaftlicher, schrecklich süßer Gefühle erfasst, als er unbedingt Roy und John für ihre einfältigen Schlussfolgerungen verfluchen wollte.

„Roy's – verrückt!" keuchte Dale.

„Wal, Milt – das ist geradezu überraschend von dir. Roy ist der besonnenste aller Kerle, die ich kenne."

"Mann! Wenn er mich zwingen würde, ihm zu glauben – und es sich als unwahr herausstellen würde – würde ich ihn töten", antwortete Dale.

"Unwahr! Glaubst du, Roy Beeman würde lügen?"

„Aber, John – ihr könnt meinen Fall nicht sehen. Nell Rayner will mich – braucht mich! ... Das kann nicht wahr sein!"

„Wal, mein liebeskranker Freund – der Scherz IST wahr!" rief John gefühlvoll aus. „Das ist die Hölle des Lebens – man weiß es nie. Aber hier ist es Freude für Sie. Sie können Roy Beeman in Bezug auf Frauen genauso schnell glauben, wie Sie ihm vertrauen würden, dass er Ihren verlorenen Freund aufspürt. Roy hat drei Mädchen geheiratet. Ich gehe davon aus, dass er noch mehr heiraten wird. Roy ist erst achtundzwanzig und hat zwei große Farmen. Er sagte, er habe Nell Rayners Herz in ihren Augen gesehen, als sie nach dir suchte – und du kannst dein Leben darauf verwetten, dass das wahr ist. Und er hat es gesagt, weil er meint, dass du da unten rascheln und um das Mädchen kämpfen sollst."

„Ich werde – gehen", sagte Dale mit zitterndem Flüstern, als er sich auf einen Kiefernstamm in der Nähe des Feuers setzte. Er starrte blind auf die

Glockenblumen im Gras zu seinen Füßen, während ein Sturm nach dem anderen seine Brust erfasste. Sie waren wild und kurz, weil sie von seinem Willen getrieben waren. In diesen wenigen Momenten des Kampfes wurde Dale unermesslich aus der dunklen Kluft seines Selbst entfernt, die seinen Winter zu einem Albtraum gemacht hatte. Und als er wieder aufrecht stand, schien es, als hätte die alte Erde einen bewegenden, elektrisierenden Impuls für seine Füße. Etwas Schwarzes, Bitteres, Melancholisches und Krankhaftes, das für ihn immer unwirklich war, war für immer vergangen. Der große Moment war ihm aufgezwungen worden. Er glaubte Roy Beemans absurde Andeutung bezüglich Helen nicht; aber er war wie durch Zauberei zu seinem alten wahren Selbst zurückgekehrt oder weitergeflogen.

Auf Dales stärksten Pferden, nur mit einem leichten Rucksack, einer Axt und ihren Waffen ausgestattet, hatten die beiden Männer am Mittag des Tages die Schneegrenze auf dem Pass erreicht. Tom, der zahme Puma, trottete hinten mit.

Die Schneekruste, die jetzt zur Hälfte von der Sonne aufgetaut war, konnte dem Gewicht eines Pferdes nicht standhalten, obwohl sie den Männern zu Fuß Halt gab. Sie gingen und führten die Pferde. Die Reise war nicht schwierig, bis der Schnee tiefer wurde; dann ließ der Fortschritt erheblich nach. John war nicht in der Lage gewesen, die Spur zu erkennen, also folgte Dale seinen Spuren nicht. Ein alter Brand an den Bäumen ermöglichte es Dale, einigermaßen gut auf dem Weg zu bleiben; und schließlich war die Höhe des Passes erreicht, wo der Schnee tief lag. Hier schufteten die Pferde und pflügten Schritt für Schritt durch. Als sie schließlich auf die Flanken sanken, mussten sie gezerrt und angestachelt werden, wobei ihnen dicke, flache Büschel Fichtenzweige unter die Hufe gelegt wurden. Es dauerte drei Stunden, bis man die paar hundert Meter tiefen Schnees auf der Höhe des Passes geschafft hatte. Der Puma hatte keine großen Schwierigkeiten, ihm zu folgen, obwohl es offensichtlich war, dass ihm solche Reisen nicht gefielen.

Dass die Pferde hinter ihnen Mut fassten und sich bis zum Rand des steilen Abstiegs vorarbeiteten, wo sie sich nur mit aller Kraft zurückhalten konnten, um nicht auszurutschen und zu rollen. Auf diesem Abhang, an dessen Fuß sich ein dichter Wald mit stellenweise noch tiefem Schnee und schwer zu lokalisierenden Windböen begann, ging es schnell voran. Die Männer hier leisteten Herkulesarbeit, gelangten aber bis zu einem Park, in dem der Schnee verschwunden war. Der Boden war jedoch weich und sumpfig und stellenweise tückischer als der Schnee; und die Reisenden mussten den Rand des Parks bis zu einem gegenüberliegenden Punkt umrunden und dann durch den Wald weitergehen. Als sie in dieser Nacht kurz vor Einbruch der Dunkelheit nackten und festen Boden erreichten, war es höchste Zeit, denn die Pferde waren bereit zum Abstieg, und die Männer ebenfalls.

Das Lager wurde in einem offenen Wald errichtet. Die Dunkelheit brach herein, und die Männer ruhten auf Zweigbetten, die Füße am Feuer, Tom zusammengerollt in der Nähe, und die Pferde hingen immer noch dort, wo man sie abgesattelt hatte. Der Morgen jedoch entdeckte sie beim Grasen im langen, gebleichten Gras. John schüttelte den Kopf, als er sie ansah.

„Du hast damit gerechnet, Pine bei Einbruch der Dunkelheit zu erreichen. Wie weit ist es – der Weg, den du gehen wirst?"

„Ungefähr fünfzig Meilen", antwortete Dale.

„Wal, wir können es nicht auf diesen Viechern reiten."

„John, wir würden mehr als das tun, wenn wir müssten."

Noch vor Sonnenaufgang waren sie gesattelt und unterwegs, Schnee und Moor blieben zurück. Ebene Parks und ebene Wälder führten nacheinander zu langen Hängen und steilen Abfahrten, die mit abnehmender Höhe immer sonniger und grüner wurden. Eichhörnchen und Auerhühner, Truthähne und Hirsche sowie weniger zahme Waldbewohner wuchsen mit fortschreitender Reise immer zahlreicher. In dieser Spielzone hatte Dale jedoch Probleme mit Tom. Der Puma musste oft beobachtet und gerufen werden, um ihn von der Spur fernzuhalten.

„Tom mag keine langen Reisen", sagte Dale. „Aber ich werde ihn mitnehmen. Auf die eine oder andere Weise könnte er sich als nützlich erweisen."

„Schick ihn in Beasleys Bande", antwortete John. „Manche Männer haben große Angst vor Pumas. Aber das war ich nie."

„Ich auch nicht. Obwohl ich Pumas hatte, die mir ein verdammt unheimliches Gefühl gaben."

Die Männer redeten nur wenig. Dale ging voran, während Tom lautlos neben seinem Pferd trottete. John folgte dicht dahinter. Sie ließen die Pferde durch Parks reiten, trotteten durch die Wälder, gingen langsam die wenigen Steigungen hinauf, denen sie begegneten, und rutschten die weichen, nassen, mit Kiefernmatten bedeckten Abhänge hinunter. Sie erreichten also eine Durchschnittsgeschwindigkeit von sechs bis acht Meilen pro Stunde. Die Pferde hielten dieser gleichmäßigen Fahrt gut stand, und das ohne Mittagspause.

Dale schien sich in einer emotionalen Trance zu fühlen. Doch trotzdem drängten sich dieselben alten Sinneswahrnehmungen dicht und schnell auf ihn, seltsam süß und lebendig nach den vergangenen toten Monaten, in denen ihn weder Sonne noch Wind noch Wolken noch Kiefernduft noch irgendetwas in der Natur bewegen konnten. Sein Verstand, sein Herz, seine Seele schienen in einen berauschenden Wein der Erwartung getaucht zu sein, während seine Augen, Ohren und Nase noch nie so scharf gewesen waren, die Tatsachen des Waldlandes zu registrieren. Er sah das schwarze Ding weit vorn, das einem verbrannten Baumstumpf ähnelte, aber er wusste, dass es ein Bär war, bevor es verschwand; Er sah das graue Aufblitzen von Hirschen, Wölfen und Kojoten und das Rot von Füchsen und die kleinen, vorsichtigen Köpfe alter Fresser, die gerade aus dem Gras ragten; und er sah tiefe Wildspuren sowie die langsam aufsteigenden Halme von Glockenblumen, wohin gerade ein weichfüßiges Tier getreten war. Und er hörte die melancholischen Töne der Vögel, das Zwitschern der Auerhühner, das Rauschen des Windes, das leichte Fallen von Tannenzapfen, das nahe und ferne Bellen von Eichhörnchen, das tiefe Fressen eines Truthahns in der Nähe und die Herausforderung eines Rivalen in der Ferne, das Knacken von Zweigen im Dickicht, das Rauschen von fließendem Wasser, der Schrei eines Adlers und der schrille Schrei eines Falken und immer die weichen, stumpfen, gleichmäßigen Hufschläge der Pferde.

Auch die Gerüche waren die süßen, stechenden Gerüche des Frühlings, warm und angenehm – der Geruch der sauberen, frischen Erde, der sich durch den dicken, starken Duft der Kiefer bahnte, der Geruch von in der Sonne verrottenden Baumstämmen und von Frische neues Gras und Blumen entlang eines Baches mit Schneewasser.

„Ich rieche Rauch", sagte Dale plötzlich, als er die Zügel zügelte und sich umdrehte, um von seinem Begleiter eine Bestätigung zu erhalten.

John schnupperte die warme Luft.

„Wal, du bist eher ein Indianer als ich", antwortete er kopfschüttelnd.

Sie gingen weiter und kamen bald am Rand des letzten Abhangs an. Eine lange grüne Meile erstreckte sich schräg unter ihnen und teilte sich in vereinzelte Reihen von Bäumen und Hainen auf, die sich mit den Zedern verbanden, und diese erstreckten sich wiederum in grauschwarzen Flecken bis zur Wüste, die glitzernd und kahl war, mit Streifen düsterer Farbtöne , verblasst in der Dunkelheit der Ferne.

Das Dorf Pine schien in einer Kurve am Rande des großen Waldes zu liegen, und die Hütten sahen aus wie winzige weiße Punkte in Grün.

„Sehen Sie da", sagte Dale und zeigte.

Einige Meilen weiter rechts ragte ein grauer Felsvorsprung aus dem Hang und bildete eine Landzunge; und daraus stieg eine dünne, blasse Rauchsäule empor, die, sobald sie keinen grünen Hintergrund mehr hatte, aus dem Blickfeld verschwand.

„Das ist dein Rauch, Land genug", antwortete John nachdenklich. „Jetzt frage ich mich scherzhaft, wer da campt. Kein Wasser in der Nähe und kein Gras für die Pferde."

„John, dieser Punkt wurde schon oft für Rauchsignale genutzt."

„Habe nur scherzhaft daran gedacht. Sollen wir da herumfahren und einen Blick darauf werfen?"

"NEIN. Aber wir werden uns daran erinnern. Wenn Beasley seinen tiefgreifenden Plan in die Tat umsetzt, wird er Snake Ansons Bande irgendwo in der Nähe haben."

„Roy hat das Gleiche gesagt. Wal, es sind noch etwa drei Stunden bis zum Sonnenuntergang. Die Pferde halten mit. Ich schätze, ich täusche mich, denn wir werden Pine schon wieder in Ordnung bringen. Aber der alte Tom ist müde oder faul."

Der große Puma lag keuchend da und seine halb geschlossenen Augen waren auf Dale gerichtet.

„Tom ist nur faul und fett. In dieser Gangart könnte er eine Woche lang reisen. Aber lass uns eine halbe Stunde ruhen und auf den Rauch achten, bevor wir weitermachen. Wir können Pine vor Sonnenuntergang herstellen."

Als die Reise wieder aufgenommen wurde, erhaschten Dales scharfe Augen auf halber Höhe des Abhangs einen breiten Pfad, an dem beschlagene Pferde vorbeigekommen waren und der in einer langen Schräge zum Vorgebirge hinaufführte. Er stieg ab, um es zu untersuchen, und als John heraufkam, machte er sich eifrig daran, abzusteigen und es ihm gleichzutun. Dale zog seine Schlussfolgerungen, woraufhin er in einem braunen Arbeitszimmer neben seinem Pferd stand und auf John wartete.

„Wal, was hältst du von diesen Spuren hier?" fragte das würdig.

„Ein paar Pferde und ein Pony sind gestern hier vorbeigekommen, und heute hat ein einzelnes Pferd die frische Spur gemacht."

„Wal, Milt, für einen Jäger bist du nicht so schlecht in der Jagd auf Jagdhunde", bemerkte John, „Aber wie viele Jagdhunde waren gestern unterwegs?"

„Ich konnte nicht erkennen – mehrere – vielleicht vier oder fünf."

„Sechs Pferde und ein Hengstfohlen oder ein kleiner Mustang, unbeschlagen, um genau zu sein. Wal, vorausgesetzt, sie haben es getan. Was bedeutet es für uns?"

„Ich weiß es nicht, denn ich hätte mir irgendetwas Ungewöhnliches vorgestellt, wenn da nicht der Rauch gewesen wäre , den wir von der Felge gesehen haben, und dann diese frische Spur, die sich heute hier gebildet hat. Sieht für mich seltsam aus."

„Ich wünschte, Roy wäre hier", antwortete John und kratzte sich am Kopf. „Milt, ich habe eine Vermutung, wenn er es wäre, würde er ihren Spuren folgen."

"Vielleicht. Aber dafür haben wir keine Zeit. Wir können sie jedoch zurückziehen, wenn sie hier Abstand halten. Und wir werden auch keine Zeit verlieren."

Dieser breite Weg führte direkt nach Pine, hinunter zum Rand der Zedern, wo zwischen einigen zerklüfteten Felsen Hinweise darauf zu finden waren, dass dort tagelang Männer ihr Lager aufgeschlagen hatten. Hier endete er als breiter Wanderweg. Aber aus dem Norden kamen die einzelnen, noch am selben Tag frisch angelegten Gleise, und aus dem Osten, eher in einer Linie mit Pine, kamen zwei am Vortag angelegte Gleise. Und das waren Abdrücke von großen und kleinen Hufen. Offensichtlich interessierten diese John mehr als Dale, der auf seinen Begleiter warten musste.

„Milt, das ist kein Hengstfohlen – dieser kleine Track", erklärte John.

„Warum nicht – und was, wenn nicht?" fragte Dale.

„Wal, das ist es nicht, denn ein Fohlen schwankt immer zurück, von einer Seite zur anderen. Dieser kleine Track hält nah am großen. Und, von George! es wurde von einem geführten Mustang gemacht."

John ähnelte damals Roy Beeman mit diesem springenden, aufmerksamen Feuer in seinen grauen Augen. Dales Antwort bestand darin, sein Pferd zum Traben anzutreiben und dem zurückgebliebenen Puma scharf zuzurufen.

Als sie in die breite, von Blumen gesäumte Straße einbogen, die die einzige Durchgangsstraße von Pine darstellte, ging die Sonne rot und golden hinter den Bergen unter. Für mehr als einen Spaziergang waren die Pferde zu müde. Die Einheimischen des Dorfes erblickten Dale und Beeman und die riesige graue Katze, die ihnen wie ein Hund folgte, und riefen einander aufgeregt zu. Eine Gruppe Männer vor Turner's blickte aufmerksam auf die Straße und zeigte bald Anzeichen von Aufregung. Dale und sein Kamerad stiegen vor dem Cottage der Witwe Cass ab. Und Dale rief, als er den kleinen Pfad hinaufschritt. Frau Cass kam heraus. Sie war weiß und zitterte, wirkte aber ruhig. Als John Beeman sie sah, holte er scharf Luft.

„Wal, jetzt –", begann er heiser und hörte auf.

„Wie geht es Roy?" fragte Dale.

„Herr weiß, ich freue mich, euch zu sehen, Jungs! Milt, du bist dünn und siehst seltsam aus. Roy hatte einen kleinen Rückschlag. Er bekam heute einen Schock, der ihn aus der Fassung brachte. Fieber – und jetzt ist er aus dem Kopf. Es wird dir nichts nützen, Zeit damit zu verschwenden, ihn zu sehen. Glauben Sie mir, es geht ihm gut. Aber es gibt noch andere wie … Um des Landes willen, Milt Dale, du hast den Puma zurückgeholt! Lass ihn nicht in meine Nähe!"

„Tom wird dir nichts tun, Mutter", sagte Dale, als der Puma den Weg heraufgetapt kam. „Du hast etwas gesagt – über andere. Ist Miss Helen in Sicherheit? Beeil dich!"

„Fahren Sie rauf, um sie zu sehen – und verschwenden Sie hier keine Zeit mehr."

Dale war schnell im Sattel, gefolgt von John, aber die Pferde mussten hart bestraft werden, um sie überhaupt zum Traben zu zwingen. Und das war ein langsamer Trab, der Torn nun nicht hinter sich ließ.

Die Fahrt hinauf zu Auchincloss' Ranchhaus schien Dale endlos zu sein. Nachdem er vorbeigekommen war, kamen Eingeborene auf die Straße, um zuzusehen. So streng Dale auch war, seine Gefühle zu beherrschen, er konnte seine wachsende Freude nicht völlig einer wartenden, schrecklichen Vorahnung einer Katastrophe unterordnen. Aber ganz gleich, was ihn erwartete – und auch nicht, welche schicksalhaften Ereignisse von diesem namenlosen Umstand, der bald ans Licht kam, abhingen, die wunderbare und glorreiche Tatsache der Gegenwart war, dass er gleich Helen Rayner sehen würde.

Im Hof standen gesattelte Pferde, aber keine Reiter. Ein mexikanischer Junge saß auf der Verandabank, auf dem Platz, auf dem Dale sich erinnerte, Al Auchincloss begegnet zu sein. Die Tür des großen Wohnzimmers stand offen. Der Duft von Blumen, das Murmeln von Bienen, das Stampfen von Hufen drangen vage zu Dale. Seine Augen verdunkelten sich, sodass der Boden, als er aus dem Sattel glitt, weit unter ihm schien. Er betrat die Veranda. Seine Sicht wurde plötzlich klar. Ein zugeschnürtes Gefühl in seiner Kehle machte die Worte, die er zu dem mexikanischen Jungen sagte, unzusammenhängend. Aber sie wurden verstanden, als der Junge um das Haus herum rannte. Dale klopfte heftig und trat über die Schwelle.

Draußen dachte John, seinen Gewohnheiten treu, selbst in diesem Moment der Spannung an die treuen, erschöpften Pferde. Während er sie absattelte , sagte er: „Ihr weichen und fetten Pferde, ihr überwintert hoch oben, ihr habt was getan!"

Dann hörte Dale eine Stimme in einem anderen Raum, einen Schritt, ein Knarren der Tür. Es öffnete. Eine Frau in Weiß erschien. Er erkannte Helen.

Aber statt der satten braunen Blüte und der dunkeläugigen Schönheit, die sich so eindringlich in seiner Erinnerung eingeprägt hatte, sah er ein weißes, wunderschönes Gesicht, angespannt und zitternd vor Angst, und Augen, die ihm das Herz durchbohrten. Er konnte nicht sprechen.

"Oh! mein Freund – du bist gekommen!" Sie flüsterte.

Dale streckte eine zitternde Hand aus. Aber sie sah es nicht. Sie umklammerte seine Schultern, als wollte sie spüren, ob er real war oder nicht, und legte dann ihre Arme um seinen Hals.

"Oh Gott sei Dank! Ich wusste, dass du kommen würdest!" sagte sie und ihr Kopf sank auf seine Schulter.

Dale ahnte, was er vermutet hatte. Helens Schwester war entführt worden. Doch während sein schneller Verstand Helens gebrochenen Geist erfasste – die Unausgeglichenheit, die der Grund für diese wunderbare und glorreiche Tat war –, verstand er die Umarmung nicht anders. Er stand einfach da, transportiert, aufgeladen wie ein Baum, der vom Blitz getroffen wurde, und sorgte mit all seinen scharfen Sinnen dafür, dass er für immer spüren konnte, wie sie sich um seinen Hals schmiegte, ihr Gesicht über seinem platzenden Herzen, ihre zitternde Gestalt an sich gedrückt zu seinem.

„Es ist – Bo", sagte er unsicher.

„Sie ist gestern reiten gegangen – und – nie – zurückgekommen!" antwortete Helen gebrochen.

„Ich habe ihre Spur gesehen. Sie wurde in den Wald gebracht. Ich werde sie finden. Ich hole sie zurück", antwortete er schnell.

Mit einem Schock schien sie seine Bedeutung zu verstehen. Mit einem weiteren Schock hob sie ihr Gesicht und lehnte sich ein wenig zurück, um ihn anzusehen.

„Du wirst sie finden – zurückholen?"

„Ja", antwortete er sofort.

Bei diesem klingenden Wort schien es Dale, als würde ihr klar, wo sie stand. Er spürte, wie sie zitterte, als sie ihre Arme senkte und einen Schritt zurücktrat, während die weiße Angst in ihrem Gesicht von einer scharlachroten Welle überschwemmt wurde. Aber sie war mutig in ihrer Verwirrung. Ihre Augen senkten sich nie, obwohl sie sich schnell veränderten und sich vor Scham, Erstaunen und Gefühlen, die er nicht deuten konnte, verdunkelten.

„Ich habe fast den Kopf verloren", stockte sie.

"Kein Wunder. Das habe ich gesehen... Aber jetzt musst du einen klaren Kopf bekommen. Ich habe keine Zeit zu verlieren."

Er führte sie zur Tür.

„John, es ist Bo, der weg ist", rief er. „Seit gestern... Schicken Sie den Jungen, um mir eine Tüte Fleisch und Brot zu holen. Du rennst zum Stall und besorgst mir ein frisches Pferd. Mein altes Pferd Ranger, wenn du ihn schnell finden kannst. Ein Rascheln.

Wortlos sprang John ohne Sattel auf eines der Pferde, die er gerade abgesattelt hatte, und trieb ihn über den Hof.

Dann erblickte der große Puma Helen, stand von der Veranda auf und kam auf sie zu.

„Oh, es ist Tom!" rief Helen, und während er sich an ihren Knien rieb, tätschelte sie seinen Kopf mit zitternder Hand. „Du großes, schönes Haustier! Oh, wie ich mich erinnere! Oh, wie gerne würde Bo …"

„Wo ist Carmichael?" unterbrach Dale. „Auf der Jagd nach Bo?"

"Ja. Er war es, der sie zuerst vermisste. Er ist gestern überall hin gefahren. Als er letzte Nacht zurückkam, war er wild. Ich habe ihn heute nicht gesehen. Er zwang alle anderen Männer außer Hal und Joe, zu Hause auf der Ranch zu bleiben."

"Rechts. „Auch John muss bleiben", erklärte Dale. „Aber es ist seltsam. Carmichael hätte die Spuren des Mädchens finden sollen. Sie hat ein Pony geritten?"

„Bo ritt Sam. Er ist ein kleiner Bronc, sehr stark und schnell."

„Ich stoße auf seine Spuren. Wie konnte Carmichael sie vermissen?"

„Er hat es nicht getan. Er fand sie und verfolgte sie entlang der gesamten Nordkette. Dorthin verbot er Bo, dorthin zu gehen. Sie sehen, sie sind ineinander verliebt. Sie waren uneins. Keiner von beiden wird nachgeben. Bo gehorchte ihm nicht. Abseits der Nordkette sei harter Boden, sagte er. Bisher konnte er ihren Spuren nur folgen."

„Gab es neben ihren noch andere Spuren?"

"NEIN."

„Miss Helen, ich habe sie weit südöstlich von Pine oben am Berghang gefunden. Es gab sieben andere Pferde, die diesen Weg bildeten – als wir ihn überquerten. Auf dem Weg nach unten fanden wir ein Lager, in dem Männer gewartet hatten. Ein 'Bo's Pony, geführt von einem Reiter auf einem großen

Pferd, kam von Osten in dieses Lager – vielleicht etwas nördlich. Und das erzählt die Geschichte."

„Riggs hat sie überfallen – ist mit ihr davongekommen!" rief Helen leidenschaftlich. „Oh, der Bösewicht! Er hatte Männer auf der Lauer. Das ist Beasleys Arbeit. Sie waren hinter mir her."

„Vielleicht ist es nicht genau das, was Sie gesagt haben, aber das kommt nah genug dran. Ein 'Bo's ist in einer schlechten Lage. Dem müssen Sie sich stellen und versuchen, der Angst vor dem Schlimmsten standzuhalten."

"Mein Freund! Du wirst sie retten!"

„Ich werde sie zurückholen, lebendig oder tot."

"Tot! Ach du lieber Gott!" Helen weinte und schloss für einen Moment die Augen, um sie brennend schwarz zu öffnen. „Aber Bo ist nicht tot. Ich weiß das – ich fühle es. Sie wird nicht so leicht sterben. Sie ist ein bisschen wild. Sie hat keine Angst. Sie würde wie eine Tigerin um ihr Leben kämpfen. Sie ist stark. Du erinnerst dich, wie stark. Sie kann alles ertragen. Wenn sie sie nicht direkt ermorden, wird sie jede Tortur lange überstehen ... Ich flehe dich also an, mein Freund, verliere keine Stunde – gib niemals auf!"

Dale zitterte unter den gefalteten Händen. Er löste sich von ihrem klammernden Griff und trat auf die Veranda hinaus. In diesem Moment erschien John im Galopp auf Ranger.

„Nell, ich werde nie ohne sie zurückkommen", sagte Dale. „Ich denke, Sie können hoffen – seien Sie nur vorbereitet. Das ist alles. Es ist schwer. Aber diese verdammten Deals sind hier draußen im Westen üblich."

„Angenommen, Beasley kommt – hierher!" rief Helen, und wieder streckte sie ihre Hand nach ihm aus.

„Wenn er es tut, weigern Sie sich auszusteigen", antwortete Dale. „Aber lassen Sie nicht zu, dass er oder seine Schmierer Sie schmutzig machen. Sollte er mit Gewalt drohen – nun ja, packen Sie ein paar Klamotten – und Ihre Wertsachen – ein und gehen Sie zu Mrs. Cass. Und warte, bis ich zurückkomme!"

„Warte – bis du – zurückkommst!" Sie stockte und wurde langsam wieder weiß. Ihre dunklen Augen weiteten sich. „Milt – du bist wie Las Vegas. Du wirst Beasley töten!"

Dale hörte sein eigenes Lachen, sehr kalt und seltsam, fremd für seine Ohren. Ein grimmiger, tödlicher Hass auf Beasley wetteiferte mit der Zärtlichkeit und dem Mitleid, die er für dieses verzweifelte Mädchen empfand. Es war eine schmerzhafte Prüfung, sie dort an der Tür lehnend zu sehen – gezwungen zu sein, sie in Ruhe zu lassen. Plötzlich von der Veranda gejagt werden. Tom folgte ihm. Das schwarze Pferd wieherte, als er Dale erkannte, und schnaubte, als er den Puma sah. In diesem Moment kam der mexikanische Junge mit einer Tasche zurück. Dale band dies zusammen mit dem kleinen Rucksack hinter dem Sattel fest.

„John, Sie bleiben hier bei Miss Helen", sagte Dale. „Und wenn Carmichael zurückkommt, behalten Sie ihn auch! Und wenn heute Abend jemand von unserem Weg nach Pine reitet, werden Sie ihn auf jeden Fall entdecken."

„Das mache ich, Milt", antwortete John.

Dale stieg auf, und als er sich umdrehte, um Helen ein letztes Wort zu sagen, spürte er, wie die Worte des Jubels auf seinen Lippen verstummten, als er sie weiß und mit gebrochenem Herzen dastehen sah, die Hände an ihre Brust gelegt. Er konnte nicht zweimal hinsehen.

„Komm schon, du Tom", rief er dem Puma zu. „Ich gehe davon aus, dass du mich auf dieser Strecke für mein ganzes Training bezahlen wirst."

"Oh mein Freund!" erklang Helens traurige Stimme, fast ein Flüstern in seinen pochenden Ohren. „Der Himmel helfe dir – sie zu retten! ICH-"

Dann fuhr Ranger zusammen und Dale hörte nichts mehr. Er konnte nicht zurückblicken. Seine Augen waren voller Tränen und seine Brust schmerzte. Mit enormer Anstrengung verlagerte er diese Emotion – er forderte die gesamte spirituelle Energie seines Wesens auf, sich dieser düsteren Aufgabe zu stellen, die vor ihm lag.

Er ritt nicht durch das Dorf hinab, sondern umging die nördliche Grenze und wandte sich nach Süden, wo er den Pfad erreichte, den er vor einer Stunde gemacht hatte, und diesen geradeaus weiterführte, direkt auf den Abhang zu, der jetzt in der Dämmerung dunkler wurde. Der große Puma zeigte mehr Bereitschaft, auf dieser Spur zurückzukehren, als er es in der kommenden Zeit gezeigt hatte. Ranger war frisch und wollte gehen, aber Dale hielt ihn zurück.

Als die Nacht hereinbrach, wehte ein kühler Wind vom Berg herab. Vor dem Hintergrund der heller werdenden Sterne sah Dale, wie die Landzunge ihre kühnen Umrisse hervorhob. Es war meilenweit entfernt. Es verfolgte ihn, ein seltsamer Ruf. Eine Nacht und vielleicht ein Tag trennten ihn von der Bande, die Bo Rayner gefangen hielt. Dale hatte noch keinen Plan. Er hatte nur ein so großes Motiv wie die Liebe, die er zu Helen Rayner empfand.

Beasleys böses Genie hatte diese Entführung geplant. Riggs war ein Werkzeug, ein feiger Schurke, der von einem stärkeren Willen beherrscht wurde. Snake Anson und seine Bande hatten in diesem Zedernholzlager auf der Lauer gelegen; hatte diese breite Hufspur gemacht, die den Berg hinaufführte. Beasley war noch am selben Tag bei ihnen gewesen. All das war für Dale so sicher, als hätte er die Männer gesehen.

Aber die Tatsache, dass Dale das Mädchen zurückholte und es schnell tat, brachte seine mentale Stärke auf den höchsten Stand. Während er weiterritt, schossen ihm viele Aktionspläne durch den Kopf, spähte scharf durch die Nacht und lauschte mit geübten Ohren. Alle wurden abgelehnt. Und zu Beginn jeder neuen Gedankenverzweigung blickte er auf die graue Gestalt des Pumas herab, lang, anmutig, schwer, wie er neben dem Pferd trottete. Als er zum ersten Mal darüber nachdachte, zurückzukehren, um Helen Rayner zu helfen, hatte er eine unbestimmte Vorstellung vom möglichen Wert der Eigenschaften seines Haustiers. Tom hatte im Schleppen wunderbare Kunststücke vollbracht, aber er war noch nie an Männern ausprobiert worden. Dale glaubte, er könne ihn dazu bringen, alles zu verfolgen, doch er hatte keinen Beweis dafür. Eine Tatsache stach aus allen Vermutungen von Dale hervor, und zwar, dass er Männer und tapfere Männer kannte, die Pumas fürchteten.

Weit oben am Hang, in einer kleinen Mulde, wo Wasser floss und es etwas Gras gab, das Ranger pflücken konnte, hielt Dale ihn am Halfter fest und machte sich bereit, die Nacht zu verbringen. Er ging sparsam mit dem Essen um und gab Tom mehr, als er selbst zu sich nahm. Dicht an Dale kuschelnd schlief die Raubkatze ein.

Aber Dale lag lange wach.

Die Nacht war still, nur ein schwaches Stöhnen des Windes wehte an diesem geschützten Hang. Dale sah Hoffnung in den Sternen. Er schien weder sich selbst noch Helen versprochen zu haben, dass er ihre Schwester und dann ihr Eigentum retten könnte. Es schien, als hätte er etwas unbewusst Geklärtes gesagt, das außerhalb seines Denkens lag. Seltsam, dass diese Gewissheit nicht vage und dennoch unvereinbar mit den von ihm geschaffenen Plänen war! Dahinter, irgendwie namenlos und mit unvorstellbarer Kraft, wogte all sein wunderbares Wissen über den Wald, über Pfade, über Gerüche, über die Nacht, über die Natur der Menschen, die sich in den dunklen, einsamen Wäldern zum Schlafen hinlegen, über die Natur dieser großen Katze lebte jede seiner Handlungen in Übereinstimmung mit seinem Willen.

Er wurde schläfrig und allmählich beruhigte sich sein Geist, und sein letzter bewusster Gedanke war ein Vorzeichen dafür, dass er aufwachen würde, um seine verzweifelte Aufgabe zu erfüllen.

KAPITEL XX

Der junge Burt besaß die schärfsten Augen aller Männer in Snake Ansons Bande, weshalb ihm der Posten als Wachposten auf dem hohen Vorgebirge zugewiesen wurde. Seine Anweisung lautete, die offenen Hänge weiter unten genau im Auge zu behalten und jeden Anblick eines Pferdes zu melden.

Ein Zedernfeuer mit grünen Zweigen auf totem Holz ließ eine lange, blasse Rauchsäule aufsteigen. Dieses Signalfeuer brannte seit Sonnenaufgang.

Das vorangegangene Nachtlager war auf einer ebenen Stelle im Zedernholzrücken des Vorgebirges errichtet worden. Aber offensichtlich hatte Anson nicht damit gerechnet, lange dort zu bleiben. Denn nach dem Frühstück waren die Rucksäcke zusammengestellt und die Pferde standen gesattelt und aufgezäumt da. Sie waren unruhig und unruhig, warfen Futterreste und kämpften mit Fliegen. Die Sonne, die jetzt auf halbem Weg zum Meridian war, war heiß und an diesem geschützten Ort wehte keine Brise.

Shady Jones war früh losgeritten, um die Wassersäcke zu füllen, und war noch nicht zurückgekehrt. Anson, dünner, schuppiger und schlangenartiger als je zuvor, teilte ein fettiges, schmutziges Kartenspiel aus. Sein Gegner war der quadratische, schwarzgesichtige Moze. Anstelle von Geld wetteten die Spieler mit Zedernbeeren, wobei jede Beere eine Pfeife Tabak darstellte. Jim Wilson brütete unter einer Zeder, sein unrasiertes Gesicht hatte eine schmutzige Staubfarbe, ein schwelendes Feuer in seinen hellen Augen, ein mürrisches Kinn. Von Zeit zu Zeit hob er den Blick, um Riggs anzusehen, und es schien, als ob ein kurzer Blick genügte. Riggs lief im Freien hin und her, ohne Mantel und ohne Hut, seine schwarzen Wollhosen und die bestickte Weste waren staubig und zerrissen. Eine riesige Waffe, die in ihrer Scheide unter seiner Hüfte hin und her schwang, wackelte ungeschickt. Riggs sah beunruhigt aus. Sein Gesicht schwitzte stark, war aber alles andere als rot. Er schien weder die Sonne noch die Fliegen zu stören. Seine Augen waren starr, dunkel, wild und wechselten den Blick von allem, was ihnen begegnete. Aber oft schoss dieser Blick zurück zu dem gefangenen Mädchen, das einige Meter von dem Mann entfernt unter einer Zeder saß.

Bo Rayners kleine, gestiefelte Füße wurden mit einem Ende eines Lassos zusammengebunden und das andere Ende über den Boden geschleudert. Ihre Hände waren frei. Ihre Reitgewohnheiten waren staubig und unordentlich. Ihre Augen strahlten trotzig aus einem kleinen, blassen Gesicht.

„Harve Riggs, ich würde nicht für eine Million Dollar in Ihren billigen Stiefeln stehen", sagte sie sarkastisch. Riggs achtete nicht auf ihre Worte.

„Du packst die Waffenscheide falsch herum ein. Wofür hast du überhaupt die Waffe?" fügte sie spöttisch hinzu.

Snake Anson stieß ein heiseres Lachen aus und Mozes schwarzes Gesicht öffnete sich zu einem breiten Grinsen. Jim Wilson schien die Worte des Mädchens in sich aufzunehmen. Mürrisch und düster neigte er seinen schlanken Kopf, ganz still, als würde er zuhören.

„Du solltest besser die Klappe halten", sagte Riggs düster.

„Ich werde nicht den Mund halten", erklärte Bo.

„Dann werde ich dich knebeln", drohte er.

„Knebel mich! Na, du dreckiger, niederträchtiger Bluff!" rief sie hitzig aus: „Ich würde dich gerne dabei sehen, wie du es versuchst. Ich reiße dir deine langen Haare vom Kopf."

Riggs kam mit umklammerten Händen auf sie zu, als wollte er sie unbedingt erdrosseln. Das Mädchen beugte sich vor, ihr Gesicht wurde rot, ihre Augen blickten wild.

„Du verdammte kleine Katze!" murmelte Riggs leise. „Ich werde dich knebeln – wenn du nicht aufhörst zu schreien."

"Aufleuchten. Ich fordere Sie heraus, Hand an mich zu legen ... Harve Riggs, ich habe nicht die geringste Angst vor Ihnen. Kannst du das nicht verstehen? Du bist ein Lügner, ein Vierer, ein Schleicher! Du bist nicht in der Lage, einem dieser Gesetzlosen die Füße abzuwischen."

Riggs machte zwei große Schritte und beugte sich über sie, wobei seine Zähne knurrend hervortraten, und er gab ihr einen harten Schlag auf die Seite des Kopfes.

Bos Kopf wurde durch die Wucht des Schlags nach hinten geschleudert, aber sie stieß keinen Schrei aus.

„Wirst du deinen Mund halten?" „Forderte er schrill, und eine dunkle Blutflut stieg ihm in den Hals.

„Ich sollte lächeln, das tue ich nicht", erwiderte Bo mit kühler, bewusster Wut und Widerstand. „Du hast mich gefesselt – und du hast mich geschlagen! Schnappen Sie sich jetzt einen Schläger – stellen Sie sich da weg – außerhalb meiner Reichweite – und schlagen Sie mich! Oh, wenn ich nur Schimpfwörter wüsste, die zu dir passen – ich würde dich so nennen!"

Snake Anson hatte aufgehört, Karten zu spielen, und beobachtete und lauschte mit halb angewidertem, halb amüsiertem Ausdruck auf seinem schlangenähnlichen Gesicht. Jim Wilson stand langsam auf. Hätte ihn jemand beobachtet, wäre ihm aufgefallen, dass er jetzt von dieser Szene besonders fasziniert zu sein schien und gleichzeitig in sich selbst versunken war. Einmal löste er das Halsband seiner Bluse.

Riggs schwang seinen Arm heftiger nach dem Mädchen. Aber sie wich aus.

"Du Hund!" sie zischte. „Oh, wenn ich nur eine Waffe hätte!"

Ihr Gesicht mit seinem toten Weiß und den Augen aus Flammen hatte damals eine tragische, treibende Schönheit, die Anson zum Protest trieb.

„Ach, Riggs, verprügel den Jungen nicht", protestierte er. „Das wird nichts nützen. Lass sie in Ruhe."

„Aber sie muss den Mund halten", antwortete Riggs.

„Wie zum Teufel kommst du dazu, sie einzusperren? Wenn du ihr aus den Augen gehst, wird sie vielleicht still sein ... Wie wäre es damit, Mädchen?"

Anson kaute an seinem herabhängenden Schnurrbart, während er Bo ansah.

„Habe ich dir oder deinen Männern schon einen Tritt verpasst?" sie fragte.

„Mir fällt auf, dass das nicht der Fall ist", antwortete Anson.

„Du wirst nichts von mir hören, solange ich anständig behandelt werde", sagte Bo. „Ich weiß nicht, was Sie mit Riggs zu tun haben. Er überrannte mich, fesselte mich und schleifte mich in dein Lager. Jetzt habe ich den Verdacht, dass Sie auf Beasley warten."

„Mädchen, deine Vermutung ist richtig", sagte Anson.

„Na, weißt du, dass ich das falsche Mädchen bin?"

„Was ist das? Ich schätze, Sie sind Nell Rayner, die den gesamten Besitz des alten Auchincloss verlassen hat."

"NEIN. Ich bin Bo Rayner. Nell ist meine Schwester. Ihr gehört die Ranch. Beasley wollte sie."

Anson fluchte tief und leise. Unter seinen scharfen, struppigen Augenbrauen blickte er Riggs mit listigen grünen Augen an.

„Sag, du! Sagt dieser Junge das?"

"Ja. Sie ist Nell Rayners Schwester", antwortete Riggs verbissen.

„A-huh! Wal, warum zum Teufel hast du sie in mein Lager geschleppt und hierher gebracht, um Beasley ein Zeichen zu geben? Er will sie nicht. Er will das Mädchen, dem die Ranch gehört. Hast du das eine nach dem anderen genommen – genau wie an dem Tag, als wir bei dir waren ?"

„Das muss ich wohl getan haben", antwortete Riggs mürrisch.

„Aber du kanntest sie von ihrer Schwester, bevor du in mein Lager kamst?"

Riggs schüttelte den Kopf. Er war jetzt blasser und schwitzte stärker. Das feuchte Haar hing ihm nass in die Stirn. Sein Verhalten war das eines Mannes, der plötzlich merkt, dass er in eine schwierige Lage geraten ist.

„Oh, er ist ein Lügner!" rief Bo mit verächtlichem Klang in der Stimme. „Er kommt aus meinem Land. Er kennt Nell und mich seit Jahren."

Snake Anson drehte sich zu Wilson um.

„Jim, das ist ja ein seltsamer Deal, den dieser Kerl bei uns angerufen hat. Ich dachte, das Kind sei ziemlich jung. Erinnern Sie sich nicht, dass Beasley uns erzählt hat, dass Nell Rayner eine hübsche Frau sei?"

„Wal, pard Anson, wenn dieses Mädchen nicht hübsch ist, sind mir die Augen aus den Augen gerissen", sagte Wilson gedehnt.

„A-huh! „Dein texanisches Chilvaree über die Damen ist also eine echte Angelegenheit", erwiderte Anson mit feinem Sarkasmus. „Aber das sagt mir nicht, was du denkst?"

„Wal, ich sage dir noch nicht, was ich denke. Aber ich weiß, dass das Kind nicht Nell Rayner ist. Denn ich habe sie gesehen."

Anson musterte seine rechte Hand einen Moment lang, dann holte er seinen Tabakbeutel heraus, setzte sich auf einen Stein und drehte sich gemächlich eine Zigarette. Er steckte es zwischen seine dünnen Lippen und vergaß offenbar, es anzuzünden. Einen Moment lang blickte er auf den gelben Boden und einige spärliche Salbeibüsche. Riggs fing an, auf und ab zu gehen. Wilson lehnte wie zuvor an der Zeder. Das Mädchen erholte sich langsam von ihrem Übermaß an Wut.

„Kind, siehe Hyar", sagte Anson und wandte sich an das Mädchen. „Wenn Riggs wüsste, dass du nicht Nell bist, und dich trotzdem mitnehmen würde – was hätte er dann mit dem Fell gemacht ?"

„Er hat mich gejagt – erwischt. Dann sah er jemanden hinter uns und eilte zu deinem Lager. Er hatte Angst – der Hund!"

Riggs hörte ihre Antwort, denn er warf ihr einen bösen Blick zu.

„Anson, ich habe sie geholt, weil ich weiß, dass Nell Rayner alles auf der Welt für sie aufgeben wird", sagte er mit lauter Stimme.

Anson dachte über diese Aussage nach, als ob sie offensichtlich aufrichtig sei.

„Glauben Sie ihm nicht", erklärte Bo Rayner unverblümt. "Er ist ein Lügner. Er hintergeht Beasley und euch alle."

Riggs hob eine zitternde Hand, um sie auf sie zu drücken. „Halt still, sonst wird es noch schlimmer für dich."

„Riggs, halt den Mund", warf Anson ein, als er gemächlich aufstand. „Vielleicht ist dir noch nicht in den Sinn gekommen, dass sie vielleicht ein interessantes Gespräch mit mir führen könnte. Und ich leite dieses Hyar-Lager. ... Und jetzt, Junge, rede lauter und sag, was du willst."

„Ich sagte, er würde euch alle hintergehen", antwortete das Mädchen sofort. „Warum, ich bin überrascht, dass du in seiner Gesellschaft erwischt wirst! Mein Onkel Al und mein Schatz Carmichael und mein Freund Dale – sie alle haben mir erzählt, was westliche Männer sind, sogar Gesetzlose, Räuber und mörderische Schlingel wie Sie. Und ich kenne den Westen inzwischen gut genug, um sicher zu sein, dass Four-Flush nicht hierher gehört und hier nicht bestehen kann. Er ging einmal nach Dodge City und als er zurückkam, bluffte er und behauptete, ein böser Mann zu sein. Er war ein prahlerischer, prahlender und trinkender Revolverheld. Er sprach von den Männern, die er erschossen hatte, von den Kämpfen, die er geführt hatte. Er kleidete sich wie einige dieser waffenwerfenden Spieler ... Er war in meine Schwester Nell verliebt. Sie hasste ihn. Er ist uns nach Westen gefolgt und hat unser Handeln verfolgt wie ein heimlicher Indianer. Nell und ich konnten nicht einmal zum Laden im Dorf laufen. Er ritt auf der Schießbahn hinter mir her – jagte mich ... Dafür entlarvte Carmichael Riggs' Bluff unten in Turners Saloon. Habe ihn gewagt zu zeichnen! Beschimpfte ihn mit jedem Namen auf dem Schießstand! Habe ihn geohrfeigt, geschlagen und getreten! Hat ihn aus Pine vertrieben! ... Und was auch immer er zu Beasley oder Ihnen gesagt hat, es ist absolut sicher, dass er sein eigenes Spiel spielt. Das dient dazu, Nell zu erreichen, und wenn nicht sie, dann mich! ... Oh, ich bin außer Atem – und ich habe keine Namen mehr, um ihn anzurufen. Wenn ich ewig reden würde, wäre ich nie in der Lage, ihm Gerechtigkeit widerfahren zu lassen. Aber leihen Sie mir – eine Waffe – für eine Minute!"

Jim Wilsons ruhige Gestalt erschrak. Anson zog mit seinem bewundernden Lächeln seine Waffe, trat ein paar Schritte vor und hielt sie mit dem Kolben voran in die Luft. Sie streckte sich eifrig danach und er riss es weg.

"Halte dort an!" schrie Riggs alarmiert.

„Verdammt, Jim, wenn sie nicht das Geschäftliche meinte!" rief der Gesetzlose aus.

„Wal, jetzt – verstehen Sie, Miss. Würden Sie ihn langweilen – wenn Sie eine Waffe hätten?" fragte Wilson mit neugierigem Interesse. In seinem Verhalten lag mehr Respekt als Bewunderung.

"NEIN. Ich will nicht, dass sein feiges Blut an meinen Händen klebt", antwortete das Mädchen. „Aber ich würde ihn tanzen lassen – ich würde ihn rennen lassen."

„Kannst du am Ufer mit einer Waffe umgehen?"

Sie nickte als Antwort, während in ihren Augen Hass aufblitzte und ihre entschlossenen Lippen zuckten.

Dann machte Wilson eine ungewöhnlich schnelle Bewegung und richtete seine Waffe mit dem Kolben voran bis auf einen Fuß an ihre Hand heran. Sie schnappte es sich, spannte es und richtete es, bevor Anson sich bewegen konnte. Aber er schrie:

„Lass die Waffe fallen, du kleiner Teufel!"

Riggs drehte sich gespenstisch um, als die große blaue Waffe auf ihn zielte. Er schrie auch, aber dieser Schrei war anders als der von Anson.

„Laufen oder tanzen!" rief das Mädchen.

Die große Waffe dröhnte und sprang ihr fast aus der Hand. Sie nahm beide Hände und rief spöttisch, während sie erneut feuerte. Die zweite Kugel traf Riggs' Füße und verstreute Staub und Steinsplitter über ihn. Er hüpfte hierhin und dorthin und raste dann auf die Felsen zu. Ein drittes Mal sprach das schwere Geschütz, und diese Kugel musste Riggs genervt haben, denn er stieß einen heiseren Schrei aus und sprang schnurstracks in den Schutz eines Felsens.

„Schließ ihn an! Schieß ein Bein ab!" schrie Snake Anson, jubelte und stampfte, als Riggs außer Sichtweite war.

Jim Wilson verfolgte die ganze Aufführung mit der gleichen Ruhe, die sein Verhalten gegenüber dem Mädchen geprägt hatte. Dann, als Riggs verschwand, trat Wilson vor und nahm dem Mädchen die Waffe aus den zitternden Händen. Sie war weißer als je zuvor, aber immer noch entschlossen und trotzig. Wilson warf einen Blick in die Richtung, in der sich Riggs versteckt hatte, und begann dann damit, die Waffe nachzuladen. Snake Ansons lautes Gelächter verstummte ziemlich plötzlich.

„Hyar, Jim, sie hätte die ganze Bande mit der Waffe überfallen können", protestierte er.

„Ich schätze, sie ist nichts gegen uns", antwortete Wilson.

„A-huh! Du weißt jetzt eine Menge über Wimmen, nicht wahr? Aber es hat meinem Herzen gut getan. Jim, was zum Teufel hättest du getan , wenn du das gewesen wärst und nicht Riggs?"

Die Frage erschien mir wichtig und erstaunlich. Wilson überlegte.

„Am Ufer stand ich regungslos da und bewegte kein Auge zu."

„Und lass sie schießen!" rief Anson und nickte mit seinem langen Kopf. "Ich auch!"

So erlangten diese groben Gesetzlosen, die an die ganze Gewalt und Niederträchtigkeit ihrer unehrlichen Berufung gewöhnt waren, den herausfordernden Mut eines Mädchens. Sie hatte das Einzige, was sie respektierten: Nerven.

In diesem Moment erschreckte ein Hallo von der Landzunge Anson. Er murmelte vor sich hin und schritt auf die schroffen Felsen zu, die den Ausblick verbargen. Moze schlurfte mit seiner stämmigen Gestalt hinter Anson her.

„Miss, es war großartig – der Auftritt von Mister Gunman Riggs", bemerkte Jim Wilson, während er das Mädchen aufmerksam musterte.

„Vielen Dank, dass Sie mir Ihre Waffe geliehen haben", antwortete sie. „Ich – ich hoffe, ich treffe ihn – ein wenig."

„Wal, wenn du ihn nicht gestochen hast, dann weiß Jim Wilson nichts über Blei."

„Jim Wilson? Bist du der Mann – der Gesetzlose, den mein Onkel Al kannte?"

„Ich glaube schon, Miss. Aber ich kannte Al Shore gut genug. Was hat er über mich gesagt ?"

„Ich erinnere mich, dass er mir einmal von der Bande von Snake Anson erzählte. Er hat dich erwähnt. Sagte, du wärst ein echter Revolverheld. Und wie schade, dass du ein Gesetzloser sein musstest."

„Wal! Ein so alter Al hat so nett von mir gesprochen ... Es ist erträglich, wahrscheinlich werde ich mich daran erinnern. Ein „Kann ich jetzt, Fräulein, etwas für Sie tun?"

Blitzschnell blickte sie ihn an.

"Wie meinst du das?"

„Wal, Ufer, ich meine nicht viel, das muss ich leider sagen. Nichts, was dich so aussehen lässt ... Ich werde ein Gesetzloser sein, so wie du geboren wurdest. Aber – vielleicht gibt es einen Unterschied bei den Gesetzlosen."

Sie verstand ihn und machte ihm das Kompliment, ihre plötzlich aufkeimende Hoffnung nicht zu äußern, er könnte einer sein, der seinen Anführer verrät.

„Bitte nehmen Sie dieses Seil von meinen Füßen. Lass mich ein wenig laufen. Lass mich ein bisschen Privatsphäre haben. Dieser Idiot hat jede meiner Bewegungen beobachtet. Ich verspreche, nicht wegzulaufen. Und, oh! Ich habe Durst."

„Shore, du hast Verstand." Er befreite ihre Füße und half ihr beim Aufstehen. „In Kürze gibt es frisches Wasser, wenn Sie warten."

Dann drehte er sich um und ging zu Riggs, der mit einer Schusswunde am Bein saß.

„Sagen Sie, Riggs, ich übernehme die Verantwortung, das Mädchen für eine kurze Zeit zu verlieren. Sie kann nicht entkommen. Und es hat keinen Sinn, gemein zu sein."

Riggs gab keine Antwort und fuhr fort, sein Hosenbein herunterzukrempeln, eine Falte unten umzuschlagen und seinen Stiefel anzuziehen. Dann schritt er zum Vorgebirge hinaus. Auf halbem Weg begegnete er Anson, der zurücktrottete.

„Beasley kommt in die eine Richtung und Shady kommt in die andere. Gegen Mittag werden wir diese heiße Felsspitze verlassen haben", sagte der Anführer der Gesetzlosen.

Riggs ging weiter zum Vorgebirge, um nach sich selbst zu suchen.

„Wo ist das Mädchen?" fragte Anson überrascht, als er ins Lager zurückkam.

„Wal, sie läuft zwischen Heah und Pine herum", sagte Wilson gedehnt.

„Jim, hast du sie losgelassen?"

„ Shore, das habe ich getan. Sie war die ganze Zeit gefesselt. Und sie sagte, sie würde nicht weglaufen. Selbst einem Schafdieb würde ich mich auf das Wort des Mädchens verlassen."

„A-huh. Das würde ich in jedem Fall auch tun. Aber, Jim, irgendetwas funktioniert in dir. Erinnerst du dich nicht irgendwie an eine Zeit, als du jung warst – und vielleicht kanntest du hübsche Kinder wie dieses?"

„Wal, wenn ich es tue, wird es für jemanden schlecht ausgehen."

Anson warf ihm einen überraschten Blick zu und verlor plötzlich den scherzhaften Tonfall.

„A-huh! So funktioniert es also", antwortete er und warf sich in den Schatten.

Dann erschien der junge Burt und wischte sich das blasse Gesicht ab. Seine tiefliegenden, hungrigen Augen, auf die seine Kameraden großen Wert legten, wanderten durch das Lager.

„Was ist das Mädchen?" fragte er.

„Jim ließ sie spazieren gehen", antwortete Anson.

„Ich habe gesehen, dass Jim sanft zu ihr war. Haha! Haha! Haw!"

Aber Snake Anson lächelte nicht. Die Atmosphäre schien für Witze nicht geeignet zu sein, eine Tatsache, die Burt ziemlich plötzlich erahnte. Riggs und Moze kehrten vom Vorgebirge zurück, wobei letzterer berichtete, dass Shady Jones ganz in der Nähe ritt. Dann kam das Mädchen langsam in Sichtweite und näherte sich, um sich einen Sitzplatz im Umkreis von zehn Metern um die Gruppe zu suchen. Sie warteten schweigend, bis der erwartete Reiter mit Wasserflaschen an beiden Seiten seines Sattels angeritten kam. Seine Ankunft war willkommen. Alle Männer waren durstig. Wilson brachte dem Mädchen Wasser, bevor er selbst trank.

„Das ist eine heiße Fahrt auf dem Wasser", erklärte der Gesetzlose Shady, der in Farbe und Eindruck irgendwie zu seinem Namen passte. „Und, Chef, wenn es dir genauso geht, werde ich es nicht noch einmal machen."

„Kopf hoch, Shady. Vor Sonnenuntergang werden wir wieder in den Bergen rauschen", sagte Anson.

„Hängen Sie mich, wenn das nicht die erfreulichste Nachricht ist, die ich seit einigen Tagen gehört habe. Hey, Moze?"

Der schwarzgesichtige Moze nickte mit seinem zotteligen Kopf.

„Ich habe diesen Deal satt", entfuhr es Burt, offensichtlich ermutigt von seinen Ältesten . „Seit letztem Herbst haben wir herumgehangen – bis vor Kurzem scherzhaft gefroren in Lagern – kein Geld – kein Getränk – kein Essen. Alles auf Versprechen!"

Es war nicht unwahrscheinlich, dass dieses junge und rücksichtslose Mitglied der Bande den Ton der Zwietracht angeschlagen hatte. Wilson schien den dort vorherrschenden Gefühlen am wenigsten zuzustimmen. Einige starke Gedanken kreisten in seinem Gehirn.

„Burt, meinst du nicht, dass ich Versprechungen gemacht habe?" fragte Anson bedrohlich.

„Nein, Boss, das bin ich nicht. Sie sagten immer, wir könnten reich werden. Aber diese Versprechen wurden dir gemacht. Und es wäre ein

Scherz wie der Schmierer, sein Wort zu brechen, jetzt, wo wir das Mädchen haben."

„Junge, es kommt vor, dass wir das Falsche erwischt haben. Unser langhaariger Pard Hyar – Mister Riggs – er mit der großen Waffe – er kommt mit diesem frechen Jungen daher und nicht mit der Frau, die Beasley wollte."

Burt schnaubte seinen Abscheu, während Shady Jones lautstark fluchte und das schwelende Lagerfeuer mit Steinen bewarf. Dann verfielen sie alle in mürrisches Schweigen. Der Gegenstand ihrer wachsenden Verachtung, Riggs, saß ein wenig abseits, sah keinem von ihnen gegenüber, verhielt sich aber so kühn, wie er offenbar aufbringen konnte.

Plötzlich schoss ein Pferd in die Ohren, der erste Hinweis auf einen Geruch oder ein Geräusch, das die Männer nicht wahrnehmen konnten. Aber auf dieses Zeichen hin richteten sich alle, außer Wilson, aufmerksam auf. Bald durchbrach das Knacken eisenbeschlagener Hufe auf Stein die Stille. Riggs stand nervös auf. Und die anderen, immer noch mit Ausnahme von Wilson, folgten einem nach dem anderen. Im nächsten Moment trabte ein schlankes braunes Pferd aus den Zedern zum Lager, und sein Reiter sprang flink für einen so schweren Mann ab.

„Hallo, Beasley?" war Ansons Begrüßung.

„Hallo, Snake, alter Mann!" antwortete Beasley, während seine kühnen, schnappenden schwarzen Augen über die Gruppe schweiften. Er war staubig und heiß und schweißnass, aber offensichtlich zu aufgeregt, um sich unwohl zu fühlen. „Als Erstes habe ich dein Rauchsignal gesehen und bin schnell auf mein Pferd gesprungen. Aber ich ritt nördlich von Pine, bevor ich mich auf den Weg hierher machte. Haben Sie das Mädchen eingepfercht oder Riggs? Sag mal! Du siehst seltsam aus!... Was stimmt hier nicht? Du hast mir nicht umsonst ein Zeichen gegeben?"

Snake Anson winkte Bo.

„Komm aus dem Schatten. Lass dich von ihm untersuchen."

Das Mädchen kam unter der ausladenden Zeder hervor, die sie verborgen gehalten hatte.

Beasley starrte entsetzt – ihm fiel die Kinnlade herunter.

„Das ist die kleine Schwester der Frau, die ich wollte!" er ejakulierte.

„ Das hat man uns scherzhaft gesagt."

Beasley war immer noch erstaunt.

"Erzählt?" wiederholte er. Plötzlich zuckte sein großer Körper zusammen. „Wer hat sie bekommen? Wer hat sie geholt?"

„Warum, Mister Gunman Riggs hyar", antwortete Anson mit einer subtilen Verachtung.

„Riggs, du hast das falsche Mädchen erwischt", rief Beasley. „Den Fehler hast du schon einmal gemacht. Was hast du vor?"

„Ich habe sie gejagt und als ich sie bekam, da ich sah, dass es nicht Nell Rayner war – warum – habe ich sie trotzdem behalten", antwortete Riggs. „Und ich habe nur für dein Ohr ein Wort."

„Mann, du bist verrückt – das ist mein Deal!" brüllte Beasley. „Du hast meine Pläne gehört ... Riggs, dieser Mädchendiebstahl kann nicht zweimal geschehen. Hast du getrunken oder warst du unterwegs oder was?"

„Beasley, er hat dir einen Streich gespielt", unterbrach ihn Bo Rayners kühle Stimme.

Der Rancher starrte sie sprachlos an, dann auf Anson, dann auf Wilson und zuletzt auf Riggs, als sein braunes Gesicht sich dunkel verfärbte, als purpurnes Blut rauschte. Mit einem Ausfall schlug er Riggs zu Boden, dann stellte er sich über ihn und griff mit krampfartiger Hand nach seiner Waffe.

„Du weißlebiger Falschspieler! Ich habe die Idee, dich zu langweilen ... Sie sagten mir, du hättest einen eigenen Deal, und jetzt glaube ich es."

„Ja – das hatte ich", antwortete Riggs und stand vorsichtig auf. Er war grässlich. „Aber ich habe dich nicht hintergangen. Ihr Deal bestand darin, das Mädchen von zu Hause wegzubringen, damit Sie ihr Eigentum in Besitz nehmen konnten. Und ich wollte sie."

„Warum hast du dann die Schwester geholt?" forderte Beasley mit vorgewölbtem Kiefer.

„Weil ich einen Plan habe –"

„Planen Sie die Hölle! Du hast meinen Plan durchkreuzt und ich habe genug von dir gesehen." Beasley atmete schwer; sein gesenkter Blick verriet einen unsicheren Willen gegenüber dem Mann, der ihm in die Quere gekommen war; seine Hand hing immer noch tief und fest umklammernd.

„Beasley, sag ihnen, sie sollen mein Pferd holen. Ich möchte nach Hause", sagte Bo Rayner.

Langsam drehte sich Beasley um. Ihre Worte zwangen sie zum Schweigen. Was nun mit ihr geschehen sollte, schien ein Problem zu sein.

„Ich hatte nichts damit zu tun, dich hierher zu holen, und ich habe nichts damit zu tun, dich zurückzuschicken oder was auch immer mit dir gemacht wurde", erklärte Beasley.

Dann blitzte das Gesicht des Mädchens wieder weiß auf und ihre Augen verwandelten sich in Feuer.

„Du bist ein ebenso großer Lügner wie Riggs", rief sie leidenschaftlich. „Und du bist ein Dieb, ein Tyrann, der auf wehrlosen Mädchen herumhackt. Oh, wir kennen Ihr Spiel! Milt Dale hörte Ihren Plan mit diesem Gesetzlosen Anson, meine Schwester zu stehlen. Du solltest gehängt werden – du Mischlingsschmierer!"

„Ich schneide dir die Zunge heraus!" zischte Beasley.

„Ja, ich wette, das würdest du tun, wenn du mich alleine hättest. Aber diese Gesetzlosen – diese Schafdiebe – diese Werkzeuge, die Sie anheuern, sind besser als Sie und Riggs ... Was glauben Sie, was Carmichael mit Ihnen machen wird? Carmichael! Er ist mein Schatz – dieser Cowboy. Sie wissen, was er Riggs angetan hat. Bist du klug genug, um zu wissen, was er mit dir machen wird?"

„Er wird nicht viel tun", knurrte Beasley. Aber das dicke violette Blut wich aus seinem Gesicht. „Dein Cowpuncher –"

„Bah!" Sie unterbrach ihn und schnippte mit den Fingern vor seinem Gesicht. „Er kommt aus Texas! Er kommt aus TEXAS!"

„Angenommen, er kommt aus Texas?" forderte Beasley wütend und verärgert. „Was ist das? Texaner sind überall. Da ist Jim Wilson, Snake Ansons rechte Hand. Er kommt aus Texas. Aber es macht niemandem Angst."

Er zeigte auf Wilson, der unbehaglich von einem Fuß auf den anderen trat. Der flammende Blick des Mädchens folgte seiner Hand.

„Sind Sie aus Texas?" Sie fragte.

„Ja, Miss, das bin ich – und ich glaube, ich verdiene es nicht", antwortete Wilson. Es war sicher, dass sein Geständnis von einer vagen Scham begleitet war.

"Oh! Ich glaubte, dass sogar ein Bandit aus Texas für ein hilfloses Mädchen kämpfen würde!" antwortete sie mit vernichtender Verachtung der Enttäuschung.

Jim Wilson senkte den Kopf. Wenn irgendjemand dort eine ernsthafte Wende in Wilsons Haltung zu dieser Situation vermutete, dann war es der eifrige Outlaw-Anführer.

„Beasley, du buhlst um den Tod", unterbrach er ihn.

„Darauf kannst du wetten!" fügte Bo mit einer Leidenschaft hinzu, die ihre Zuhörer erzittern ließ. „Du hast mich einer Bande von Gesetzlosen ausgeliefert! Du könntest meine Schwester aus ihrem Haus vertreiben! Aber dein Tag wird kommen.' Tom Carmichael wird dich TÖTEN."

Beasley bestieg sein Pferd. Mürrisch, wütend und wütend saß er zitternd im Sattel und starrte auf den Anführer der Gesetzlosen herab.

„Snake, es ist nicht meine Schuld, dass der Deal gescheitert ist. Ich war quadratisch. Ich habe mein Angebot für die Umsetzung meines Plans gemacht. Es ist noch nicht geschehen. Jetzt gibt es die Hölle zu bezahlen und ich bin durch."

„Beasley, ich glaube, ich konnte dich zu nichts zwingen", antwortete Anson langsam. „Aber wenn du ehrlich warst, bist du es jetzt nicht. Wir haben herumgehangen und uns Mühe gegeben. Meine Männer sind alle wund. Und wir sind pleite und haben kein nennenswertes Outfit. Ich und du haben uns noch nie gestritten. Aber ich schätze, wir könnten es schaffen."

„Bin ich dir Geld schuldig – laut Vereinbarung?" forderte Beasley.

„Nein, das tust du nicht", antwortete Anson scharf.

„Dann ist es quadratisch. Ich lasse mich von der ganzen Sache nicht beeindrucken. Lass Riggs zahlen. Er hat Geld und er hat Pläne. Geh mit ihm rein."

Damit gab Beasley seinem Pferd die Sporen, drehte sich um und ritt davon. Die Gesetzlosen blickten ihm nach, bis er in den Zedern verschwand.

„Was haben Sie von einem Schmierer erwartet?" fragte Shady Jones.

„Anson, habe ich das nicht gesagt?" fügte Burt hinzu.

Der schwarzgesichtige Moze verdrehte die Augen wie ein wütender Stier und Jim Wilson untersuchte aufmerksam einen Stock, den er in seinen Händen hielt. Riggs zeigte sich enorm erleichtert.

„Anson, verbinde mich mit etwas von deinem Outfit und ich reite mit dem Mädchen los", sagte er eifrig.

„Wo bist du jetzt hingegangen?" fragte Anson neugierig.

Riggs schien keine schnelle Antwort zu finden; Sein Verstand war dieser misslichen Lage ebenso wenig gewachsen wie seine Nerven.

„Du bist kein Waldarbeiter. Und wenn Sie nicht im Lot sind, würden Sie niemals riskieren, sich Pine oder Show Down zu nähern. Es werden echte Fährtenleser sein, die Ihre Spur verfolgen."

Das zuhörende Mädchen appellierte plötzlich an Wilson.

„Lass nicht zu, dass er mich – allein – in den Wald entführt!" sie geriet ins Stocken. Das war das erste Anzeichen dafür, dass sie schwächer wurde.

Jim Wilson erwiderte schroff. „Ich bin nicht der Chef dieser Bande."

„Aber du bist ein Mann!" sie beharrte.

„Riggs, du holst deinen kostbaren Brandstift mit und kommst mit uns", sagte Anson listig. „Ich bin besonders neugierig, zu sehen, wie sie dich brandmarkt."

„Snake, lass mich das Mädchen zurück nach Pine bringen", sagte Jim Wilson.

Anson fluchte vor Erstaunen.

„Es macht Sinn", fuhr Wilson fort. „Wir haben an der Küste unsere eigenen Probleme, und wenn wir sie behalten, wird das nur noch schlimmer. Ich habe eine Ahnung. Jetzt weißt du, dass ich mich deinem Einverständnis nicht oft beuge. Aber dieser Deal schmeckt mir nicht. Das Mädchen sollte nach Hause geschickt werden."

„Aber vielleicht ist da etwas für uns drin. Ihre Schwester würde dafür bezahlen, sie zurückzubekommen."

„Wal, ich hoffe, Sie erinnern sich an mein Angebot – das ist alles", schloss Wilson.

sie loswerden wollten, würden wir Riggs sie ausziehen lassen", protestierte der Anführer der Gesetzlosen. Er war beunruhigt und unentschlossen. Wilson machte ihm Sorgen.

Der lange Texaner drehte sich mit vollem Gesicht um. Was für eine subtile Transformation in ihm!

„Wie zum Teufel würden wir das tun!" er sagte.

Es konnte nicht der Ton gewesen sein, der Anson zum Zittern brachte. Er hätte hier der Anführer sein können, aber er war nicht der größere Mann. Sein Gesicht verfinsterte sich.

„Lager abbrechen", befahl er.

Riggs hatte den letzten Austausch zwischen Anson und Wilson wahrscheinlich nicht gehört, denn er war ein paar Ruten zur Seite gegangen, um sein Pferd zu holen.

Wenige Augenblicke, als sie losfuhren, waren Burt, Jones und Moze an der Spitze und trieben die Packpferde, Anson ritt als nächstes, das Mädchen kam zwischen ihn und Riggs, und bezeichnenderweise, so schien es, bildete Jim Wilson das Schlusslicht.

Dieser Start erfolgte kurz nach der Mittagsstunde. Sie stiegen im Zickzack den Hang hinauf, erreichten eine tiefe Schlucht und folgten ihr bis zu ihrem Ende im ebenen Wald. Von dort ging es zügig weiter, die Packpferde wurden im Trab getrieben. Als einmal ein Schwarm Hirsche aus einem Dickicht auf eine Lichtung stürmte und mit erhobenen Ohren dastand, stoppte der junge Burt die Kavalkade. Sein gezielter Schuss erlegte ein Reh. Dann ritten die Männer weiter und ließen ihn zurück, um das Fleisch zuzubereiten und einzupacken. Der einzige weitere Halt war an der Überquerung des ersten Wassers, eines klaren, reißenden Baches, an dem sowohl Pferde als auch Männer durstig tranken. Hier holte Burt seine Kameraden ein.

Sie durchquerten Lichtungen und Parks, folgten einem krummen Pfad durch den tiefer werdenden Wald und kletterten Bank für Bank auf eine höhere Ebene, während die Sonne nach Westen sank, tiefer und röter wurde. Der Sonnenuntergang war vorüber, und die Dämmerung hellte sich für einen Moment zum Nachglühen auf, als Anson sein Schweigen des Nachmittags brach und anordnete, anzuhalten.

Der Ort war wild und trostlos, ein flaches Tal zwischen dunklen Fichtenhängen. Gras, Feuerholz und Wasser gab es in Hülle und Fülle. Alle Männer machten sich auf den Weg und warfen Sättel und Rucksäcke, bevor das müde Mädchen sich anstrengte, herunterzukommen. Riggs, der sie beobachtete, unternahm eine nicht unfreundliche Bewegung, um sie wegzuziehen. Sie gab ihm mit ihrer behandschuhten Hand einen kräftigen Schlag.

„Behalten Sie Ihre Pfoten bei sich", sagte sie. In ihrem Geist gab es keine Anzeichen von Erschöpfung.

Wilson hatte diesen Nebeneffekt beobachtet, Anson jedoch nicht.

„Was ist dabei herausgekommen?" er hat gefragt.

„Wal, der ehrenwerte Schütze Riggs wurde von der Dame gestreichelt – als er es elegant machte", antwortete Moze, der am nächsten stand.

„Jim, hast du zugesehen?" fragte Anson. Seine Neugier hatte den ganzen Nachmittag über angehalten.

„Er hat versucht, sie loszureißen, und sie hat ihn verärgert", antwortete Wilson.

„Dieser Riggs ist ein Scherz oder einfach nur verrückt", sagte Snake nebenbei zu Moze.

„Boss, Sie meinen einfach beschimpft. Merken Sie sich meine Worte, er wird dieses Outfit verarschen. Jim hatte richtig vermutet."

„Hoodoo –", fluchte Anson leise.

Viele Hände haben schnelle Arbeit geleistet. Wenige Augenblicke später brannte ein Feuer hell, Wasser kochte, Töpfe dampften, der Geruch von Wildbret erfüllte die kühle Luft. Das Mädchen war endlich vom Sattel auf den Boden gerutscht, wo sie saß, während Riggs das Pferd wegführte. Sie saß scheinbar vergessen da, den Kopf erbärmlich hängend.

Wilson hatte eine Axt genommen und schwang sie energisch zwischen den Fichten. Einer nach dem anderen fielen sie mit einem Rauschen und leisem Krachen. Dann verriet der Gleitring der Axt, wie er mit langen Schwüngen die Äste abschabte. Plötzlich tauchte er im Halbdunkel auf und zog halb beschnittene Fichten hinter sich her. Er unternahm mehrere Fahrten, die letzte davon war, dass er unter einer riesigen Last aus Fichtenzweigen taumelte. Diese breitete er unter einem niedrigen, hervorstehenden Espenzweig aus. Dann lehnte er die buschigen Fichten auf beiden Seiten schräg an diesen Ast und improvisierte so schnell einen V-förmigen Unterschlupf mit einer schmalen Öffnung vorne. Als nächstes nahm er aus einem der Rucksäcke eine Decke und warf sie ins Tierheim. Dann berührte er das Mädchen an der Schulter und flüsterte:

„Wenn du bereit bist, schlüpfe hinein. Und verliere nicht den Schlaf, weil du dir Sorgen machst, sonst liege ich hier.

Er machte eine Geste, um seine Länge an der Vorderseite der schmalen Öffnung anzuzeigen.

"Oh danke! Vielleicht bist du wirklich ein Texaner", flüsterte sie zurück.

„Vielleicht", war seine düstere Antwort.

KAPITEL XXI

Das Mädchen weigerte sich, das Essen anzunehmen, das ihr Riggs anbot, aber sie aß und trank ein wenig, das Wilson ihr gebracht hatte, und verschwand dann im Fichtenunterstand.

Was auch immer an Geschwätzigkeit und Kameradschaft zuvor in Snake Ansons Bande geherrscht hatte, war in diesem Lager nicht zu erkennen. Jeder Mann schien in Gedanken versunken zu sein, als ob er darüber nachdachte, dass in seinem Kopf ein böses Omen dämmerte, das ihm noch nicht klar war und von dem seine Mitmenschen noch nicht geträumt hatten. Sie haben alle geraucht. Dann spielten Moze und Shady eine Weile Karten im Schein des Feuers, aber es war ein langweiliges Spiel, bei dem einer von beiden selten sprach. Riggs suchte zuerst nach seiner Decke, und die Tatsache war bezeichnend, dass er sich in einiger Entfernung von der Fichtenhütte niederlegte, in der Bo Rayner untergebracht war. Kurz darauf ging der junge Burt murrend zu seinem Bett. Und nicht lange danach taten es die Kartenspieler ebenfalls.

Snake Anson und Jim Wilson brüteten schweigend neben dem erlöschenden Lagerfeuer.

Die Nacht war dunkel, nur ein paar Sterne waren zu sehen. Ein unruhiger Wind stöhnte unheimlich durch die Fichte. Hin und wieder ertönte ein Hufschlag aus dem dunklen Wald. Kein Schrei eines Wolfes, eines Kojoten oder einer Katze ließ die Wildheit des Waldlandes Wirklichkeit werden.

Nach und nach atmeten die Männer, die sich in ihre Decken gerollt hatten, tief und langsam im tiefen Schlaf.

„Jim, ich nehme an, dieser Hyar Riggs hat unseren Deal durchkreuzt", sagte Snake Anson mit leiser Stimme.

„Ich denke", antwortete Wilson.

„Und ich fürchte, er hat dieses Hyar-Land der Weißen Berge für uns queer gemacht."

„An Land bin ich noch nicht so weit gekommen. Was meinst du, Snake?"

„Verdammt, wenn ich schlau bin", war die düstere Antwort. „Ich weiß nur, dass das, was schlecht aussieht, ein wachsendes Weichei ist. Letzten Herbst – ein „Winter" – und jetzt ist es fast April. Wir haben keine Ausrüstung, um im Wald lange standzuhalten ... Jim, wie stark ist der Beasley da unten in den Siedlungen?"

„Ich habe die Vermutung, dass er nicht halb so stark ist, wie er blufft."

"Ich auch. Die Idee kam mir gestern. Er hatte Angst vor dem Jungen – als sie loslegte und ihm erzählte, dass ihre Cowboy-Freundin ihn getötet hätte. Er wird es tun, Jim. Ich habe diesen Carmichael vor einigen Jahren in Magdalena gesehen. Damals war er noch ein Jugendlicher. Aber, puh! Vielleicht ging es ihm nicht schlecht, nachdem er mit etwas rotem Schnaps herumgespielt hatte."

"Ufer. Er kam aus Texas, sagte sie."

„Jim, ich habe gemerkt, dass du dich verletzt gefühlt hast – durch das Gerede über Texas – und als sie aufgestanden ist und dich gefragt hat."

Wilson hatte keine Erwiderung auf diese Bemerkung.

„Wal, Gott weiß, das wundert mich nicht. Du warst nicht dein ganzes Leben lang ein gejagter Gesetzloser. Und ich auch nicht ... Wilson, ich war nie scharf auf diesen Mädchendeal – oder?"

„Ich denke, es ist ehrlich, Nein dazu zu sagen", antwortete Wilson. „Aber es ist geschafft. Beasley wird früher oder später in Schwierigkeiten geraten. Das wird uns nicht weiterhelfen. Schafhirten aus dem Land verjagen und Schafe stehlen – das ist noch lange kein Mädchendiebstahl. Beasley wird uns dafür die Schuld geben und sich noch mehr aufraffen, einige seiner Männer loszuschicken, um uns zu jagen. Denn Pine und Show Down werden das nicht lange durchhalten. Da sind diese Mormonen. Sie werden die Hölle sein, wenn sie aufwachen. Angenommen, Carmichael hat den Jäger Dale und die Beemans mit den Habichtsaugen auf unsere Spur gebracht?"

„Wal, wir würden Geld verdienen – schnell", antwortete Anson schroff.

„Warum hast du mich dann nicht zugelassen, dass ich das Mädchen nach Hause bringe?"

„Wal, wenn ich darüber nachdenke, Jim, ich bin wund, und ich brauche Geld – und ich wusste, dass du niemals einen Dollar von ihrer Schwester nehmen würdest. Und ich habe beschlossen, etwas aus ihr herauszuholen."

„Snake, du bist kein Dummkopf. Wie machst du das Gleiche und machst es schnell?"

„Ich habe es noch nicht ausgerechnet."

„Wal, du bist morgen fertig und das ist alles", erwiderte Wilson düster.

„Jim, was fehlt dir?"

„Ich lasse dich das herausfinden."

„Wal, irgendetwas stimmt mit der ganzen Bande nicht", erklärte Anson wütend. „Bei ihnen gibt es nichts zu essen – keinen Whisky – kein Geld zum

Wetten – keinen Tabak! ... Aber das ist nicht das, was dir, Jim Wilson, noch mir fehlt!"

„Wal, was ist dann?" fragte Wilson.

„Für mich ist es ein seltsames Gefühl, dass mein Tag auf diesen Strecken vorbei ist. Ich kann es nicht erklären, aber es fühlt sich scherzhaft so an. Etwas liegt in der Luft. Ich mag die dunklen Schatten da draußen unter den Fichten nicht. Klug?... Und was dich betrifft, Jim-wal, du warst immer halbwegs anständig, und meine Bande ist dir gegenüber zu niederträchtig."

„Snake, habe ich dich jemals im Stich gelassen?"

„Nein, das hast du nie getan. Du bist der beste Freund, den ich je kannte. In den Jahren, in denen wir zusammen gelebt haben, hatten wir nie ein Gegenwort, bis ich Beasley meine Ohren mit seinen Versprechungen füllen ließ. Das ist meine Schuld. Aber, Jim, es ist zu spät."

„Vielleicht war es gestern noch nicht zu spät."

„Vielleicht nicht. Aber jetzt ist es so, und ich werde an dem Mädchen festhalten oder ihren Wert in Gold tauschen", erklärte der Gesetzlose grimmig.

„Snake, ich habe stärkere Banden als deine kommen und gehen sehen. Diese Big-Bend-Banden in meinem Land – diese Viehdiebe –, das waren alles böse Männer. Du magst diese Banden nicht, heah. Wenn sie nicht von Rangern oder Cowboys ausgelöscht wurden, warum haben sie sich dann scherzhaft auf natürliche Weise selbst ausgelöscht? Das ist ein Gesetz, das ich in Bezug auf Banden wie sie erkenne. Und was deine betrifft, Anson, sie würde einem echten Revolverhelden nicht standhalten.

„A-huh, wenn wir dann gegen Carmichael oder so einen Kerl rannten – würdest du dann wie ein Baby an deinem Finger lutschen?"

„Wal, ich habe mich selbst nicht gezählt. Ich habe mich auf Allgemeingültigkeiten verlassen."

„Ach, was zum Teufel sind das?" fragte Anson angewidert. „Jim, ich weiß genauso gut wie du, dass diese Hyar-Bande hart im Nehmen ist. Wir werden verfolgt und verfolgt. Wir müssen uns verstecken – die ganze Zeit unterwegs sein – hier und da – überall, in den rauesten Wäldern. Und wir warten auf unsere Chance, im Süden zu arbeiten."

"Ufer. Aber, Snake, du zählst nicht auf die Gefühle der Männer – meiner und deiner ... Ich wette, mein Herr, dass diese Bande in etwa einem Tag auseinandergehen wird. "

„Ich fürchte, du hast gesagt, was mir durch den Kopf geht", antwortete Anson. Dann warf er in einer seltsamen Geste der Resignation die Hände hoch. Der Gesetzlose war mutig, aber alle Männer der Wildnis erkannten eine Macht, die stärker war als sie selbst. Er saß dort und ähnelte einer brütenden Schlange mit Basiliskenaugen auf dem Feuer. Schließlich erhob er sich, und ohne ein weiteres Wort an seinen Kameraden ging er müde dorthin, wo die dunklen, stillen Gestalten der Schläfer lagen.

Jim Wilson blieb neben dem flackernden Feuer. Er las etwas in der roten Glut, vielleicht die Vergangenheit. Schatten waren auf seinem Gesicht, nicht nur von den erlöschenden Flammen oder den hoch aufragenden Fichten. Hin und wieder hob er den Kopf, um zu lauschen, nicht so, als hätte er ein ungewöhnliches Geräusch erwartet, sondern wie unwillkürlich. Tatsächlich lag, wie Anson gesagt hatte, etwas Namenloses in der Luft. Der Schwarzwald atmete schwer und der Wind stöhnte unruhig. Es hatte seine Geheimnisse. Die Blicke, die Wilson nach allen Seiten warf, verrieten, dass kein gejagter Mann die dunkle Nacht liebte, obwohl sie ihn verbarg. Wilson schien fasziniert von dem Leben, das der schwarze Fichtenkreis umgab. Vielleicht dachte er über die seltsame Reaktion nach, die jedem Mann in dieser Gruppe widerfuhr, seit ein Mädchen unter ihnen war. Es war jedoch nichts klar; Der Wald bewahrte sein Geheimnis, ebenso wie der melancholische Wind; Die Gesetzlosen schliefen wie müde Bestien und hatten ihre dunklen Geheimnisse in ihren Herzen verschlossen.

Nach einer Weile legte Wilson ein paar Stöcke auf die rote Glut und zog dann das Ende eines Baumstamms darüber. Ein Feuer flackerte auf, veränderte den dunklen Kreis und zeigte die Schläfer mit ihren nach oben gerichteten, schattigen Gesichtern. Wilson blickte sie alle an, ein sardonisches Lächeln auf den Lippen, und dann richtete sich sein Blick neben den anderen auf den Schläfer – Riggs. Es könnte das falsche Licht aus Flamme und Schatten gewesen sein, das Wilsons Ausdruck dunklen und schrecklichen Hasses erzeugte. Oder es könnte die Wahrheit gewesen sein, die in dieser einsamen, unbewachten Stunde aus den Tiefen eines im Süden geborenen Mannes zum Ausdruck kam – eines Mannes, der aufgrund seiner Abstammung Ehrfurcht vor allen Frauen hatte – und dessen seltsames, wildes, geächtetes, blutiges Leben Von einem Revolverhelden muss er diesen Typ, der seinen Ruhm nachgeahmt und verspottet hat, mit dem tödlichsten Hass hassen.

Es war ein langer Blick, den Wilson auf Riggs ruhte – so seltsam und geheimnisvoll wie der Waldwind, der durch die großen Gänge heulte – und als dieser dunkle Blick zurückgezogen wurde, stolzierte Wilson davon, um sein Bett mit dem Schritt eines Kranken zu machen, den der Geist durch seine Kraft befreit hatte.

Er legte seinen Sattel und seine Plane und Decken vor den Unterstand aus Fichtenholz, in den das Mädchen eingetreten war, und streckte sich dann müde aus, um sich auszuruhen.

Das Lagerfeuer loderte auf und zeigte die exquisiten grünen und braun gesprenkelten Girlanden der Fichtenzweige, symmetrisch und perfekt und doch so unregelmäßig, und dann brannte es aus und erlosch, und alles blieb im trüben grauen Sternenlicht zurück. Die Pferde bewegten sich nicht; das Stöhnen des Nachtwinds war schwächer geworden; das leise Summen der Insekten verstummte; sogar das Plätschern des Baches war schwächer geworden. Und dieses Wachstum hin zur absoluten Stille ging weiter, doch absolute Stille wurde nie erreicht. Das Leben blieb im Wald; nur hatte es für die dunklen Stunden seine Form verändert.

Ansons Bande rührte sich nicht zu der üblichen frühen Sonnenaufgangsstunde, die allen Waldarbeitern, Jägern oder Gesetzlosen gemeinsam ist, denen der Anbruch des Tages willkommen war. Diese Gefährten – Anson und Riggs eingeschlossen – hätten es vielleicht gehasst, die Morgendämmerung kommen zu sehen. Es bedeutete nur eine weitere magere Mahlzeit, dann das mühsame Packen und die lange, lange Fahrt ins Nirgendwo und eine weitere magere Mahlzeit – alles erarbeitet, ohne auch nur die Notwendigkeiten eines befriedigenden Lebens zu erfüllen, und sicherlich ohne die aufregenden Hoffnungen, die ihr Leben bedeutungsvoll machten. und sicherlich mit einem wachsenden Gefühl des bevorstehenden Unheils.

Der Anführer der Gesetzlosen erhob sich mürrisch und missmutig. Er musste Burt rausschmeißen, um ihn zu den Pferden zu treiben. Riggs folgte ihm. Shady Jones tat nichts außer zu murren. Wilson machte nach allgemeiner Meinung immer Sauerteigbrot, und heute Morgen ging er langsam damit um. Anson und Moze erledigten den Rest der Arbeit ohne Eifer. Das Mädchen erschien nicht.

„Ist sie tot?" knurrte Anson.

„Nein, ist sie nicht", antwortete Wilson und blickte auf. „Sie schläft. Lass sie schlafen. Es wäre ihr um einiges besser ergangen, wenn sie getötet worden wäre.

„A-huh! Das gilt auch für dieses ganze Hyar-Outfit", war Ansons Antwort.

„Wal, Sna-ake, ich gehe davon aus, dass wir alle bald da sein werden", sagte Wilson gedehnt in seinem vertrauten kühlen und irritierenden Ton, der so viel mehr als den Inhalt der Worte sagte.

Anson wandte sich nicht noch einmal an das texanische Mitglied seiner Partei.

Burt ritt ohne Sattel ins Lager und trieb die Hälfte der Pferde; Riggs folgte kurz darauf mit mehreren weiteren. Aber drei wurden verpasst, einer davon war Ansons Favorit. Ohne dieses Pferd hätte er sich nicht bewegt. Während des Frühstücks knurrte er über seine faulen Männer und versuchte nach dem Essen, sie wegzudrängen. Riggs ging widerwillig. Burt weigerte sich überhaupt zu gehen.

„Nix. Ich habe die Hügel bewältigt, alles, was ich vorhabe", sagte er. „Und von nun an raschel ich mein eigenes Pferd."

Der Anführer machte deutlich, wie er diese Opposition aufnahm. Vielleicht trieb ihn sein Sinn für Gerechtigkeit noch einmal an, denn er befahl Shady und Moze, ihren Teil beizutragen.

„Jim, du bist der beste Fährtenleser in dieser Truppe. „Angenommen, Sie gehen", schlug Anson vor. „Du warst immer der Erste, der losging."

„Die Zeiten haben sich geändert, Snake", war die unbeirrbare Antwort.

„Wal, willst du nicht gehen?" forderte der Anführer ungeduldig.

„Das werde ich nicht tun."

Wilson machte nicht den Eindruck oder deutete in irgendeiner Weise an, dass er das Mädchen nicht mit einem oder mehreren oder allen von Ansons Bande im Lager zurücklassen würde, aber die Wahrheit war so bedeutsam, als hätte er sie geschrien. Der langsam denkende Moze warf Wilson einen finsteren Blick zu.

„Boss, ist es nicht lustig, wie eine hübsche Frau-?" begann Shady Jones sarkastisch.

„Halt die Klappe, du Narr!" brach Anson ein. „Kommt, ich helfe ihnen, die Pferde rascheln zu lassen."

Nachdem sie gegangen waren, nahm Burt sein Gewehr und schlenderte in den Wald. Dann erschien das Mädchen. Ihr Haar war offen, ihr Gesicht war blass und hatte dunkle Schatten. Sie bat um Wasser, um ihr Gesicht zu waschen. Wilson zeigte auf den Bach, und als sie langsam darauf zuging, nahm er einen Kamm und einen sauberen Schal aus seinem Rucksack und trug sie zu ihr.

Als sie zum Lagerfeuer zurückkehrte, sah sie mit ihren frisierten Haaren und den roten Flecken auf ihren Wangen ganz anders aus.

„Miss, haben Sie Hunger?" fragte Wilson.

„Ja, das bin ich", antwortete sie.

Er half ihr mit Portionen Brot, Wildbret und Soße sowie einer Tasse Kaffee. Offensichtlich schmeckte ihr das Fleisch, aber den Rest musste sie herunterdrücken.

„Wo sind sie alle?" Sie fragte.

„Rustlin' die Pferde."

Wahrscheinlich ahnte sie, dass er nicht reden wollte, denn der flüchtige Blick, den sie ihm zuwarf, zeugte von dem Gedanken, dass sich seine Stimme oder sein Verhalten verändert hatten. Dann suchte sie sich einen Platz unter der Espe, geschützt vor der Sonne und dem ständigen Rauch, der ihr ins Gesicht wehte. und da blieb sie, eine verlassene kleine Gestalt trotz all der entschlossenen Lippen und trotzigen Augen.

Der Texaner ging mit gesenktem Kopf und auf dem Rücken verschränkten Händen neben dem Lagerfeuer auf und ab. Ohne die schwingende Waffe hätte er einem schlaksigen Bauern geglichen, ohne Mantel und Hut, mit offener brauner Weste und in den hohen Stiefeln steckenden Hosen.

Und weder er noch das Mädchen änderten relativ lange ihre Position. Schließlich jedoch, nachdem er in den Wald geschaut und zugehört hatte, bemerkte er zu dem Mädchen, dass er gleich zurück sein würde, und ging dann um die Fichten herum.

Kaum war er verschwunden – tatsächlich so schnell, dass man eher auf Absicht als auf Zufall schließen musste –, als Riggs von der gegenüberliegenden Seite der Lichtung angerannt kam. Er rannte direkt auf das Mädchen zu, das aufsprang.

„Ich habe – zwei der – Pferde versteckt", keuchte er heiser vor Aufregung. „Ich nehme – zwei Sättel. Du schnappst dir etwas Essen. Wir werden dafür kandidieren."

„Nein", rief sie und trat zurück.

„Aber es ist hier – für uns – nicht sicher", sagte er hastig und blickte sich um. "Ich werde dich nach Hause bringen. Ich schwöre... Nicht sicher – ich sage es dir – diese Bande ist hinter mir her. Beeil dich!"

Er ergriff zwei Sättel, einen mit jeder Hand. Der Moment hatte sein Gesicht gerötet, seine Augen erhellt und seine Tat stark gemacht.

„Ich bin sicherer – hier bei dieser Bande von Gesetzlosen", antwortete sie.

„Du wirst nicht kommen!" Dann begann seine Farbe aufzuhellen und sein Gesicht verzerrte sich. Er ließ die Sättel los.

„Harve Riggs, ich möchte lieber ein Spielzeug und ein Lappen für diese Raufbolde werden, als eine Stunde allein mit dir zu verbringen", blitzte sie ihn in unstillbarem Hass an.

„Ich werde dich schleppen!"

Er packte sie, konnte sie aber nicht festhalten. Sie löste sich und schrie.

"Helfen!"

Das ließ sein Gesicht weiß werden und trieb ihn in Raserei. Er sprang vor und versetzte ihr einen harten Schlag auf den Mund. Es brachte sie ins Wanken, und als sie über einen Sattel stolperte, stürzte sie. Seine Hände flogen zu ihrer Kehle, bereit, sie zu würgen. Aber sie lag still und hielt den Mund. Dann zerrte er sie auf die Füße.

„Beeilen Sie sich jetzt – schnappen Sie sich den Rucksack – und folgen Sie mir." Wieder ergriff Riggs die beiden Sättel. Ein verzweifelter Glanz, unheilvoll und prahlerisch, huschte über sein Gesicht. Er erlebte sein einziges großes Abenteuer.

Die Augen des Mädchens weiteten sich. Sie blickten über ihn hinaus. Ihre Lippen öffneten sich.

„Schrei noch einmal und ich bring dich um!" er weinte heiser und schnell. Allein das Öffnen ihrer Lippen hatte Riggs erschreckt.

„Ich schätze, ein Schrei hat gereicht", sagte eine Stimme, langsam, aber ohne den schleppenden Ton, locker und kühl, aber dennoch auf schreckliche Weise unberechenbar.

Riggs wirbelte mit unartikuliertem Schrei herum. Wilson stand ein paar Schritte entfernt, die Waffe halb im Anschlag, tief im Anschlag. Sein Gesicht schien wie immer, nur seine Augen hatten eine zitternde, helle Intensität, wie kochendes geschmolzenes Silber.

„Mädchen, was hat das Blut auf deinem Mund verursacht?"

„Riggs hat mich geschlagen!" Sie flüsterte. Als sie dann etwas fürchtete oder sah oder ahnen konnte, schreckte sie zurück, fiel auf die Knie und kroch in den Unterschlupf aus Fichtenholz.

„Wal, Riggs, ich würde dich zum Zeichnen einladen, wenn es von Nutzen wäre", sagte Wilson. Diese Rede war nachdenklich, aber dennoch ein wenig eilig.

Riggs konnte weder zeichnen noch sich bewegen noch sprechen. Er schien zu Stein geworden zu sein, bis auf seinen Kiefer, der langsam herunterfiel.

„Harve Riggs, Schütze aus Missouri", fuhr die Stimme mit unkalkulierbarer Absicht fort, „ich schätze, Sie haben in Ihrer Zeit in einen Haufen Gewehrläufe geschaut. Ufer! Wal, schau dir das hier an!"

Wilson richtete die Waffe absichtlich auf eine Linie mit Riggs' Startaugen.

„ Hast du nicht gehört, dass du in Turners Saloon prahlst – als du das Blei kommen sehen konntest – und ihm ausweichst?" Ufer, du musst schnell sein! ... Weiche dieser HEAH-Kugel aus!"

Die Waffe spuckte Flammen aus und dröhnte. Eines von Riggs' aufschreckenden Augen – das rechte – erlosch wie eine Lampe. Der andere rollte fürchterlich und blieb dann völlig starr stehen. Riggs schwankte in Zeitlupe, bis er, als er das Gleichgewicht verlor, schwer zu Boden fiel, eine träge Masse.

Wilson beugte sich über die liegende Gestalt. Seltsamer, heftiger Kontrast zur kühlen Verachtung des vorangegangenen Augenblicks! Er zischte und spuckte, als wäre er von Leidenschaft vergiftet, und platzte vor dem Hass, den seine Figur ihm gegenüber einer lebenden Fälschung verboten hatte. Wilson war wie von einer Lähmung erschüttert. Er verschluckte sich an leidenschaftlichen, inkohärenten Beschimpfungen. Zuerst war es Klassenhass, dann der Hass der wahren Männlichkeit auf einen Feigling, dann der Hass der Schande auf einen Mord. Kein Mann ist so fair wie ein Revolverheld im westlichen Credo der „Even Break"!

Wilsons schrecklicher Kataklysmus der Leidenschaft ging vorüber. Er richtete sich auf, steckte seine Waffe in die Scheide und begann einen langsamen Schritt vor dem Feuer. Wenige Augenblicke später hob er den Kopf und lauschte. Pferde donnerten leise durch den Wald. Bald ritt Anson mit seinen Männern und einem der verirrten Pferde in Sichtweite. Es war auch ein Zufall, dass der junge Burt auf der anderen Seite der Lichtung auftauchte. Er ging schnell, wie jemand, der Neuigkeiten erwartete.

Als Snake Anson abstieg, erspähte er den Toten.

„Jim – ich dachte, ich hätte einen Schuss gehört."

Die anderen riefen aus und sprangen von ihren Pferden, um die am Boden liegende Gestalt mit jener Neugier und seltsamen Angst zu betrachten, die allen Menschen gemeinsam ist, die mit dem Anblick eines plötzlichen Todes konfrontiert sind.

Dieses Gefühl war nur vorübergehend.

„Seine Lampe ausgeschossen!" rief Moze.

„Ich frage mich, wie Gunman Riggs der Lot-Mittelpflock gefallen hat!" rief Shady Jones mit einem harten Lachen.

„Sein Hinterkopf ist völlig verschwunden!" keuchte der junge Burt. Es war nicht unwahrscheinlich, dass er nicht viele Männer mit Kugeln gesehen hatte.

„ Jim! – der langhaarige Narr hat nicht versucht, dich anzulocken!" rief Snake Anson erstaunt aus.

Wilson sprach weder, noch hörte er auf, auf und ab zu gehen.

„Was war denn los?" fügte Anson neugierig hinzu.

„Er hat die Frau getroffen", antwortete Wilson.

Dann gab es überall langgezogene Ausrufe, und ein Blick begegnete einem Blick.

„Jim, du hast mir den Job erspart", fuhr der Outlaw-Anführer fort. „Und ich bin Ihnen sehr dankbar ... Fellars, durchsuchen Sie Riggs und wir teilen uns auf ... Ist alles in Ordnung, Jim?"

„Shore, und du kannst meinen Anteil haben."

Sie fanden Banknoten in der Tasche des Mannes und beträchtliches Gold, das er in einem Geldgürtel um seine Taille trug. Shady Jones beschlagnahmte seine Stiefel und Moze seine Waffe. Dann ließen sie ihn zurück, wie er gefallen war.

„Jim, du musst die verlorenen Pferde aufspüren. „Zwei fehlen noch, und einer davon gehört mir", rief Anson, während Wilson bis zum Ende seines Taktes auf und ab ging.

Das Mädchen hörte Anson, denn sie steckte ihren Kopf aus dem Fichtenschutz und rief: „Riggs sagte, er hätte zwei der Pferde versteckt. Sie müssen nah sein. Er ist so gekommen."

„Hallo, Junge! Das sind gute Nachrichten", antwortete Anson. Seine Stimmung stieg. „Muss er gewollt haben, dass du dich ihm anschließt?"

"Ja. Ich würde nicht gehen."

„Und dann hat er dich geschlagen?"

"Ja."

„Wal, wenn ich mich an Ihre Rede von Yestiddy erinnere, kann ich mir nicht vorstellen, dass Mister Riggs viel länger durchgehalten hat als in Texas. Wir haben einen Teil des großartigen Landes direkt in unserem Outfit."

Das Mädchen zog ihr weißes Gesicht zurück.

„Es ist Pausenlager, Jungs", lautete der Befehl des Leiters. „Ein paar von euch schauen sich die Pferde an. Sie werden in einigen dicken Fichten versteckt sein . Der Rest von uns wird packen."

Bald machte sich die Bande auf den Weg, steuerte auf die Anhöhe des Landes zu und wich davon aus, nur um weichen und grasigen Boden zu finden, der keine Spuren hinterlassen würde.

Sie legten am Nachmittag nicht mehr als ein Dutzend Meilen zurück, kletterten aber Bank für Bank hinauf, bis sie das bewaldete Plateau erreichten, das sich als schwarzer Abhang bis zu den Gipfeln erstreckte. Hier erhob sich der große und düstere Wald aus Tannen und Kiefern, in dem die Fichten überschattet und ausgedünnt waren. Die letzte Stunde der Reise war ermüdend und mühsam, eine zickzackartige, kurvenreiche, bergauf und bergauf verlaufende Suche nach dem Campingplatz, der Ansons Vorstellungen entsprach. Er schien seltsam irrational zu werden, was die Wahl der Campingplätze anging. Schließlich wählte er aus keinem für einen guten Waldarbeiter erkennbaren Grund eine düstere Schüssel in der Mitte des dichtesten Waldes, den er durchquert hatte. Die Öffnung, wenn man sie überhaupt so nennen konnte, war weder ein Park noch eine Lichtung. An einer Seite erhob sich eine dunkle Klippe mit seltsamen Löchern, aber nicht so hoch wie die hohen Kiefern, die sie streiften. Entlang seines Fußes plätscherte ein Bach, der über eine solche Felsformation floss, dass er von verschiedenen Punkten in der Nähe unterschiedliche Geräusche von sich gab, einige singend, andere melodisch und zumindest einen hohlen, unheimlichen, tiefen Ton, nicht laut, aber seltsam durchdringend.

„ Sicher gruselig, sage ich", bemerkte Shady empfindungsfähig.

Der kleine Stimmungsaufschwung, der mit Riggs' heftigem Geplänkel einherging, hatte sich auch in diesem Abendlager nicht abgenutzt. Das Gerede, das die Gesetzlosen führten, war notwendig und wurde in leiser Stimme geführt. Der Ort herrschte Stille.

Wilson leistete dem Mädchen im Großen und Ganzen den gleichen Dienst wie am Abend zuvor. Nur riet er ihr, nicht zu verhungern; Sie muss essen, um bei Kräften zu bleiben. Sie kam dieser Forderung mit erheblichem Aufwand nach.

Da es ein anstrengender Tag gewesen war, an dem alle außer dem Mädchen Meilen zu Fuß zurückgelegt hatten, blieben sie nach dem Abendessen nicht lange genug wach, um zu erfahren, was für ein wilder, unheimlicher und pechschwarzer Fleck der Gesetzlose war Der Anführer hatte gewählt. Die kleinen offenen Flächen zwischen den riesigen Kiefernstämmen hatten in dem hohen, sich ausbreitenden Laubwerk kein Gegenstück. Kein Stern konnte einen schwachen Lichtstrahl in diese stygische Grube blinzeln. Der Wind, der weiter oben über steile Höhen wehte, sang in den Tannennadeln, als wären sie von Saiten vibrierende Akkorde. Düsteres Knarren war zu hören. Es waren die Waldgeräusche von Ästen oder Bäumen, die aneinander rieben, die aber des korrigierenden Mediums Tageslicht brauchten, um jeden Menschen davon zu überzeugen, dass sie alles andere als gespenstisch waren. Dann schien es, trotz des Windes und trotz des wechselnden Rauschens des Baches, eine Stille zu geben, die sie isolierte, so tief und undurchdringlich wie die Dunkelheit.

Aber die Gesetzlosen, die jetzt auf der Flucht waren, schliefen den Schlaf der Müden und hörten nichts. Sie erwachten mit der Sonne, als der Wald in goldener Dunkelheit rauchte, als Licht und Vögel und Eichhörnchen den Tag verkündeten.

Die Pferde waren in der Nacht nicht aus diesem Becken herausgekommen, ein Umstand, den Anson schnell zu würdigen wusste.

„Es ist kein fröhliches Lager, aber ich habe nie einen sichereren Ort zum Verstecken gesehen", bemerkte er zu Wilson.

„Wal, ja – wenn irgendein Ort sicher ist", antwortete dieser Verbündete zweifelnd.

„Wir können auf unsere Spuren achten. Ich sehe, es gibt keine andere Möglichkeit, in Hyar einzusteigen.

„Snake, wir waren einigermaßen schöne Schafzüchter, aber wir sind keine guten Waldarbeiter."

Anson murrte seine Verachtung gegenüber diesem Kameraden, der einst seine Hauptstütze gewesen war. Dann schickte er Burt los, um frisches Fleisch zu jagen, und engagierte seine anderen Männer beim Kartenspielen. Da sie nun über die Möglichkeit verfügten, zu spielen, waren sie sofort fasziniert. Wilson rauchte und ließ seinen nachdenklichen Blick zwischen den Spielern und der herabhängenden Gestalt des Mädchens wandern. Die Morgenluft war scharf, und da sie offensichtlich keine Lust hatte, in der Nähe ihrer Häscher am Lagerfeuer zu sein, hatte sie den einzigen sonnigen Platz in diesem düsteren Tal aufgesucht. Ein paar Stunden vergingen; die Sonne stieg hoch; die Luft wurde wärmer. Einmal hob der Anführer der Gesetzlosen den Kopf, um die schweren Holzhänge abzusuchen, die das Lager umschlossen.

„Jim, diese Hunde verirren sich", stellte er fest.

Wilson erhob sich gemächlich und stolzierte über die kleinen, offenen Stellen in Richtung der Pferde. Sie hatten von rechts in Richtung Bachmündung gegrast. Hier führte eine Schlucht, dicht und grün. Zwei der Pferde waren gestürzt. Offensichtlich hörte Wilson sie, obwohl sie nicht zu sehen waren, und umkreiste sie ein wenig, um ihnen voraus zu sein und sie zurückzudrängen. Der unsichtbare Bach floss mit Murmeln und Plätschern über die Felsen. Er hielt instinktiv inne. Er hörte zu. Sanfte, einlullende Waldgeräusche kamen mit der warmen, nach Kiefern duftenden Brise. Man hätte kein scharfes Ohr haben müssen, um leise und schnelle Schritte zu hören. Er ging vorsichtig weiter und bog in eine kleine offene, moosige Stelle ein, braun verfilzt und duftend, voller Farne und Glockenblumen. Mittendrin, tief im Moos, entdeckte er die riesige runde Spur eines Pumas. Er beugte sich darüber. Plötzlich versteifte er sich, dann richtete er sich vorsichtig auf. In diesem Moment erhielt er einen harten Stoß in den Rücken. Er hob die Hände, blieb stehen und drehte sich dann langsam um. Ein großer Jäger in grauem Wildleder, mit grauen Augen und eckigem Kinn, hielt ihn mit einem gespannten Gewehr in Deckung. Und neben diesem Jäger stand ein riesiger Puma, knurrend und blinzelnd.

KAPITEL XXII

„Grüß dich, Dale", sagte Wilson gedehnt. „Ich schätze, du bist mir etwas voraus."

„Sssssh! Nicht so laut", sagte der Jäger mit leiser Stimme. „Du bist Jim Wilson?"

„Shore bin. Sag mal, Dale, du bist bald aufgetaucht. Oder bist du uns zufällig über den Weg gelaufen?"

„Ich bin dir gefolgt. Wilson, ich bin hinter dem Mädchen her."

„Das wusste ich, als ich dich sah!"

Der Puma schien von der bedrohlichen Haltung seines Herrn bewegt zu sein, und er öffnete seinen Mund, zeigte große gelbe Reißzähne und spuckte Wilson an. Der Gesetzlose hatte offenbar keine Angst vor Dale oder dem gespannten Gewehr, aber die riesige, knurrende Katze bereitete ihm Unbehagen.

„Wilson, ich habe gehört, dass Sie als weißer Gesetzloser bezeichnet wurden", sagte Dale.

„Vielleicht bin ich es. Aber bald werde ich Angst haben. Dale, er wird mich überfallen!"

„Der Puma wird dich nicht angreifen, es sei denn, ich zwinge ihn dazu. Wilson, wenn ich dich gehen lasse, holst du dann das Mädchen für mich?"

„Wal, mal sehen. Angenommen, ich weigere mich?" fragte Wilson scharfsinnig.

„Dann liegt es auf die eine oder andere Weise an dir."

„Ich schätze, ich habe keine große Wahl. Ja das mache ich. Aber, Dale, wirst du mir beim Wort vertrauen und mich zu Anson zurückgehen lassen?"

"Ja bin ich. Du bist kein Dummkopf. Und ich glaube, du bist ehrlich. Ich habe Anson und seine Bande eingepfercht. Du kannst mir nicht entgehen – nicht in diesen Wäldern. Ich könnte deine Pferde davonrennen lassen – dich einzeln abholen – oder den Puma nachts auf dich loslassen."

"Ufer. Es ist dein Spiel. Anson hat sich diese Hand selbst ausgeteilt ... Zwischen dir und mir, Dale, mir hat der Deal nie gefallen."

„Wer hat Riggs erschossen? ... Ich habe seine Leiche gefunden."

„Wal, deins war wirklich da, als es losging", antwortete Wilson mit einem unwillkürlichen kleinen Schauder. Irgendein Gedanke machte ihn krank.

"Das Mädchen? Ist sie in Sicherheit – unverletzt?" fragte Dale hastig.

„Sie ist so sicher und klingt so sicher wie damals, als sie zu Hause war. Dale, sie ist das lustigste Kind, das es je gab! Niemand hätte mir jemals glauben machen können, dass ein Mädchen, ein Kind wie sie, so viel Mut haben könnte wie sie. Ihr ist nichts passiert, außer Riggs hat sie in den Mund geschlagen ... Ich habe ihn dafür getötet ... Und, also hilf mir, Gott, ich glaube, es hat in mir funktioniert, sie irgendwie zu retten! Jetzt wird es nicht mehr so schwer sein."

"Aber wie?" forderte Dale.

„Mal sehen... Wal, ich muss sie heimlich aus dem Lager schmuggeln und dich treffen. Das ist alles."

„Es muss schnell gehen."

„Aber, Dale, hör zu", entgegnete Wilson ernst. „Zu schnell ist genauso schlimm wie zu langsam. Snake hat heutzutage Schmerzen, und zwar immer mehr. Wenn ich nicht aufpasse, könnte er etwas aushecken und das Mädchen töten oder ihr Schaden zufügen. Ich kenne diese Kerle. Sie sind alle bereit, auseinanderzubrechen. An einem Ufer muss ich auf Nummer sicher gehen. Shore wäre es sicherer, einen Plan zu haben."

Wilsons kluge, helle Augen leuchteten vor einer Idee. Er wollte gerade eine seiner erhobenen Hände senken, offensichtlich um auf den Puma zu zeigen, als er es sich anders überlegte.

„Anson hat Angst vor Pumas. Vielleicht können wir ihn und die Bande erschrecken, damit es einfacher wird, das Mädchen wegzuschleichen. Kannst du den großen Rohling dazu bringen, Tricks zu machen? Nachts durch das Lager stürmen und die Pferde verjagen?"

„Ich werde Anson garantiert aus zehn Jahren Wachstum herausschrecken", antwortete Dale.

„Dann geht es an Land", fuhr Wilson fort, als wäre er froh. „Ich werde das Mädchen posten – ihr eine Ahnung geben, dass sie ihren Teil dazu beitragen wird. Du schleichst dich heute Abend zum Scherz vor Einbruch der Dunkelheit an. Ich werde dafür sorgen, dass die Bande sich aufregt. Und dann führst du den Puma aus, was immer du willst. Wenn die Bande wild wird, schnappe ich mir das Mädchen und verfrachte sie oder irgendwo in der Nähe und pfeife es dir zu ... Aber vielleicht ist das nicht so gut. Wenn der Puma ins Lager stürmt, überfällt er mich vielleicht und nicht einen von der

Bande . Eine weitere Vermutung. Er könnte im Dunkeln auf mich zukommen, als ich versuchte, dich zu finden. Shore, das gefällt mir nicht."

„Wilson, dieser Puma ist ein Haustier", antwortete Dale. „Du denkst, er ist gefährlich, aber das ist er nicht. Nicht mehr als ein Kätzchen. Er sieht nur wild aus. Er wurde noch nie von einer Person verletzt und er hat nie gegen etwas anderes gekämpft als gegen ein Reh oder einen Bären. Ich kann dafür sorgen, dass er jeden Geruch wahrnimmt. Aber die Wahrheit ist, dass ich ihn nicht dazu bringen konnte, dir oder irgendjemandem etwas zu tun. Dennoch kann man ihn dazu bringen, jeden in Angst und Schrecken zu versetzen, der ihn nicht kennt."

„Shore, das beruhigt mich. Ich werde einen tollen Witz machen, während dieser Kerl sich zu Tode fürchtet ... Dale, du kannst dich auf mich verlassen. Und ich schaue auf dich, was mich etwas mit mir selbst in Einklang bringen wird ... Heute Abend, und wenn es dann nicht klappt, morgen Abend an der Küste!"

Dale senkte das Gewehr. Der große Puma spuckte erneut. Wilson ließ seine Hände sinken, trat vor und spaltete die grüne Wand aus sich kreuzenden Fichtenzweigen. Dann bog er die Schlucht hinauf zum Tal. Dort angekommen, vor den Augen seiner Kameraden, veränderten sich sein Verhalten und sein Gesichtsausdruck.

„Alles klar, Jim?" fragte Anson, als er seine Karten aufhob.

"Ufer. „Sie benehmen sich furchtbar seltsam, diese Huren", antwortete er. Wilson. „Sie haben vor etwas Angst."

„A-huh! Vielleicht Silberspitz", murmelte Anson. „Jim, du solltest nur auf die Pferde aufpassen. Wir wären erledigt, wenn irgendein Tarnal-Varmant sie niederstampfen würde."

„Ich schätze, ich bin jetzt dazu auserwählt, die ganze Arbeit zu erledigen", beschwerte sich Wilson, „während ihr Falschspieler euch gegenseitig betrügt. Rascheln Sie mit den Pferden – Wasser und Feuerholz. Kochen und waschen. Hey?"

„Niemand, den ich jemals gesehen habe, kann diese Camp-Tricks besser machen als Jim Wilson", antwortete Anson.

„Jim, du bist ein Frauenheld und da ist unser hübscher Verrückter, der ein Amus füttert", bemerkte Shady Jones mit einem Lächeln, das seine Rede entschärfte.

Die Gesetzlosen lachten.

„Hau ab, Jim, du machst das Spiel kaputt", sagte Moze, der wie ein Verlierer aussah.

„Wal, das Mädchen würde verhungern, wenn es nicht für mich wäre", antwortete Wilson freundlich, und er ging auf sie zu und begann, sie ziemlich laut anzureden, als er näher kam. „Wal, Fräulein, ich bin zur Köchin gewählt worden und würde gerne hören, was Sie zum Abendessen mögen."

Die Gesetzlosen hörten es, denn sie lachten erneut. „Hau! Haha! wenn Jim nicht lustig ist!" rief Anson aus.

Das Mädchen sah erstaunt auf. Wilson zwinkerte ihr zu, und als er näher kam , begann er schnell und leise zu sprechen.

„Ich habe Dale scherzhaft unten im Wald mit seinem Puma getroffen. Er ist hinter dir her. Ich werde ihm helfen, dich in Sicherheit zu bringen. Jetzt leisten Sie Ihren Teil. Ich möchte, dass du so tust, als wärst du verrückt geworden. Kapieren? Handeln Sie aus Ihrem Kopf heraus! Shore Es ist mir egal, was du tust oder sagst, ich tue nur verrückt. Und hab keine Angst. Wir werden die Bande erschrecken, damit ich eine Chance habe, dich wegzuschleichen. Heute Abend oder morgen – Ufer."

Bevor er zu sprechen begann , war sie blass, traurig und hatte trübe Augen. Schnell verwandelte sie sich durch seine Worte, und als er geendet hatte , sah sie nicht mehr wie das gleiche Mädchen aus. Sie gab ihm einen klaren Anflug von Verständnis und nickte schnell mit dem Kopf.

"Ja ich verstehe. Ich werde es tun!" Sie flüsterte.

Der Gesetzlose wandte sich langsam mit höchst abstrakter Miene ab, verwirrt über sein kluges Handeln, und sammelte sich erst auf halbem Weg zurück zu seinen Kameraden. Dann fing er an, eine alte, düstere Melodie zu summen, schürte das Feuer, fachte es wieder an und machte sich an die Vorbereitungen für das Mittagessen. Aber er verpasste nichts, was um ihn herum geschah. Er sah, wie das Mädchen in ihr Tierheim ging und mit den Haaren im Gesicht wieder herauskam. Wilson, der sich wieder seinen Kameraden zuwandte, grinste vor Freude und schüttelte den Kopf, als ob er glaubte, die Situation würde sich weiterentwickeln.

Die Spielverbrecher bemerkten jedoch nicht sofort, wie sich das Mädchen auf eine Weise putzte und ihr langes Haar glättete, die geeignet war, sie zu erschrecken.

"Erwischt!" rief Anson fluchend, während er seine Karten auf den Tisch warf. „Wenn ich nicht unter Druck gesetzt werde, bin ich ein ziemlicher Spieler!"

„Sartin, du stehst unter Druck", sagte Shady Jones verächtlich. „Dämmert dir der Scherz?"

„Boss, Sie spielen wie eine Kuh, die im Schlamm steckt", bemerkte Moze lakonisch.

„Fellars, das ist nicht lustig", erklärte Anson mit erbärmlichem Ernst. „Ich mache nur Witze über mich selbst. Etwas stimmt nicht. Seit letztem Herbst kein Glück – nichts als das letzte Ende von allem. Ich gebe niemandem die Schuld. Ich bin der Boss. Ich bin's, das ist los.

„Schlange, Land, es war der Mädchen-Deal, den du gemacht hast", erwiderte Wilson, der zugehört hatte. "Ich habe es dir gesagt. Unsere Probleme haben gerade erst begonnen. Und ich kann das Aufziehen sehen. Sehen!"

Wilson zeigte auf die Stelle, an der das Mädchen stand, ihr Haar flog ihr wild über Gesicht und Schultern. Sie machte aufwändigste Verbeugungen vor einem alten Baumstumpf und fegte in ihrer Ehrerbietung mit ihren Locken über den Boden.

Anson begann. Er war völlig erstaunt. Sein Erstaunen war lächerlich. Und die beiden anderen Männer starrten ihn an, um die Verwirrung ihres Anführers auszudrücken.

„Was zum Teufel ist mit ihr los?" fragte Anson zweifelnd. „Muss er munter geworden sein... Aber sie fühlt sich nicht schwul!"

Wilson tippte sich mit einem bedeutungsvollen Finger an die Stirn.

„An Land hatte ich dieses Mal Angst vor ihr", flüsterte er.

„Nein!" rief Anson ungläubig aus.

„Wenn sie nicht seltsam ist, habe ich nie eine seltsame Frau gesehen", versicherte Shady Jones, und an der Art, wie er den Kopf schüttelte, hätte man schließen können, dass er sein ganzes Leben lang mit Frauen vertraut gewesen war.

Moze sah unbeschreiblich aus und war ziemlich beunruhigt.

„Ich habe es kommen sehen", erklärte Wilson sehr aufgeregt. „Aber ich hatte Angst, es zu sagen. Ihr habt euch alle wegen ihr über mich lustig gemacht. Jetzt wünschte ich, ich hätte mich geäußert."

Anson nickte feierlich. Er glaubte den Beweisen seines Anblicks nicht, aber die Fakten schienen verblüffend. Als wäre das Mädchen ein gefährliches und unverständliches Ding, näherte er sich ihr Schritt für Schritt. Wilson folgte ihm und die anderen schienen unwiderstehlich angezogen zu sein.

„Hey, Junge!" rief Anson heiser.

Das Mädchen hob hochmütig ihre schlanke Gestalt. Durch ihre ausgebreiteten Locken leuchteten ihre Augen unnatürlich auf den Anführer der Gesetzlosen. Aber sie ließ sich herab, nicht zu antworten.

„Hey, du Rayner-Mädchen!" fügte Anson lahm hinzu. „Was ist los mit dir?"

"Mein Herr! hast du mich angesprochen?" fragte sie hochmütig.

Shady Jones überwand seine Bestürzung und entlockte der Situation offensichtlich etwas Humor, als sein dunkles Gesicht begann, die Anspannung zu lockern.

„Aww!" hauchte Anson schwer.

„Ophelia wartet auf Ihren Befehl, Mylord. Ich habe Blumen gepflückt", sagte sie süß und hielt ihre leeren Hände hoch, als ob sie einen Blumenstrauß enthielten.

Shady Jones brach in schallendes Gelächter aus. Aber seine Heiterkeit wurde nicht geteilt. Und plötzlich brachte es eine Katastrophe über ihn. Das Mädchen flog auf ihn zu.

„Warum krächzst du, du Kröte? Ich werde dich auspeitschen und in Ketten legen lassen, du Küchenjunge!" sie weinte leidenschaftlich.

Shady erlebte eine bemerkenswerte Veränderung und stolperte auf seinem Rückzug. Dann schnippte sie mit den Fingern in Mozes Gesicht.

„Du schwarzer Teufel! Komm her! Avaunt!"

Anson nahm den Mut zusammen, sie zu berühren.

„Oh! Nun, Ophelyar –"

Wahrscheinlich wollte er versuchen, sie zu belustigen, aber sie schrie und er sprang zurück, als könnte sie ihn verbrennen. Sie schrie schrill, in wilden Stakkatotönen.

"Du! Du!" Sie zeigte mit dem Finger auf den Anführer der Gesetzlosen. „Du brutal zu Frauen! Du bist deiner Frau davongelaufen!"

Anson wurde pflaumenfarben und dann langsam weiß. Das Mädchen muss einen zufälligen Schuss nach Hause geschickt haben.

„Und jetzt hat dich der Teufel in eine Schlange verwandelt. Eine lange, schuppige Schlange mit grünen Augen! Uugh! Du wirst bald auf deinem Bauch kriechen – wenn mein Cowboy dich findet. Und er wird dich in den Staub treten."

Sie schwebte von ihnen weg und begann anmutig herumzuwirbeln, die Arme ausgebreitet und die Haare fliegend; und dann brach sie, offenbar ohne auf die starrenden Männer zu achten, in ein leises, süßes Lied ein. Als nächstes tanzte sie um eine Kiefer herum und dann in ihr kleines grünes Gehege. Daraufhin stieß sie ihr schmerzlichstes Stöhnen aus.

„Oh! Schade!" platzte Anson heraus. „Dem geht es gut, gesunder, nervöser Junge! Sauber weg! Daffy! Verrückt, was für eine Bettwanze!"

„Shore, es ist eine Schande", protestierte Wilson. „Aber für uns ist es ein Weichei. Herr! Wenn wir vorher beschimpft wurden , was werden wir jetzt sein? Habe ich es dir nicht gesagt, Snake Anson? Du wurdest gewarnt. Frag Shady und 'Moze – sie sehen, was los ist."

„Wir werden nie wieder Glück haben", sagte Shady traurig voraus.

„Es übertrifft mich, Boss, es übertrifft mich", murmelte Moze.

„Eine verrückte Frau in meinen Händen! Wenn das nicht der letzte Strohhalm ist!" brach Anson tragischerweise aus, als er sich abwandte. Unwissend, abergläubisch und von den scheinbaren Dingen beeinflusst, stellte sich der Gesetzlose vor, endlich von bösartigen Mächten bedrängt zu werden. Als er sich auf einen der Rucksäcke warf, zitterten seine großen rothaarigen Hände. Shady und Moze ähnelten zwei anderen Männern am Ende ihrer Kräfte.

Wilsons angespanntes Gesicht zuckte, und er wehrte es ab, da er offenbar gegen einen Anfall irgendeiner Art ankämpfte. In diesem Moment schwor Anson einen donnernden Eid.

„Verrückt oder nicht, ich werde Gold aus dem Kind herausholen!" er brüllte.

„Aber, Mann, reden Sie vernünftig. Bist du auch verrückt? Ich erkläre, dass diese Truppe Lok gefressen hat. Du kannst ihr kein Gold schenken!" sagte Wilson absichtlich.

„Warum kann ich nicht?"

„Weil wir verfolgt werden. Wir können keine Dicker machen. Na ja, in einem anderen Tag oder so werden wir dem Blei ausweichen."

„Verfolgt! Wie kommst du auf die Idee? Sobald das hier ist?" fragte Anson und hob seinen Kopf wie eine schlagende Schlange. Auch seine Männer zeigten plötzliches Interesse.

„Land, keine Ahnung. Ich habe niemanden gesehen. Aber ich spüre es in meinen Sinnen. Ich höre die ganze Zeit jemanden kommen – einen Schritt auf unserem Weg – besonders nachts. Ich schätze, da ist eine große Truppe hinter uns her."

„Wal, wenn ich etwas sehe oder höre, schlage ich dem Mädchen auf den Kopf und wir graben aus Hyar", antwortete Anson mürrisch.

Wilson führte eine schnelle Vorwärtsbewegung aus, heftig und leidenschaftlich, so völlig anders als das, was man von ihm hätte erwarten können, dass die drei Gesetzlosen den Mund aufmachten.

„Dann wirst du ihn zuerst an Land bringen, um Jim Wilson auf den Kopf zu schlagen", sagte er mit einer Stimme, die so seltsam war wie seine Handlung.

„Jim! Du würdest es mir nicht heimzuzahlen!" flehte Anson mit erhobenen Händen in einer Würde des Pathos.

„Ich verliere auch meinen Kopf, und du könntest ihn genauso gut einschlagen, und du wirst es noch tun, bevor ich es ertrage, dass du das kleine Mädchen umbringst, das du verrückt gemacht hast."

„Jim, ich war nur wütend", antwortete Anson. „Was das angeht, ich werde selbst immer verrückter. Oh! Wir alle brauchen einen guten, starken Whisky."

Also versuchte er, Trübsinn und Besorgnis abzuschütteln, aber es gelang ihm nicht. Seine Kameraden kamen ihm nicht zu Hilfe. Wilson ging weg und nickte.

„Boss, lass Jim in Ruhe", flüsterte Shady. „Es ist furchtbar, wie du dich gegen ihn wehrst – wenn du siehst, dass er aufgeregt ist. Jim ist echt blau. Aber du musst vorsichtig sein."

Moze bestätigte diese Aussage durch düsteres Nicken.

Als das Kartenspielen wieder aufgenommen wurde, beteiligte sich Anson nicht am Spiel, und sowohl Moze als auch Shady zeigten kaum etwas von der leidenschaftlichen Besessenheit, die ihr Glücksspiel normalerweise begleitete. Anson lag endlich da, den Kopf im Sattel, und starrte finster auf den kleinen Unterschlupf, in dem sich das gefangene Mädchen außer Sichtweite hielt. Manchmal wehte ein leises Lied oder Lachen, sehr unnatürlich, durch den Raum. Wilson stapfte über das Kochfeld und hörte offenbar keine Geräusche. Dann rief er die Männer zum Essen, was sie mürrisch und schweigend ausführten, als wäre es eine Gefälligkeit für den Koch.

„Schlange, hätte ich dem Mädchen nicht einen Bissen Futter bringen sollen?" fragte Wilson.

„Möchtest du mich das fragen?" schnappte Anson. „Sie muss gefüttert werden, wenn wir es ihr in den Hals stopfen wollen."

„Wal, ich bleibe nicht bei der Arbeit", antwortete Wilson. „Aber ich werde es in Angriff nehmen, wir sehen uns – alle haben kalte Füße."

Mit Teller und Tasse näherte er sich widerstrebend dem kleinen Schuppen, kniete nieder und steckte seinen Kopf hinein. Das Mädchen mit seinen scharfen Augen und seiner Wachsamkeit hatte ihn offenbar kommen sehen. Jedenfalls begrüßte sie ihn mit einem vorsichtigen Lächeln.

„Jim, war ich ziemlich gut?" Sie flüsterte.

„Miss, Sie waren die beste Schauspielerin, die ich je gesehen habe", antwortete er mit leiser Stimme. „Aber du hast es fast übertrieben. Ich werde Anson jetzt sagen, dass du krank bist – vergiftet oder etwas Schreckliches. Dann warten wir bis zur Nacht. Dale Shore wird uns helfen."

„Oh, ich brenne darauf, wegzukommen", rief sie. „Jim Wilson, ich werde dich nie vergessen, solange ich lebe!"

Er schien sehr verlegen zu sein.

„Wal – Miss – ich – ich werde mein Bestes geben. Aber ich spiele nicht auf Ergebnisse. Sei geduldig. Behalten Sie die Nerven. Hab keine Angst. Ich schätze, zwischen mir und Dale wirst du weggehen, heah."

Er zog seinen Kopf zurück, stand auf und kehrte zum Lagerfeuer zurück, wo Anson neugierig wartete.

„Ich habe das Essen verlassen. Aber sie hat es nicht berührt. Mir kommt es irgendwie krank vor, als wäre sie vergiftet worden."

„Jim, habe ich dich nicht reden gehört?" fragte Anson.

"Ufer. Ich habe sie überredet. Ich schätze, sie ist nicht mehr so hemmungslos wie früher. Aber ihr Ufer ist verdoppelt und krank.

„Wuss und 'Wuss die ganze Zeit", sagte Anson zwischen den Zähnen. „Und wo ist Burt? Hyar, es ist Mittag und er ist früh gegangen. Er war nie ein Waldarbeiter. Er hat sich verlaufen."

„Entweder das, oder er ist auf etwas gestoßen", antwortete Wilson nachdenklich.

Anson ballte seine riesige Faust und fluchte tief vor sich hin – die Reaktion eines Mannes, dessen Komplizen, Partner und Werkzeuge, dessen Glück, dessen Glaube an sich selbst ihn im Stich gelassen hatten. Er warf sich unter einen Baum und nach einer Weile, als seine Starre nachließ, schlief er wahrscheinlich ein. Moze und Shady blieben bei ihrem Spiel. Wilson ging auf und ab, setzte sich, stand dann auf, um die Pferde wieder einzusammeln, ging um das Tal herum und zurück zum Lager. Die Nachmittagsstunden waren lang. Und sie mussten stundenlang warten. Der Akt des Wartens schien an der Oberfläche all dieser Gesetzlosen zu sein.

Bei Sonnenuntergang verwandelte sich die goldene Düsternis des Tals in eine vage, dichte Dämmerung. Anson drehte sich um, gähnte und setzte sich auf. Als er sich umsah und offensichtlich Burt suchte, verfinsterte sich sein Gesicht.

„Keine Spur von Burt?" er hat gefragt.

Wilson zeigte sich leicht überrascht. „Wal, Snake, erwartest du Burt jetzt nicht?"

„Das bin ich, natürlich bin ich es. Warum nicht?" forderte Anson. „Zu jeder anderen Zeit würden wir uns um ihn kümmern, nicht wahr?"

„Eine andere Zeit ist jetzt nicht... Burt wird nie wieder zurückkommen!" Wilson sprach es mit positiver Endgültigkeit.

„A-huh! Noch ein paar seltsame Gefühle von dir, die wieder im Einsatz sind, hey? Das ist eine natürliche Art, das kann man nicht erklären, hey?"

Ansons Fragen waren bitter und wütend.

"Ja. Und, Snake, ich belaste dich damit, heah. Spürt nicht irgendetwas von diesen seltsamen Gefühlen in dir?"

"NEIN!" rollte den Anführer brutal aus. Aber sein leidenschaftliches Leugnen war ein Beweis dafür, dass er gelogen hatte. Vom Augenblick dieses Ausbruchs an, der ein heftiges Festhalten an den alten, tapferen Instinkten seines Charakters darstellte, würde er, sofern nicht eine plötzliche Veränderung die Natur seines Schicksals kennzeichnete, schnell bis zum Zusammenbruch verfallen. Und bei so brutalen, hemmungslosen Naturen wie ihm bedeutete dieser Bruchpunkt einen verzweifelten Widerstand, eine verzweifelte Erzwingung von Ereignissen, eine verzweifelte Anhäufung von Leidenschaften, die sich auf den Weg machten, um mit Unglück, Blut und Tod fertig zu werden und ihnen zu begegnen.

Wilson legte ein wenig Holz auf das Feuer und aß einen Keks. Niemand bat ihn, zu kochen. Niemand hat sich darum bemüht. Einer nach dem anderen ging jeder Mann zum Rudel, um etwas Brot und Fleisch zu holen.

Dann warteten sie als Männer, die nicht wussten, worauf sie warteten, es aber dennoch hassten und fürchteten.

Die Dämmerung in diesem Tal war natürlich ein seltsamer, verschleierter Zustand der Atmosphäre. Es war eine Verschmelzung von Schatten und Licht, die graue, schleichende Schatten zu ergeben schienen.

Plötzlich erschreckte das Schnauben und Stampfen der Pferde die Männer.

„Irgendwas hat den Pferden Angst gemacht", sagte Anson und stand auf. "Aufleuchten."

Moze begleitete ihn und sie verschwanden in der Dunkelheit. Man hörte noch mehr Hufgetrappel, dann das Knirschen von Unterholz und die tiefen Stimmen von Männern. Schließlich kehrten die beiden Gesetzlosen zurück und führten drei der Pferde, die sie in der offenen Schlucht am Halfter festhielten.

Der Schein des Lagerfeuers zeigte Ansons Gesicht dunkel und ernst.

„Jim, diese Pferde sind wilder als Hirsche", sagte er. „Ich habe meins geketcht, und 'Moze hat zwei bekommen. Aber der Rest verging, wann immer wir näher kamen. Irgendein Ungeziefer hat ihnen große Angst gemacht. Wir müssen alle schnell raushauen."

Wilson erhob sich und schüttelte zweifelnd den Kopf. Und in diesem Moment teilte sich die stille Luft zu dem durchdringenden, schrecklichen Wiehern eines verängstigten Pferdes. Es wurde zu einem Kreischen verlängert, dann brach es ab und endete. Dann folgten erschrockenes Schnauben, Hämmern und Krachen und Aufprall von Hufen und das Krachen von Unterholz; dann ein immer lauter werdendes, pochendes, krachendes Brüllen, unterbrochen von durchdringenden Geräuschen.

"Ansturm!" schrie Anson und rannte los, um sein eigenes Pferd zu halten, das er direkt im Lager am Halfter befestigt hatte. Es war groß und sah wild aus, und jetzt bäumte es sich auf und stürzte sich, um sich loszureißen. Anson kam gerade noch rechtzeitig an, und dann brauchte er sein ganzes Gewicht, um das Pferd herunterzuziehen. Erst als der tosende, schnaubende und hämmernde Nahkampf nachgelassen hatte und über dem Rand des Tals verebbt war, wagte Anson es, seinen verängstigten Liebling zu verlassen.

"Gegangen! Unsere Pferde sind weg! Hast du sie gehört?" rief er ausdruckslos.

"Ufer. „Sie sind inzwischen ein zerstückelter und verkrüppelter Haufen", antwortete Wilson .

„Boss, wir werden sie niemals zurückbekommen, nicht in hundert Jahren", erklärte Moze.

„Das beruhigt uns, Snake Anson", fügte Shady Jones schrill hinzu. „Diese Pferde sind weg! Man kann ihnen die Hand küssen ... Sie wurden nicht gefesselt. Sie hatten einen schrecklichen Schrecken. Sie trennten sich bei dem

Ansturm und kamen nie wieder zusammen. ... Sehen Sie, wohin Sie uns gebracht haben!"

Unter der Wucht dieser dreifachen Anklage ließ sich der Anführer der Gesetzlosen taumelnd auf seinen Platz fallen und verstummte. Tatsächlich legte sich Stille über alle Männer und umhüllte auch das Tal.

Die Nacht ist tiefschwarz, trostlos, einsam, ohne Stern. Leicht stöhnte der Wind. Seltsam plätscherte der Bach durch seine seltsamen Akkorde, um in einem hohlen Klang zu enden. Es war nie dasselbe – ein Grollen, als ob ein schwacher, entfernter Donner – ein tiefes Gurgeln, als würde Wasser in einen Strudel gezogen – ein Rollen, als würde ein Stein in einer schnellen Strömung. Die schwarze Klippe war unsichtbar, schien aber viele seltsame Gesichter zu haben; die riesigen Kiefern ragten geisterhaft auf; Die Schatten waren dicht, bewegten sich und veränderten sich. Flackernde Lichter des Lagerfeuers umkreisten die riesigen Baumstämme und spielten fantastisch über den grübelnden Männern. Dieses Lagerfeuer brannte und loderte nicht fröhlich; Es hatte kein Leuchten, kein Spucken, kein weißes Herz, keine rote, lebendige Glut. Einer nach dem anderen versuchten die Gesetzlosen, wie im gegenseitigen Einvernehmen, das Feuer zum Brennen zu bringen. Das wenige gesammelte Holz war alt; Es würde mit einer falschen Fackel verbrennen, um dann schnell zu sterben.

Nach einer Weile sprach oder rührte sich keiner der Gesetzlosen mehr. Keiner hat geraucht. Ihre düsteren Augen waren auf das Feuer gerichtet. Jeder war mit seinen eigenen Gedanken beschäftigt, seine eigene einsame Seele war unbewusst voller Zweifel an der Zukunft. Diese grüblerische Stunde trennte ihn von seinem Kameraden.

Nachts schien nichts mehr so wie am Tag. Mit Erfolg und Überfluss, mit voller Action in der Vergangenheit und noch mehr, was sie vorhatten, waren diese Gesetzlosen so anders als ihr gegenwärtiger Zustand, wie sich diese schwarze Nacht von dem hellen Tag unterschied, auf den sie warteten. Wilson war sich der bevorstehenden Katastrophe wahrscheinlich stärker bewusst als jeder andere von ihnen, obwohl er um des hilflosen Mädchens willen ein tiefes Spiel der Täuschung spielte – und sie daher nicht von quälenden und abergläubischen Ängsten geplagt hatte.

Das Böse, das sie getan hatten, sprach mit der Stimme der Natur aus der Dunkelheit und wurde von jedem entsprechend seinen Hoffnungen und Ängsten interpretiert. Angst war ihr vorherrschendes Gefühl. Jahrelang hatten sie mit irgendeiner Art von Angst gelebt – vor ehrlichen Männern oder Rache, vor Verfolgung, vor Hunger, vor Mangel an Alkohol oder Gold, vor Blut und Tod, vor stärkeren Männern, vor Glück, vor Zufall, vor Schicksal, vor Mysteriösen namenlose Kraft. Wilson war der Typus eines furchtlosen Geistes, aber er ertrug die nagendste und unerbittlichste Angst von allen – die vor sich selbst –, dass er unweigerlich in Taten verfallen müsste, die unter seiner Männlichkeit lagen.

Also hockten sie um das Lagerfeuer herum und brüteten, weil die Hoffnung am Tiefpunkt angelangt war; lauschten, weil die unheimliche, schwarze Stille mit ihrem Stöhnen des Windes und dem hohlen Lachen des Baches sie dazu zwang, zuzuhören; Warten auf den Schlaf, darauf, dass die Stunden vergehen, auf das, was auch immer kommen würde.

Und es war Anson, der die erste Ahnung eines bevorstehenden Untergangs wahrnahm.

KAPITEL XXIII

"Hören!"

flüsterte Anson angespannt. Seine Haltung war bewegungslos, seine Augen wanderten überall hin. Er hielt einen zitternden, blutigen Finger hoch, um Schweigen zu befehlen.

Ein dritter und seltsamerer Ton begleitete das leise, unheimliche Stöhnen des Windes und den hohlen Spott des Baches – und es schien ein kaum wahrnehmbares, äußerst zartes Jammern oder Winseln zu sein. Es füllte die Pausen zwischen den anderen Geräuschen.

„Wenn es ein Ungeziefer ist, ist er in der Nähe", flüsterte Anson.

„Aber die Küste ist weit weg", sagte Wilson.

Shady Jones und Moze teilten ihre Meinungen auf die gleiche Weise.

Alle atmeten freier, als das Jammern verstummte, und entspannten sich in ihren früheren Liegepositionen am Feuer. Eine undurchdringliche Wand aus Schwärze umgab den vom Lagerfeuer erleuchteten blassen Raum; und dieser Kreis enthielt die dunkle, düstere Gruppe von Männern in der Mitte, das erlöschende Lagerfeuer und ein paar geisterhafte Kiefernstämme und die angebundenen Pferde am äußeren Rand. Die Pferde rührten sich kaum von ihrer Spur, und ihre aufgerichteten, wachsamen Köpfe zeugten von ihrer Sensibilität für die Besonderheiten der Nacht.

Dann, in einer ungewöhnlich ruhigen Stille, verwandelte sich das seltsame Geräusch allmählich in ein klagendes Winseln.

„Das ist diese verrückte Frau, die heult", erklärte der Outlaw-Anführer.

Offenbar nahmen seine Verbündeten diese Aussage mit der gleichen Erleichterung auf, wie sie sich über die Beendigung des Tons geäußert hatten.

„Shore, das muss es sein", stimmte Jim Wilson ernst zu.

„Wir werden viel schlafen, während das Mädchen die ganze Nacht jammert", knurrte Shady Jones.

„Sie macht mir Angst", sagte Moze.

Wilson stand auf, um seinen nachdenklichen Spaziergang fortzusetzen, den Kopf gesenkt, die Hände hinter dem Rücken, eine grimmige, realistische Gestalt der Verunsicherung.

„Jim – setz dich hin. „Du machst mich nervös", sagte Anson gereizt.

Wilson lachte tatsächlich, aber leise, als wollte er seine seltsame Heiterkeit im Zaum halten.

„Snake, ich wette, mein Hund und meine Waffe gegen einen Keks, und in ungefähr sechs Sekunden werde ich wie die Hunde niedergetrampelt sein."

Ansons hagerer Kiefer klappte herunter. Die anderen beiden Gesetzlosen starrten ihn mit großen Augen an. Wilson war nicht betrunken, das wussten sie offensichtlich; aber was er wirklich war, schien ein Rätsel zu sein.

„Jim Wilson, zeigst du Gelb?" fragte Anson heiser.

„Vielleicht. Nur der Herr weiß es. Aber hör zu, heah... Schlange, hast du Leute krächzen gesehen und gehört?"

„Du meinst Geld einzahlen – sterben?"

"Ufer."

„Wal, ja – ein paar oder so", antwortete Anson grimmig.

„Aber Sie haben noch nie jemanden vor Schock sterben sehen – vor einem schrecklichen Schrecken?"

„Nein, ich glaube, das habe ich nie getan."

"Ich habe. „ Das ist es, was mit Jim Wilson los ist", und er setzte seine beharrlichen Schritte fort.

Anson und seine beiden Kameraden tauschten verwirrte Blicke miteinander.

„A-huh! Sag mal, was hat das mit uns zu tun, Hyar? fragte Anson plötzlich.

„Das Mädchen liegt im Sterben!" erwiderte Wilson mit einer Stimme, die wie eine Peitsche knallte.

Die drei Gesetzlosen versteiften sich auf ihren Sitzen, ungläubig, doch unwiderstehlich beeinflusst von den Gefühlen, die diese dunkle, einsame, unheilvolle Stunde heraufbeschworen.

Wilson stapfte zum Rand des beleuchteten Kreises, murmelte vor sich hin und kam wieder zurück; dann trottete er weiter, dieses Mal fast außer Sichtweite, aber nur um zurückzukehren; Beim dritten Mal verschwand er in der undurchdringlichen Wand aus Licht. Die drei Männer bewegten kaum einen Muskel, während sie die Stelle beobachteten, an der er verschwunden war. Wenige Augenblicke später kam er zurückgestolpert.

„Sie ist fast am Ufer", sagte er düster. „Es hat mich die Nerven gekostet, aber ich habe ihr Gesicht gespürt ... Das lautstarke Jammern lässt ihren Atem in ihrer Kehle ersticken ... Wie ein Todesröcheln, nur lang statt kurz."

„Wal, wenn sie krächzen muss, ist es gut, dass sie es schnell hinter sich bringt", antwortete Anson. „Ich habe drei Nächte lang nicht geschlafen. ... Und was ich brauche, ist Whisky."

„Snake, das ist das Evangelium, das du aussprichst", bemerkte Shady Jones mürrisch.

Es war schwierig, die Richtung des Geräusches in der Schlucht genau zu bestimmen, aber jeder Mann, der nicht so aufgeregt war, hätte erkennen können, dass der Unterschied in der Lautstärke dieses seltsamen Heulens durch unterschiedliche Entfernungen und Positionen verursacht worden sein musste. Und wenn es am lautesten war, ähnelte es eher einem Winseln. Aber diese Gesetzlosen hörten mit ihrem Gewissen.

Schließlich hörte es abrupt auf .

Wilson verließ die Gruppe erneut, um von der Nacht verschlungen zu werden. Seine Abwesenheit dauerte länger als gewöhnlich, aber er kehrte eilig zurück.

„Sie ist tot!" rief er feierlich. „Dieses unschuldige Kind – das nie jemandem etwas zuleide getan hat – und das jeden Mann besser machen würde, wenn er sie sehen würde – sie ist da! ... Anson, du hast eine Menge zu verantworten, wenn deine Zeit gekommen ist."

„Was frisst dich?" forderte der Anführer wütend. „Ihr Blut klebt nicht an meinen Händen."

„ Es ist Ufer", rief Wilson und schüttelte Anson die Hand. „Und du wirst deine Medizin nehmen müssen. Ich hatte die ganze Zeit das Gefühl, dass es kommt. Und ich fühle noch mehr."

„Ach! Sie ist gerade eingeschlafen", erklärte Anson und schüttelte seinen langen Körper, als er aufstand. „Gib mir ein Licht."

„Boss, du bist unverschämt, in die Nähe einer toten Frau zu gehen, deren Scherz ist verrückt gestorben", protestierte Shady Jones.

"Aus! Haha! Haha! Ich würde gerne wissen, wer in diesem Outfit nicht gut aussieht?" Anson besaß einen Stock, der auf einen feuerte, und stolzierte damit zu dem Unterstand, wo das Mädchen tot sein sollte. Seine hagere Gestalt, beleuchtet von der Taschenlampe, passte auf jeden Fall zu der seltsamen, schwarzen Umgebung. Und es zeigte sich, dass er, sobald er sich dem Tierheim des Mädchens näherte, langsamer voranschritt, bis er stehen blieb. Er bückte sich, um hineinzuspähen.

"SIE IST GEGANGEN!" schrie er mit rauem, erschüttertem Akzent.

Dann brannte die Fackel aus und hinterließ nur noch einen roten Schein. Er wirbelte es herum, aber das Feuer entfachte nicht wieder. Seine Kameraden, die aufmerksam hinsahen, verloren seine große Gestalt und das Ende des Stocks mit der roten Spitze aus den Augen. Dunkelheit wie Pech verschluckte ihn. Für einen Moment war kein Ton zu hören. Wieder dominierte das Stöhnen des Windes, das seltsame kleine, spöttische, hohle Brüllen den Ort. Dann kam ein Schwall von etwas, vielleicht von Luft, wie das sanfte Rauschen von zur Seite schwingenden Fichtenzweigen. Dumpfe, donnernde Schritte folgten ihm. Anson rannte zurück zum Feuer. Sein Aussehen war wild, sein Gesicht blass, seine Augen blickten wild und aus ihren Höhlen hervor. Er hatte seine Waffe gezogen.

„Hast du irgendetwas gesehen oder gehört?" Er keuchte und spähte zurück, dann um sich herum und schließlich auf seinen Mann.

"NEIN. „Und ich habe zugeschaut und zugehört", antwortete Wilson.

„Boss, da war nichts", erklärte Moze.

„Ich bin nicht so sarkastisch", sagte Shady Jones mit zweifelnden, starrenden Augen. „Ich glaube, ich habe ein Rascheln gehört."

„Sie war nicht da!" rief Anson voller Ehrfurcht. „Sie ist weg!... Meine Taschenlampe ist ausgegangen. Ich konnte es nicht sehen. Ein Scherz, dann hatte ich das Gefühl, dass etwas passierte. Schnell! Ich fuhr herum. Alles war schwarz, und wenn ich keinen großen grauen Streifen sehe , bin ich noch verrückter als das Mädchen. Aber ich konnte auf nichts schwören, außer auf ein Rauschen des Windes. Ich habe es gespürt."

"Gegangen!" rief Wilson in großer Angst aus. „Fellars, wenn dem so ist, dann war sie vielleicht nicht da und ist abgehauen. ... Aber sie war da! Ihr Herz hatte aufgehört zu schlagen. Das schwöre ich."

„Ich werde das Lager abbrechen", sagte Shady Jones schroff und stand auf. Moze unterstützte diesen Schritt durch ein ausdrucksstarkes Aufblitzen seines schwarzen Gesichts.

„Jim, wenn sie tot ist – und weg – was zum Teufel ist dann passiert?" fragte Anson heiser. „Es scheint nur so. Wir sind alle aufgeregt... Lasst uns vernünftig reden."

„Anson, da ist ein Haufen, den du und ich nicht kennen", antwortete Wilson. „Die Welt geht einmal unter. Wal, es kann ein anderes Ende nehmen ... Ich sage dir, ich bin nicht überrascht –"

„DAS!" rief Anson und wirbelte herum, wobei seine Waffe heraussprang.

Etwas Riesiges, Schattenhaftes, Graues im Schwarz raste hinter den Männern und Bäumen her; und ihm folgte eine spürbare Beschleunigung der Luft.

„Shore, Snake, da war nichts", sagte Wilson, „im Moment."

„Das habe ich gehört", flüsterte Shady Jones.

„Es war nur eine Brise, die den Rauch wehte", entgegnete Moze.

„Ich wette, dass irgendetwas von meiner Seele zurückgegangen ist", erklärte Anson und starrte ins Leere.

„Hören Sie zu und gehen wir an Land", schlug Wilson vor.

Die schuldbewussten, aufgeregten Gesichter der Gesetzlosen waren im flackernden Licht so deutlich zu erkennen, dass jeder die überführende Angst seines Mitmenschen erkennen konnte. Wie Statuen standen sie da, beobachteten und lauschten.

In der seltsamen Stille waren nur wenige Geräusche zu hören. Ab und zu schwankten die Pferde heftig, blieben aber stehen; ein düsteres, trostloses Geräusch des Windes in den Kiefern wetteiferte mit dem hohlen Lachen des Baches. Und diese leisen Geräusche lenkten die Aufmerksamkeit nur auf die Qualität der Stille. Ein atmender, einsamer Geist der Einsamkeit erfüllte das schwarze Tal. Wie ein Abgrund unergründlicher Tiefen gähnte die dunkle Nacht. Ein böses Gewissen, das dort zuhörte, hätte die friedlichsten, schönsten und traurigsten Geräusche der Natur nur als Klänge einer rufenden Hölle hören können .

Plötzlich teilte sich die stille, drückende, aufgeladene Luft in einen kurzen, durchdringenden Schrei.

Ansons großes Pferd richtete sich auf, scharrte in der Luft und kam krachend zu Boden. Die anderen Pferde zitterten vor Entsetzen.

„War das nicht ein Puma?" flüsterte Anson leise.

„Das war der Schrei einer Frau", antwortete Wilson und schien zu zittern wie ein Blatt im Wind.

„Dann – ich dachte richtig – das Kind lebt – schlendert umher – und sie stieß diesen lautstarken Schrei aus", sagte Anson.

„Ich wundere mich, ja – aber sie ist tot!"

„Mein Gott! das ist nicht möglich!"

„Wal, wenn sie sich nicht gerade wundert, ist sie fast da", antwortete Wilson. Und er begann vor sich hin zu flüstern.

„Wenn ich nur gewusst hätte, was der Deal bedeutet, hätte ich Beasley eingesteckt, anstatt zuzuhören ... Und ich hätte dem Jungen auf den Kopf schlagen und Sartin machen sollen, den sie gekrächzt hat. Wenn sie auf dem Weg schreiend herumläuft –"

Seine Stimme versagte, als ein dünner, spaltender, schriller Schrei erklang, der ein wenig dem ersten Schrei ähnelte, nur weniger wild. Es kam offenbar von der Klippe.

Von einem anderen Punkt in der pechschwarzen Schlucht erklang der klagende, schreckliche Schrei einer qualvollen Frau. Wildes, eindringliches, trauriges Wehklagen!

Ansons Pferd verlor das Halfter, stürzte zurück und fiel fast über eine leichte Vertiefung im felsigen Boden. Der Gesetzlose fing ihn auf und zerrte ihn näher an das Feuer. Die anderen Pferde standen zitternd und angespannt da. Moze rannte zwischen ihnen hindurch und hielt sie fest. Shady Jones warf grünes Gestrüpp ins Feuer. Mit Stottern und Knistern begann ein Feuer, das Wilson zeigte, wie er tragisch mit ausgestreckten Armen in die schwarzen Schatten blickte.

Der seltsame, lebendige Schrei wiederholte sich nicht. Aber der Schrei, wie der einer Frau im Todeskampf, durchdrang erneut die Stille. Es hinterließ einen zitternden Klang, der sanft verklang. Dann wurde es wieder still und die Dunkelheit schien dichter zu werden. Die Männer warteten, und als sie sich zu entspannen begannen, ertönte der Schrei erschreckend nah, direkt hinter den Bäumen. Es war menschlich – die Verkörperung von Schmerz und Schrecken – der gewaltige Kampf des kostbaren Lebens gegen den schrecklichen Tod. So rein, so erlesen, so wunderbar war der Schrei, dass die Zuhörer sich wanden, als sähen sie ein unschuldiges, zärtliches, schönes Mädchen, das vor ihren Augen fürchterlich zerrissen wurde. Es war voller Spannung; es erregte den Tod; seine wunderbare Kraft war die wilde Note – diese schöne und grässliche Note der Selbsterhaltung.

In purer Verzweiflung schoss der Anführer der Gesetzlosen mit seiner Waffe auf die schwarze Wand, von der der Schrei kam. Dann musste er mit seinem Pferd kämpfen, um zu verhindern, dass es abstürzte. Nach dem Schuss herrschte Stille; die Pferde wurden gefügig; Die Männer versammelten sich näher am Feuer, die Halfter noch immer fest umklammert.

„Wenn es ein Puma wäre – das würde ihn abschrecken", sagte Anson.

„Shore, aber es ist kein Puma", antwortete Wilson. „Warten Sie ab!"

Sie alle warteten und lauschten, die Ohren in verschiedene Richtungen gerichtet, die Augen überall hinschweifend, aus Angst vor ihren eigenen

Schatten. Wieder einmal beherrschten das Stöhnen des Windes, der Spott des Baches, tiefes Gurgeln, Lachen und Plappern die Stille des Tals.

„Boss, lasst uns dieses gruselige Loch erschüttern", flüsterte Moze.

Der Vorschlag gefiel Anson, und er dachte darüber nach, während er langsam den Kopf schüttelte.

„Wir haben nur drei Pferde. „Eine meiner wird es schaffen – nach den Sturmböen", antwortete der Anführer. „Wir haben auch Rucksäcke. An diesem Ort ist verdammt noch mal nichts dunkel.

"Egal. Lass uns gehen. Ich werde gehen und vorangehen", sagte Moze eifrig. „Ich habe scharfe Augen. Ihr könnt reiten und einen Rucksack tragen. Wir verschwinden hier und kommen bei Tageslicht zurück, um den Rest der Truppe zu erledigen."

„Anson, ich selbst bin daran interessiert", erklärte Shady Jones.

„Jim, was sagst du zu ihnen?" fragte Anson. „Rastst du aus diesem schwarzen Loch raus?"

„Shore ist eine großartige Idee", stimmte Wilson zu.

„Das war ein Puma", gestand Anson und nahm Mut zusammen, als das Schweigen ungebrochen blieb. „Aber im Scherz war es für mich genauso hart, als wäre es eine Frau gewesen, die über eine Klinge geschrieen hätte, die sich in ihren Mägen drehte."

„Snake, hast du in letzter Zeit eine Frau gesehen?" fragte Wilson bewusst.

„Ich schätze, das habe ich getan. „Der Junge", antwortete Anson zweifelnd.

„Wal, du hast gesehen, wie sie verrückt geworden ist, nicht wahr?"

"Ja."

„Und sie war nicht gesund, als du auf die Jagd nach ihr gegangen bist?"

"Richtig."

„Wal, wenn dem so ist, wofür willst du dann über Pumas plappern?"

Wilsons Argument schien unwiderlegbar. Shady und Moze nickten düster und traten unruhig von einem Fuß auf den anderen. Anson senkte den Kopf.

„Egal – wenn wir es nur nicht hören –", begann er und verstummte plötzlich.

Direkt über ihnen, von irgendwo außerhalb des Lichtkreises, erhob sich ein Schrei, aufgrund seiner Nähe der durchdringendste und qualvollste, den man je gehört hatte, und ließ die Gruppe einfach erstarren, bis der Schrei verklang. Ansons riesiges Pferd bäumte sich auf und sprang mit einem entsetzten Schnauben in einem gewaltigen Satz geradeaus. Er traf Anson mit einem dumpfen Aufprall, schleuderte ihn über die Felsen in die Vertiefung hinter dem Lagerfeuer und stürzte hinter ihm her. Wilson hatte gerade noch rechtzeitig einen fliegenden Sprung gemacht, um nicht getroffen zu werden, und als er sich umdrehte, sah er, wie Anson zu Boden ging. Es ertönte ein Krachen, ein Stöhnen und dann das Stampfen und Hämmern von Hufen, als das Pferd sich emporkämpfte. Offenbar hatte er seinen Herrn überrollt.

„Hilfe, Leute!" schrie Wilson, sprang schnell über die kleine Böschung hinab und ergriff im trüben Licht das Halfter. Die drei Männer zogen das Pferd heraus und banden es fest an einen Baum. Als das erledigt war, spähten sie in die Senke hinab. Ansons Gestalt war in der Dunkelheit kaum zu erkennen. Er lag ausgestreckt da. Ein weiteres Stöhnen entfuhr ihm.

„An Land habe ich Angst, dass er verletzt ist", sagte Wilson.

„Hoss rollte direkt auf ihn. „Ein ‚Thet Hoss' ist schwer", erklärte Moze.

Sie stiegen hin und knieten neben ihrem Anführer. In der Dunkelheit wirkte sein Gesicht mattgrau. Seine Atmung war nicht richtig.

„Schlange, alter Mann, bist du nicht – verletzt?" fragte Wilson mit einem Zittern in der Stimme. Als er keine Antwort erhielt, sagte er zu seinen Kameraden: „Haltet fest, wir heben ihn hoch, wo wir ihn sehen können."

Die drei Männer hoben Anson vorsichtig ans Ufer und legten ihn im Licht in die Nähe des Feuers. Anson war bei Bewusstsein. Sein Gesicht war grässlich. Auf seinen Lippen war Blut zu sehen.

Wilson kniete neben ihm. Die anderen Gesetzlosen standen auf und vernichteten mit einem dunklen Blick einander Ansons Lebenschancen. Und im selben Moment erklang dieser schreckliche, quälende Schrei akuter Qual – wie der einer Frau, die zerstückelt wird. Shady Jones flüsterte Moze etwas zu. Dann standen sie auf und blickten auf ihren gefallenen Anführer herab.

„Sag mir, wo du verletzt bist?" fragte Wilson.

„Er – hat – meine Brust zerschmettert", sagte Anson mit gebrochenem, ersticktem Flüstern.

Wilsons geschickte Hände öffneten das Hemd des Gesetzlosen und tasteten seine Brust ab.

"NEIN. Ufer, dein Brustbein ist nicht zertrümmert", antwortete Wilson hoffnungsvoll. Und er fing an, mit seiner Hand über eine Seite von Ansons Körper zu streichen und dann über die andere. Abrupt blieb er stehen, wandte den Blick ab und fuhr dann langsam mit der Hand über die gesamte

Seite. Ansons Rippen waren durch das Gewicht des Pferdes gebrochen und eingequetscht worden. Er blutete aus dem Mund und sein langsamer, schmerzhafter Atemausstoß erzeugte einen blutigen Schaum, der zeigte, dass die gebrochenen Knochen in die Lunge eingedrungen waren. Eine Verletzung ist früher oder später tödlich!

„Pard, du hast dir ein oder zwei Rippen gebrochen", sagte Wilson.

„Ach, Jim – das muss sein – Mistkerl!" er flüsterte. „Ich habe – starke – Schmerzen. Und ich kann überhaupt nicht atmen."

„Vielleicht geht es dir besser", sagte Wilson mit einer Fröhlichkeit, die sein Gesicht Lügen strafte.

Moze beugte sich dicht über Anson und warf einen kurzen Blick auf dieses gespenstische Gesicht, die blutbefleckten Lippen und die schlanken Hände, die an nichts zupfen. Dann richtete er sich ruckartig auf.

„Shady, er wird Geld verdienen. Lasst uns da rauskommen."

„Ich gehöre dir", antwortete Jones.

Beide wandten sich ab. Sie banden die beiden Pferde los und führten sie dorthin, wo die Sättel lagen. Schnell wurden die Decken weitergezogen, schnell schwangen sich die Sättel hoch, schnell schnappten die Gurte. Anson blickte zu Wilson auf und verstand diesen Schritt. Und Wilson stand seltsam grimmig und schweigsam da, irgendwie kalt losgelöst von dem Selbst der letzten Stunden.

„Shady, du holst dir etwas Brot und ich packe eine Koje Fleisch", sagte Moze. Beide Männer kamen in die Nähe des Feuers, ins Licht, bis auf drei Meter an die Stelle heran, wo der Anführer lag.

„Fellars – bist du nicht – schlampig?" flüsterte er mit heiserer Verwunderung.

„Boss, wir strahlen das Gleiche aus. „Wir können dir nichts Gutes tun und dieses Loch ist nicht gesund", antwortete Moze.

Shady Jones schwang sich rittlings auf sein Pferd, alles um ihn herum scharfsinnig, eifrig und gespannt.

„Moze, ich trage die Maden und du führst sie aus Hyar hinaus, bis wir am Wustholz vorbeikommen", sagte er.

„Ach, Moze – du würdest – Jim Hyar – nicht allein lassen", flehte Anson.

„Jim kann bleiben, bis er verrottet", erwiderte Moze. „Ich habe genug von diesem Loch."

„Aber, Moze – es ist nicht quadratisch –", keuchte Anson. „Jim würde mich nicht – verlassen. Ich bleibe – bei dir ... Ich werde es schaffen – ganz bei dir."

„Snake, du wirst Geld verdienen", erwiderte Moze hämisch.

Ein Strom zuckte durch Ansons gestreckten Körper. Sein gespenstisches Gesicht strahlte. Das war der große und schreckliche Moment, der lange in der Schwebe gelegen hatte. Wilson hatte grimmig gewusst, dass es auf die eine oder andere Weise dazu kommen würde. Anson hatte hartnäckig und treu gegen die Flut fataler Probleme gekämpft. Moze und Shady Jones waren tief in ihren egozentrischen Motiven gefangen und hatten die unvermeidliche Entwicklung ihres dunklen Lebens nicht erkannt.

Anson, der am Boden lag, zog schnell seine Waffe und schoss auf Moze. Ohne ein Geräusch oder eine Handbewegung fiel Moze. Dann führte der Sturz von Shadys Pferd dazu, dass Ansons zweiter Schuss daneben ging. Ein schneller dritter Schuss brachte kein offensichtliches Ergebnis, außer dass Shady fluchend auf seine eigene Waffe zurückgriff. Er versuchte, von seinem stürzenden Pferd aus zu zielen. Seine Kugeln spritzten Staub und Kies über Anson. Dann streckte sich Wilsons langer Arm und sein schweres Gewehr knallte. Shady brach im Sattel zusammen, und das verängstigte Pferd warf ihn und stürzte aus dem Lichtkreis. Das Stampfen der Hufe und das Krachen des Unterholzes verstummten schnell.

„Jim – hast du ihn erwischt?" flüsterte Anson.

„Shore hat es getan, Snake", war die langsame, zögernde Antwort. Jim Wilson muss bei seiner Antwort einen üblen Schauder überstanden haben. Er steckte seine Waffe weg, faltete eine Decke zusammen und legte sie unter Ansons Kopf.

„Jim – meine Füße – die Luft oder die Kälte", flüsterte Anson.

„Wal, es ist verdammt kalt", antwortete Wilson, nahm eine zweite Decke und legte sie über Ansons Gliedmaßen. „Snake, ich fürchte, Shady hat dich einmal geschlagen."

„A-huh! Aber es würde mich nicht sehr interessieren, wenn ich es tun würde – es tut mir nicht weh."

„Du liegst jetzt still. Ich schätze, Shadys Kumpel hat lange aufgehört. Und ich werde sehen.

„Jim – ich habe den Schrei nicht gehört – ein bisschen."

„An Land ist es verschwunden... Ich schätze, es war ein Puma."

„Ich wusste es!"

Wilson stolzierte in die Dunkelheit davon. Diese tintenschwarze Wand schien nicht mehr so undurchdringlich und schwarz zu sein, nachdem er aus dem Lichtkreis herausgekommen war. Er ging vorsichtig vor und machte keine Fehltritte. Er tastete sich von Baum zu Baum zur Klippe und stieß schließlich auf einen riesigen flachen Felsen, der so hoch wie sein Kopf war. Hier war die Dunkelheit am schwärzesten, dennoch konnte er eine helle Gestalt auf dem Felsen erkennen.

„Fräulein, sind Sie da – alles klar?" rief er leise.

„Ja, aber ich habe Todesangst", flüsterte sie als Antwort.

„ Shore, es kam plötzlich. Komm jetzt. Ich schätze, dein Ärger ist vorbei."

Er half ihr vom Felsen, und als er feststellte, dass sie unsicher auf den Beinen war, stützte er sie mit einem Arm und streckte den anderen vor sich aus, um nach Gegenständen zu tasten. Fuß für Fuß arbeiteten sie sich aus dem dichten Schatten der Klippe hervor und folgten dem Lauf des kleinen Baches. Es plapperte und gurgelte und übertönte fast den leisen Pfiff, den Wilson ausstieß. Das Mädchen drückte jetzt schwer auf ihn und wurde offensichtlich schwächer. Endlich erreichte er die kleine offene Stelle am Ende der Schlucht. Er blieb stehen und pfiff. Irgendwo hinter ihm und rechts kam eine Antwort. Wilson wartete, das Mädchen an seinem Arm hängend.

„Dale, heah", sagte er. „Und kippen Sie jetzt nicht um – nach all dem Mut, den Sie gehabt haben."

Ein Rauschen des Gestrüpps, ein Schritt, ein weicher, gepolsterter Schritt; eine drohende, dunkle Gestalt und eine lange, niedrige graue Gestalt, die sich verstohlen bewegte – es war das Letzte, was Wilson aufschrecken ließ.

"Wilson!" kam Dales gedämpfte Stimme.

„Heah. Ich habe sie, Dale. Ganz sicher ", erwiderte Wilson und trat auf die große Gestalt zu. Und er legte das herabhängende Mädchen in Dales Arme.

„Bo! Bo! Geht es dir gut?" Dales tiefe Stimme zitterte.

Sie stand auf, um ihn zu ergreifen und kleine Freudenschreie auszustoßen

„Oh, Dale!... Oh, dem Himmel sei Dank! Ich bin jetzt bereit aufzubrechen ... War es nicht eine Nacht – ein Abenteuer? ... Mir geht es gut – gesund – gesund ... Dale, das sind wir diesem Jim Wilson schuldig."

„Bo, ich – wir werden ihm alle danken – unser ganzes Leben lang", antwortete Dale. „Wilson, du bist ein Mann! ... Wenn du diese Bande aufrüttelst –"

„Dale, an Land, da ist nicht mehr viel von der Bande übrig, es sei denn, du lässt Burt entkommen", antwortete Wilson.

„Ich habe ihn nicht getötet – oder verletzt. Aber ich habe ihn erschreckt, also wette ich, dass er schon wegläuft ... Wilson, bedeuteten die ganzen Schießereien einen Kampf?"

"Erträglich."

„Oh, Dale, es war schrecklich! Ich habe alles gesehen. ICH-"

„Wal, Miss, Sie können es ihm sagen, nachdem ich gegangen bin ... Ich wünsche Ihnen viel Glück."

Seine Stimme war kühl, leicht gedehnt und leicht zitternd.

Das Gesicht des Mädchens blitzte weiß in der Dunkelheit auf. Sie drückte sich gegen den Gesetzlosen – rang ihm die Hände.

„Der Himmel helfe dir, Jim Wilson! Du kommst aus Texas! ... Ich werde mich an dich erinnern – bete mein ganzes Leben lang für dich!"

Wilson entfernte sich, hinaus auf den blassen Lichtschein unter den schwarzen Kiefern.

KAPITEL XXIV

Als Helen Rayner zusah, wie Dale auf einer für ihn gefährlichen Reise davonritt, die für sie fast Leben oder Tod bedeutete, war es überaus seltsam, dass sie an nichts außer dem aufregenden, turbulenten Moment denken konnte, als sie ihre Arme um seinen Hals gelegt hatte.

Es spielte keine Rolle, dass Dale – ein großartiger Kerl, der er war – den darauffolgenden Moment frei von Scham gemacht hatte, indem er ihre Handlung so tat, wie er sie getan hatte – die Tatsache, dass sie es tatsächlich getan hatte, reichte aus. Wie völlig unmöglich war es für sie, ihre Impulse vorherzusehen oder sie zu verstehen, nachdem sie erst einmal in die Tat umgesetzt worden waren! Die verwirrende Erkenntnis war, dass Helen wusste, dass sie dasselbe noch einmal tun würde, als Dale mit ihrer Schwester zurückkam!

„Wenn ich das tue, werde ich nicht zwei Gesichter haben", sagte sie im Selbstgespräch, und eine heiße Röte huschte über ihre Wangen.

Sie beobachtete Dale, bis er außer Sicht war.

Als er gegangen war, ersetzten Sorge und Furcht dieses andere verwirrende Gefühl. Sie wandte sich dem Geschäft mit Tagungsveranstaltungen zu. Vor dem Abendessen packte sie ihre Wertsachen und Bücher, Papiere und Kleidung zusammen mit Bos und hielt sie bereit, damit sie, falls sie gezwungen wäre, das Gelände zu verlassen , ihre persönlichen Besitztümer bei sich hatte.

Die Mormonenjungen und einige andere ihrer vertrauenswürdigen Männer schliefen in dieser Nacht in ihren Planenbetten auf der Veranda des Ranchhauses, damit Helen zumindest nicht überrascht sein würde. Doch der Tag kam, mit seinen vielfältigen Aufgaben, die von keinem Ereignis gestört wurden. Und es ging langsam vorüber mit den bleiernen Füßen des Zuhörens und der Wachsamkeit.

Carmichael kam nicht zurück, und es gab auch keine Nachricht von ihm. Das letzte Mal, dass man ihn gesehen hatte, war am späten Nachmittag des Vortages gewesen, als ihn ein Schafhirte weit draußen in der Nordkette auf dem Weg in die Berge gesehen hatte. Die Beemans berichteten, dass sich Roys Zustand verbessert hatte und dass unten im Dorf eine gedämpfte Spannung herrschte.

Diese zweite einsame Nacht war für Helen fast unerträglich. Wenn sie schlief, träumte sie schreckliche Träume; Als sie wach lag, hüpfte ihr das Herz bis zum Hals, als das Rascheln der Blätter am Fenster hörte, und sie war voller Fantasie über die Notlage des armen Bos. Tausendmal sagte sich

Helen, dass Beasley die Ranch und den Empfang hätte haben können, wenn nur Bo verschont geblieben wäre. Helen hat ihren Feind eindeutig mit dem Verschwinden ihrer Schwester in Verbindung gebracht. Riggs könnte ein Mittel dazu gewesen sein.

Das Tageslicht war nicht von so vielen Ängsten begleitet; Es gab Dinge zu tun, die Aufmerksamkeit erforderten. Und so geschah es, dass sie am nächsten Morgen, kurz vor Mittag, durch ein Geschrei an den Pferchen und das Galoppieren von Pferden irgendwo in der Nähe an ihre Verwirrung erinnert wurde. Aus dem Fenster sah sie einen dicken Rauch.

"Feuer! Das muss eine der Scheunen sein – die alte, ganz draußen", sagte sie und blickte aus dem Fenster. „Irgendein nachlässiger Mexikaner mit seiner ewigen Zigarette!"

Helen widerstand dem Impuls, hinauszugehen und nachzusehen, was passiert war. Sie hatte beschlossen, im Haus zu bleiben. Doch als auf der Veranda Schritte zu hören waren und ein Klopfen an der Tür zu hören war, öffnete sie sie ohne zu zögern. Vier Mexikaner standen dicht beieinander. Einer von ihnen streckte gedankenschnell eine Hand nach ihr aus, um sie zu ergreifen, und zog sie mit einer einzigen Bewegung über die Schwelle.

„Nicht verletzt, Senora", sagte er und deutete mit dem Finger darauf, dass sie gehen musste.

Helen musste nicht erklärt werden, was dieser Besuch bedeutete. So sehr ihre Vermutungen auch gewesen waren, sie hatte nicht daran gedacht, dass Beasley sie dieser Empörung aussetzen würde. Und ihr Blut kochte.

"Wie kannst du es wagen!" sagte sie und zitterte in dem Versuch, ihr Temperament zu kontrollieren. Aber Klasse, Autorität und Stimme nützten diesen dunkelhäutigen Mexikanern nichts. Sie grinsten. Ein anderer ergriff Helen mit der schmutzigen, braunen Hand. Sie schreckte vor dem Kontakt zurück.

"Lass los!" sie platzte wütend heraus. Und instinktiv begann sie, sich zu befreien. Dann packten sie sie alle. Helens Würde hätte es vielleicht nie gegeben! Ein brennender, erstickender Blutrausch war ihre erste Bekanntschaft mit der schrecklichen Leidenschaft des Zorns, die sie von den Auchincloses geerbt hatte. Sie, die sich vorgenommen hatte, sich niemals der Empörung auszusetzen, kämpfte jetzt wie eine Tigerin. Die vor Aufregung plappernden Mexikaner taten alles, was sie konnten, bis sie sie körperlich von der Veranda hoben. Sie behandelten sie, als wäre sie ein halbleerer Maissack. Einer hielt jede Hand und jeden Fuß und packte sie, mit durcheinandergebrachtem und halb zerrissenem Kleid, den Weg hinunter zur Gasse und die Gasse hinunter zur Straße. Dort stellten sie sich aufrecht hin und stießen sie von ihrem Grundstück.

Mit halbblinden Augen sah Helen, wie sie das Tor bewachten und bereit waren, ihr den Eintritt zu verwehren. Sie taumelte die Straße hinunter zum Dorf. Es kam ihr so vor, als bahne sie sich ihren Weg durch ein rotes Dämmerlicht – als sei ihr Gehirn verstopft – als sei die Entfernung zu Mrs. Cass' Cottage unüberwindbar. Aber sie kam dorthin, stolperte den Weg hinauf und hörte den Schrei der alten Frau. Schwindelig, schwach, krank und alles, was sie ansah, wurde von Schwärze umhüllt. Helen fühlte sich ins Wohnzimmer geführt und auf den großen Stuhl gesetzt.

Bald darauf kehrten ihr die Sicht und die Klarheit des Geistes zurück. Sie sah Roy, weiß wie ein Laken, der sie mit schrecklichen Augen befragte. Die alte Frau hing murmelnd über ihr und versuchte, sie zu trösten und das unordentliche Kleid zu schließen.

„Vier Schmierer – packten mich den Hügel hinunter – warfen mich von meiner Ranch – auf die Straße!" keuchte Helen.

Sie schien dies auch ihrem eigenen Bewusstsein zu sagen und die gewaltige Welle der Gefahr zu erkennen, die ihren ganzen Körper erschütterte.

„Wenn ich das gewusst hätte – ich hätte sie getötet!"

Sie rief das mit voller Stimme und hart aus, mit trockenen, heißen Augen auf ihre Freunde gerichtet. Roy streckte seine Hand aus und sprach heiser. Helen verstand nicht, was er sagte. Die verängstigte alte Frau kniete nieder und tastete mit unsicheren Fingern über die Risse in Helens Kleid. Es kam der Moment, in dem Helens Zittern nachließ, als ihr Blut sich beruhigte, um ihren Verstand schwingen zu lassen, als sie anfing, mit ihrer Wut zu kämpfen und langsam eine furchtbare Bilanz dieser verzehrenden Gefahr zu ziehen, die eine schlafende Tigerin in ihren Adern gewesen war.

„Oh, Miss Helen, Sie sahen so schrecklich aus, ich habe dafür gesorgt, dass Sie verletzt sind ", sagte die alte Frau.

Helen starrte seltsam auf ihre verletzten Handgelenke, auf den einen Strumpf, der über ihr Schuhoberteil hing, auf den Riss, der ihre Schulter den profanen Blicken dieser grinsenden, perläugigen Mexikaner entblößt hatte.

„Mein Körper ist – nicht verletzt", flüsterte sie.

grimmig gewesen waren, waren sie jetzt freundlich.

„Wal, Miss Nell, es ist ein Glück, dass kein Schaden angerichtet wurde ... Wenn Sie jetzt nur die ganze Sache klar sehen würden! Wenn man nur sehen kann, was in diesem Westen roh ist – und es im Scherz genauso liebt!"

Helen konnte nur halb erraten, was er meinte, aber das reichte für eine spätere Überlegung. Der Westen war schön, aber hart. In den Gesichtern dieser Freunde begann sie die Bedeutung der scharfen, schrägen Linien und

Schatten des Schmerzes zu erkennen, einer mageren, nackten Wahrheit, die wie aus Marmor geschnitten war.

„Um des Landes willen, erzählen Sie uns alles darüber", beharrte Frau Cass.

Daraufhin schloss Helen die Augen und erzählte kurz von ihrer Vertreibung aus ihrem Zuhause.

„An Land haben wir das alle erwartet", sagte Roy. „Und es ist auch ein Scherz, dass du mit ganzer Haut hier bist. Beasley ist jetzt im Besitz, und ich schätze, wir alle würden euch lieber von der Ranch vertreiben."

„Aber Roy, ich werde Beasley nicht dort bleiben lassen", rief Helen.

„Miss Nell, bis hierher ist Pine groß genug, dass Ihr hübsches Haar schon ergraut sein wird. Sie können Beasley nicht mit Ihrer ehrlichen und berechtigten Behauptung abschrecken . Al Auchincloss war ein harter Fahrer. Er machte sich Feinde und er machte sich einige, die er nicht tötete. Die bösen Männer leben nach ihnen. Und man muss unter Al's Sünden leiden, obwohl Al so gut war wie jeder andere Mann, dem es in dieser Gegend jemals gut ging.

„Oh, was kann ich tun? Ich werde nicht aufgeben. Ich bin ausgeraubt worden. Können mir die Leute nicht helfen? Muss ich demütig mit verschränkten Händen dasitzen, während dieser Mischlingsdieb – Oh, es ist unglaublich!"

„Ich schätze, du wirst scherzhaft ein paar Tage Geduld haben", sagte Roy ruhig. „Am Ende wird alles gut."

„Roy! Sie haben diesen Deal, wie Sie ihn nennen, schon seit langem im Sinn gehabt!" rief Helen aus.

„Shore, und ich habe noch keine Abrechnung verpasst."

„Was wird dann passieren – in ein paar Tagen?"

„Nell Rayner, willst du dir etwas Wichse holen und nicht schon wieder die Nerven verlieren oder ausrasten?"

„Ich werde versuchen, mutig zu sein, aber – aber ich muss vorbereitet sein", antwortete sie zitternd.

„Wal, da sind Dale und Las Vegas und ich für Beasley, mit denen man rechnen muss. Und, Miss Nell, seine Chancen auf ein langes Leben sind ebenso gering wie seine Chancen auf den Himmel!"

„Aber Roy, ich glaube nicht an die absichtliche Tötung von Menschenleben", antwortete Helen schaudernd. „Das ist gegen meine

Religion. Ich werde es nicht zulassen ... Und dann – denken Sie, Dale, Sie alle – in Gefahr!"

„Mädchen, wie kannst du dir jemals helfen? Shore, du könntest Dale zurückhalten, wenn du ihn liebst, und schwören, dass du dich ihm nicht hingeben wirst ... Und ich schätze, ich würde deine Religion respektieren, wenn du durch mich leiden würdest ... . Aber weder Dale noch du – noch Bo – weder die Liebe noch der Himmel oder die Hölle können den Cowboy Las Vegas jemals aufhalten!"

„Oh, wenn Dale Bo zu mir zurückbringt – was kümmert mich dann meine Ranch?" murmelte Helen.

„Ich schätze, es wird dich erst interessieren, wenn das passiert. Ihr großer Jäger muss an die Arbeit gehen", antwortete Roy mit seinem scharfen Lächeln.

Vor Mittag an diesem Tag wurde das Gepäck, das Helen zu Hause gepackt hatte, auf der Veranda von Witwe Cass' Cottage zurückgelassen, und Helens dringendes Bedürfnis der Stunde wurde befriedigt. Sie fühlte sich im einzigen Gästezimmer der alten Frau wohl und stellte sich der Aufgabe, Standhaftigkeit und Ausdauer zu zeigen.

Zu ihrer Überraschung kamen viele Nachbarn von Mrs. Cass unauffällig zur Hintertür des kleinen Häuschens und fragten mitfühlend nach. Sie wirkten wie eine gedämpfte und besorgte Gruppe und flüsterten miteinander, als sie gingen. Bei ihren Besuchen kam Helen zu der Überzeugung, dass die Frauen der von Beasley dominierten Männer glaubten, dass diese eigenmächtige Übernahme der Ranch nichts Gutes bringen würde. Tatsächlich stellte Helen am Ende des Tages fest, dass ihr Unglück eine Kraft gegeben hatte.

Am nächsten Tag teilte Roy ihr mit, dass sein Bruder John in der Nacht zuvor mit der Nachricht von Beasleys Ankunft auf der Ranch gekommen sei. Es war kein einziger Schuss abgefeuert worden, und der einzige Schaden, der angerichtet wurde, war der Brand einer mit Heu gefüllten Scheune. Dieser war in Brand gesteckt worden, um Helens Männer an eine Stelle zu locken, wo Beasley mit der dreifachen Anzahl ihrer Männer über sie hergeritten war. Er hatte ihnen mutig befohlen, das Land zu verlassen, es sei denn, sie wollten ihn als Chef anerkennen und dort in seinen Diensten bleiben. Die drei Beemans waren geblieben, weil sie geplant hatten, dass sie gerade in diesem Fall für Helens Interessen von Nutzen sein könnten. Beasley war wie an jedem anderen Tag nach Pine hinuntergeritten. Roy berichtete auch über Neuigkeiten, die an diesem Morgen eingegangen waren, wie Beasleys Menge am Abend zuvor bis spät in die Nacht gefeiert hatte.

Der zweite, dritte und vierte Tag vergingen endlos, und Helen glaubte, sie hätten sie alt gemacht. Nachts lag sie die meiste Zeit wach, dachte nach und betete, aber nachmittags bekam sie etwas Schlaf. Sie konnte an nichts anderes denken und über nichts reden als über ihre Schwester und Dales Chancen, sie zu retten.

„Nun, Land, du machst Dale ein großes Kompliment", protestierte schließlich der geduldige Roy. „Ich sage dir – Milt Dale kann im Wald tun, was er will. Das können Sie glauben. ... Aber ich gehe davon aus, dass er Chancen haben wird, wenn er zurückkommt."

Diese bedeutsame Rede begeisterte Helen mit ihrer Zusicherung der Hoffnung und ließ ihr das Blut in den Adern gefrieren angesichts der angedeuteten Gefahr, die den Jäger erwartete.

Am Nachmittag des fünften Tages wurde Helen plötzlich aus ihrem Nickerchen geweckt. Die Sonne war fast untergegangen. Sie hörte Stimmen – die schrillen, gackernden Töne der alten Mrs. Cass, hoch vor Aufregung, eine tiefe Stimme, die Helen ein Kribbeln am ganzen Körper verursachte, das Lachen eines Mädchens, gebrochen, aber glücklich. Es gab Schritte und Hufstampfen. Dale hatte Bo zurückgebracht! Helen wusste es. Sie wurde sehr schwach und musste sich zwingen, aufrecht zu stehen. Ihr Herz begann bis in die Ohren zu hämmern. Eine süße und vollkommene Freude durchflutete plötzlich ihre Seele. Sie dankte Gott, dass ihre Gebete erhört worden waren. Dann stürmte sie plötzlich voller wahnsinniger körperlicher Freude hinaus.

Sie konnte gerade noch sehen, wie Roy Beeman herausmarschierte, als wäre er nie angeschossen worden, und mit einem Schrei einen großen, grau gekleideten Mann mit grauem Gesicht begrüßte – Dale.

„Hallo, Roy! „Freut mich, dich oben zu sehen", sagte Dale. Wie die leise Stimme Helen beruhigte! Sie sah Bo. Bo, sieht genauso aus, nur ein wenig blass und zerzaust! Dann sah Bo sie und sprang auf sie zu, in ihre Arme.

„Nell! Ich bin hier! Sicher – alles klar! Ich war noch nie in meinem Leben so glücklich... Oh-h! Sprechen Sie über Ihre Abenteuer! Nell, du liebe alte Mutter von mir – ich habe schon ewig E-genug gehabt!"

Bo war außer sich vor Freude und lachte und weinte abwechselnd. Aber Helen konnte ihre Gefühle nicht äußern. Ihre Augen waren so dunkel, dass sie Dale kaum sehen konnte, als er über ihr aufragte, während sie Bo hielt. Aber er fand die Hand, die sie zitternd ausstreckte.

„Nell!... Ich schätze, es war schwieriger – für dich." Seine Stimme war ernst und stockend. Sie spürte seinen forschenden Blick auf ihrem Gesicht. "Frau. Cass sagte, du wärst hier. Und ich weiß warum."

Roy führte sie alle ins Haus.

„Milt, einer der Nachbarsjungen wird sich um das Haus kümmern", sagte er, als Dale sich dem staubigen und müden Ranger zuwandte. „Wo hast du den Puma gelassen?"

„Ich habe ihn nach Hause geschickt", antwortete Date.

„Gesetze jetzt, Milt, wenn das nicht großartig ist!" gackerte Frau Cass. „Wir haben hier einige beunruhigt. Eine Miss Helen wäre in der Hoffnung auf Sie fast verhungert.

„Mutter, ich schätze, das Mädchen und ich sind näher am Verhungern als alle anderen, die du kennst", antwortete Dale mit einem grimmigen Lachen.

„Um des Landes willen! Ich werde diese Minute das Abendessen zubereiten."

„Nell, warum bist du hier?" fragte Bo misstrauisch.

Als Antwort führte Helen ihre Schwester in das Gästezimmer und schloss die Tür. Bo sah das Gepäck. Ihr Gesichtsausdruck veränderte sich. Der alte Glanz sprang in die verräterischen Augen.

„Er hat es geschafft!" sie weinte hitzig.

„Liebster – Gott sei Dank. Ich habe dich – wieder zurück!" murmelte Helen und fand ihre Stimme wieder. „Alles andere zählt!... Ich habe nur dafür gebetet!"

„Gute alte Nell!" flüsterte Bo, und sie küsste und umarmte Helen. „Das meinst du wirklich ernst, ich weiß. Aber nix für Dich! Ich bin wieder gesund und munter, darauf kannst du wetten ... Wo ist mein – wo ist Tom?"

„Bo, seit fünf Tagen hat man kein Wort mehr von ihm gehört. Er sucht natürlich nach dir."

„Und du wurdest von der Ranch verwiesen?"

„Na ja, eher", antwortete Helen und erzählte mit ein paar zitternden Worten die Geschichte ihrer Räumung.

Bo stieß ein wildes Wort aus, das mehr Kraft als Eleganz hatte, aber es wurde zu ihrem leidenschaftlichen Groll über die ihrer Schwester angetane Freveltat.

„Oh!... Weiß Tom Carmichael das?" fügte sie atemlos hinzu.

"Wie könnte er?"

„Wenn er es herausfindet, dann – Oh, wird es dann nicht die Hölle geben? Ich bin froh, dass ich zuerst hier war ... Nell, meine Stiefel waren die ganze gesegnete Zeit nicht ausgezogen. Hilf mir. Und oh, für etwas Seife, heißes

Wasser und saubere Kleidung! Nell, altes Mädchen, ich bin nicht für diese Western-Deals erzogen worden. Zu luxuriös!"

Und dann hörte Helen ihre Ohren mit einem schnellen Bericht über rennende Pferde und Riggs und Gesetzlose, und Beasley rief kühn seine Zähne zusammen, und ein langer Ritt und ein Gesetzloser, der ein Held war – ein Kampf mit Riggs – Blut und Tod – ein weiterer lange Fahrt – ein wildes Lager in schwarzen Wäldern – Nacht – einsame, gespenstische Geräusche – und wieder Tag – Handlung – eine großartige Schauspielerin, verloren in der Welt – Ophelia – Schlangen und Ansons – verhöhnte Gesetzlose – trauriges Stöhnen und schreckliche Schreie – Puma – Ansturm – Kampf und Schüsse, noch mehr Blut und Tod – Wilson-Held – ein weiterer Tom Carmichael – verliebte sich in einen geächteten Revolverhelden, wenn – schwarze Nacht und Dale und Pferd und Reiten und verhungern und: „Oh, Nell, er WAR aus Texas!"

Helen vermutete, dass wunderbare und schreckliche Ereignisse über dem strahlenden Kopf dieser geliebten kleinen Schwester gehangen hatten, aber die Verwirrung, die Bos fließende und bemerkenswerte Äußerung hervorrief, ließ nur den letzten Satz klar.

Plötzlich kam Helen zu Wort und teilte Bo mit, dass Mrs. Cass zweimal zum Abendessen geklopft hatte, und dass diese willkommene Nachricht Bos Redefluss unterbrach, als nichts anderes angemessen schien.

Für Helen war es offensichtlich, dass Roy und Dale Geschichten ausgetauscht hatten. Roy feierte dieses Wiedersehen, indem er zum ersten Mal seit seiner Erschießung wieder am Tisch saß; und trotz Helens Unglück und der schwebenden Warteschleife war der Anlass ein freudiges Ereignis. Die alte Frau Cass war auf dem Höhepunkt ihres Ruhms. Sie spürte hier eine Romanze, und getreu ihrem Geschlecht strahlte sie diese aus.

Es war noch immer hell, als Roy aufstand und auf die Veranda ging. Seine scharfen Ohren hatten etwas gehört. Helen glaubte, selbst schnelle Hufschläge gehört zu haben.

„Dale, komm raus!" rief Roy scharf.

Der Jäger bewegte sich mit seiner schnellen, geräuschlosen Beweglichkeit. Helen und Bo folgten ihnen und blieben in der Tür stehen.

„Das ist Las Vegas", flüsterte Dale.

Für Helen schien es, als hätte der Name des Cowboys die Atmosphäre verändert.

Am Tor waren Stimmen zu hören; eine, die hart und schnell wie die von Carmichael klang. Und ein temperamentvolles Pferd stampfte und verstreute

Kies. Dann erschien eine geschmeidige Gestalt und schritt den Weg hinauf. Es war Carmichael – aber nicht der Carmichael, den Helen kannte. Sie hörte Bos seltsamen kleinen Schrei, eine Bestätigung ihres eigenen Eindrucks.

Der Art nach zu urteilen, wie er ausstieg, wäre Roy vielleicht nie erschossen worden, und Dale war fast genauso schnell. Carmichael erreichte sie – ergriff sie mit schnellen, harten Händen.

„Jungs, ich bin nur reingeritten. Und sie sagten, ihr hättet sie gefunden!"

„Ufer, Las Vegas. Dale hat sie sicher und heil nach Hause gebracht ... Da ist sie."

Der Cowboy schob die beiden Männer beiseite und blickte mit großen Schritten auf die Veranda, seinen durchdringenden Blick auf die Tür gerichtet. Alles, was Helen an sein Aussehen denken konnte, war, dass es schrecklich wirkte. Bo trat vor Helen hinaus. Wahrscheinlich wäre sie Carmichael direkt in die Arme gelaufen, wenn ein seltsamer Instinkt sie nicht zurückgehalten hätte. Helen hielt es für Angst; Ihr Herz schlug schmerzhaft höher.

„Bo!" schrie er wie ein Wilder, doch er ähnelte nicht im Geringsten einem.

„Oh – Tom!" rief Bo zögernd. Sie streckte halb ihre Arme aus.

"Du Mädchen?" Das schien seine durchdringende Frage zu sein, wie die zitternde Klinge in seinen Augen. Zwei weitere große Schritte trugen ihn dicht an sie heran, und sein Blick vertrieb die Röte aus Bos Wange. Dann war es schön zu sehen, wie sich sein Gesicht wunderbar veränderte, bis es das wohlerinnerte Las Vegas war, verstärkt in all seinem alten Geist.

„Ach!" Der Ausruf war ein gewaltiger Seufzer. „Ich bin froh!"

Dieser wunderschöne Blitz verließ sein Gesicht, als er sich zu den Männern drehte. Er drückte Dales Hand lange und fest, und sein Blick verwirrte den älteren Mann.

„RIGGS!" sagte er, und in der Bewegung seines Körpers, als er das Wort hervorholte, verschwanden die seltsamen, flüchtigen Zeichen seiner freundlicheren Gefühle.

„Wilson hat ihn getötet", antwortete Dale.

„Jim Wilson – dieser alte Texas Ranger! ... Glaubst du, er hat dir geholfen?"

„Mein Freund, er hat Bo gerettet", antwortete Dale gerührt. „Mein alter Puma und ich – wir haben einfach nur rumgehangen."

„Du hast Wilson dazu gebracht, dir zu helfen?" unterbrach die harte Stimme.

"Ja. Aber er hat Riggs getötet, bevor ich aufgetaucht bin, und ich schätze, er hätte es gut mit Bo gemacht, wenn ich nie dort angekommen wäre."

„Wie wäre es mit der Bande?"

„Alle ausgelöscht, schätze ich, außer Wilson."

„ Jemand hat mir erzählt, dass Beasley Miss Helen von der Ranch vertrieben hat. Ist das so?"

"Ja. Vier seiner Schmierer trieben sie den Hügel hinunter – die meisten rissen ihr die Kleider vom Leib, erzählt mir Roy."

„Vier Schmierer! ... Ufer, war Beasleys Deal sauber durch?"

"Ja. Riggs wurde geführt. Wissen Sie, er hatte Lust auf einen schlechten Ruf. Aber Beasley hat den Plan gemacht. Sie wollten Nell anstelle von Bo."

Plötzlich stolzierte Carmichael den immer dunkler werdenden Weg entlang, seine silbernen Fersenplatten klingelten und seine Sporen klirrten.

„Warte, Carmichael", rief Dale und machte einen Schritt.

„Oh, Tom!" rief Bo.

„Es wäre sinnlos, Leute vom Land anzurufen, wenn überhaupt", sagte Roy. „Las Vegas hat einen Blick auf Rotwein geworfen."

„Er hat getrunken! Oh, das zählt! ... er hat mich nie – nie auch nur berührt!"

Ausnahmsweise war Helen nicht bereit, Bo zu trösten. Ein gewaltiger Ruck in ihrem Herzen hatte sie mit fliegenden, ungleichmäßigen Schritten auf Dale zugeschickt. Er machte einen weiteren Schritt den Weg hinunter und noch einen.

„Dale – oh – bitte hör auf!" rief sie, sehr leise.

Er blieb stehen, als wäre er plötzlich gegen ein Gitter auf dem Weg gelaufen. Als er sich umdrehte, war Helen nahe gekommen. Dort im Schatten der Pfirsichbäume herrschte tiefe Dämmerung, aber sie konnte sein Gesicht sehen, die hungrigen, leuchtenden Augen.

„Ich – ich habe dir – noch – nicht dafür gedankt, dass du Bo nach Hause gebracht hast", flüsterte sie.

„Nell, das ist egal", sagte er überrascht. „Wenn es sein muss – dann warten Sie. Ich muss diesen Cowboy einholen."

"NEIN. Ich möchte Ihnen jetzt danken", flüsterte sie, trat näher und hob die Arme, um sie ihm um den Hals zu legen. Diese Tat musste ihre Selbstbestrafung für das andere Mal sein, als sie es getan hatte. Aber es könnte auch dazu dienen, ihm zu danken. Aber seltsamerweise reichten ihre Hände nicht weiter als bis zu seiner Brust und flatterten dorthin, um die Fransen seiner Wildlederjacke zu ergreifen. Sie spürte ein Heben seiner tiefen Brust.

„Ich – ich danke Ihnen – von ganzem Herzen", sagte sie leise. „Ich schulde dir jetzt – für mich und sie – mehr, als ich jemals zurückzahlen kann."

„Nell, ich bin deine Freundin", antwortete er hastig. „Sprich nicht davon, es mir zurückzuzahlen. Lass mich jetzt gehen – nach Las Vegas."

"Wozu?" fragte sie plötzlich.

„Ich habe vor, mich neben ihm aufzustellen – an der Bar – oder wo auch immer er hingeht", erwiderte Dale.

„Erzähl mir das nicht. *Ich* weiß. Du gehst direkt zu Beasley.

länger aufhältst, muss ich wohl fliehen – sonst komme ich nie vor diesem Cowboy zu Beasley."

Helen vergrub ihre Finger in den Fransen seiner Jacke und beugte sich näher zu ihm, während ihre ganze Aufmerksamkeit auf einen Blutstrom reagierte, der über ihr strömte.

„Ich werde dich nicht gehen lassen", sagte sie.

Er lachte und legte seine großen Hände auf ihre. „Was sagst du, Mädchen? Du kannst mich nicht aufhalten."

"Ja, ich kann. Dale, ich möchte nicht, dass du dein Leben riskierst."

Er starrte sie an und machte Anstalten, ihre Hände aus ihrem Griff zu reißen.

„Hör zu – bitte – oh – bitte!" sie flehte. „Wenn Sie Beasley vorsätzlich töten – und es tun – wäre das Mord ... Es verstößt gegen meine Religion ... Ich wäre mein Leben lang unglücklich."

„Aber, Kind, du wirst dein ganzes Leben lang ruiniert sein, wenn man sich nicht um Beasley kümmert – so wie man im Westen immer mit Männern seiner Art umgeht", entgegnete er und hatte sich mit einer schnellen Bewegung von ihren umklammernden Fingern befreit.

Helen legte mit einer ebenso schnellen Bewegung ihre Arme um seinen Hals und faltete ihre Hände fest.

„Milt, ich finde mich selbst", sagte sie. „Neulich, als ich das tat, hast du eine Entschuldigung für mich gefunden ... Ich bin jetzt nicht mehr doppelzüngig."

Sie wollte ihn davon abhalten, Beasley zu töten, wenn sie jeden Funken ihres Stolzes opferte. Und sie prägte den Ausdruck seines Gesichts in ihr Herz, um es für immer zu schätzen. Der Nervenkitzel, der Schlag ihres Pulses hinderten sie fast daran, an ihr Ziel zu denken.

„Nell, gerade jetzt – wenn du überwältigt bist – vor Gefühlsausbrüchen – sag mir kein Wort – ein –"

Er brach heiser zusammen.

„Mein erster Freund – mein – Oh Dale, ich WEISS, dass du mich liebst! Sie flüsterte. Und sie verbarg ihr Gesicht an seiner Brust, um dort einen gewaltigen Aufruhr zu spüren.

„Oh, nicht wahr?" schrie sie mit leiser, erstickter Stimme, als sein Schweigen sie in diesem verrückten, aber dennoch glorreichen Vorhaben weiter vorantrieb.

„Wenn es dir gesagt werden muss – ja – ich denke, ich liebe dich, Nell Rayner", antwortete er.

Es schien Helen, als würde er aus weiter Ferne sprechen. Sie hob ihr Gesicht, ihr Herz auf ihren Lippen.

„Wenn du Beasley tötest, werde ich dich nie heiraten", sagte sie.

„Wer erwartet das von dir?" fragte er mit leisem, heiserem Lachen. „Glaubst du, du musst mich mit Square Accounts verheiraten? Das ist das einzige Mal, dass du mir jemals wehgetan hast, Nell Rayner ... Ich schäme mich, dass du gedacht hast, ich würde dich erwarten – aus Dankbarkeit –"

„Oh – du – du bist so dicht wie der Wald, in dem du lebst", rief sie. Und dann schloss sie wieder die Augen, um sich besser an die Verwandlung seines Gesichts zu erinnern und sich selbst zu verraten.

„Mann – ich liebe dich!" Voll und tief und doch zitternd brachen die Worte aus ihrem Herzen, das schon seit vielen Tagen damit belastet war.

Dann schien es, als würde sie im pochenden Aufruhr ihrer Sinne hochgehoben und in seine Arme geschwungen, mit großer und schrecklicher Zärtlichkeit gehandhabt, mit dem Hunger und der Unbeholfenheit eines Bären umarmt und geküsst und mit abgenommenen Füßen festgehalten zu Boden und wurde blind, schwindelig, verzückt und verängstigt und völlig aus ihrem alten ruhigen, denkenden Selbst gerissen.

Er ließ sie nieder – ließ sie los.

„Nichts hätte mich so glücklich machen können wie das, was du gesagt hast." Er endete mit einem starken Seufzer unaussprechlicher, staunender Freude.

„Dann wirst du nicht gehen, um dich zu treffen –"

Helens glückliche Frage erstarrte auf ihren Lippen.

"Ich muss gehen!" er antwortete mit seiner alten, ruhigen Stimme. „Beeilen Sie sich bei Bo... Und machen Sie sich keine Sorgen. Versuchen Sie, an die Dinge zu denken, die ich Ihnen im Wald beigebracht habe."

Helen hörte, wie seine sanften, gepolsterten Schritte schnell verklangen. Sie wurde dort zurückgelassen, allein in der dunkler werdenden Dämmerung, plötzlich kalt und betroffen, als wäre sie zu Stein geworden.

So hielt sie einen jahrhundertelangen Moment aus, bis die aufblitzende Wahrheit sie zum Handeln trieb. Dann flog sie Dale nach. Die Wahrheit war, dass Dale trotz seiner frühen Ausbildung im Osten und der langen Jahre der Einsamkeit, die ihn in Gedanken und Gefühlen wunderbar gemacht hatten, auch Teil dieses rohen, kühnen und gewalttätigen Westens geworden war.

Es war jetzt ziemlich dunkel und sie war eine ganze Strecke gelaufen, als sie Dales große, dunkle Gestalt im gelben Licht von Turners Saloon sah.

Irgendwie spürte Helen in diesem ergreifenden Moment, als ihre fliegenden Füße mit ihrem Herzen Schritt hielten, in sich eine Kraft, die sich dieser rohen, primitiven Gerechtigkeit des Westens entgegenstellte. Sie gehörte zu den ersten Einflüssen des zivilisierten Lebens, von Recht und Ordnung. In diesem Blitz der Wahrheit sah sie den Westen als eine zukünftige Zeit, in der diese wilden Grenztage durch Frauen und Kinder für immer vorbei sein würden. Ebenso deutlich erkannte sie die gegenwärtige Not von Männern wie Roy Beeman und Dale und dem feurigen Carmichael. Beasley und seinesgleichen müssen getötet werden. Aber Helen wollte nicht, dass ihr Geliebter, ihr zukünftiger Ehemann und wahrscheinlicher Vater ihrer Kinder etwas beging, das sie als Mord ansah.

An der Tür des Saloons holte sie Dale ein.

„Milt – oh – warte! – warte!" sie keuchte.

Sie hörte ihn leise fluchen, als er sich umdrehte. Sie waren allein im gelben Lichtschein. Pferde kauten an Gebissen und hingen vor den Schienen.

"Du gehst zurück!" befahl Dale streng. Sein Gesicht war blass, seine Augen leuchteten.

"NEIN! Nicht bis – du nimmst mich – oder trägst mich!" sie antwortete entschlossen, mit der ganzen positiven und unvermeidlichen Sicherheit einer Frau.

Dann ergriff er sie mit unsanften Händen. Seine Gewalt, insbesondere sein Gesichtsausdruck, erschreckte Helen und machte sie schwach. Aber nichts konnte ihre Entschlossenheit erschüttern. Sie fühlte den Sieg. Ihr Geschlecht, ihre Liebe und ihre Anwesenheit wären für Dale zu viel.

Als er Helen herumwirbelte, steigerte sich das leise Summen der Stimmen im Salon plötzlich zu einem scharfen, heiseren Brüllen, begleitet von einem Schlurfen von Füßen und dem Krachen heftig rutschender Stühle oder Tische. Dale ließ Helen los und sprang zur Tür. Aber eine Stille in seinem Inneren, schneller und seltsamer als das Brüllen, hielt ihn auf. Helens Herz zog sich zusammen, dann schien es, als würde es aufhören zu schlagen. Es war absolut kein wahrnehmbares Geräusch zu hören. Sogar die Pferde schienen sich wie Dale in Statuen verwandelt zu haben.

Zwei donnernde Schüsse zerstörten diese Stille. Dann kam schnell ein leichterer Schuss – das Zersplittern von Glas. Dale rannte in den Saloon. Die Pferde begannen zu schnauben, sich zu bäumen, zu stampfen. Ein leises, gedämpftes Murmeln erschreckte Helen, obwohl es sie gleichzeitig anzog. Sie stürmte zur Tür, schwang sie auf und trat ein.

Der Ort war düster, blauer Dunst, und es roch nach Rauch. Dale stand direkt hinter der Tür. Auf dem Boden lagen zwei Männer. Stühle und Tische wurden umgeworfen. Eine bunt zusammengewürfelte, dunkle Schar Männer in Hemdsärmeln, Stiefeln und Gürteln erschien zusammengekauert an der gegenüberliegenden Wand, mit blassen, ernsten Gesichtern, und wandte sich der Bar zu. Turner, der Besitzer, stand an einem Ende, sein Gesicht war wütend, die Hände erhoben und zitternd. Carmichael lehnte in der Mitte der Bar. Er hielt eine Waffe tief im Anschlag. Es rauchte.

Mit einem Keuchen richtete Helen ihren Blick wieder auf Dale. Er hatte sie gesehen – streckte einen Arm nach ihr aus. Dann sah sie den Mann fast zu ihren Füßen liegen. Jeff Mulvey – der alte Vorarbeiter ihres Onkels! Sein Gesicht war schrecklich anzusehen. Eine rauchende Waffe lag neben seiner bewegungslosen Hand. Der andere Mann war auf sein Gesicht gefallen. Seine Kleidung verriet, dass er ein Mexikaner war. Er war noch nicht tot. Dann blickte Helen, als sie Dales Arm um sie legte, weiter, weil sie es nicht verhindern konnte, und sah diese seltsame Gestalt an der Theke an, diesen Jungen, der in ihrer Stunde der Not so ein Freund gewesen war, diesen naiven und offenen Schatz von ihrer Schwester.

Sie sah jetzt einen Mann – wild, weiß, intensiv wie Feuer, mit einer schrecklich kühlen Art von Tödlichkeit in seiner Miene. Sein linker Ellbogen ruhte auf der Bar und in seiner Hand hielt er ein Glas roten Schnaps. Die große Waffe, die er tief in der anderen Hand hielt, wirkte so stabil, als wäre sie ein fester Bestandteil.

„Heah, das ist der Mischling Beasley und sein Outfit!"

Carmichael trank, während seine flammenden Augen die Menge festhielten; Dann schleuderte er das Glas mit wilder Aktion und schrecklicher Leidenschaft auf die zitternde Gestalt des noch lebenden Mexikaners auf dem Boden.

Helen spürte, wie sie ausrutschte. Alles um sie herum schien sich zu verdunkeln. Sie konnte Dale nicht sehen, obwohl sie wusste, dass er sie festhielt. Dann fiel sie in Ohnmacht.

KAPITEL XXV

Las Vegas Carmichael war ein Produkt seiner Zeit.

Der Pan Handle of Texas, der alte Chisholm Trail, auf dem die großen Rinderherden nach Norden getrieben wurden, Fort Dodge, wo die Cowboys mit den Falschspielern in Konflikt gerieten – diese harten Orte hatten ihre Spuren in Carmichael hinterlassen. Aus Texas zu kommen bedeutete, aus einer kämpfenden Familie zu stammen. Und das Leben eines Cowboys war anstrengend, wild, gewalttätig und im Allgemeinen kurz. Ausnahmen bildeten die glücklichen und schnellsten Männer mit Waffen; und sie trieben von Süden nach Norden und Westen und nahmen den rücksichtslosen, ritterlichen, bissigen Geist mit sich, der ihrer Rasse eigen ist.

Die Pioniere und Viehzüchter der Grenzregion hätten den Westen niemals bewohnbar gemacht, wenn es nicht diese wilden Cowboys gegeben hätte, diese trinkfesten, reitenden, hart lebenden Waldläufer der Ödnis, diese lockeren, kühlen, lakonischen, einfachen jungen Männer dessen Blut von Feuer gefärbt war und der eine großartige und schreckliche Frechheit gegenüber Gefahr und Tod besaß.

Las Vegas trieb sein Pferd von der Hütte der Witwe Cass zu Turners Saloon, und die Hufe des angestachelten Rosses krachten gegen die Tür. Der Eingang von Las Vegas war ein Sprung. Dann stand er still, die Tür offen, und das Pferd stampfte und schnaubte zurück. Alle Männer in diesem Saloon, die den Eingang von Las Vegas sahen, wussten, was das bedeutete. Kein Blitz hätte der trinkenden, spielenden und redenden Menge schneller Einhalt gebieten können. Sie erkannten mit verwandten Sinnen die Natur des Mannes und seine Ankunft. Eine Sekunde lang herrschte vollkommene Stille im blauen Raum, dann atmeten Männer, bewegten sich, standen auf und verursachten plötzlich ein schnelles, rutschendes Krachen von Stühlen und Tischen.

Die glitzernden Augen des Cowboys blitzten hin und her und richteten sich dann auf Mulvey und seinen mexikanischen Begleiter. Dieser Blick erkannte diese beiden, und der plötzliche Ansturm nervöser Männer bewies es. Mulvey und der Schafhirte blieben allein in der Mitte des Bodens zurück.

„Hallo, Jeff! Wo ist Ihr Chef?" fragte Las Vegas. Seine Stimme war kühl, freundlich; sein Auftreten war locker und natürlich; Aber sein Aussehen war es, was Mulvey blass und den Mexikaner wütend machte.

„Ich schätze, er ist zu Hause", antwortete Mulvey.

"Heim? Wie nennt er jetzt sein Zuhause?"

„Er hängt seine Zeit bei Auchincloss ab", antwortete Mulvey. Seine Stimme war nicht stark, aber seine Augen waren ruhig und wachsam.

Las Vegas zitterte am ganzen Körper, als wäre es gestochen worden. Eine Flamme, die weiß und rot schien, gab seinem Gesicht einen einzigartigen Farbton.

„Jeff, du hast lange für den alten Al gearbeitet, und ich habe von deinen Differenzen gehört", sagte Las Vegas. „Das ist keine Mischung von mir ... Aber Sie haben Miss Helen hintergangen!"

Mulvey machte keinen Versuch, dies zu leugnen. Er schluckte langsam. Seine Hände wirkten weniger ruhig und er wurde blasser. Wieder bedeuteten Las Vegas' Worte weniger als sein Blick. Und dieser Blick umfasste nun auch den Mexikaner.

„Pedro, du bist einer von Beasleys alten Hasen", sagte Las Vegas vorwurfsvoll. „Und – du warst einer von diesen vier Schmierern damals –"

Hier würgte der Cowboy und biss seine Worte nieder, als wären sie materielles Gift. Der Mexikaner zeigte seine Schuld und Feigheit. Er begann zu plappern.

„Hau auf!" zischte Las Vegas mit einer wilden und deutlichen Bewegung seines Arms, als wollte er zuschlagen. Aber diese Aktion wurde auf ihre wahre Bedeutung hin gelesen. Plötzlich teilte sich die Menge, stürmte in beide Richtungen und hinterließ einen freien Raum hinter den dreien.

Las Vegas wartete. Aber Mulvey schien behindert zu sein. Der Mexikaner wirkte trotz seiner Angst gefährlich. Seine Finger zuckten, als würden die Sehnen in seinen Armen gezogen.

Ein Moment der Spannung – mehr als lange genug, um Mulvey vor Gericht zu stellen und für mangelhaft befunden zu werden – und Las Vegas drehte dem Paar lachend und höhnisch den Rücken zu und trat an die Bar. Sein Ruf nach einer Flasche veranlasste Turner dazu, aufzuspringen und sie ihm mit zitternden Händen hinzuhalten. Las Vegas schenkte sich einen Drink ein, während sein Blick auf den vernarbten alten Spiegel gerichtet war, der hinter der Bar hing.

Dass er den Männern den Rücken gekehrt hatte, die er gerade zu zeichnen gewagt hatte, zeigte, in was für einer Schule Las Vegas ausgebildet worden war. Wenn diese Männer würdige Gegner seiner Klasse gewesen wären, hätte er sie nie verachtet. Als Mulvey und der Mexikaner zu ihren Waffen griffen, drehte sich Las Vegas schnell um und schoss zweimal. Mulveys Waffe ging los, als er fiel, und der Mexikaner krümmte sich zusammen und lag auf dem Boden. Dann griff Las Vegas mit der linken Hand nach dem Getränk, das er eingeschenkt hatte.

An diesem Punkt stürmte Dale in den Saloon, plötzlich, um seinen Schwung einzudämmen, zur Seite zur Bar auszuweichen und anzuhalten. Die Tür hatte noch nicht aufgehört zu schwingen, als sie erneut nach innen geschoben wurde, diesmal um Helen Rayner hereinzulassen, weiß und mit großen Augen.

Im nächsten Moment hatte Las Vegas seinen tödlichen Trinkspruch auf Beasleys Bande ausgesprochen und das Glas heftig auf den sich windenden Mexikaner auf dem Boden geschleudert. Auch Dale hatte sich zu der taumelnden Helen hingezogen, um sie aufzufangen, als sie ohnmächtig wurde.

Las Vegas begann zu fluchen, schritt auf Dale zu und stieß ihn aus dem Saloon.

„-! Was machst du denn?" schrie er schrill. „ Kannst du nicht an das Mädchen denken?" Dann tu es, du großer Inder! Lass sie dir nachlaufen, heah – und riskiere dabei ihr eigenes Risiko! Du kümmerst dich um sie und überlässt mir diesen Deal!"

Der Cowboy, so wütend er auf Dale war, hatte dennoch scharfe, schnelle Augen für die Pferde in der Nähe und die Männer draußen im trüben Licht. Dale hob das Mädchen in seine Arme, drehte sich wortlos um und stolzierte davon, um in der Dunkelheit zu verschwinden. Las Vegas kehrte mit gesenkter Waffe in die Bar zurück. Wenn es eine Veränderung in der Menge gegeben hätte, dann nur geringfügig. Die Spannung hatte sich entspannt. Turner stand nicht mehr mit erhobenen Händen da.

„Macht weiter euren Spaß", rief der Cowboy mit einem Schwung seiner Waffe. „Aber es wäre für jeden riskant, wegzugehen."

Damit wich er gegen die Bar zurück, in die Nähe der Stelle, an der die schwarze Flasche stand. Turner ging hinaus, um Tische und Stühle aufzuräumen, und bald darauf nahm die Menge mit einiger Vorsicht und Spannung ihre Spiele und das Trinken wieder auf. Es war bezeichnend, dass zwischen ihnen und der Tür ein großer Abstand bestand. Von Zeit zu Zeit servierte Turner Männern, die danach verlangten, Alkohol.

Las Vegas lehnte mit dem Rücken gegen die Bar. Nach einer Weile steckte er seine Waffe in die Scheide und griff nach der Flasche. Er trank, während sein durchdringender Blick auf die Tür gerichtet war. Niemand trat ein und niemand ging hinaus. Die dortigen Glücksspiele und das Trinken haben mir keinen Spaß gemacht. Es war eine schwierige Szene – dieser rauchige, lange, übelriechende Raum mit seinen trüben, gelben Lichtern und dunklen, bösen Gesichtern, mit dem heimlich hin und her gehenden Turner und dem toten Mulvey, der in schrecklicher Starrheit auf das Zimmer starrte Decke, und der Mexikaner zitterte immer mehr, bis er heftig zitterte, dann lag er still da, und mit dem trinkenden, düsteren, wartenden Cowboy, der mit jedem Getränk feuriger und flammender wurde und auf einen Schritt lauschte, der nicht kam.

Die Zeit verging und die kleine Veränderung, die sie bewirkte, war im Cowboy. Alkohol wirkte sich auf ihn aus, aber er wurde nicht betrunken. Es schien, dass der Alkohol, den er trank, von einem wachsenden Feuer verzehrt wurde. Es war der Treibstoff für eine Fahrleidenschaft. Er wurde mürrischer, düsterer, grüblerischer, seine Augen und sein Gesicht röteten sich, er wurde geduckter und unruhiger. Schließlich, als die Stunde so spät war, dass Beasley kaum noch auftauchen konnte, stürzte sich Las Vegas aus dem Saloon.

Alle Lichter des Dorfes waren inzwischen erloschen. Die müden Pferde hingen in der Dunkelheit. Las Vegas fand sein Pferd und führte es die Straße hinunter und über einen Feldweg zu einem Feld, wo eine Scheune dunkel und düster im Sternenlicht stand. Der Morgen war nicht mehr weit. Er nahm das Pferd vom Sattel, befreite es und ging in die Scheune. Hier schien er mit seiner Umgebung vertraut zu sein, denn er fand eine Leiter und kletterte auf einen Dachboden, wo er sich auf das Heu warf.

Er ruhte sich aus, schlief aber nicht. Als es hell wurde, ging er hinunter und brachte sein Pferd in den Stall. Sunrise fand Las Vegas, wie es im kurzen Innenraum auf und ab ging und durch breite Risse zwischen den Brettern hinausspähte. Dann beobachtete er in den folgenden Stunden hin und wieder einen Reiter, einen Wagen und einen Hirten, die ins Dorf kamen.

Ungefähr zur Frühstücksstunde sattelte Las Vegas sein Pferd und ritt den Weg zurück, den er am Abend zuvor gekommen war. Bei Turner bestellte er neben Whisky auch etwas zu essen. Danach wurde er zu einer Zuhörer- und Beobachtungsmaschine. Er trank eine Stunde lang ausgiebig; dann hörte er auf. Er schien betrunken zu sein, aber mit einer anderen Art von Trunkenheit, als es bei trinkenden Männern üblich ist. Wild, wild, mürrisch, er war jemand, den man meiden sollte. Turner wartete offensichtlich voller Angst auf ihn.

Schließlich verschlechterte sich der Zustand von Las Vegas so, dass Maßnahmen unfreiwillig waren. Er konnte weder still stehen noch sich hinsetzen. Als er hinausging, kam er am Laden vorbei, wo die Männer sich zurückzogen, um ihm auszuweichen, und ging vorsichtig und wachsam die Straße entlang, als erwarte er einen Gewehrschuss von einem versteckten Feind. Als er die Hauptverkehrsstraße des Dorfes hinunterkam, war kein Mensch zu sehen. Er ging zu Turner. Der Besitzer saß nervös und blass auf seinem Posten. Las Vegas bestellte keinen Alkohol mehr.

„Turner, ich schätze, ich werde dich das nächste Mal langweilen, wenn ich reinlaufe, heah", sagte er und stolzierte hinaus.

Er hatte die Geschäfte, die Straße, das Dorf für sich; und er patrouillierte eine Zeit lang wie ein Wachposten, der auf einen Angriff der Indianer wartet.

Gegen Mittag wagte sich ein einzelner Mann auf die Straße, um den Cowboy anzusprechen.

„Las Vegas, ich sag's dir – alle Greaser fliegen aus der Luft", sagte er.

„Hallo, Abe!" antwortete Las Vegas. „Wovon zum Teufel redest du?"

Der Mann wiederholte seine Information. Und Las Vegas spuckte schreckliche Flüche aus.

„Abe – weißt du, was Beasley macht?"

"Ja. Er ist bei seinen Männern – oben auf der Ranch. Ich schätze, er kann die Abfahrt nicht mehr lange aufschieben."

Da sprach der Westen. Beasley würde gezwungen sein, sich dem Feind zu stellen, der im Alleingang gegen ihn vorgegangen war. Lange vor dieser Stunde wäre ein mutigerer Mann gekommen, um gegen Las Vegas anzutreten. Beasley konnte keine Bande anheuern, die die Hauptlast dieser Situation tragen würde. Dies war der Test, nach dem ihn sogar seine eigenen Männer beurteilen mussten. Das alles bedeutete, dass die Wildheit des Westens seine Verbrechen ermöglicht hatte und ihn nun für sie verantwortlich machte.

„Abe, wenn der Schmierer nicht raussaust, heah, ich werde ihn verfolgen."

"Sicher. Aber beeilen Sie sich nicht", antwortete Abe.

„Ich tanze zu langsamer Musik ... Gib mir eine Zigarette."

Mit leicht zitternden Fingern drehte Abe eine Zigarette, zündete sie an und reichte sie dem Cowboy.

„Las Vegas, ich glaube, ich höre Hosses", sagte er plötzlich.

„Ich auch", antwortete Las Vegas mit erhobenem Kopf wie der eines lauschenden Hirsches. Offenbar hat er die Zigarette und auch seinen Freund vergessen. Abe eilte zurück zum Laden, wo er verschwand.

Las Vegas begann mit seinem Auf- und Abpirschen, und seine Aktion war nun eine Übertreibung all seiner früheren Bewegungen. Ein vernünftiger, gewöhnlicher Sterblicher aus einer östlichen Gemeinschaft, der diesem rotgesichtigen Cowboy zufällig begegnet wäre, hätte ihn für betrunken oder verrückt gehalten. Wahrscheinlich sah Las Vegas beides aus. Aber dennoch war er ein wunderbar scharfsinniges, begabtes und effizientes Instrument zur Bewältigung der drohenden Herausforderung. Wie viele tausend Male wurde diese Cowboy-Pirsch auf den Wegen und in den weitläufigen Kleinstädten im ganzen Westen begangen! So gewalttätig, blutig und tragisch es auch war, es hatte in dieser Pionierzeit eine gleiche Bedeutung wie der Einsatz eines Pferdes oder die Notwendigkeit eines Pfluges.

Am Ende war Pine offenbar ein verlassenes Dorf, abgesehen von Las Vegas, das in vielerlei Hinsicht auf seinem langen Weg patrouillierte – er faulenzte, während er zusah; er stapfte wie ein Bergsteiger; er schlich nach indianischer Art heimlich von Baum zu Baum, von Ecke zu Ecke; er verschwand im Salon und tauchte hinten wieder auf; er schlüpfte hinter den Scheunen herum und kam auf der Hauptstraße wieder heraus; und immer wieder näherte er sich seinem Pferd, als wollte er aufsitzen.

Bei seinem letzten Besuch in Turners Saloon traf er dort niemanden an. Wild schlug er mit seiner Waffe auf die Bar ein. Er bekam keine Antwort. Dann brach die lange aufgestaute Wut aus. Unter wildem Jubel zog er eine weitere Waffe und schoss auf den Spiegel und die Lampen. Er riss einer Flasche den Hals ab und trank, bis er erstickte. Sein Hals war geschwollen, prall und violett. Seine einzige langsame und bewusste Aktion war das Nachladen seiner Waffe. Dann stürzte er durch die Türen und sprang mit einem wilden Schrei direkt in den Sattel, zog sein Pferd hoch und trieb es an, davonzuspringen.

Männer, die zur Tür und zu den Fenstern des Ladens rannten, sahen einen Staubstreifen, der die Straße hinunterflog. Und dann machten sie sich auf den Weg, um zu sehen, wie es verschwand. Die Stunde der Spannung ging für sie zu Ende. Las Vegas hatte sich an den Kodex des Westens gehalten, hatte seinen Mann herausgefordert und viel länger als nötig gewartet, um zu beweisen, dass dieser Mann ein Feigling war. Was auch immer das Problem jetzt sein mochte, Beasley war für immer gebrandmarkt. In diesem Moment sank die Macht, über die er verfügt hatte. Er und seine Männer könnten den Cowboy töten, der ihm allein entgegengeritten war, aber das würde nichts an der Sache ändern.

Am Abend zuvor beendete Beasley gerade ein spätes Abendessen auf seiner neu erworbenen Ranch, als Buck Weaver, einer seiner Männer, mit der Nachricht vom Tod von Mulvey und Pedro auf ihn zukam.

„Wer ist im Outfit? Wie viele?" hatte er schnell gefragt.

„Es ist ein Ein-Mann-Team, Boss", antwortete Weaver.

Beasley schien erstaunt zu sein. Er und seine Männer hatten sich darauf vorbereitet, die Freunde des Mädchens zu treffen, deren Eigentum er übernommen hatte, und aufgrund der Überlegenheit seiner eigenen Streitkräfte hatte er keine blutige oder ausgedehnte Fehde erwartet. Dieser erstaunliche Umstand machte den Fall noch viel schwieriger.

"Ein Mann!" er ejakulierte.

"Ja. Der Cowboy Las Vegas. Und, Boss, es stellt sich heraus, dass er ein Revolverheld aus Texas ist. Ich war bei Turner's. Er kam gerade zufällig in den Nebenraum, als Las Vegas auf ihn zukam und von ihm sprang ... Das erste Mal, dass er Jeff und Pedro nannte. Sie zeigten sich beide lautstark. Und dann, verdammt noch mal, wenn der Cowboy ihnen nicht den Rücken gekehrt hätte und an die Bar gegangen wäre, um etwas zu trinken. Aber er schaute in den Spiegel und als Jeff und Pedro ihre Waffen in die Hand nahmen, wirbelte er blitzschnell herum und langweilte sie beide ... Ich habe mich rausgeschlichen und –"

„Warum hast du ihn nicht gelangweilt?" brüllte Beasley.

Buck Weaver musterte seinen Chef fest, bevor er antwortete. „Von hinter der Tür aus schieße ich nicht auf jemanden. Und wie bei einem Treffen in Las Vegas – entschuldigen Sie mich, Chef! Ich sehne mich immer noch nach Sonnenschein und rotem Schnaps. Außerdem habe ich nichts gegen Las Vegas. Wenn er an der Spitze einer Menschenmenge hierher stürmt, um uns abzuschrecken , würde ich kämpfen, im Scherz, wie wir alle kämpfen würden. Aber Sie sehen, wir haben uns geirrt. Es geht um dich und Las Vegas! ... Du hättest sehen sollen, wie er den Jäger Dale aus dem Turner's geworfen hat."

"Tal! Ist er gekommen?" fragte Beasley.

„Er kam dort an, kurz nachdem der Cowboy Jeff verstopfte. Sie war auch ein Mädchen mit großen Augen und kam angerannt. Und sie fiel in Dales Armen um. Las Vegas hat ihn rausgeschmissen und ihn so heftig beschimpft, dass wir es alle mitbekommen haben ... Also, Beasley, es wird zu keinem Streit kommen, während wir weitergetüftelt haben."

Beasley hörte also, wie der Westen aus dem Mund seines eigenen Mannes sprach. Und grimmig, sardonisch, fast verächtlich waren tatsächlich die Worte von Buck Weaver. Dieser Reiter hatte einst für Al Auchincloss gearbeitet und war unter Mulveys Führung nach Beasley übergelaufen. Mulvey war tot und die Situation hatte sich grundlegend verändert.

Beasley warf Weaver einen dunklen, gesenkten Blick zu und winkte ihn ab. Von der Tür aus warf Weaver einen zweifelnden, prüfenden Blick zurück und schlenderte dann hinaus. Dieser Blick war Beasley noch nie zuvor begegnet.

Es bedeutete, wie es Weavers Kumpane meinten, wie Beasleys langjährige treue Reiter und die Menschen der Bergkette und wie es der Geist des Westens meinte, dass von Beasley erwartet wurde, dass er ins Dorf hinuntermarschierte, um sich seinem einzigen Feind zu stellen.

Aber Beasley ging nicht. Stattdessen lief er mit der nervösen Energie eines Mannes, der keine Ruhe finden konnte, in Helen Rayners langem Wohnzimmer auf und ab. Oft zögerte er, und ein anderes Mal machte er plötzliche Bewegungen zur Tür, nur um dann stehen zu bleiben. Lange nach Mitternacht ging er zu Bett, schlief aber nicht ein. Er wälzte und wälzte sich die ganze Nacht hin und her und stand im Morgengrauen düster und gereizt auf.

Er verfluchte die mexikanischen Dienstmädchen, die ihren Unmut über seine Autorität zum Ausdruck brachten. Und zu seinem Erstaunen und seiner Wut kam keiner seiner Männer zum Haus. Er wartete und wartete. Dann stolzierte er mit einem Gewehr bei sich zu den Pferchen und Ställen. Die Männer waren dort, in einer Gruppe, die sich bei seinem Erscheinen etwas zerstreute. Kein Mexikaner war in Sicht.

Beasley befahl, die Pferde zu satteln und alle Männer mit ihm ins Dorf zu gehen. Diesem Befehl wurde nicht Folge geleistet. Beasley stürmte und tobte. Seine Reiter saßen oder faulenzten mit gesenktem Gesicht. Eine unausgesprochene Feindseligkeit schien vorhanden. Diejenigen, die am längsten bei ihm waren, waren am wenigsten distanziert und fremd, aber sie gehorchten immer noch nicht. Schließlich brüllte Beasley nach seinen Mexikanern.

„Boss, wir müssen Ihnen sagen, dass jeder Schmierer auf der Ranch seit zwei Stunden auf dem Weg nach Magdalena unterwegs ist", sagte Buck Weaver.

Von all diesen plötzlich aufkommenden Verwirrungen war diese jüngste die erstaunlichste. Beasley fluchte mit seinem fragenden Staunen.

„Boss, sie hatten wirklich Angst vor dem bewaffneten Cowboy aus Texas", antwortete Weaver unbeirrt.

Beasleys dunkles, dunkles Gesicht veränderte seine Farbe. Was ist mit der subtilen Reflexion in Weavers langsamer Rede? Einer der Männer kam aus einem Pferch und führte Beasleys gesatteltes und gezäumtes Pferd. Dieser Kerl ließ das Zaumzeug fallen und setzte sich wortlos zu seinen Kameraden. Niemand sprach. Die Anwesenheit des Pferdes war bedeutsam. Mit einem knurrenden, gemurmelten Fluch nahm Beasley sein Gewehr und ging zurück zum Ranchhaus.

In seiner Wut und Leidenschaft erkannte er nicht, was seine Männer seit Stunden wussten – dass diese Stunde längst vorbei war, wenn er überhaupt eine Chance auf ihren Respekt und auf sein Leben gehabt hätte.

Beasley mied die offenen Wege zum Haus, und als er dort ankam, schenkte er sich nervös einen Drink ein. Offenbar machte ihm etwas an dem feurigen Schnaps Angst, denn er warf die Flasche beiseite. Es war, als ob diese Flasche einen Mut enthielt, der falsch war.

Erneut ging er im langen Wohnzimmer auf und ab und wurde immer aufgeregter, je offensichtlicher er sich mit der seltsamen Sachlage vertraut machte. Zweimal rief ihn die blasse Kellnerin zum Abendessen.

Der Speisesaal war hell und angenehm, und das duftende und dampfende Essen war für ihn bereit. Aber die Frauen waren verschwunden. Beasley setzte sich – breitete seine großen Hände auf dem Tisch aus.

Dann erschreckte ihn ein leichtes Rascheln – ein Klirren der Sporen. Er drehte den Kopf.

„Hallo, Beasley!" sagte Las Vegas, der wie durch Zauberei aufgetaucht war.

Beasleys Körper schien anzuschwellen, als ob eine Flut in seinen Adern losgegangen wäre. Auf seinem blassen Gesicht standen Schweißtropfen.

„Was – du – willst?" fragte er heiser.

„Nun, meine Chefin, Miss Helen, sagt, da ich Vorarbeiter bin, wäre es schön und richtig, wenn ich bei Ihnen vorbeikäme und mit Ihnen essen würde – DAS LETZTE MAL!" antwortete der Cowboy. Seine gedehnte Stimme war langsam und kühl, sein Ton freundlich und angenehm. Aber sein Blick war der eines Falken, der bereit ist, seinen Schnabel tief in die Tiefe zu treiben.

Beasleys Antwort war laut, zusammenhangslos und heiser.

Las Vegas setzte sich Beasley gegenüber.

„Iss oder nicht, für mich ist es egal ", sagte Las Vegas und begann, seinen Teller mit der linken Hand zu füllen. Seine rechte Hand ruhte ganz leicht, nur die Spitzen seiner vibrierenden Finger auf der Tischkante; und er ließ seinen durchdringenden Blick nicht für den Bruchteil einer Sekunde von Beasley los.

„Wal, mein Mischlings-Schmiergast, es strömt mir das Blut in Wallung, dich da sitzen zu sehen – und zu denken, dass du meine Chefin, Miss Helen, von dieser Ranch vertrieben hast", begann Las Vegas leise. Und dann bediente er sich in aller Ruhe an Essen und Trinken. „Zu meiner Zeit musste ich gegen viele Gesetzlose, Diebe, Landstreicher und so weiter antreten, aber wenn du ein durch und durch dreckiges, niederträchtiges Stinktier bist, kriegst du das Geld! ... Das bin ich goin, um dich in einer Minute oder so zu töten, Scherz, sobald du eine deiner schmutzigen Pfoten bewegst. Aber ich hoffe, Sie sind höflich und lassen mich ein paar Worte sagen. Ich werde nie wieder glücklich sein, wenn du es nicht tust ... Von all den schreienden

Schmierhunden, die ich je gesehen habe, bist du der Schlimmste! ... Gestern Abend dachte ich, du würdest vielleicht runterkommen und ... Begegne mir wie einem Mann, damit ich mir danach die Hände waschen kann, ohne dass mir schlecht wird. Aber du bist nicht gekommen... Beasley, ich schäme mich so sehr, dass ich dich anrufen muss – obwohl ich dich langweilen sollte, dann – ich bin nicht einmal der Cousin zweiten Grades meines alten Ichs, als ich nach Chisholm gefahren bin . Das ist nicht der Fall Es ist mir gemein, dich als Lügner zu bezeichnen! Räuber! Schwarzbein! ein heimlicher Kojote! Ein Betrüger, der andere anheuert, um seine Drecksarbeit zu erledigen!... Bei Gott!— "

„Carmichael, gib mir ein Wort", brach Beasley heiser aus. „Du hast recht, es nützt nichts, mich anzurufen... Aber lass uns reden... Ich kaufe dich ab. Zehntausend Dollar-"

„Hau! Haha! Haw!" brüllte Las Vegas. Er war angespannt wie eine gespannte Schnur und sein Gesicht besaß einen eigenartig blassen Glanz. Seine rechte Hand begann immer mehr zu zittern.

„Ich werde es – verdoppeln!" keuchte Beasley. „Ich werde – die Hälfte der Ranch – den gesamten Bestand – umbauen –"

„Swaller thet!" schrie Las Vegas mit schrecklich schriller Wildheit.

„Hör zu – Mann! ... ich nehme – es zurück! ... ich gebe auf – Auchincloss' Ranch!" Beasley war jetzt ein zitternder, flüsternder, rasender Mann, gespenstisch weiß, mit rollenden Augen.

Die linke Faust von Las Vegas schlug hart auf den Tisch.

„SCHMIERER, KOMM SCHON!" er donnerte.

Dann riss Beasley mit verzweifelter, hektischer Aktion nach seiner Waffe.

KAPITEL XXVI

Für Helen Rayner gehörte diese kurze, dunkle Zeit der Vertreibung aus ihrer Heimat der Vergangenheit an, war fast vergessen.

Zwei Monate waren auf den Flügeln der Liebe und Arbeit und der Freude, dort im Westen ihren Platz zu finden, wie im Flug vergangen. Alle ihre alten Männer waren nur allzu froh über die Gelegenheit, zu ihr zurückzukehren, und unter Dale und Roy Beeman prägte eine andere und wohlhabende Ordnung das Leben auf der Ranch.

Helen hatte Veränderungen im Haus vorgenommen, indem sie die Anordnung der Räume geändert und einen neuen Abschnitt hinzugefügt hatte. Nur einmal hatte sie sich in das alte Esszimmer gewagt, in dem sich Carmichael aus Las Vegas zu jenem für Beasley verhängnisvollen Abendessen hingesetzt hatte. Sie machte daraus einen Lagerraum und einen Ort, den sie nie wieder betreten würde.

Helen war glücklich, fast zu glücklich, dachte sie, und nutzte deshalb die vielen bitteren Tropfen in ihrem süßen Kelch des Lebens mehr als nötig. Carmichael war aus Pine herausgeritten, angeblich auf der Spur der Mexikaner, die Beasleys Befehle ausgeführt hatten. Das letzte Mal, dass man ihn gesehen hatte, war von Show Down gemeldet worden, wo er mit roten Augen und gefährlich gewirkt hatte, wie ein Jagdhund auf der Spur. Dann waren zwei Monate ohne ein Wort vergangen.

Dale hatte zweifelnd den Kopf geschüttelt, als er nach der Abwesenheit des Cowboys gefragt wurde. Es wäre so, als würde man von Las Vegas nie wieder etwas hören. Außerdem würde es ihm eher entsprechen, wegzubleiben, bis alle Spuren seines betrunkenen, wilden Zaubers von ihm verschwunden und von seinen Freunden vergessen worden wären. Bo nahm sich sein Verschwinden offenbar weniger zu Herzen als Helen. Aber Bo wurde unruhiger, wilder und eigensinniger als je zuvor. Helen glaubte Bos Geheimnis zu erraten; und einmal machte sie einen Hinweis auf Carmichaels Rückkehr.

bald zurückkommt , werde ich Milt Dale heiraten", erwiderte Bo spöttisch.

Dies ließ Helens Wangen rot werden.

„Aber, Kind", protestierte sie, halb wütend, halb ernst. „Milt und ich sind verlobt."

"Sicher. Nur du bist so langsam. Es gibt viele Ausrutscher – wissen Sie."

„Bo, ich sage dir, Tom wird zurückkommen", antwortete Helen ernst. "Ich fühle es. In diesem Cowboy war etwas Feines. Er verstand mich auch besser als du oder Milt ... Und er war völlig verliebt in dich."

"Oh! War er?"

„Viel mehr als du verdient hast, Bo Rayner."

Dann geschah eine von Bos süßen, verwirrenden und unerwarteten Verwandlungen. Ihr Trotz, ihr Groll und ihre Aufsässigkeit verschwanden aus ihrem leicht aufgeregten Gesicht.

„Oh, Nell, das weiß ich... Passen Sie einfach auf mich auf, wenn ich jemals wieder eine Chance auf ihn bekomme!... Dann – vielleicht würde er nie wieder trinken!"

„Bo, sei glücklich – und sei gut. Reite nicht mehr weg – ärgere die Jungs nicht. Am Ende wird alles gut werden."

Bo erlangte schnell genug ihren Gleichmut wieder.

„Hmpf! Sie können es sich leisten, fröhlich zu sein. Du hast einen Mann, der nicht leben kann, wenn du außer Sichtweite bist. Er ist wie ein Fisch auf dem Trockenen ... Und du – nun ja, du warst einst ein alter Pessimist!"

Bo ließ sich weder trösten noch ändern. Helen konnte nur seufzen und beten, dass ihre Überzeugungen bestätigt würden.

Der erste Julitag brachte kurz vor Sonnenaufgang ein frühes Gewitter. Es brüllte und flackerte und rollte davon und hinterließ ein wunderschönes goldenes Wolkenspiel am Himmel und ein frisches, süß duftendes, glitzerndes Grün, das Helens Auge erfreute.

Vögel zwitscherten in den Lauben und Bienen summten in den Blumen. Von den Feldern unten am Bach erklang ein gemischter Gesang aus Sumpfamsel und Wiesenlerche. Ein Esel mit seiner klaren Stimme zerriss die Luft mit seinem rauhen und heimeligen Geschrei. Die Schafe meckerten und ein leises Lämmchengebrüll drang süß in Helens Ohren. Sie ging ihre üblichen Runden mit mehr als sonst Elan und Nervenkitzel. Überall war Farbe, Aktivität, Leben. Der Wind wehte warm und nach Kiefern duftend von den jetzt schwarzen und kräftigen Berghöhen herab, und die großen grünen Hänge schienen nach ihr zu rufen.

In diesem Moment traf sie plötzlich auf Dale, der in Hemdsärmeln, staubig und heiß, regungslos dastand und auf die fernen Berge blickte. Helens Begrüßung erschreckte ihn.

„Ich – ich habe dort einfach weggeschaut", sagte er lächelnd. Sie war begeistert von dem klaren, wunderbaren Licht seiner Augen.

„Ich auch – vorhin", antwortete sie wehmütig. „Vermisst du den Wald – sehr?"

„Nell, ich vermisse nichts. Aber ich möchte noch einmal mit dir unter den Kiefern reiten."

„Wir gehen", rief sie.

"Wann?" fragte er eifrig.

„Oh – bald!" Und dann ging sie mit gerötetem Gesicht und gesenktem Blick weiter. Schon lange hegte Helen die große Hoffnung, dass sie im Paradise Park heiraten würde, wo sie sich in Dale verliebt und sich selbst verwirklicht hatte. Aber sie hatte diese Hoffnung geheim gehalten. Dales eifriger Tonfall und seine blitzenden Augen hatten ihr das Gefühl gegeben, dass ihr Geheimnis in ihrem verräterischen Gesicht verborgen lag.

Als sie den Weg betrat, der zum Haus führte, traf sie auf einen der neuen Stallburschen, der ein Packesel fuhr.

„Jim, wessen Rucksack ist das?" Sie fragte.

„Ma'am, ich weiß es nicht, aber ich hörte, wie er Roy sagte, er glaube, sein Name sei Schlamm", antwortete der Junge lächelnd.

Helens Herz pochte schnell. Das klang wie Las Vegas. Sie eilte weiter und als sie den Hof betrat, erblickte sie Roy Beeman, der das Halfter eines wunderschönen, wild aussehenden Mustangs hielt. Auf der anderen Seite befand sich ein anderes Pferd mit einem anderen Mann, der gerade absteigen wollte. Als er in eine bessere Sicht kam, erkannte Helen Las Vegas. Und er sah sie im selben Moment.

Helen blickte erst wieder auf, als sie sich der Veranda näherte. Sie hatte sich vor diesem Treffen gefürchtet, und doch war sie so froh, dass sie laut hätte weinen können.

„Miss Helen, ich freue mich, Sie zu sehen", sagte er und stand barhäuptig vor ihr, derselbe junge Cowboy mit offenem Gesicht, den sie zuerst aus dem Zug gesehen hatte.

„Tom!" rief sie aus und reichte ihr die Hände.

Er rang sie fest, während er sie ansah. Der Blick der flinken Frau, den Helen erwiderte, schien etwas Dunkles und Zweifelhaftes aus ihrem Herzen zu vertreiben. Es war derselbe Junge, den sie gekannt hatte – den sie so sehr gemocht hatte – und der die Liebe ihrer Schwester gewonnen hatte. Helen stellte sich vor, ihm so gegenüberzutreten, als würde sie aus einem vagen Albtraum des Zweifels erwachen. Carmichaels Gesicht war sauber, frisch, jung und hatte eine gesunde Bräune; es trug das alte fröhliche Lächeln, kühl, locker und natürlich; Seine Augen waren wie die von Dale – durchdringend, klar wie Kristall, ohne Schatten. Was hatte das Böse, der Alkohol und das Blut mit dem wahren, inhärenten Adel dieses großartigen Exemplars westlicher Tapferkeit zu tun? Wo auch immer er gewesen war und was auch immer er während dieser langen Abwesenheit getan hatte, er war längst zurückgekehrt, getrennt von diesem wilden und wilden Charakter, den sie jetzt vergessen konnte. Vielleicht würde es nie wieder einen Bedarf dafür geben.

„Wie geht es meinem Mädchen?" fragte er so selbstverständlich, als wäre er ein paar Tage wegen einer Besorgung seines Arbeitgebers weg gewesen.

„Bo? Oh, es geht ihr gut – gut. Ich – ich glaube eher, dass sie sich freuen wird, dich zu sehen", antwortete Helen herzlich.

„Und wie geht's dem großen Indianer, Dale?" er sagte gedehnt.

„Na ja, auch – da bin ich mir sicher."

„Ich schätze, ich bin noch rechtzeitig zurückgekommen, um euch alle verheiratet zu sehen?"

„Ich – ich versichere Ihnen – hier ist noch niemand verheiratet", antwortete Helen errötend.

„Das Ufer ist in Ordnung. War ein paar besorgt", sagte er träge. „Ich habe drüben in New Mexico wilde Pferde gejagt und bin hinter diesem verdammten Blauschimmel her. Er ließ mich eine Zeit lang hinter ihm herlaufen. Ich habe ihn für Bo zurückgeholt."

Helen blickte auf den Mustang, den Roy in der Hand hielt, und war sofort begeistert. Er war ein Rotschimmel, der fast blau gefärbt war, weder groß noch schwer, aber kräftig gebaut, mit sauberen Gliedmaßen und rassig, mit einer langen Mähne und einem Schweif, schwarz wie Kohle, und einem wunderschönen Kopf, der Helen sofort dazu brachte, ihn zu lieben.

„Nun, ich bin eifersüchtig", erklärte Helen schelmisch. „So ein Pony habe ich noch nie gesehen."

„Ich dachte, du würdest niemals auf einem anderen Pferd als Ranger reiten", sagte Las Vegas.

„Nein, das werde ich nie tun. Aber ich kann trotzdem eifersüchtig sein, oder?"

"Ufer. Und ich schätze, wenn du sagst, dass du ihn haben wirst – Wal, Bo, wäre das lustig", sagte er gedehnt.

„Ich denke, sie wäre lustig", erwiderte Helen. Sie war so glücklich, dass sie seine Rede nachahmte. Sie wollte ihn umarmen. Es war zu schön, um wahr zu sein – die Rückkehr dieses Cowboys. Er verstand sie. Er war mit nichts zurückgekommen, was sie entfremden könnte. Er hatte offenbar die schreckliche Rolle vergessen, die er übernommen hatte, und das Schicksal, das er ihren Feinden zugefügt hatte. Dieser Moment war für Helen wunderbar, da er die seltsame Bedeutung des Westens offenbarte, wie sie in diesem Cowboy verkörpert wurde. Er war großartig. Aber das wusste er nicht.

Dann öffnete sich die Tür des Wohnzimmers und eine süße, hohe Stimme ertönte:

„Roy! Oh, was für ein Mustang! Wem gehört er?"

„Wal, Bo, wenn ich nur höre, dass er dir gehört", antwortete Roy mit einem breiten Grinsen.

Bo erschien in der Tür. Sie trat auf die Veranda hinaus. Sie sah den Cowboy. Das aufgeregte Aufblitzen ihres hübschen Gesichts verschwand, als sie erblasste.

„Bo, ich freue mich, dich zu sehen", sagte Las Vegas gedehnt, als er mit dem Sombrero in der Hand vortrat. Helen konnte bei ihm kein Anzeichen von Verwirrung erkennen. Aber tatsächlich sah sie Freude. Dann erwartete sie, Bo direkt in die Arme der Cowboys rennen zu sehen. Es schien jedoch, dass sie zur Enttäuschung verurteilt war.

„Tom, ich freue mich, dich zu sehen", antwortete sie.

Sie schüttelten sich wie alte Freunde die Hand.

„Du siehst ganz gut aus", sagte er.

„Oh, mir geht es gut... Und wie ging es dir in diesen sechs Monaten?" sie fragte.

„Ich schätze, es wäre länger", sagte er gedehnt. „Wal, mir geht es jetzt ziemlich gut, aber ich hatte eine Zeit lang Herzprobleme."

"Herzprobleme?" wiederholte sie zweifelnd.

„Shore.... Ich habe in New Mexico zu viel gegessen."

„Es ist mir nichts Neues – wo dein Herz sitzt", lachte Bo. Dann rannte sie von der Veranda, um den blauen Mustang zu sehen. Sie ging immer wieder um ihn herum und faltete vor Freude die Hände.

„Bo, er ist ein echter Dandy", sagte Roy. „Ich habe noch nie eine hübschere Hure gesehen. Er wird wie ein Streak laufen. Und er hat gute Augen. Er wird eines Tages ein Haustier sein. Aber ich gehe davon aus, dass er immer mutig sein wird."

„Bo wagte es, näher zu treten, und schließlich ergriff er den Mustang und dann noch eine andere. Sie strich seinen zitternden Hals glatt und rief ihn sanft an, bis er sich ihrem Griff unterwarf.

"Wie heißt er?" Sie fragte.

„Blau so oder so", antwortete Roy.

„Tom, hat mein neuer Mustang einen Namen?" fragte Bo und wandte sich an den Cowboy.

"Ufer."

"Was dann?"

„Wal, ich habe ihn Blue-Bo genannt", antwortete Las Vegas mit einem Lächeln.

"Blauer Junge?"

"Nein. Er ist nach dir benannt. Und ich habe ihn gejagt, ihn gefesselt und ihn selbst kaputt gemacht."

"Sehr gut. Blue-Bo ist er also ... Und er ist ein wundervolles, süßes Pferd. Oh, Nell, sieh ihn dir nur an ... Tom, ich kann dir nicht genug danken."

„Ich schätze, ich möchte keinen Dank", sagte der Cowboy gedehnt. „Aber heah, Bo, du musst erst einmal den Bedingungen gerecht werden, bevor du ihn reitest."

"Was!" rief Bo aus, der von seinem langsamen, kühlen und bedeutungsvollen Tonfall überrascht war.

Helen freute sich damals über den Anblick von Las Vegas. Er hatte noch nie einen besseren Eindruck gemacht. So cool, sorglos und selbstsicher! Er schien Herr der Situation zu sein, in der seine Bedingungen akzeptiert werden mussten. Dennoch könnte er von einem Cowboy-Motiv angetrieben worden sein, das Helen nicht erraten konnte.

„Bo Rayner", sagte Las Vegas gedehnt, „der blaue Mustang wird dir gehören, und du kannst ihn reiten – wenn du MRS bist." TOM CARMICHAEL!"

Noch nie hatte er eine sanftere, gedehntere Sprache gesprochen und Bo noch nie milder angeschaut. Roy schien wie vom Blitz getroffen. Helen bemühte sich heldenhaft, ihre köstliche, überschäumende Freude zu unterdrücken. Bos große Augen starrten ihren Geliebten an – verdunkelt, geweitet. Plötzlich verließ sie den Mustang, um sich dem Cowboy zu stellen, der auf den Stufen der Veranda faulenzte.

„Meinst du das?" Sie weinte.

„Land machen."

„Bah! „Das ist nur ein großartiger Bluff", erwiderte sie. „Du machst nur Spaß. Es liegt an deinen – deinen verdammten Nerven!"

„Warum, Bo", begann Las Vegas vorwurfsvoll. „Du weißt, dass ich nicht der Vierspüler-Typ bin. Ich bin noch nie in meinem Leben mit einem Bluff davongekommen! Und ich mache nur ernsthaften Scherz darüber, heah."

Dennoch fehlten in seinem beweglichen Gesicht keine Anzeichen dafür, dass er seine Fröhlichkeit kaum zurückhalten konnte.

Da wurde Helen klar, dass Bo den Cowboy durchschaute – dass das Ultimatum nur einer seiner Tricks war.

„Es IST ein Bluff und ich RUFE Dich an!" erklärte Bo klingelnd.

Las Vegas wurde sich plötzlich der Konsequenzen bewusst. Er versuchte zu sprechen, aber sie war damals so wunderbar, so weiß und mit leuchtenden Augen, dass er verstummte.

„Heute Nachmittag fahre ich Blue-Bo", erklärte das Mädchen bewusst.

Las Vegas hatte genug Verstand, um zu verstehen, was sie meinte, und er schien kurz vor dem Zusammenbruch zu stehen.

„Sehr gut, Sie können mich heute – heute Morgen – kurz vor dem Abendessen zu Mrs. Tom Carmichael machen ... Gehen Sie und beauftragen Sie einen Prediger, uns zu heiraten – und machen Sie sich zu einem vorzeigbareren Bräutigam – es sei denn, es war nur ein Bluff! "

Ihre Herrschsucht veränderte sich, als die gewaltige Bedeutung ihrer Worte Las Vegas zu einem leeren, steinernen Bild eines Mannes zu machen schien. Mit wildrosafarbenem Gesicht beugte sie sich schnell über ihn, küsste ihn und huschte ins Haus davon. Ihr Lachen erklang wieder und es erregte Helen, so tief und seltsam war es für die eigenwillige Schwester, so wild und fröhlich und voller Freude.

In diesem Moment erholte sich Roy Beeman von seiner Lähmung und stieß ein so fröhliches Brüllen aus, dass die Pferde Angst bekamen. Helen lachte und weinte auch, aber meistens lachte sie. Las Vegas Carmichael war ein Anblick für die Götter. Bos Kuss hatte gelöst, was ihn gefesselt hatte. Die plötzliche Wahrheit, unbestreitbar, unerträglich, herrlich, machte ihn zu einem Verrückten.

„Bluff – sie hat mich angerufen – reite am Nachmittag mit Blue-Bo!" er tobte und griff wild nach Helen. „Frau – Tom – Carmichael – vor dem Abendessen – Prediger – vorzeigbarer Bräutigam! ... Ach! Ich bin wieder betrunken! Ich – der für immer geschworen hat!"

„Nein, Tom, du bist einfach glücklich", sagte Helen.

Zwischen ihr und Roy konnte der Cowboy schließlich überredet werden, die Situation zu akzeptieren und seine wunderbare Chance zu erkennen.

„Nun – nun, Miss Helen – was meinte Bo mit vorzeigbarem Bräutigam? ... Geschenke? Herr, ich bin platt!"

„Sie meinte natürlich, dass du dich in bester Kleidung kleiden musst", antwortete Helen.

„Wo in aller Welt soll ich einen Prediger herbekommen? ... Show Down ist vierzig Meilen lang ... Ich kann nicht rechtzeitig dorthin fahren ... Roy, ich muss einen Prediger haben ... Ein Deal auf Leben oder Tod für mich."

„Wal, alter Mann, wenn du dich zusammenhältst, werde ich dich mit Bo verheiraten", sagte Roy mit seinem frohen Grinsen.

„Ach!" keuchte Las Vegas, als würde plötzlich eine schöne Hoffnung aufkommen.

„Tom, ich bin Prediger", antwortete Roy jetzt ernst. „Du wusstest es nicht, aber ich weiß es. Und ich kann dich genauso gut wie jeden anderen heiraten , sogar noch enger.

Las Vegas griff nach seinem Freund, wie ein Ertrinkender nach festem Fels gegriffen hätte.

„Roy, kannst du sie wirklich heiraten – mit meiner Bibel – und dem Dienst meiner Kirche?" fragte Helen, eine freudige Hoffnung rötete ihr Gesicht.

„Wal, das kann ich tatsächlich. Ich habe mehr als ein Paar geheiratet, dessen Religion nicht meine war."

„BB-vor-TT-Abendessen!" platzte wie ein stotternder Idiot aus Las Vegas heraus.

"Ich rechne damit. „Kommen Sie jetzt und machen Sie sich vorbildlich", sagte Roy. „Miss Helen, sagen Sie Bo, dass alles geklärt ist."

Er nahm das Halfter des blauen Mustangs und wandte sich ab in Richtung der Pferche. Las Vegas legte das Zaumzeug seines Pferdes über seinen Arm und schien ihm in Trance zu folgen, sein benommenes, verzücktes Gesicht hoch erhoben.

„Bringt Dale", rief Helen leise hinter ihnen her.

So war es ebenso selbstverständlich wie wunderbar, dass Bo noch vor Ende des Nachmittags den blauen Mustang fuhr.

Las Vegas missachtete seine ersten Befehle von Mrs. Tom Carmichael und ritt hinter ihr her in Richtung der grün ansteigenden Bergkette. Helen schien gezwungen zu sein, zu folgen. Sie brauchte Dale nicht ein zweites Mal zu fragen. Sie ritten schnell, holten Bo und Las Vegas jedoch nie ein, deren Reiten ihrem Glück ähnelte.

Dale las Helens Gedanken, sonst stimmten seine eigenen Gedanken mit ihren überein, denn er schien immer auszusprechen, was sie dachte. Und als sie nach Hause ritten, fragte er sie auf seine ruhige Art, ob sie nicht ein paar Tage Zeit haben könnten, um sein altes Lager zu besuchen.

„Und nimm Bo – und Tom? „Oh, ausgerechnet das würde ich gerne tun", antwortete sie.

„Ja – auch ein ‚Roy'", fügte Dale bedeutungsvoll hinzu.

„Natürlich", sagte Helen leichthin, als hätte sie nicht verstanden, was er meinte. Aber sie wandte den Blick ab, während ihr Herz fürchterlich klopfte und ihr ganzer Körper strahlte. „Werden Tom und Bo gehen?"

„Es war Tom, der mich dazu gebracht hat, dich zu fragen", antwortete Dale. „John und Hal können sich um die Männer kümmern, während wir weg sind."

„Oh – Tom hat es dir also in den Kopf gesetzt? Ich schätze – vielleicht – ich werde nicht gehen."

„Es ist immer in meinen Gedanken, Nell", sagte er mit seinem langsamen Ernst. „Ich werde mein ganzes Leben für dich arbeiten. Aber ich werde oft in den Wald zurückkehren wollen und müssen ... Und wenn du jemals herkommst, um mich zu heiraten – und mich zum reichsten aller Männer zu machen –, musst du mich dort oben heiraten, wo ich bin habe mich in dich verliebt."

"Ah! Hat Las Vegas Tom Carmichael das auch gesagt?" fragte Helen leise.

„Nell, willst du wissen, was Las Vegas gesagt hat?"

"Auf jeden Fall."

„Er hat das gesagt – vor nicht einmal einer Stunde. „Milt, alter Mistkerl, lass mich dir eine Ahnung geben. Ich bin jetzt ein Familienvater – und war zu meiner Zeit ein Teufelskerl gegenüber den Frauen. Ich kann sie durchschauen. Heirate Nell Rayner nicht in oder in der Nähe des Hauses, in dem ich Beasley getötet habe. Sie würde sich erinnern. Und lass sie sich nicht an diesen Tag erinnern. Geh in den Wald. Paradiespark! Bo und ich werden mit dir gehen."

Helen reichte ihm die Hand, während sie die Pferde im langen Schatten des Sonnenuntergangs nach Hause führten. In der Fülle dieser glücklichen Stunde hatte sie Zeit für ein dankbares Staunen über die scharfe Durchdringung des Cowboys Carmichael. Dale hatte ihr das Leben gerettet, aber es war Las Vegas, das ihr Glück gerettet hatte.

Nicht viele Tage später, als die Nachmittagsschatten wieder schräg waren, ritt Helen auf die Landzunge hinaus, wo der undeutliche Pfad weit über dem Paradise Park im Zickzack verlief.

Roy sang, während er die Esel den Hang hinuntertrieb; Bo und Las Vegas versuchten, den Weg zu zweit nebeneinander zu befahren, damit sie sich an den Händen halten konnten; Dale war abgestiegen und stellte sich neben Helens Pferd, während sie die zottigen schwarzen Hänge hinabblickte auf den wunderschönen wilden Park mit seinen grauen Wiesen und leuchtenden Bachläufen.

Es war Juli, und es gab keine goldroten, herrlichen Flammen und Farbenpracht, wie sie Helen in Erinnerung geblieben wäre. Schwarze Fichtenhänge und grüne Kiefern und weiße Streifen von Espen und Spitzenwasserfälle aus Schaum und dunkle Felsvorsprünge – diese Farben und Formen begrüßten ihren Blick mit all dem alten Zauber. Wildheit, Schönheit und Einsamkeit waren da, die gleichen wie immer, unveränderlich, wie der Geist dieser Höhen.

Helen wäre gerne länger geblieben, aber die anderen riefen, und Ranger schnaubte ungeduldig, weil er das Gras und das Wasser weit unten spürte. Und sie wusste, dass sie eine andere Frau sein würde, wenn sie wieder in die weite Welt hinaufstiege .

„Nell, komm schon", sagte Dale, als er weiterging. „Es ist besser, nach oben zu schauen."

Die Sonne war gerade hinter dem zerklüfteten Rand des Gebirgsrandes versunken, als diese drei starken und tüchtigen Männer vom offenen Feld ihr Lager aufgeschlagen und ein üppiges Abendessen zubereitet hatten. Dann holte Roy Beeman die kleine abgenutzte Bibel heraus, die Helen ihm gegeben hatte, als er Bo heiratete, und als er sie öffnete, veränderte ein Licht sein dunkles Gesicht.

„Komm, Helen und Dale", sagte er.

Sie standen auf und stellten sich vor ihn. Und er heiratete sie dort unter den großen, stattlichen Kiefern, während der duftende blaue Rauch aufstieg und der Wind durch die Zweige sang, während der Wasserfall seine leise, sanfte, verträumte Musik murmelte und vom dunklen Hang das Wilde,

Einsame kam Schrei eines Wolfes, voller Hunger nach Leben und einem Partner.

„Lasst uns beten", sagte Roy, während er die Bibel zuklappte und sich zu ihnen kniete.

„Es gibt nur einen Gott, und Ihn flehe ich in meinem bescheidenen Amt für die Frau und den Mann an, die ich gerade in heiligen Banden geheiratet habe. Segne sie und beobachte sie und behalte sie in all den kommenden Jahren. Segne die Söhne dieses starken Mannes aus dem Wald und mache sie wie er, mit Liebe und Verständnis für die Quelle, aus der das Leben kommt. Segne die Töchter dieser Frau und sende mit ihnen mehr von ihrer Liebe und Seele, die die Erweichung und Erlösung des harten Westens sein muss. O Herr, bahne ihnen den dunklen, dunklen Pfad durch den unbekannten Wald des Lebens! O Herr, führe den Weg durch die nackte Weite der Zukunft, die kein Sterblicher kennt! Wir bitten in Deinem Namen! Amen."

Als der Prediger wieder aufstand und das Paar aus der knienden Haltung erhob, schien es, als hätte ihn eine ernste und feierliche Persönlichkeit verlassen. Dieser junge Mann war wieder der dunkelgesichtige, kläräugige Roy, drollig und trocken, mit dem rätselhaften Lächeln auf den Lippen.

"Frau. Dale", sagte er und ergriff ihre Hände, „ich wünsche dir viel Freude … Und jetzt, nach diesem hier, mein krönender Dienst in deinem Namen – ich schätze, ich werde eine Belohnung beanspruchen."

Dann küsste er sie. Als nächstes kam Bo mit ihren herzlichen und liebevollen Glückwünschen, und der Cowboy kam mit seiner charakteristischen Aktion ebenfalls auf Helen zu sprechen.

„Nell, das ist die einzige Chance, die ich jemals haben werde, dich zu küssen", sagte er gedehnt. „Denn wenn dieser verdammt große Inder einmal herausfindet, was Küssen ist –!"

Las Vegas bewies dann, wie schnell und mutig er gelegentlich sein konnte. All dies machte Helen rot, verwirrt und unsagbar glücklich. Sie schätzte Dales Zustand. In seinen Augen spiegelte sich der kostbare Schatz, den er offensichtlich sah, aber die Erkenntnis, dass er der Besitzer war, war noch nicht nachweisbar.

Dann nahmen diese fünf mit fröhlicher Sprache, fröhlichem Lachen und stillem Blick am Abendessen teil. Als es fertig war, gab Roy seine Absicht bekannt zu gehen. Sie alle protestierten und überredeten, aber ohne Erfolg. Er lachte nur und fuhr fort, sein Pferd zu satteln.

„Roy, bitte bleib", flehte Helen. „Der Tag ist fast zu Ende. Du bist müde."

"Nein. Ich werde niemals kein Dritter sein, wenn es nur zwei sind."

„Aber wir sind zu viert."

„Habe ich Sie nicht gerade zu einem ‚Dale' gemacht? ... Und, Mrs. Dale, Sie vergessen, dass ich mehr als einmal verheiratet war."

Helen sah sich mit einer unbeantwortbaren Seite des Arguments konfrontiert. Las Vegas rollte vor Freude über das Gras. Dale sah seltsam aus.

„Roy, deshalb bist du so nett", sagte Bo mit einem kleinen Teufel im Blick. „Weißt du, dass ich mir vorgenommen hatte, dass ich es wieder gutmachen würde, wenn Tom nicht vorbeigekommen wäre, Roy ... das war ich sicher . Welche Nummer-Frau wäre ich gewesen?"

Es war immer Bo nötig, um irgendjemandem den Spieß umzudrehen. Roy sah äußerst verlegen aus. Und das Lachen war auf ihm. Er sah sie erst wieder an, als er aufgestiegen war.

„Las Vegas, ich habe mein Bestes für dich getan und dich so gut ich konnte an das blauäugige Mädchen angeheuert", erklärte er. „Aber ich kann nichts garantieren. Du solltest ihr besser einen Pferch bauen."

„Warum, Roy, du Land weißt nicht, wie man diese Wilden bricht", sagte Las Vegas gedehnt. „Bo wird mir in etwa einer Woche aus der Hand fressen."

Bos blaue Augen drückten einen beredten Zweifel an dieser außergewöhnlichen Behauptung aus.

„Auf Wiedersehen, Freunde", sagte Roy und ritt davon, um in den Fichten zu verschwinden.

Daraufhin vergaßen Bo und Las Vegas Roy, Dale und Helen, die zu erledigenden Lagerarbeiten und alles andere außer sich selbst. Helens erste Ehefraupflicht bestand darin, darauf zu bestehen, dass sie ihrem Mann beim Aufräumen nach dem üppigen Abendessen helfen sollte und konnte und würde. Bevor sie fertig waren, erschreckte sie ein Geräusch. Es kam von Roy, offensichtlich hoch oben auf dem dunkler werdenden Abhang, und war ein langes, sanft läutendes Hallo, das in der kühlen Luft widerhallte, die verträumte Stille durchbrach und von Hang zu Hang und von Klippe zu Klippe klopfte, um seine Kraft zu verlieren und verklingen gespenstisch in den fernen Winkeln.

Dale schüttelte den Kopf, als hätte er keine Lust, auf diesen schönen Anruf zu antworten. Wieder herrschte Stille im Park, und die Dämmerung schien aus der Luft zu kommen und nach unten zu ziehen.

„Nell, vermisst du etwas?" fragte Dale.

"NEIN. Nichts auf der ganzen Welt", murmelte sie. „Ich bin glücklicher, als ich jemals zu beten gewagt hätte."

„Ich meine nicht Menschen oder Dinge. Ich meine meine Haustiere."

"Ah! Ich hatte vergessen... Milt, wo sind sie?"

„Zurück in die Wildnis", sagte er. „Sie mussten in meiner Abwesenheit leben. Und ich war lange weg."

In diesem Moment wurde die grüblerische Stille mit dem leisen Murmeln des fallenden Wassers und dem schwachen Seufzen des Windes in den Kiefern von einem durchdringenden Schrei unterbrochen, hoch und zitternd, wie der einer Frau in außerordentlicher Qual.

„Das ist Tom!" rief Dale aus.

„Oh – ich hatte solche – solche Angst!" flüsterte Helen.

Bo kam angerannt, Las Vegas auf den Fersen.

„Milt, das war dein zahmer Puma", rief Bo aufgeregt. „Oh, ich werde ihn nie vergessen! Ich werde diese Schreie in meinen Träumen hören!"

„Ja, es war Tom", sagte Dale nachdenklich. „Aber ich habe ihn nie einfach so weinen hören."

„Oh, rufen Sie ihn an!"

Dale pfiff und rief, aber Tom kam nicht. Dann stolzierte der Jäger in der Dunkelheit davon, um von verschiedenen Punkten unter dem Hang aus zu rufen. Nach einer Weile kehrte er ohne den Puma zurück. Und in diesem Moment drang von weit oben in der dunklen Schlucht derselbe wilde Schrei herab, nur durch die Entfernung verändert, seltsam und tragisch in seiner Bedeutung.

„Er hat uns gerochen. Er erinnert sich. Aber er wird nie zurückkommen", sagte Dale.

Helen fühlte sich von der Überzeugung, dass Dale das Leben und die Natur so gut kannte, erneut berührt. Und ihre Fantasie schien Flügel zu haben. Wie vollkommen und vollkommen ihr Vertrauen, ihr Glück in der Erkenntnis, dass ihre Liebe und ihre Zukunft, ihre Kinder und vielleicht Enkelkinder unter der Führung eines solchen Mannes stehen würden! Sie hatte gerade erst begonnen, die Geheimnisse von Gut und Böse in ihrer Beziehung zu den Naturgesetzen zu verstehen. Schon lange bevor Menschen auf der Erde gelebt hatten, gab es die Geschöpfe der Wildnis, die Löcher in den Felsen und die Nester der Bäume und Regen, Frost, Hitze, Tau, Sonnenlicht und Nacht, Sturm und Stille, den Honig der Wildblume und dem Instinkt der Biene – all die schönen und vielfältigen Lebensformen mit ihrem unergründlichen Design. Etwas über sie zu wissen und sie zu lieben bedeutete, dem Königreich der Erde nahe zu sein – vielleicht dem größeren Königreich des Himmels. Denn alles, was atmete und bewegte, war ein Teil dieser Schöpfung. Das Gurren der Taube, die Flechten auf dem moosigen Felsen, die Trauer eines jagenden Wolfes und das Rauschen des Wasserfalls, die immergrünen und wachsenden Spitzen der Fichten und die Blitze entlang der Zinnen der Höhen – diese hier und alles muss vom großen Geist angetrieben werden – dem unberechenbaren Ding im Universum, das Mensch und Seele hervorgebracht hat.

Und dort im Sternenlicht, unter den knorrigen Kiefern, seufzte Helen leise im Wind und saß mit Dale auf dem alten Stein, den eine Lawine vor einer Million Jahren von der höher gelegenen Festungsmauer geschleudert hatte und als Lagertisch und Bank diente Liebende in der Wildnis; Der süße Duft der Fichte vermischte sich mit dem Duft des Holzrauchs, der ihnen ins Gesicht wehte. Wie weiß die Sterne und ruhig und wahr! Wie sie ihre einzige Aufgabe erfüllt haben! Ein Kojote jaulte am Südhang, jetzt dunkel wie Mitternacht. Ein Stück verwitterter Stein rollte und klopfte von Regal zu Regal. Und der Wind stöhnte. Helen spürte die ganze Traurigkeit, das Geheimnis und die Erhabenheit dieser einsamen Festung, und tief in ihrem Herzen ruhte das höchste Bewusstsein, dass mit der unruhigen Welt dahinter eines Tages alles in Ordnung sein würde.

„Nell, ich werde diesen Park bewohnen", sagte Dale. „Dann wird es immer uns gehören."

"Heimstätte! Was ist das?" murmelte Helen verträumt. Das Wort klang süß.

„Die Regierung wird Land an Männer vergeben, die ein Gebäude finden", antwortete Dale. „Wir bauen eine Blockhütte."

„Und kommen Sie oft hierher... Paradise Park!" flüsterte Helen.

Dales erste Küsse waren damals auf ihren Lippen, hart und kühl und rein, wie das Leben des Mannes, sie auf einzigartige Weise erhebend, die seltsame und unaussprechliche Freude ihrer Frau dieser Stunde vollendend und sie stumm machend.

Bos melodisches Lachen und ihre Stimme mit dem alten Spott der Qual wehten sanft in der Nachtbrise. Und das „Aw, Bo" des Cowboys, mit dem er seinen Vorwurf und seine Sehnsucht in die Länge zog, war alles, was die ruhige, wartende Stille brauchte.

Paradise Park erlebte wieder eine seiner Romanzen. Liebe war in dieser einsamen Festigkeit kein Unbekannter. Helen hörte im Flüstern des Windes durch die Kiefer die Geschichte der alten Erde, schön, immer neu und doch ewig. Sie begeisterte bis in ihre Tiefen. Die spitz zulaufenden Fichten hoben sich schwarz und deutlich von den edlen Sternen ab. Die ganze weite Einsamkeit atmete und wartete, erfüllt von ihrem Geheimnis, bereit, sich ihrer zitternden Seele zu offenbaren.